U0920812

珍藏本
纪念版

汉译世界学术名著丛书

语　言

〔法〕约瑟夫·房德里耶斯 著

岑麒祥 叶蜚声 译

2017年·北京

J. Vendryes

LE LANGAGE

Introduction Linguistique à L'Histoire

Professeur à L'université de Paris

汉译世界学术名著丛书
（120 年纪念版·珍藏本）
出 版 说 明

2017 年 2 月 11 日，商务印书馆迎来 120 岁的生日。120 年前，商务印书馆前贤怀揣文化救国的理想，抱持“昌明教育，开启民智”的使命，立足本土，放眼寰宇，以出版为津梁，沟通中西，为中国、为世界提供最富智慧的思想文化成果。无论世事白云苍狗，潮流左右激荡，甚至战火硝烟弥漫，始终践行学术报国之志，无改初心。

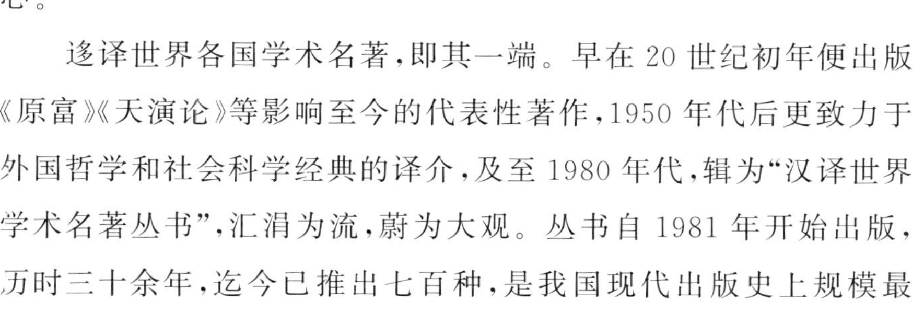

逐译世界各国学术名著，即其一端。早在 20 世纪初年便出版《原富》《天演论》等影响至今的代表性著作，1950 年代后更致力于外国哲学和社会科学经典的译介，及至 1980 年代，辑为“汉译世界学术名著丛书”，汇涓为流，蔚为大观。丛书自 1981 年开始出版，历时三十余年，迄今已推出七百种，是我国现代出版史上规模最大、最为重要的学术翻译工程。

丛书所选之书，立场观点不囿于一派，学科领域不限于一门，皆为文明开启以来，各时代、各国家、各民族的思想与文化精粹，代表着人类已经到达过的精神境界。丛书系统译介世界学术经典，引领时代思想，为本土原创学术的发展提供丰富的文化滋养，为推动中国现代学术和现代化进程做出了突出的贡献。

为纪念商务印书馆成立120周年，我们整体推出“汉译世界学术名著丛书”120年纪念版的珍藏本，寄望既利于文化积累，又便于研读查考，同时向长期支持丛书出版的译者、编者和读者致以敬意。

两甲子后的今天，商务印书馆又站在了一个新的历史时间节点上。我们不仅要铭记先辈的身影和足迹，更须让我们的步伐充满新的时代精神。这是商务人代代相传的事业，更是与国家和民族的命运始终紧密相连的事业。我们责无旁贷，必须做好我们这代人的传承与创造，让我们的努力和成果不仅凝聚成民族文化的记忆，还能成为后来人可以接续的事业。唯此，才能不负前贤，无愧来者。

商务印书馆编辑部

2017年10月

目　　录

第二编　语法

第三编　词汇

第四编　语言的构成

第五编　文字

前　言

约瑟夫·房德里耶斯，科学院院士、巴黎大学文学院荣誉院长，他的这部著作的成就是很大的，不论在法国，还是在有译本的国家里都赢得了经久的声誉。这首先无疑是因为它的对象——语言，是人类进化最奇特的创造之一。但是另一方面，假如存在着许多关于语言的著作，要像本书这样把这个大问题表述得如此简洁、如此优雅而津津有味，那也是很少有的。这本书实际上把读者引入了语言科学的源泉。梅耶的“学生和朋友”房德里耶斯是曾经在这门宽广学科的进步里起过决定性作用的语言学家之一。1913年，法国哲学学会曾委托古杜拉(L. Couturat)写一本关于语言的逻辑的教材，古杜拉得知房德里耶斯正在着手写这部“能适应一切需要”的著作，自动地放弃了这项计划。

语言科学处在心理学、社会学和历史学的十字路口，这门学科还有太多的人没有对它发生足够的兴趣。语言产生于生活，产生以后又不断受到生活的哺育。(亨利·贝尔[①]语)但是产生于生活、担负着全部表情感任务的语言，还能容许思想作巨大的飞跃。

---

① Henri Berr，法国著名学者，曾发起编纂《人类的进化》丛书。房德里耶斯的这本《语言》是其中的第一组第三册。贝尔曾为本书写了一篇很长的前言。——译者

“正如库尔诺(Cournot)所说的,在希腊人那里,同是 λογός一词就包含着语言和理性的意思。语言是具有双面效能的发明:交际的工具和记载的工具,后者通过抽象和概括把认识固定在概念里,并且使它能够无限地发展……生活和思想悄悄溜进语言。死的语言好像把生物的模样保存下来的化石。活的语言把个人和集体生活的外部影响引起的全部内心活动表达出来,虽然稍纵即逝,但可以记录成文字。”(亨利·贝尔)

我们对世界的一切认识,我们对人类心灵的一切了解,都要通过语言,没有语言就没有这一切。对于许多读者来说,本书将是一个启示,它用新的观点来解释一种宝贵的工具,这工具是我们每天都在使用的,但只是机械地使用,对于它的奥妙和丰富性都没有意识到。

书末,在参考文献目录之后,房德里耶斯还为他的这部著作的以后继续重印写了一些附录。菲利浦·格拉乌尔(Philippe Graur)又为本版编了一个 1950 至 1968 年的补充书目。

保罗·沙卢斯

国际综合中心秘书长

附注:这部著作列入亨利·贝尔创编的《人类的进化》历史综合丛书。贝尔去世后,这套丛书归国际综合中心经营,贝尔是中心的创办人之一。

序

在一部专论人类历史的著作中[①]，为语言保留的地位是无需写一篇长序来论证的。前几册已经使读者认识到上演这部大历史剧的舞台，向他们介绍了这出戏的主要演员——拥有物质资源的人。可是人有了这些装备，如果没有语言，还是不能扮演这指定给他(或她，下同)的角色。语言既是思想的工具，又是思想的助手，它使人意识到自己，并且和他的同类进行交际，使人类社会得以建立。我们很难想象有一种原始的状态，在那里人可以没有这一有效的行动手段。人类的历史一开始就必须有一种有组织的语言；没有语言，它是不能发展的。

语言的研究在一部普遍历史的开头虽然无可争辩地占有显著的地位，可是对于怎样介绍这种研究却可能有分歧的意见。语言是复杂的，它牵涉到各种不同的学科，会引起各类学者的兴趣。它是一种生理的行为，因为它要用到人体的好几种器官；它是一种心理的行为，因为它要有自觉的精神活动；它是一种社会的行为，因为它要满足人们相互交际的需要；最后，它又是世界各地在非常不

---

① 指亨利·贝尔主编的《人类的进化》丛书(*L'Evolution de l'Humanité*)。房德里耶斯的《语言》属该丛书第一组的第三册。第一组的标题是："导论和史前史。"——译者

同的时代以极不相同的形式出现的历史事实。所以我们可以想到:生理学家把言语器官的作用加以分类,要研究语言;心理学家分析思维的机理,考虑精神病理学的发现,要研究语言;社会学家论证社会组织对语言发展的影响,要研究语言;最后,历史学家把语言按谱系进行分类,并且确定它们的地理分布,也要研究语言。上述的每一类学者都能写出一部渗入语言学领域的书,但它的出发点是在语言学以外的,所得的结论也会超出语言学的范围。

本书作者在职业上是语言学家,他相反地想把自己只限制在语言学的范围里面。他的出发点是经验所提供的语言事实。全书的安排也是根据语言事实的分析定出的。语言学家们在语言中分出三种不同的要素:语音、语法、词汇。因此,本书的头三编将分别专门讨论这三种要素。研究是静态的,同时又是动态的,目的是要从事实中揭示隐藏的变化原因,并为第四编作好准备。这第四编的研究对象是一种种具体的语言;它相继探讨语言的定义,语言的各种类型,语言的形成、演化和分化的途径,语言的接触和相互作用,以及最后,语言的亲属关系。我们的方法是由简到繁;例如声音事实上就比构成语言的词和句子简单。由于这样安排的结果,头几章是最富于技术性的,看起来也最枯燥。作为补偿,最后几章将对没有被前几章弄得灰心丧气的读者展示出较为开阔的丰富的视野。第五编毋宁说是一个附录,专门讨论文字。最后,全书有两章总论框起来:一章是绪论,提出语言的起源问题,一章是结论,讨论语言进步的问题。

这样,全书的论述都围绕着语言事实这一中心铺开。书里的材料虽然多种多样,而且往往扩展到相邻的学科,但是由于作者坚

持着自己的观点，读者无疑会承认全书是一个统一的整体。在极少的几处地方，侵入某门相邻学科的领域似乎有助于补充从语言学得来的知识；作者希望这些越规的做法看来还有一点道理。总的说来，作者只限于从语言学家的角度来论述事实。他认为这是使从事其他学科研究的人感兴趣的最好办法，因为要是闯入他们的领域，那对他们无异于老生常谈。

但采用这个原则却是一项相当艰巨的任务。从语言学家的角度来谈语言，那简直就是要写出一部普通语言学的专著。稍微了解语言学情况的人都很清楚再没有比这更危险的事业了。要做得成功，必须了解一切已知的语言形式并能够运用地球上所说的一切语言。试问有没有这样的人呢？那是很可怀疑的。如果问题只是在活着的人当中挑选出最接近于这一理想的人物，那么语言学家们也许不难选出人来。但事实是，直到目前为止，还没有出现过一部完全实现普通语言学的规划的著作①。

不用说，这一规划在本书也不会实现。且不提别的原因，单是作者所能利用的有限的篇幅就足以说明他为什么不敢冒这种风险。对于所研究的每个事实，他都试着看成一部尚待编写的巨大历史的零散片断。在检阅语言学的主要问题时——除非由于错误或遗忘，这些问题没有一个被忽视——他限于谈一些特殊的例子。这种插话式的方法可能有打散材料、割裂发展线索的缺点。作者

① 自从1916年德·索绪尔的《普通语言学教程》出版以后，这句话已不再完全确实了。但是这部在作者去世以后才问世的著作，虽然提出的观点非常丰富，还不是普通语言学的有系统的、完整的论述。（参看梅耶，《巴黎语言学会集刊》，第20卷，第32页）

在这里采用了一个手法来补救:跟一切有关历史和生命的事物一样,语言形成一个连续的领域,就是说,其中的现象没有明确的界限,在事实充分显露的高峰之间常有一系列不知不觉的过渡。因此,我们在发展之间安排一些自然的转折,也即由所研究事实的性质决定的转折就够了。要是贸然把整个现实全部纳入紧紧相扣的抽象的公式,那么这本书无疑将会出现严重的知识空白。现在作者用一种适合于预先选定的事实并且顺应这些事实的轮廓而展开的结构来代替完整的、棱角分明的、硬性的体系,这就能够掩盖这些空白。

这样处理,作者自诩已使他的任务有可能完成,而不因此减损读者的兴趣。他给读者的不是一部普通语言学的手册,他只想使读者了解语言学是什么,它研究哪些问题,以及已经取得了哪些主要的成果。

尽管对范围作了这样的限制,执行这一任务也许还有些近于暴虎冯河。促使作者决定作这一尝试的,是关心这项工作的朋友们给他的宝贵支持,他在这里要对他们表示衷心的感谢。特别是梅耶(A. Meillet)先生,他曾鼓励作者从事这件工作,不辞劳苦校阅原稿,并和作者讨论了不少提出的问题;读者无疑会看出他的影响的痕迹。另一位同事和朋友布洛克(Jules Bloch)先生也同样阅读过全稿,对作者提出了许多意见,使他受益不浅。最后,作者还要感谢语言学会的可敬的同事德拉福斯(Delafosse)、德尼(Deny)、戈德弗劳阿-德蒙比涅斯(Gaudefroy-Demombynes)、伊萨铎尔(Isadore)、雷维(Lévy)、雷维-勃吕尔(Lévy-Bruhl)和伯希和(Pelliot)诸先生。由于他们的帮助,本书的好几章都充实了第一手资料。有些论点承他们的盛意作出贡献，使本书获得了一种精确性，这必须全部归功于他们。但从总体看，如果本书还有未尽妥善的地方，这并不是他们的过错。

房德里耶斯

1914 年 7 月于梅隆

附记：本书原稿完成于 1914 年，但直到 1920 年才交付印刷。拖延的原因是几年来发生的事件就足以说明的，无需剖白。但是我必须提醒读者，这部书已经是七年前的旧作。全书的安排事实上并没有更动，我只是对某些细节作了若干修正。在这方面，我曾得到莫里斯·马尔坦(Maurice Martin)、恩纳斯脱·马克思(Ernest Marx)和亨利·格拉班(Henri Grappin)诸先生的帮助，在这里要对他们表示感谢。

绪论　语言的起源[①]

说语言的起源问题不是语言学方面的问题，总是会使人感到惊讶。但这确实是一句真话。近百年来，大多数论述语言起源的作家没有注意到这一点，只能走入歧途。他们的主要错误是从语言学方面来讨论这个问题，仿佛人类语言的起源就是种种具体语言的起源。[②]

语言学家研究的是说的语言和写的语言。他们借助于已发现的最古文献来探溯这些语言的历史。但是在这历史中不论追溯到多么遥远，他们所碰到的始终只是一些已经高度发达的语言，这些语言的背后还有我们毫无所知的漫长的过去。认为通过现存语言的比较可以重建出一种原始语言，这是幻想。比较语法的创始人

① 关于这个问题的整个历史，参看 Borinski，CXLVI，pp. 3-20；又参看 Jespersen，CXXXIV，pp. 328-365。这个问题有完整的文献。可以代表过去主要方向或主要阶段的主要著作有：J.-J. Rousseau，*Essai sur l'origine des langues*（遗著）；Herder，*Geburt der Sprache mit der ganzen Entwicklung der menschlichen Kräfte*，1770；J. Grimm. *Ueber den Ursprung der Sprache*，1851；Steinthal，*Ursprung der Sprache in Zusammenhang mit den letzten Fragen alles Wissens*，1851（第 4 版，1885）；Renan，CX。

② 法语区分 langage 和 langue，前者是人类语言的通称，后者指法语、汉语等种种具体的语言。这两个词在汉语里一般都译成“语言”，必要时区分为“人类语言”和“具体语言”。——译者

从前也许有过这种幻想，[①]但久已被人们放弃。

有些语言可以追溯的历史比另一些语言古老。有些近代的语言，我们可以知道它们的两千多年以前的古代形式。但是我们所知道的最古的语言，即人们有时所称的“母语”，它们本身也没有什么原始的地方。它们尽管和近代的语言很不相同，也只能使我们知道语言所发生的变化，并没有告诉我们语言是怎样创造的。

在这一方面，我们从野蛮人的语言也得不到什么消息。野蛮人并非原始人，尽管往往有人滥用原始人这个名称来称呼他们。他们的语言有时和我们的最复杂的语言同样复杂，但是也有一些简单到连我们的最简单的语言也望尘莫及。这两类语言看来都是演变的结果，我们对它们的出发点毫无所知。如果说在所谓开化民族的语言和野蛮人的语言之间有什么差别，那是在于所要表达的观念，而不是在于表达本身。野蛮人的语言对于我们想知道语言和思想的关系是很有用的，[②]但不能告诉我们人类语言的原始形式是什么模样。

我们也许会求助于儿童的语言。[③] 这种尝试也徒劳无益。儿

① 特别是 Franz Bopp，CXLV；参看 Delbrück，CLIII，p. 2 和 V. Thomsen，CCXLI。又参看 Whitney，CXLI。

② Lévy-Bruhl，XCVIII，p. 76 及以下。

③ 关于儿童的语言，特别参看 Clara 和 William Stern 的 *Die Kindersprache*，Leipzig（1907）。又参考 Meumann，*Die Sprache des Kindes*，Zürich（1903）（*Abhandlungen herausgegeben von der Gesellschaft für deutsche Sprache in Zürich*）；Ch. Roussey，“Notes sur l’apprentissage de la parole chez un enfant，” VII（1899 和 1900）；M. Grammont，“*Observations sur le langage des enfants*”，XCIX，pp. 61-82；O. Bloch，“*Notes sur le langage d’un enfant*”，VI，XVIII，p. 3；J. Ronjat，*Le développement du langage observé chez un enfant bilingue*，Paris（1913）.

童只能使我们知道一种有组织的语言是怎么获得的，不能使我们窥知语言最初发展的时候可能是什么情况。我们观察一个儿童怎样努力重复他从成年人那里听来的说话，可以得到一些关于语言变化原因的启示。但是儿童只能交还别人供给他的东西；他只运用周围的人所提供给他的要素，用这些要素组合成自己的词和句子。他所做的是一种模仿的工作，而不是创造的工作，排除任何自发性。他带进语言中的创新是出乎无意的；那是由一种满足于“大概”的天生的惰性所产生的结果，并非出于任何具有创造能力的意志。

所以，不管人们所知道的是最古的语言、野蛮人的语言，或者儿童学说的语言，摆在语言学家面前的始终只是一种经过无数代的人在漫长的岁月中辛勤准备好的、久已构成的有机体。语言的起源问题仍然在他的权能范围之外。这个问题事实上是和人类的起源以及人类社会的起源问题纠缠在一起的，它属于原始人类史管辖的范围。语言是随着人脑的发达和社会的建立而逐渐创造的。我们说不出人类开始说的话是什么样，但是可以试图确定使人们能够说话的条件：这些条件是心理的，同时又是社会的。

*　*　*

人们对语言所能下的最一般的定义是一种符号系统[①]。因此，研究语言的起源就意味着探究人类自然而然地具有什么样的符号，以及人类怎样开始使用这些符号。

所谓符号(signe)在这里应该理解为能被人们用来互相交际

① B. Leroy, LXXXVII.

的任何象征(symbole)。符号可以有不同的性质,因此语言也有好几种。任何感觉器官都可以用来创造一种语言。有嗅觉语言和触觉语言,视觉语言和听觉语言。只要有两个人同意把一定意义赋予某种行为,并作出这种行为来互相交际,就有一种语言。在衣服上喷上某种香水,从衣袋里露出一块红色的或绿色的手绢,握手的时间长些或短些,只要有两个人约定了用这些符号来互相传达一项命令或消息,就会构成一种语言的要素。

可是在各种可能的语言中,有一种在所具有的表达手段的多样性上超乎其他任何语言,那就是听觉语言,又称说的语言或分节语言。这种语言是本书所唯一要讨论的。听觉语言有时候伴随着视觉语言,更常见的是用视觉语言来代替。任何民族都或多或少用手势来强调说话,同时使用声音和面部表情来表达思想感情。手势是一种视觉语言,但文字也是一种;而且一般地说来任何信号(signal)系统都是这样。

视觉语言也许和听觉语言一样古老。我们没有任何理由相信,尤其是没有任何办法证明,其中一种先于另一种。

今天使用的大多数视觉语言都只是从听觉语言派生出来的。文字是这样——我们在第五编可以看到——信号也是这样。例如航海信号就用来对现存语言中的词和句提供视觉的对等物。我们从这里无法知道表示观念的符号是怎样起源的。航海信号选择这样的符号而不选择那样的符号,是由于约定,一种任意的约定,不过事前加了一定的条件。这样的语言,按定义,就是人为的。

我们知道有一种视觉语言很自然地被使用着,那就是某些野蛮民族跟听觉语言并用的手势语。[①] 这里说的不是我们在开化民族当中所看到的那种伴随着说话的手势，而是本身也能和词一样表达所要表达的观念的手势系统。这是一种发育不全的语言，但也有它的优点。因为它能在声音达不到但是眼睛能看到动作的两个地点之间从远处使用，特别是它使人有可能不致因使用声音而引起在场人的注意。学童在教室里就使用这种无声的交际手段。可见手势语可能有实用的起源。然而手势语在野蛮民族中特别为妇女所使用，这需要另作解释。通常在两性间引起语言的差别都是由于宗教的原因。[②] 男子所用的词禁止妇女使用，所以妇女不得不使用一种特殊的词汇，她们自己创造了一个，并且在需要的时候用手势来代替声音。因此，手势语之得以维持，可以解释为由于禁忌的束缚。但是，不管来源如何，它只是听觉语言的代用品，必须适应听觉语言。

聋哑人的手势语也是模拟听觉语言的。我们用手势使聋哑人懂得正常的人使用语言的方法，使他们能够互相交际，并且读懂正常人所写的东西。我们可以用一种感官代替另一种感官来使聋哑人能够用符号进行交际。

聋哑人的情况启发我们思考语言使用符号的起源问题。我们可以根据他们的情况这样提出问题：语言是人由于教育的结果在后天获得的事实呢，还是相反地，一种本能的、自发的事实？在这个问题上，一般正常的儿童不能对我们有什么教益。他们一生下

---

① Wundt，CCXXIII，i，l，p. 128.

② Van Gennep，LXXIV，p. 265 及以下。

来就受到外界的影响。他们在发出声音以前就通过听觉跟周围的人发生关系，从开始说话的时候起就纠缠在社会交际的网络中。与此相反，对于聋哑人，我们必须唤醒他们的符号意识。聋哑人不能学习听觉语言，残疾使他们免除了外界说话人对一般儿童从初生时起就施加的影响。可是聋哑人能看见东西，睁开眼睛可以了解到与语言有关的交际是怎么回事。因此，为了回答上面提出的问题，我们必须探究这样一种人的意识：他们或者由于天生的残疾而和外界隔绝，或者从一生下来的时候起就完全不受别人的影响。第二个假设一提出来，人们就会感到是荒谬的：我们怎能把人和别人隔绝，禁止他们在某种程度上使用自己的感官，以至他们的脑子仿佛处在暗室里一样，和外界没有任何交往呢？

我们大家知道，根据希罗多德[①]的记载（II，2），埃及国王卜萨梅蒂库斯曾经作过一次奇特的试验。他想知道弗里基亚人在世界上是否比埃及人古老，吩咐把两个新生的婴孩带到一个孤僻的地方抚养，使他们完全听不到任何语言。试验的结果是：几个月以后，孩子们要东西吃，大声呼叫Βεκός，这在弗里基亚语里就是“面包”的意思。卜萨梅蒂库斯于是断定弗里基亚语是最古老的语言。我们由此也可以断定，语言的机能对人类是天赋的。可是卜萨梅蒂库斯的试验显然不够真实，不够诚实。

有些试验初看起来似乎比较确凿。那就是对天生聋盲的人所作的试验，他们和外界是完全隔绝的。例如法国的玛丽·蔼儿丹

① 希罗多德（Herodotus，约纪元前484—前425），古希腊著名史学家，著作宏富，有“史学之父”之称。这里所说故事，见于他所著的《历史》。——译者

(Marie Heurtin)[①]和美国的海伦·克勒(Helen Keller)[②]两位妇女就是这样。其中海伦·克勒的情况特别有意思。她经过努力终于获得了相当广泛的教育,能够阅读并书写好几种语言的文艺和哲学著作。由于她没有受到周围的影响,她的作品带有虚幻的情调,我们很可以从中得到一些奇妙的指示。

海伦·克勒的语言就是教育的结果。有一本关于她的生平的书[③]带着激情谈到人们经过几次失败的尝试之后终于使她理解符号的价值的情景。那一天,把她跟世界隔绝的帷幕突然拉开,世界仿佛一张把许多事物和词联系起来的复杂的网出现在她的心灵里。但这种情景的兴趣主要是属于个人的。海伦·克勒仍然处在正常的生活条件之外,她的情况只是一个例外。最初说话的人类不可能像这位不幸的姑娘那样突然理解符号的意义。作者是以往由于残疾而与外界完全断绝交往的变态的个人,她的语言发展不能使我们对于语言在正常的人组成的社会里怎样发展得到任何的概念。

语言是在社会内部形成的。从人类感到有互相交际需要的那一天起就有了语言。语言是几个人接触的结果,她们具有感觉器官,并且利用自然赋予他们的各种手段来建立他们的关系,如果缺乏言语,就利用手势,如果手势不够,就利用眼色。值得一作的试验是仿效卜萨梅蒂库斯的办法使两个或几个小孩互相接触,每个

① Louis Arnould, *Âmes en prison*, Paris, 第 10 版(1919)。

② W. Stern, *Helen Keller*, *Die Entwicklung und Erziehung einer Taubstummblinden*, Berlin (1905).

③ Gérard Harry, *Le miracle des hommes*, Paris.

小孩都完全避免任何教育的影响,不知道语言是怎么回事。这些孩子,不论原来属于什么种族,具有什么样的遗传素质,他们无疑都会自发地创造出一种语言,那当然不会是弗里基亚语。需要会不可避免地使他们的器官动作起来,起初的情况一定是这样的。语言是最好不过的社会事实、社会接触的结果。它变成了联系社会的一种最强有力的纽带,它的发展就是由于社会集体的存在。

* * *

只有当人脑充分发达,能够使用语言的时候,语言才能作为社会事实而产生。两个人之所以能在彼此之间创造出一种语言,那只是因为他们事前已准备了要这样做。语言和人类的任何发明都是这样。人们常常讨论人类语言最初是单一的还是多种多样的,这个问题其实并没有什么意思。只要智力发展使文化达到完善的时候,新的发明自己就会出现,而且同时出现在好几个地方,正如学者们所说,它就在空气当中,人们会感到它的来临,如同秋天预见到果园中一切成熟的果子都会落下一样。

在心理方面,最初的语言行为是在于使符号具有象征的价值。这种心理过程把人类的语言和动物的语言区别开来。[①] 说后者是自然的语言,前者是人为的、约定俗成的语言而把它们对立起来是错误的。人类的语言并不比动物的语言更不自然,但是比较高级,因为人类使符号具有客观的价值,可以通过约定使它变化无穷。人类语言和动物语言的区别是在于对符号性质的评

① Steinthal, CCVII, pp. 324-358; R. M. Meyer, XXX, vol. xii, p. 307.

价。[①] 狗、猴子和鸟能使同类了解自己。它们有跟快乐、恐惧、欲望、食欲等生理状态相适应的呼呼、身势和哮鸣。有些呼叫跟特定的需要配合得很适宜，我们差不多可以用人类语言的句子翻译出来。[②] 可是动物不发出任何句子。它们的叫声不管多么复杂，它们都不能像我们更换词那样改变叫声的成分。我们的词都是替换的成分；对它们来说，句子和词没有什么差别。不仅如此，这种词，称它呼叫也好，信号也好，本身都没有独立的客观价值。它不是约定的对象。因此动物的语言既不能演变，也没有进步；没有任何迹象表明今天动物的呼叫和过去有什么不同。鸟儿发出一种叫声，引人把手上拿着的菜叶给它吃，并不意识到自己的叫声是一种符号。[③] 动物的语言隐含着把符号和所表示的事物黏附在一起。要消除这种黏附，使符号获得离开事物而独立存在的价值，需要一种心理的作用，而这就是人类语言的出发点。

人类心理发展之谜，一部分可以用人类学的资料来解释。人类学告诉我们，穴居人的头骨和类人猿的头骨非常相似。例如在沙贝尔·奥·圣(Chapelle-aux-Saints)人的头骨中，言语所在额回

---

① 博须埃(Bossuet)曾经强烈地表达过这一观念，他说："声音能影响动物，但只是作为一阵呼出的和振动着的气流，而不是由于它表示确定的意义；后一种情况才是我们所称的'说和听'。"(*Logique*, I, vol. xxiv)试比较 *Traité de la connaissance de Dieu et de soi-même*, Chap. v, §5："由于声音或说话振动空气，到达耳朵和脑子，从而感觉到它，这是一回事；把它看做人们约定的符号并想起它所指的事物，这是另一回事。后者就叫做对语言的理解，动物没有任何这种理解的痕迹。"

② L. Boutan, "Pseudo-langage," Bordeaux (1913), *Actes de la société linnéenne de Bordeaux*；试比较 Meillet, IV, vol. xviii, p. clxxvii.

③ 关于鸟的语言，试参考 M. Bréal所作的很细致的观察，*Revue des revues*, vol. xxxiii (1900), pp. 629-632，转载于 IV, vol. xi, pp. cx-cxv.

所占的地位是最小的。因此我们可以假定，语言的发展是人脑自然进化的结果。这一假定并不一定要无保留地接受卜洛卡(Broca)关于脑部定位的著名理论[①]。大家知道，这一理论已经大大丧失它早期所赢得的赞许。对它不信任，在今天已形成一种风气。最近有些研究甚至说它已被驳得体无完肤。人们责备它最厉害的，是把一个非常复杂的问题过分简单化了。卜洛卡把言语的位置一塌刮子定在左脑第三额回，只不过是一种很粗略的、近似的说法。特别是他断言大脑中有一个大片界线分明的区域和心灵中一大片区域相对应，这就把语言和思想的关系解释错了。把大脑设想成按照语法的架子构成，分成各种词类的一个个格子，那是错误的。语言的全部事实在大脑中分配得比卜洛卡所假定的更为自由而广泛。卜洛卡理论的依据是动觉失语症，这种病症的根源通常确实是局部的损伤。但是根据维尔尼克(Wernicke)的确断，感觉的失语症却往往出于一般智力上的缺陷。其次，我们常能看到一些补充现象，即邻近的中枢能够把受伤中枢的工作担负起来。最后，皮层的配置会使得一种损伤有可能引起各种不同的干扰，额回的有的部位的损伤甚至会蔓延到左脑第三额回。[②] 简言之，就算言语定位的原理是无可争辩的，定位的细节也还有待于进一步研究。

① 关于这个问题，试参看 Dagnan-Bouveret 的一篇很好的综述，载 X，vol. xvi (1908)，pp. 466 及以下。又参考 Dr. P. Marie 的著作和 Dr. F. Moutier 的 *L'aphasie de Broca*，Paris (1903)。译者按：卜洛卡(Broca，1824—1880)，法国解剖学家兼外科医生。他研究人脑结构，发现人的动觉中枢位于左大脑第三额回。

② Wundt，CCXXIII，vol. i，p. 494.

因此，解释史前人类学的资料必须审慎。要是把这些资料看得太死，并且像测量现代人的头骨那样去测量穴居人的头骨，势必会得出穴居人没有说话能力的结论，这样就必然把人类产生语言的起点推迟很长的时间。但穴居人的大脑不如我们的这样适合于语言活动，这差不多是毋庸置疑的。而且我们可以相信，他的智力活动也还有许多欠缺的地方。

这位远祖的大脑还不适宜于推理，语言起初可能是纯粹表情的。它最初也许是一种配合着步伐或手的劳动的简单的歌唱，[①]一种像野兽的呼叫那样的表达痛苦或欢乐、显示恐惧或食欲的呼叫。后来，呼叫获得了象征的价值，被看做能由他人重复的信号。人类既掌握了这一方便的办法，就把它用来和同类交际，防止或激发他们做出某种行动。语言在成为推理的工具之前，必定是一种行动的工具，而且是人类所能运用的最有效的行动工具之一。一旦符号的意识在心灵中被唤起之后，剩下的就是发展这一奇妙的发明；发音器官和大脑并肩地趋向完善。在最早的人类集体中，语言按照支配着整个社会的规则确定下来。特别是在集体的仪式中，集体的所有成员都必须有同样的口头的或歌唱的表现。[②] 这样，叫喊或歌唱的成分就获得了象征的价值，被每个人保持下来，作为个人之用。随着社会交往的日益频繁，表达思想感情的无比丰富的复杂工具逐渐构成，不论哪一种思想感情，它都能表达。

这一假设虽然无法证实，但不是没有道理。它的旨趣是要说

① K. Bücher, *Arbeit und Rhythmus*, 第 3 版，Leipzig(1912)。

② Borinski, CXLVI, p. 38.

明语言怎样是人类活动的自然产物，怎样是人类机能适应于社会需要的结果。[①] 可是我们必须从符号的意识出发。一旦确认了这一事实，整个语言就将沿着不断分化的道路开展。

*　　　*　　　*

要想进一步明确分化怎样产生，知道从叫喊信号直到像法语这样的丰富多彩的表达手段中间曾经过哪些阶段，这种尝试，按照前面的论述，都是轻率的举动。由于每种语言里必然都有一些基本的部分跟后来获得的部分不同，人们从这一观念出发，会要求语言学家先分出不同的层次，并且指出语言中最先构成的部分。有时语言学家就冒冒失失地去回答这个问题。我们必须大胆承认，任何回答都是毫无价值的。通常从已知推断未知的方法在这里是无效的。我们所熟悉的语言向前发展的原则不一定适用于精神状态不同于我们的人们的语言。语言的研究告诉我们，语言并不是沿着直线按照逻辑的顺序发展的。设想波尔·罗瓦雅尔语法[②]的架子一开始就像有待于一步步填充的框框强加于人类的心灵，那是错误的。

此外，在符号和所指的事物之间，在语言形式和表现的内容之间，从来没有自然的联系，只有偶然的联系。人们久已相信，语言的原始事实是在于给事物以名称，即创造一个词汇。这就是卢克

---

① “言语，作为最初的社会制度，它的形成全靠自然的原因。”(J.-J. Rousseau, *Essai sur l'origine des langues*)

② Port-Royal，原是“王港”的意思，17世纪法国一家修道院的名字。阿尔诺(A. Arnoud)和兰斯洛(Lancelot)曾在这里采取逻辑的方法写过一本语法叫做《波尔·罗瓦雅尔语法》(*Grammaire de Port-Royal*)。——译者

莱修(Lucretius)的常被援引的诗句中所表达的观念：

Utilitas expressit nomina rerum. ①

他在这里十分正确地把语言归之于满足需要。在18世纪，法国的德·布罗斯(Charles de Brosses)曾试图用词所表示的意义来解释词的外部形式。② 他的研究的目的是要建立一种初民用来造词的声音的象征原则。这种尝试在今天看来只能付诸一笑。关键不在于给事物定了什么样的词，而在于通过说话者之间的默契给了词以流通的价值，把它们当做交换的手段，正像人们用硬币或纸币来代替以物易物一样。

到了更接近我们的时代，某些语言学家想象出了一些理论，认为全部词汇都是从类似狗吠的叫声或者模拟事物的声音演化而来的。③ 在同一个时期，研究吠陀的学者们用闪电或太阳的运行来解释全部神话。语言学家和神话学家在那个时候都满足于把事物理解得非常简单。人们讨论着语言中最先出现的是表示动作的动词，还是指事物的观念和性质的名词④。其实名词和动词尽管在我们看来可能很不一样，但在我们的语法的这"两极"之间并不存在必然的对立。狗的吠声是表示"我饿了"或者"给我一些东西吃"，"这很好"或者"我吃完了"吗？可以说都表示，也可以说都不

---

① "效用表达事物的名称。"——译者

② *Traité de la formation mécanique des langues*, Paris (1765)；参看 R. M. Meyer, XXX, vol. xii, p. 243.

③ 详见 Jespersen, CXXXLV，第2版，p. 330及以下；Borinski, CXLVI, pp. Il 以下，39.

④ 这里所谓名词(nom)，按照西方的旧传统，是指名词和形容词，另用实体词(substantif)指狭义的名词。——译者

表示，我们可以随便用动词或名词、命令式或过去时来解释。不管我们费多大的劲，在原始的“吠声”和我们的最古老的语言之间总是存在着一条不可逾越的鸿沟。

刺激大家去探究语言的原始形式的，是把语言学和地质学、植物学或动物学等自然科学相比附。这种不确切的比附曾经给语言学帮了倒忙。如果要找出某些和语言相类似的东西，不如到社会史中去寻求。布雷阿尔（Michel Bréal）曾把印欧语的动词变位跟庞大的行政或司法机构——枢密院或大理院——作比较，指出，后者“由于某种基本的需要而产生，后来逐渐扩大职权，变得繁复起来。直到换了一个时代，人们觉得这种机构过于臃肿，于是裁减了一部分，把它的职能分给若干自由的、独立的单位。但是这些单位在一定的程度上而且有明显的迹象反映出旧有的连带关系和原先的设想。”①

这种比较一般可以应用于语言，因为语言是一种制度。可是语言中有些要素比政治制度更为稳定，更不易受人类的独断意志所支配。这些要素就是语音，我们的研究将要从语音开始。

① VI, xi, p. 284.

第 一 编

语　　音

第一章　有声物质[①]

空气的振动在耳朵里发生的作用叫做声音。在语言里，振动是由说话者的发音器官发出的。语言声音的科学，或称语音学，应该包括三部分，分别研究语音的产生、传递和感受。语音的产生和感受是语言中两个同等重要的现象，因为语言必须至少有两个人在交谈，并且所说出的话是要让人听的。语音的感受，或称听觉，在语言的变化中同样起着重要的作用。每个说话者都是借助耳朵获得和确定他的语音系统的。在理论上，在语言研究中，我们不能让听感占着太宽广的地位。

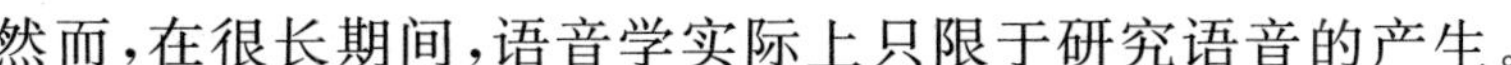

然而，在很长期间，语音学实际上只限于研究语音的产生。

语言学家差不多没有研究听觉；他们把这种研究推给生理学家。这种限定是合理的。就语言来说，听话者的听觉形象，只有当他能够把这些形象转变为发动形象，使他也变成了说话者，才是有价值的。换句话说，听话者必须潜在地掌握说话者如何付之于行动的东西。这就是语言之所以存在的条件。所以语言学可以不理语言的听觉方面，因为当两个人用同一种语言交谈的时候，听觉已

① 一般参考 Rousselot，Roudet，Poirot，Passy，Sweet，Jespersen，E. Wheeler，Scripture，Viëtor，Gutzmann，Sievers，Trautmann 等人的著作。

料想到双方都有同等的发音能力。这只是同一功能的两个方面；它们的界限是相同的。神经中枢的分析无疑可以使我们把它们区别开来；但是这种分析不属于语音学的范围。

到今天，声音的传递似乎是语音学家研究的主要对象：[①]事实上，他们偏重于振动的分析；这是一个有待探讨的广阔园地，倾向于纯粹物理学，非对数学有巩固的准备不易探索。从那以后，语音学获得了特异的准确性；它特别是具有利用声音所特有的频率和振动的形式来确定声音的方法。我们在这里仍按照旧派的习惯只限于研究语音的产生，即发音，以及描写发音的结果，即"音位"。

*　　　*　　　*

人类的发音器官主要包括一个风箱，即肺，和一个音管，即气管，上端有两片薄膜关住，叫做声带，即喉门。所以这是一种双簧的管乐器。喉门的安排已经显露出人类的发音器官比其他任何乐器优越。声带有一种柔软性，那不是管笛之类的硬性舌簧所能企及的。声带的结构很细致，能使几对筋肉起作用，因而采取各种不同的位置。我们可以把声带关闭，完全张开或略略张开，使它们全部或局部起振动，改变它们的紧张度。所有这一切都可以使得语言的发音左右逢源。

但是假如这个发音器官只由喉门构成，那将是很不完备的。它将只能使人听到一些元音，并且比我们正常所发出的差别更小。

事实上，由肺部输出的气流使声带颤动就产生"乐音"。由于

① 特别参看 Rousselot，CXV Poirot，19 CXCI.

振动可因空气的给养尽可能延长，[①]并且改变它们的振幅和强度。"乐音"具有三个特性，即音长、音高和音强。它也可以由于筋肉的活动使喉门提高或降低，从而延长或缩短音管，随元音而发生变化。

但是发音器官的不可缺少的补充是由与喉门相通的各个腔道，即咽头、鼻腔尤其是口腔提供的。所有这些腔道的腔壁大部分都是有弹性的，它们是"乐音"的共鸣器，使每个元音具有它自己的音色。这共鸣器中有一些柔软的和可以延长的器官，可以改变它的面积和容量。首先是软腭，它可以关上鼻腔的进口，使不能从这方面发生共鸣；但主要是舌头，它在发音中跟喉门起着重要的作用。发元音 a 时，舌头差不多平放在口里，但如发其他元音，舌头就移动来构成和每个元音相适应的共鸣器。它时而往前伸出，向上举起，减少口前部的容量，时而往后收缩，减少后部的容量。在前一种情况下构成所谓前元音或硬腭元音的共鸣器，以 a 为出发点就是开 è、闭 é、开 i 和闭 i；在后一种情况下就产生所谓后元音或软腭元音，仍以 a 为出发点，即开 ò、闭 ó、开 u 和闭 u[②]。在每一个系列中，无论是前列或后列，i 和 u 都是最闭的元音，舌位最高，因此最接近上腭。a 是一切元音中最开的；此外，每个元音还有一些音色与不同的共鸣器相适应，因而也与不同的舌位相对应的变体。例如巴黎法语的 a 就有三个很容易用耳朵听得出来的变体：例如在 pâte（面团）里的念闭 a，在 patte（爪）里的念开 a，在 carotte（胡

① Roudet, *De la dépense d'air dans la parole et de ses conséquences phonétiques*, VII, t. II, 1900, pp. 201-230.

② 在这里，按语音学的惯例标成 u，法文写成 ou.

萝卜)里的念中 a。

舌头不是在每个元音所特有的共鸣器的构成中唯一起作用的。我们还要估计到嘴唇;嘴唇的位置是随着每个元音而不同的。《贵人迷》(*Le Bourgeois gentilhomme*)[①]中有一幕是很有名的,它可以使我们确切地知道发元音时嘴唇是怎样动作的;哈里卡纳苏斯的狄奥尼修斯(Denys d'Halicarnasse)有一段话可以表明,希腊人作为语音学家虽然很蹩脚,但在这一点上所知道的并不逊于莫里哀(Molière)的同时代人(Περὶ συνθέσεως ὀνομάτων, XVI 章)。实际上,我们很容易看到,人们发 u 音时,双唇向前突出敛成圆形,好像噘嘴一样。发 i 音时,口角平伸,嘴唇缩后。这是两个极端的位置,其间还可以有与发 o(开和闭)和发 e(开和闭)相当的各种位置。语言就利用这种唇位和舌位的同时存在来造成一系列混合的音,即法语 eu 系的音。我们把前元音(è、é、i)的舌位和后元音(ò、ó、u)的唇位结合起来就可以差不多正确地得到法语的开 eu (beurre 奶油)、闭 eu (queue 尾巴)和 u (flûte 笛子)等三种音,后一种在语音上一般标成ü。

各种语言的元音变体有很大的差别,例如英语和法语就差不多没有任何共同的元音。

*　　　*　　　*

人们通常把音位分成辅音和元音。实际上,音节的定义可以证明这样区分是正当的;可是相同的音位在音节中往往能起辅音

① 法国 17 世纪喜剧家莫里哀所作著名喜剧之一,又译《醉心贵族的小市民》。——译者

或元音的作用。如果说这二者之间有功能上的差别，实际上却没有性质上的差别，其间的界限不是截然可以分开的。辅音和元音都属于一个“自然的系列，只有它的两个极端是可以很清楚地分开的”[①]。

这系列的一个极端是刚下过定义的元音 a、e 或 o，另一个极端是清塞辅音 p、t、k，这些辅音都只是噪音，空气通过时暂为一种障阻所挡住。障碍一般是在口里，有时由双唇，有时由舌尖，有时由舌背形成。在第一种情况下，塞音是唇音，在第二种情况下是齿音，在第三种情况下是喉音。但也有些塞音的发音部位是在嘴的后部，那就是喉音、咽头音或喉门音。

由于双唇总是在同一个地位关闭，所以只有一个清唇塞音；事实上，就关闭的部位来说，除音强有所不同以外，在任何语言里，p 都是相同的。反过来说，舌尖是活动的，舌背也可以沿着硬腭和软腭前后移动，所以对不同的接触就大有余地，我们可以想象，按关闭部位就可以有好几种齿音和喉音。最常见的是把舌尖贴近上齿，因此把这样发出的辅音叫做齿音，如法语的 t。但是它也可以靠近齿龈，例如发英语 take(拿)或 tire(疲劳)的齿音。末了，它也可以卷起直达到上腭，这就是某些语言学家所称的顶音或脑音[②]。这些音，像齿龈音一样，都只是齿音的特殊种类。

所谓喉音可以有更多的特殊种类：只要舌背的任何一点和上腭的任何一点相接触就可以发出一个喉音。如果闭合点是在硬

① Rondet 引 Rousselot，CXIII，p. 76.

② 按即卷舌音。——译者

腭，那就是腭音（如法语 qui“谁”的 k）；如果是在软腭，朝着小舌的方向，那就是小舌音，如德语 Kuh（母牛）的 k。小舌音和腭音本身也可以有几种特殊种类，例如可以按接触点在硬腭的前后分成前腭音和后腭音。

接触点这样确定后，让我们试看闭合的机制。空气从肺部输出，越过打开不动的喉门，流进口腔，像我们刚才所说的那样猝然在双唇、齿和上腭被挡住，然后接触忽然停止，空气可以继续溜出。所以任何塞辅音都可以分为三个时期：一个闭合期或内破期（implosion），一个可长可短的持续期（tenue），和一个张开期或外破期（explosion）[①]。发单纯辅音例如 t 的时候，外破期紧跟内破期，持续期缩减到几乎听不出来。相反，在所谓叠辅音里，这三个时期却很清楚，那不过是一些长辅音，并且发音时比短辅音更用劲。撇开音强的问题不谈，atta 这个音组和 ata 这个音组的区别是在于它的内破期和外破期之间有一个用耳朵可以听得出的持续期。认为 atta 中有两个辅音，ata 中有一个辅音，那是错误的。这两个音组的两个元音之间所包含的要素完全相同：一个内破的要素跟着一个外破的要素。但是在 ata 里，内破要素紧跟着外破要素，而在 atta 里，内破要素和外破要素却由持续期隔开，这持续期把闭合的时间延长了。

当接触点有所转移的时候，内破要素和外破要素的差别是很容易觉察出来的。试设想，正当空气通过的时候，舌尖往上齿靠

① Rosapelly, *Valeur relative de l'implosion et de l'explosion dans les consonnes occlusives*, VI, vol. x, p. 347, 363.

拢，但是刚一闭合，猝然间，舌背就往上腭贴近，并且在这个地位张开，那就是一个内破的 t 跟一个外破的 k，例如 atka 这个音组。

由上面所说我们可以判定元音如 a 和辅音如 t 之间的差别。就生理学方面说，这两个音位之间，除都是由肺部输出的空气产生的以外，没有任何共同的东西。但是在声音系列的这两个极端之间却有好些中介音。

首先，我们设想，发音器官的关闭不是很严的，而让空气有一条通道，哪怕这通道是很狭窄的。这不是塞音或暂音，而是擦音或久音，又叫做摩擦音，因为它的特点就是一种摩擦的声音。这已不是一扇关着的门骤然打开让积聚在那儿的空气通过，而是一扇开得很窄的门，让空气从里面挤出去。当然，擦音也可以有塞音的任何发音部位；我们可以想象在产生塞音的每个接触点上，只要双唇、舌尖或舌背留有余地让空气流出，就可以有一个相应的擦音。擦音有唇齿音（法语的 f）、齿音（法语的 s）、齿龈音（英语 thank“谢谢”或 thick“厚”的 th）、腭音（德语 ich“我”的 ch）、中腭音（法语 cheval“马”的 ch）、小舌音（德语 Buch“书”的 ch），每种都可以随着位置的不同而带有一切变体。在口腔的后部，擦音或摩擦音也可以发成喉音、咽头音或喉门音，如阿拉伯语的 haïn。

在塞音和擦音之间有一系列的中介音。这就是所谓半塞音或塞擦音。它们的特点是不能有维持得很严密的关闭；它们也像塞音一样有一个内破时期，但是这个内破时期后面跟着一个轻轻的张开的动作，所以很像是以擦音结尾的塞音。有些语言广泛利用塞擦音；我们可以把它标成 ^{p}f、^{t}s、^{k}ch。后两个音南部德语方言很早就有了；我们在巴伐利亚或瑞士人所说的德语中还可以很清楚地听到^{k}ch。

塞擦音，甚至擦音，距离元音还很远。但是它们的距离已没有元音和塞音之间的那么远，因为擦音跟元音一样，都有长度。只要肺部许可，我们可以随意把 f、s 或 ch 拉长。但是有一种方法可以使塞音像擦音和塞擦音一样接近于元音，那就是把它们发成浊音。

直到这里，我们假定发辅音时，喉门里的声带是停止不动的。所以我们得出的都只是清辅音，即不带“声”的辅音（像英国人和德国人叫做 unvoiced、stimmlos）。但是假如我们使声带颤动，像使元音带有“声”一样，那么所得出的将是浊辅音（voiced、stimmhaft）。浊音和清音的差别是在于前者发音时，其他一切相同，可是声带颤动。我们连续发出 p 和 b，t 和 d，k 和 g 等塞音，或 f 和 v，s 和 z，ch 和 j 等擦音，就很容易感觉到这种差别。如果我们发出这些音时仔细用手掩着耳朵，那么发到浊音的时候就马上可以听到喉门振动散发到脑袋里的共鸣。当然，我们直到这里所列举的各种辅音，包括塞音、塞擦音、擦音，都可以有浊音。我们试把可能的辅音计算一下，那么，浊音加上清音，前面所列的将要加倍计算。

*　　　*　　　*

我们现在要谈到一系列介乎辅音和元音之间的音位，人们因此把它们叫做半元音。我们似乎也可以反过来叫做半辅音。那与其说是受辅音要素影响的元音，不如说是带“声”的辅音。在前文所列的元音中，元音 u、i、ü 被定为闭元音，其特点是为了形成它们所固有的共鸣器，舌头在口中抬起（往前或往后，各视情况而定），缩小它和上腭的空间，结果，发 u、i 或 ü 时，空气在舌头和上腭之间流通从而产生一种摩擦的噪音。

这摩擦的噪音就是一种辅音的要素，它在这三个元音的发音中当然没有发浊擦音时那么显著；但是假如我们把元音 u、i、ü 和元音 a 加以比较，那就成了可以感觉到的了。特别是有一个方法可以听到它，那就是用耳语连续发出不同的元音。耳语的语言是没有浊音的，因此是不带"声"的，一切都缩减成了简单的噪音；① 因此元音 a 在这种情况下是一切元音中最难听到的，而元音 u、i 和 ü 由于它们含有辅音要素，却很容易听得见。

语言经常利用这种辅音要素来把 u、i 和 ü 发成辅音。那总是同一个音位，但可以有两种不同的用法。与 i 和 u 相当的辅音一般标成 y 和 w；法语在 yeux（眼，复数）、meilleur（更好）、oui（是的）、ouate（棉絮）里都有这个音。辅音 ü 是很少的，没有特殊的符号：法语在 cuire（煮、烧）、lui（他）、tuer（杀死）、puiser（汲水）里有这个音。

流音 l 和 r 也属于半元音的范畴。这后一个有时也可以用一个更确切的名称叫做颤音。这些都是在口中有确定发音部位的辅音，舌头占有一定地位，可以带有产生浊音的喉门颤动也可以不带有。最常见的是浊音。但是在好几种语言里 l 和 r 是念成清音的。流音 l 是边音：发音时舌尖靠着上腭，舌边下垂，让空气从两旁流出。可见它和齿音有个共同点，实际上，在法语里，发 l 跟发 d 一样，舌尖的动作差不多是相同的。另外还有两种 l：一种是腭化 l，其特点是舌尖的前部往硬腭抬起；另一种是软腭 l，发音时舌头

① 关于耳语的声音，试参看 Paul Olivier，VII 1899，p. 20 及以下。

的中部和后部往硬腭的旁边凹下成羹匙的形状。拉丁语里有软腭的 l,斯拉夫族语言也有这种音。

流音 r 的发音是由于口腔内有弹性的部分,首先是舌头,起颤动。舌尖起颤动的是齿音 r,舌背起颤动的是喉音 r。这些 r 当然也像齿塞音和喉塞音一样有各种变种。最后还有由小舌起颤动而产生的小舌 r:这就是所谓后喉音 r。除非很自然地具有这种音,这是一个很难模仿的音。齿音 r 就是现代英语的 r:像英语所有的齿音一样,它的颤动点就是在齿龈的顶端。

由上面描写的我们可以断定这两种流音都具有辅音的全部性质;实际上,在 râteau(耙)、loquet(门闩)、crapaud(蟾蜍)、claquer(起泡)、tarin(金翅雀)、milan(鸢)、halte(停止)、article(冠词)等词里,流音所起的作用,和塞音在 bateau(船)、coquet(妖冶)、taquin(戏弄)、mitan(中央)、tact(机智)、aptitude(才能)等词里所起的相同。但是发 l 或 r 时,舌头的位置形成共鸣器却跟发元音时的一样;此外,流音是可以延长的音,通常具有浊音性,我们可以当元音使用,构成音节。在德语 Löffel(羹匙)或 Acker(英亩)等词里,最后的音节差不多只有起元音作用的 l 或 r。有些语言,如捷克语,通常使用元音 r,常用辅音 r 的符号书写,如 krk(脖子)、prst(手指)、vrch(山峰)。

不管是元音或辅音,我们刚才所说的这些音还可以有另外一个用途,即作为复合元音的第二个要素。人们把两个元音结合成一个音节叫做复合元音;但是这两个元音在结合里没有相同的价值。在复合元音里有一个强的要素和一个弱的要素,弱的一般是第二个要素。闭元音 i 和 u 最容易起弱要素即第二个要素的作用。比如在 ey、oy、ay、ew、ow、aw 等音组里，那跟在元音后面的，认真说起来既不是元音，也不是辅音；那是复合元音的一个要素。有好几种印欧系语言的证据证明复合元音的第二个要素的作用跟元音或辅音的作用是有区别的。这些语言允许把用作复合元音第二个要素的功能同时扩张到流音 l 和 r：立陶宛语直到现在还保存着对复合元音 er 或 el 的特别处理，正像复合元音 ey 或 ew 一样。①

最后，有一种音位的重要范畴我们还一点也没有谈到。那就是鼻音。在上面所说的任何描写中，我们都假定软口盖是贴近上腭的顶点，因此关着不让空气流入鼻腔的。但是软口盖也可以往舌根垂下；这样，由肺部输出的空气就可以钻进鼻腔，同时从鼻子和嘴唇流出。事实上，完全关闭是很少的；就在上面研究过的各个元音中，发音时也有少量的空气钻进鼻腔里去。但是语言会利用鼻腔完全张开来发出人们所称的鼻音。除了某些由于器官的性质而产生的例外以外，上面所提到的各个音位，不管是辅音还是元音，都可能有一种鼻音的变种。只要发音时发音器官不发生变化，舌头不改变位置，软腭继续下垂，那就是一个鼻音位，不管是辅音或元音。法语有好些个鼻元音，每个法国人通过他的母语对于这些鼻元音都有足够的认识。我们写成 an、on、in、un 的都各代表一个音，其中除每个元音所固有的音色以外都加上了一些鼻音共鸣。只要发音时软腭下垂，一部分来自喉门的空气取道鼻腔流出，在这个意义上说，那就是鼻化元音。不管怎样写法，鼻元音 an、in 和

① Meillet, XCIV, 89.

un 并不真正与元音 a、i、ü 相当，那毋宁说各自与闭 ó、é 和 eu 相当。我们能看到这一点是有好处的。

相同的机理也可以用来发出各种鼻辅音。任何辅音都可以发成鼻音：有些语言连 v、l、r 也可以发成鼻音，但是人们一般把鼻音这个名称保留给带有鼻共鸣的浊塞音：只要发 b、d、g 时发音器官完全闭合，软腭下降，就可以得到鼻音 m、n、ñ（法语写成 gn）；这些音位可以延长，但是空气当然只能从鼻孔流出，因为口腔闭合，不让空气通过。有多少个浊塞音就有多少个鼻音。与清塞音相当的在理论上虽然说得过去，可是实际上用得相当少。

从刚才所说的可以看到，鼻音可以延长，带声，并且可以有鼻腔共鸣；就是说，像流音一样，可以起元音的作用。事实上，许多语言都有鼻元音，并且就我们所知，古印欧语里也有这种音。今天在德语 Atem（呼吸）或 bieten（出价）等词的第二个音节里也可以很清楚地听到这种音。另一方面，印欧语还把鼻音 n 和 m 用作复合元音的第二个要素，例如把 en em、on om 跟 ei、eu、oi、ou 一样看待。古希腊语在它的重音中还保存着这种用法的痕迹，并且直到今天，立陶宛语还可以提供一些例子①。

*　　　*　　　*

鼻音使由人类的发音器官发出的声音大大增加。但是我们还没有把这些音列举完毕。可能发出的音是不胜枚举的，那是因为构成音的要素大部分是可变更的交换要素。

一个元音的发出有一定的调子、一定的强度、一定的长度：音

① Meillet. XCIV，p. 89.

高、音强、音长可以使每个元音的变种成倍地增加。由于同一种语言里可能有好几种长度，由于音高和音强可以产生变调和语调，这些不同的变种本身就包含着好些多种多样变化的原则。①

关于音长在古典语言中所起的作用，我们可从它们的诗法中得到一个概念，梵语里也是这样。至于说到声调，我们可以从远东的好些语言中得到令人注目的例子。在这些语言里，单只声调一项就足以区别词的意义和价值，否则就都成了同音词。在汉语里，某个单音节词，如果发成六个不同的声调，就可以表示六种不同的事物。越南语的变种更多②；例如 co 这个音节有十五种不同的发音，相当于极不相同的意义③。

还有其他一些可能的变化，甚至在如何构成每个元音所固有的共鸣器方面。有硬的喉门塞音，德国人的 fester Einsatz，和软的喉门塞音或 leiser Einsatz，二者的差别是在于发词首元音时喉门怎样张开。发硬的喉门塞音时，喉门骤然张开使元音和它前面所有的音干脆地脱离；这是德国北部的人惯用的发音法。那是很特殊的，只这一点就足以把一个德国人的发音和使用软喉门塞音的法国人或英国人区别开来。有一个英国的语言学家埃利斯(Ellis)曾用一个很巧妙的比较法使大家感觉到这种差别。一天的黎明总是逐渐地、不知不觉地到来的，我们说不出夜到哪儿为止，日从哪

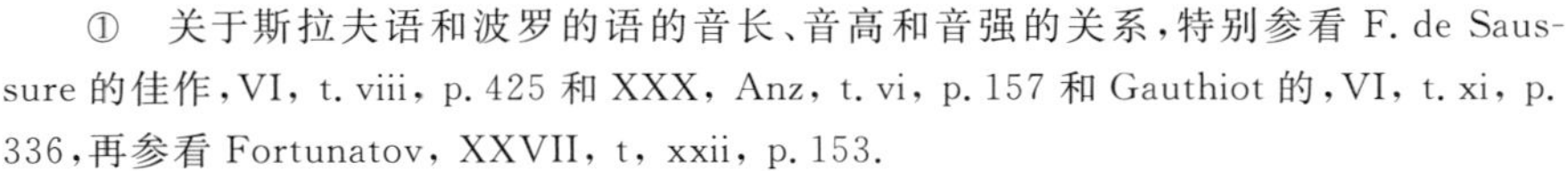

① 关于斯拉夫语和波罗的语的音长、音高和音强的关系，特别参看 F. de Saussure 的佳作，VI，t. viii，p. 425 和 XXX，Anz，t. vi，p. 157 和 Gauthiot 的，VI，t. xi，p. 336，再参看 Fortunatov，XXVII，t，xxii，p. 153.

② Cadière，LVIII，p. 79 及以下。

③ Grammont，VI，t. xvi，p. 75.

儿开始，这就是元音的软的喉门塞。相反，假如我们于正午的时分突然把关着的百叶窗打开，一下子整个屋子泛滥着一道猛烈的阳光，这就是硬的喉门塞。这猝然的突变甚至并不只限于喉门的张开。有些语言，例如丹麦语，把它也用于关闭。那是在元音之末，发音刚一结束，就发生除阻或"冲击"（德语叫做 Stoss，丹麦语叫做 stød）。丹麦语有两个词，如 anden（鸭子）和 anden（其他），其间的差别就只在于有没有 stød。英语有些方言，特别是在苏格兰使用的，也可以向我们提供有关"glottal stop"（喉门塞音）的很好的例子。[①]

辅音的发音，除上面说过的发音上的差别以外，也可以有一些非常重要的变化。最少有两种值得在这里提一提：有的是由于筋肉用力不同，有的是与喉门张开的程度有关。

并不是在任何语言里，发音动作都要花费一样的筋肉力量。有的语言，话说得缠绵平和，语调均匀。相反，在另外一些语言里，筋肉却很紧张，使人听了有一种猛烈的印象，带有突然的宽弛、激动和冲击。

在同一种语言里，有些音比另一些音需要更猛烈的筋肉紧张。这一事实已引起古希腊人的注意。他们把他们的辅音分为强音和弱音两种。一般地说，音强的差别是跟清浊音的对立有关的。古希腊语是这样，现代法语也是这样。在这些语言里，辅音 p、t、k 既是清音又是强音，相反，辅音 b、d、g 既是浊音又是弱音。但是有些语言并不是这样，或者用另外的方法加以调整，例如法语塞音和

① Jespersen, CLXXIII, p. 79.

德语塞音间的差别之一是在德语，特别是在南方德语里，浊塞音b、d、g是强音，使法国人听起来引起一种介乎清音和浊音之间的印象，有时甚至更接近于清音而不接近于浊音。相反，我们将可以看到，南部德语的清塞音往往是弱音，当它们不是送气音的时候。

辅音发音中的另一个变化原则是由于喉门张开的程度。有些塞音发音时喉门张开，有些喉门紧闭。

在喉门紧张的发音中，如法语以及斯拉夫语言和古希腊语的，塞音发音时喉门的边缘或声带互相接近。所以塞音是清音，发到塞音后面的元音时，声带已经准备好了马上就发生颤动；如果塞音是浊音，那么从内破期开始就发生颤动，以便使塞音成浊音。相反，在喉门张开的发音中，如日耳曼语言的一般发音中，[①]声带需要一定时间才能进入颤动的位置，或者是在使辅音浊音化的内破期，或者马上在发元音的外破期之后。最常见的是稍有一点轻微的延缓，全闭期和喉门开始颤动之间不能一致。德语塞音和法语塞音的主要差别是在于德语发音时喉门颤动比法语的迟缓。法国人听见德国人发ba、da、ga的时候，常把它解释为pa、ta、ka，这就是其中的另一个理由。法语里，辅音从内破期开始就是浊音；在德语里，辅音的头一部分都是清音，浊音在内破期后相当一段时间才开始。

喉门张开的发音还有另一个后果。全闭期的整个时间，由肺部输出的空气不断积聚在口中，因为在气管的末端没有任何东西挡住不让它自由通过，而在喉门关闭的发音中，声带至少有一部分

① Meillet, XCV, p. 36 和 IV, t. xvi, p. clli; Grammont, LXXVIII, p. 84.

截断空气不让流出。结果是,在外破时间,空气从口中流出比喉门张开的发音猛烈;因为在喉门关闭的发音里,喉门在某种程度上能起调节气流的作用。空气冲击得这样猛烈,人们一般在外破的时候就听到这种空气流出所特有的噪音,人们用一个不很适当的术语叫做“送气”。另一方面,正如我们刚才所说的,喉门开始颤动略为后面的元音所延缓,有一段相当长的时间,既还没有元音,又已不再有辅音。这一段空间当然为送气所占去,最后有所谓送气的辅音;所发的音不是 p、t、k,而是 ph、th、kh。这个辅音的变种,如果我们让一个南方的德国人念 le pavé de Paris(巴黎的马路),une tasse de thé (一杯茶),un carreau de cassé (打碎的玻璃),那么是很容易从他的口中听到的。

*　　　*　　　*

在这个术语集里我们还远远没有把一切音位的可能性都搜罗进去。例如直到现在我们所列举的只是由呼气发出的音位。但是也有一些所谓吸气音位。在理论上我们可以把前面所列的一切音位再拿来设想为是用“吸气”发出的;这样,那个表就增加了一倍。“吸气”或“吸气的”这术语是不适当的,因为在有关音位的产生中并没有把空气引入呼吸器官里。这些音位只相当于一种吮吸的动作;人们也叫做“搭嘴音”(clics)①。

吸气音位或搭嘴音是相当少的。据说非洲有些语言正常使用。但是印欧系语言的语音系统里没有这种音。人们只偶然在某些地方碰到。已经确定的是在现代布列塔尼语的第一人称复数的

① L. Havet, VI, t. II, p. 221; Sacleux, CXVIII, p. 44.

词末发展出一个 p(如 karomp“我们爱”,来自 karom),那只是由于一个搭嘴的发音。[①] 这在欧洲现代语言里只是一个例外的事实。

反过来,在任何语言里都把搭嘴音用作叹词。例如法语有一个表示怀疑或引人注意的吸气音;把一个齿龈音 t 发成吸气音就表示赞赏,惊奇;f 的吸气音有时表达食欲已得满足,有时表达觉得吃力或急剧的和轻微的痛苦;oui(是的)这个词如果用来表示怀疑或恳切,往往会成吸气音;non(不)这个词说得很低声和漫不经心也是这样。

① Rousselot, CXV, t. i, p. 492;又参看 Loth, VIII, t. xvi, p. 201.

第二章　语音系统及其演变

能够发出的音位几乎是无限的。没有任何乐器能像人类的发音器官那样发出各种各样的声音。但是语言并不同时利用一切语音的资源。相反，每种语言的音位的数目都是相当有限的。

不消说，人们不能按字母的符号有多少来计算一种语言的音位。语言的声音通常比符号多。法语、意大利语、英语、德语都是这样。可是，一般地说，一种语言的音位的数目很少超过六十个，可能甚至比这个数目少得多。

这个数字不足为奇。它当然可以用人类发音器官所发出的声音的多样来加以解释，这些声音在同一种语言里不能用得太多以免说话的人发生麻烦。此外，在可能发出的声音中，由于发音器官的构造，有许多是互相排斥的。

在整个语言里，音位都是紧密地互相联系着的；它们共同构成一个连贯的、封闭的系统，其中各部分都是互相对应的。这是语言学的第一个原则。这个原则是极端重要的，因为它确定了语言不是由孤立的音位构成，而是由音位系统构成。

任何有外语实际经验的人都会感觉到每种语言都有一个特殊的语音系统。当他由一种语言过渡到另一种语言的时候，遇到发每个词音，不必老挂念着要把发音器官调整到适宜于发出构成这个词的音位的位置，这样，他是永远不会把话说得很流利的。每当改变语言的时候，只一次把发音器官调整到总的方向也就够了。如果所说的外语是他所熟识的，他的发音器官就会不知不觉地改变位置，使得发出的任何音位都符合那新的语言，会许多种语言的人好像拉手风琴的乐师，把键盘移动一下就可以使所奏出的声音具有一种特殊的音值。不习惯的语言，人们说上一段时间就会感到疲乏，这种移动对疲乏非常敏感。发音器官被迫采取新的位置，同样需要筋肉作出新的努力。例如，对它们要加以练习，时间一拉长，很快就会引起疲乏。说本族语言的人要模仿外族人发音也会知道，要获得所求效果，只要作出一种人们所称的语音移位的动作就够了；这种移位做好了，同一页法文给人的印象好像是由一个英国人或德国人念的一样。

语音系统之所以存在，是由于平衡规律的结果。一切协力发音的器官建立了一种一致，由于这种一致任何器官的每个位置都跟其他器官的相同位置相对应。这种一致甚至不只限于器官的位置；它并且扩展到筋肉的用力。例如有些音位的发音比另一些音位的发音要用更多的气息或更大的接合力。此外，音长的差别通常是跟音色的差别连在一起的。

法语的 a 和 o 是短音或长音各有不同的音色。例如我们可以从 pâte（面团）和 patte（爪），côte（海岸）和 cotte（衬裙），saute（跳）和 sotte（愚蠢）等词的发音里看得出来。德语的短 e 和长 e，短 o 和长 o 也有类似的差别；例如 stehen（站立）、Reh（鹿）跟 Stelle（位置）、retten（救）对立，Sohn（儿子）、Boden（土地）跟 kommen（来）、Gott（上帝）等对立。在许多语言中都是这样。

语音系统在一种语言的发展过程中是不稳定的。我们试回想一下它是怎样累代相传及凭什么条件来维持它的平衡，那就可以了解了。

一个人在童年的时候，他的语音系统就固定了。一生中假如没有遇到什么可能损及他的器官的意外，就一直维持不变。但语言的习得不是一下子完成的。在对语言发展最重要的头几年，小孩一天一天继续不断地尽力按照他所听到的加以复制的词储藏起来，他所要学习发出的不是声音，而是词或词组。所以必须把他的器官加以调节使能发出一些有时是非常复杂的声音的结合。很少一个子就弄得很正确的。那需要反复多次按照跟他说话的人的发音来纠正他自己的发音，直到他相信已经达到正确地复制他所听到的为止。他在见习末期所确定地采用的形式就构成了他的语音系统；那是经过连续摸索，淘汰了那些不受欢迎的声音，使他的器官适宜于完备的发音才逐渐建立起来的。① 其后就自动地做出各种活动。器官有一种记忆力可以比之于钢琴家的手指，他一方面瞧着乐谱上的调子，一方面机械地用手指来回按着键盘上的键。

儿童必须全部学习，在这个意义上说，发音累代相传不是连续不断的。毫无疑问，在这见习期间，遗传的素质是应该起作用的。但是不难猜想到，在每个新的一代，发音的完整性会遇到多少意外。见习期满后，小孩的语音系统和他的双亲的完全一样，那是很少见的。有些语音学家认为那是永远办不到的。

① 参看前章的开头引用的著作和 A. Meillet. IX，i，p. 311 和 ii，p. 860.

在构成语音系统的这种复杂活动中，有时某个器官活动得过分一些，或稍微延缓它的动作；有时某一筋肉进行活动时软弱一些或缓慢一些，或者相反强硬一些和迅速一些，都可以使得前后两代的语音系统失去一致。这种不一致可能缩减到很小，甚至使人听不出有什么显著的改变，可是后果是很严重的，因为它至少预兆着一种系统的平衡已被打断。这种不一致有时并且是很显著的：小孩的发音已跟他的双亲的不同；他们所原有的一系列声音已被他用一系列新的代替。例如小孩养成习惯把舌尖靠近齿龈的顶点而不是靠近上齿，这样就是用一系列英语的 t 和 d 来代替法语的齿音了。

这种语音的变化显示出几个非常重要的特点，首先，它是无意识的。小孩把舌头伸得太远或不够前，他并不知道做得过分或有什么欠缺。他发音不同，但是相信发得和他的父母一样。无意识的改变可以解释为什么能持久。如果意识到他的错误就要设法纠正了。

此外，改变是绝对的。那就是说，改变是完全的，死不转头的。那不是自发的创造，把一个新的要素加于那系统；那是一个现存要素的转变。这种转变预定小孩已无法准确地复制他所听到的音位。甚至令人注目的是，那刚被废弃而代之以另一个的音位，一般都是所有在系统以外的音位中最难发音的那个。今天法国人已经失去的腭化的 l，现在谁也不必费苦心去发这个音了。

最后，改变是有规则的，那就是说，它的方向是由以前的变迁决定的。这个特点可以用造成系统平衡的要素的性质来解释。在任何语音系统里都有一些占压倒地位的支配一切的要素。我们描写任何一种话的系统都可以把这种话的一切细节归结为一些有关舌头的位置、气息的强度、筋肉的力量等的一般原则。毫无疑问，由于系统或多或少总是随时代而演变的，这些一般原则只在一定时间发生效力；但是只要有一天存在，就将构成那语言的间架或骨骼。并且，事实上，我们试把那语言的不同历史状态互相比较将可以看到后期表现出来的改变在前期状态中已经有了萌芽了。

*　　　*　　　*

语音变化有规则的古典例子，就是日耳曼语的“辅音演变规律”，德语叫做 Lautverschiebung①。这种现象，除日耳曼语以外，在其他语言，例如亚美尼亚语和奥塞特语里，也可以看到。它的出发点是在于关闭喉门发音和张开喉门发音的不同。

如果一个民族，例如日耳曼人，习惯于张开喉门发音，那么清浊塞音由于喉门开始颤动迟缓，就很容易发生一系列的变化。

一方面，在像 da 或 be 这样的音组里，声带的颤动不是紧跟着内破期开始，辅音有相当大的一部分变成了清音；最后，倾向终于把全部浊音变成了清音。另一方面在像 ta 或 pa 这样的音组里，在塞音的外破期和后面跟着的 a 的发音之间总有一段或长或短的间隔。但外破期却让空气自由流过。这样，假如外破期特别强大，器官尽管有空气流出的突然推动仍然不马上恢复到静止位置，就自然有一种把塞音变成送气音甚至塞擦音的趋势，于是把它发成

① 这里所举的关于这种现象的解释，一般都是由法国语言学家作出的（Meillet，XCV，p. 27；Gauthiot，VI，t. xi，p. 192；Vendryes，XCIX，p. 130）。它不是每个人都接受的。参看 Wundt，CCXXIII，i，2，p. 405；H. Meyer，XXXV，t. xiv，p. 107 及以下；Hirt，CLXVII，p. 615；S. Feist，XXVI，t. xxxvi，p. 307 和 xxxvii，p. 112.

tha、pha 或者 tsa、pfa。如果空气的推动使器官不能完全闭合，那么送气音和塞擦音的自然结局就是变成擦音（þ、fa）[①]了。

我们刚才所阐述的两个过程在日耳曼语的历史上是起很大作用的。共同日耳曼语的清音常与印欧语的浊塞音相对应（如峨特语的 skapjan“造形”、itan“吃”，古高德语的 melkan“挤奶”对拉丁语的 scabo“造形”、edo“我吃”、mulgeo“挤奶”）；共同日耳曼语的擦音常与印欧语的清塞音相对应（峨特语的 hligan“飞”、þahan“静默”与希腊语κλέπτω、拉丁语 taceo 相对应）。这是日耳曼语所特有的两个演变。[②] 但是来自清塞音的擦音并不总是清音，在有些情况下成了浊音。有一个丹麦语言学家维尔纳（K. Verner）曾表明只有在印欧语里它后面的音节不带重音的词里，它才是浊音。[③]

实际上，有好些不同的趋势曾打横割断了语音演变的相互作用。例如在其他好几种语言里所显示的，两个元音间的清擦音变成了浊音（维尔纳的发现在这里只带来了一种纠正）。还有另一种趋势，浊擦音由于说话者的反弹，反作用于已经历的弱化，于是变成了浊塞音。德语里曾发生过这后一种情况。例如与英语的 thin（薄）、thumb（大拇指）和 thorn（荆棘）等词对应的，德语的 dünn（薄）、Daumen（大拇指）和 Dorn（荆棘）等词的词首辅音从前是擦音，现在都成了塞音。这种演变在齿音方面最清楚；它甚至自发地

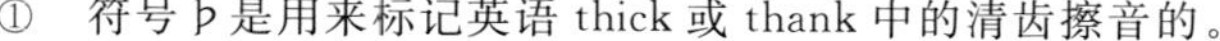

① 符号 þ 是用来标记英语 thick 或 thank 中的清齿擦音的。

② 德国人，往往为其他国家的语言学家所仿效，习惯于把日耳曼语的语音演变规则叫做“格里姆定律”，尽管它在格里姆（Jacob Grimm）之前已为丹麦人拉斯克（Rask）所发现。参看 Pedersen，CCXXX，p. 52 及以下。

③ 见他在 XXXVII，t. xxiii，的一篇著名论文 p. 97.

扩展到了德语的领域以外(英语 gold“金”、wild“野蛮”对峨特语 gulþ、wilþeis)。在这领域里我们可以找到关于其他一些擦音的相同发展[①],例如在几种方言里,w 在词首变成了 b(bas“什么”代替 was 或 beil“因为”代替 weil),或 j 在 r 之后变成了 g(Ferge“船夫”、Scherge“差役”,来自更古的 verjo、scerjo)。

这些例子表明我们不能把日耳曼语的一切辅音变化都归结于一个单一的原则。但是值得注意的是,在一切来自特殊条件的变化中,那在史前时期演变的一般趋势,在日耳曼语的全部历史中还历历可以感觉到。例如在古高德语于大约公元 6 世纪完成了第二次辅音演变后,近代德语至少在南部地区又在准备着第三次演变;在该领域的另一地点上,在丹麦语中,一次新的演变目前正在完成。[②]

像辅音演变这样的现象——那是规律性和继续性的很好的例子,同时表明语音演变往往可以扩展到一个相当大的人群。因此要估计一个演变的性质,只把一个小孩的发音跟他的父母的发音相比,即在每一代中只考虑一个孤立的个人是不够的。在语言学家的心目中,值得考虑的唯一变化是一群人的言语中所出现的演变。

语音演变主要是由一代到另一代的过程中产生的。此外还要确定个人变迁的部分和同一代所有的小孩共同变迁的部分。有时某个小孩由于某种与生俱来的体质上的缺点不能发出某些声音,

---

① Behaghel, CXLIV, p. 201, 204.

② Braune, XXVI, t. xxxvi, p. 564.

换句话说，他有一种发音上的缺点。这些个人的缺点往往只对开业医生发生兴趣，对语言学家最多只能指出某些语言的趋势。有时，它们事实上只在于过分强调了某一自然趋势；这就暴露系统的弱点来说，是征候性的。它们表明在哪一个地方抵抗力最弱，新的趋势会有往哪一个方向引导那语言之势。但是这一情况要求语言学家非常慎重，一般可以不必去考究；要认识一种趋势，不能把研究只限于某一个个人。

许久以来人们相信一切语音演变都是从个人出发的，并且只是个人演变的一般化。这种对事物的认识是不正确的。任何个人都没有能耐把一种他的邻人在本能上厌恶的发音强加于他们；没有任何能使一种语音演变一般化的约束力。要使一种演变成为某一社会集团的规则，必须那集团的所有个人都有自发地遵守这一规则的自然趋势。[①] 就是模仿的力量在这里也是无能为力的。一种越出常轨的发音不会为它的作者招来任何小徒弟，一般只会引起别人的笑话。

我们尽管可以反对时髦的影响，但它在某些情况下是否认不了的。我们知道，在罗马帝国执政官政府的时期，当时的贵族社会仿效波哈涅斯(Beauharnais)一家遵守克雷奥尔(Créole)的习惯不发 r 这个音，矫揉造作地把这个辅音废除了。这就是 incoyable (不可相信的)的时髦。[②] 那是不能持久的，没多久就只能在一些版画和日历的传说中留下一些痕迹了。在古代也有过一些类似这

① Meillet, IX, I, 311 和 II, t. ix, p. 595.

② 他们把 incroyable 中的 r 废除了。——译者

样的时髦。阿尔西比亚德(Alcibiade)有把 r 发成 l 的习惯(阿里斯托芬《黄蜂》,44—46),他的儿子相信模仿得好(普鲁塔尔克引自阿尔奇波斯的《阿尔西比亚德传》,41)。[①] 卡图鲁斯(Catulus)嘲笑他当时的一个叫做阿里乌斯(Arrius)的罗马人模仿希腊人把拉丁语的 c 念作送气音,例如把 commode“方便”念作 chommode。

这些都是例外的情况,解释适当可以证实规则。事实上我们可以看到,这些语音演变是没有尽头的。拉丁人仍然继续把他们的 c 发成塞音;c 在罗曼语言的历史中并没有受到阿里乌斯所代表的时髦的任何干扰。所以这种假内行的特殊发音仍然是停留在罗马人的语音系统之外的。诚然,它在某些孤立的词里有可能维持一段或长或短的时间。但是这已经不是语音学的事情,而是词汇学的事情了。此外,问题是要知道卡图鲁斯所嘲笑的怪癖归根到底是不是简单的词汇学事情。阿里乌斯要把他的语言中所有的 c 都改成 ch,即有系统地把一种发音代替另一种发音,那是不大可能的;他显然只限于在某些词里有 c 的地方引入了 ch,使这些词看来具有希腊语的姿态。

Incroyables 的情况完全不同。它把另一种法语方言,马尔提尼克(Martinique)方言的克雷奥尔发音习惯引入了正常的法语,即巴黎的法语。在法语中取消 r 看来似乎是符合语言的一般趋势的,至少就巴黎法语所特有的喉音 r 来说是这样。在某些位置,在词末辅音之后,甚至在两个元音之间,这个 r 在今天是不大为人所

① 指公元前 3 世纪希腊著名剧作家阿里斯托芬(Aristophenes)所写喜剧《黄蜂》,用来讽刺他的文艺上的对手。这段故事见于罗马早期作家普鲁塔尔克(Plutarcus,公元 50—125)著作中所引阿尔奇波斯(Archippos)的《阿尔西比亚德传》。——译者

感觉到的。假如没有学校和传统文字的影响，它也许早已从法语中消失了。英语齿龈的 r 的发音部位不同，也正在消失。许多英国人也许不知道他们已不再发这个音了。

*　　*　　*

在语言学中，人们习惯于用“定律”的形式[①]来表达语音演变。有关日耳曼语的辅音演变的所谓“格里姆定律”就是这样。由上面所说的我们已经可以了解在这里应该使“定律”这个词具有什么样的价值。有一个还很有名的句子宣称“语音定律盲目地行动，具有盲目的必然性”(die Lautgesetze wirken blind, mit blinder Notwendigkeit)[②]。这个句子当时曾挑起热烈的争论，到今天毋宁说会引起人发笑。关于它，我们至少可以说，是轻率的，使语音定律具有不合理的权威。语音定律不起什么作用，就这个术语的科学意义来说不是“必然的”。在这里，把“定律”这个词加以滥用导致了错误。

法律的制定是为了支配人类行为的，因而有它的转向未来的作用。例如刑法决定罪犯的命运，民法强制公民的行为。我们把定律这个词应用于来自经验的自然真理，例如在物理或化学方面的，那已经是一种令人遗憾的扩张。对这种扩张有利的是在这些

① 参看 van Ginneken LXXVII, p. 462 所列目录和 Meillet, Les lois Phonétiques, IX, t. I, p. 311; Wechsler, Gibt es Lautgesetze?; B. Delbrück, Das Wesen der Lautgesetze (XXIV, I, 277-308 〔1902〕); J. Vendryes, Réflexions sur les lois phonétiques (XCIX, 115-130 〔1902〕); 和 Baudouin de Courtenay, CXLII.

② 这是德国语言学家奥斯特霍夫(Hermann Osthoff, 1890)所说的一句话。人们是在 1870 至 1880 年之间在原则上开始建立起语音定律的。参看 Schuchardt, CCIV.

科学中，经验在各种现象间所发现的关系却是永恒的关系；所以作为关系的简单公式的定律，虽然只是在经验之后的，看来却好像是在经验之前。但是如果我们认为定律有一种命令的性质，那就是对语言的滥用了。

语音定律甚至不能与物理学定律和化学定律等量齐观。联结一种语言两个相连续的状况的是一种情况的联系，而不是自然的联系，所以我们不能“先验地”知道某一个声音会怎样发展，因为在声音的发展中常受或多或少不为人所认识的因素干扰。然而，作为过去演变的公式，语音定律是有一种绝对性质的。这种性质来自语音系统的结合力和语音演变的规律性。由于发生变化的不是个别孤立的词，而是发音，因此所有发音相同的词都起同样的变化。这就是语音定律的整个原则，这些就是一些概括过程和对应规则的公式。

人们可以借助于语音定律把一种语言的语音史列成若干公式，使人得以了解这些语音变化的钥匙。人们认识了某种语言的一个词，它的形式是可以用某一定律来加以解释的，那么，凡符合于这一定律的其他所有的词的形式就都可以预先知道了。假定有两种方言，其中每一种按照各自的规律都来自同一种语言，那么认识这些规律就都可以揭示它的语音面貌了。假如我知道英语保存着的古代词首的 t 德语已变成 z，那么就可以解释 Zähre（泪）的形式和 tear 相对应，而且明白 zehn 和 ten（十），zwingen（强迫）和 twinge（刺痛），Zunge 和 tongue（舌头）等等的对立。这些词中的一个可以使人预见到另一个。语言学家有时先验地重建某个不存在的词的形式，其后由于新文献的发现而得到了证实。语音定律是一切词源学工作的基础。词源学家不注意语音定律，他的工作将是徒劳无功的。

我们也很容易表明语音定律对外语研究能有多大的帮助。学习一种新语言，认识这种语言的另一些已知道的语言之间的对应规则将会有极其宝贵的帮助。例如知道西班牙语将拉丁语的词首 f 变成 h，我们就预先知道了 hacer（做）、harina（面粉）、heno（干草）、hierro（铁）、hijo（儿子）、hoja（树叶）、humo（烟雾）等等。在这种情况下有一种指点记忆的嗅觉，遇必要时代替它，使我们有可能重新找到某个词的形式，并且具有一定真实的保证。但是错误的机会还是存在的。甚至有些语言上的错误是由于把语音定律加以不适当的或过分地应用而产生的。（例如超方言现象或超城市现象等事实，我们将于后文讨论）。在上述情况下要根据拉丁语 focus、意大利语 fuoco 和法语 feu 的对应先验地重建西班牙语“火”的名称就会弄错。它的真正的形式是 fuego 而不是 huego。这是因为西班牙语的词首 f 在 u 之前并没有变成 h。加斯贡方言在这一点上走得比西班牙语更远，他们把“火”说成 huek，词首的 f 在所有位置上都变成了 h。[①]

语言学家头一点要留意的，应该就是精密地确定规律应用的条件及其在空间上和时间上的范围。

事实上，语音演变是有时间上的限制的。演变一旦达到所有与它有关的词，表达这演变的规律可以说就被废弃了。语言可能

① 参看 Meillet, Linguistique historique et linguistique générale XLII (1908), p. 5.

重新创造一些新的结合，与演变以前所达到的完全一样；这些结合继续存在而不改变，即所谓的它们已不受规律制约。所以任何语言都有一些同源词，它们的来源是相同的，于不同时期被引入语言里；其中词形变化最大的就是最古老的，它们曾受语音演变的影响，可是这些语音演变当其他的词被引入时已不发生作用了。我们在法语里有 avoué（诉讼代理人）和 avocat（辩护人、律师），loyal（忠诚的）和 légale（合法的）这些词，各自来源于相同的拉丁原型；当第二个词采取与第一个不同的道路进入法语时，那些对第一个词曾引起很大变化的语音定律已经很久不发生作用了。

在某些语言间确立的对应公式，有时甚至会为其后的借词所破坏。德语的 ss 和英语内部的单 t 或双 t 对应：例如 besser 和 better（更好），Wasser 和 water（水）对立。但是这两种语言有一个相同的词 butter（黄油），又如，德语 Messe 即英语 mass“节”（如 christmas“圣诞节”、lammas“八一节”[①]），每一个都以不同的方向与上述规律发生矛盾。这是因为 butter 和 mass（Messe）都是拉丁语借词。

甚至没法了解确定语音定律的程度和范围的各种条件，使我们有可能把表面上构成例外的现象解释为自然事实，我们也不能永远成功地排除一切困难。其中有些是方法本身所固有的。一方面，语音定律只能很不完备地使我们知道把它的结果记录下来的演变的性质；另一方面，它永远只是一个概括了各种复杂过程的平均数。

---

① 指旧时的收获节。——译者

在语言演变中，必须把由于代替产生的和由于演化产生的区别开来。一个声音，由于自然的创新，自发地变成了另一个音。那就是演化。例如在法兰西岛的法语里，拉丁语的长而闭的 e 连续变成了 wè，然后变成 wa（今天依照古代的写法写成 oi，在 13 世纪就已经不是确切的了）。我们把写作 loi（法律）、roi（帝王）、poire（梨）、loir（山鼠）的念成 lwa、rwa、pwar、lwar，这是巴黎法语的正规发音。如果我们在远离首都的一些土语里也听到同样的发音，那往往是巴黎话里借去的，而不是由于这些土语的自然创新。这些土语本身往往可以提供事实的证明。它们的某种更古老的形式，或者某些特殊的词，还在某些地方保存着它们的自然发音：例如在某种乡村的方言里我们还可以听到人们把 un loir 说成 un lèr，可是另一方面又说 une poire。Poire 的发音就是模仿的事实，即借用①。

借词对语音演变的重要性表现在一切文学语言的构成中。例如德国北部土语里 ai 和 au 代替了单音 i 和 u，那是一种借词的事实；演变不是自发的。同样，当一个撒克逊人采用正规德语的发音说 müssen（必须）和 schön（好）而不说 missen 和 schèn，这就是由于代替的演变而不是由于演化。②

但是语音演变的陈述并没有揭示演变的性质；要认识演变直到哪一个地点是自然的和自发的，及从什么界限起是由于模仿的

① 关于土语中借词的性质参看 Grammont VI，x，293 和 Terracher CXXIV，Introduction.

② Poirot，II，t. IX，p. 603. 参看 Bremer CXLVII，p. 11. 关于英语的，见 Storm，CCIX，p. 820.

代替的结果，那还需要一些辅助的证据和特殊的调查。也许在一些古代语言的历史中，当人们确立一种包括整个广大地区的语音定律的时候，把好些不同事实列入这个规律里，不知不觉地把代替和演化混同起来了。

还有许多其他原因不能包括在语音定律里面。当人们说送气音 h 和擦音 w(digamma)在希腊语里已经消失的时候，那就是把一个极其复杂的演化概括在一行字里，在那里语音学不是唯一有关的因素。我们必须参阅梅耶先生的《一瞥》[①]一书，看看这两个音位的发音曾经历过怎样的沧桑变化，有些政治上的或社会上的情况怎样有助于维护着它或使它恢复在某些土语里，有助于把它从其他某些土语里淘汰出去。事实上，如果说这词首的 h 没有在希腊语的土语中留下任何痕迹，可是它的消失的历史却包括着一个相当长的时期；它在亚洲的伊奥尼亚语和列斯波斯的埃奥里亚语里早已不发音，但是在公元时期人们还可以找到它存在的某些痕迹。Digamma 的消失需要更多的时间；伊奥尼亚语和阿狄克语在有史时期以前就已经丧失，但是在拉可尼亚，直到编纂为赫西邱乌斯(Hesychius)所利用的词典的时代还发出这个音，也许在这个地区它甚至从来就没有完全死亡过，因为今天的拉可尼亚语把“小羔羊”说成 vanne(古希腊语为 ϝαρνιον)似乎还保存着这个音。可是希腊语和所有希腊语方言的一般趋势都要把 h 和 w 加以淘汰，这也同样是真的；所以语言学家就有权利说这种淘汰是希腊语的

① A. Meillet, *Aperçu d'une histoire de la langue grecque*, 2e édit, Paris, 1920, p. 24,27,167.

规律之一，尽管今天拉可尼亚语是一个例外。这里所列的公式表达了希腊语的一种趋势，并且概括了一种语音演化，这种演化实际上包含着许多因时因地而不同的情况。

我们考察各种语言所特有的大多数的巨大语音演变都会得出相同的结论。

语言学家所确立的语音定律，无论是在空间上或时间上，永远都只表达一种平均数。在一个相当广大的地区，如操法语或德语，希腊语或拉丁语的地区，语音的变化都不是一下子在相同的时候完成的。但是我们可以说，法语已把拉丁语的长的闭 e 变成了 oi，或在词的内部，德语的 ss 与英语的单 t 或双 t 对应。因为，事实上，把例子一个个从词典中拿出来，很自然地淘汰了一切来自借词的例外以后，剩下来的当然没有一个是跟规律发生矛盾的。在只考察结果、统观语言全部发展的语言史学家看来，规律似乎是绝对的。但是他观察口语，并且当某种语音演变正在完成之时到一个相当广阔的地区去跑一趟，那么对事物的看法将完全不同；如果他要在空间上和时间上确定语音演化的日期，那么结果将会只考虑某一个个人，把他和直接的前一代和后一代比较。

把同一种语言的各种土语所提供的资料和它们的历史上的不同日期结合起来，那么对每个音位的演变将可以得到一个很有规则的曲线。甚至在地理上说，我们在一定地区也往往可以看到一种语音的逐步降落，使人从一个乡村到另一个乡村就要经过演变的各个中间阶段。

现代布列塔尼语有一个趋势，就是将人们写作 c'hw 的复杂音位改念成 f。这个音位含有一个清喉擦音后面跟着像英语所发的半元音 w。在布列塔尼地区北部的雷奥纳尔语里，这个音位还可以很清楚地听到：c'hw'ec'h（六）、c'hwero（苦）；在这地区的西南部，杜瓦涅涅斯和拉兹三角洲之间，这些词分别念成 fèc'h、fero，带有法语 fève（蚕豆）或 faire（做）的 f。[①]

在理论上设想出演化的各个阶段不会有什么困难。c'h 首先一定曾经过一种简单的送气，希腊人的强呼气，德国人的 h；我们可以从其他语言，特别是经过德语本身来认识这个过程。同时，w 逐渐变成了一个唇齿擦音，最后变成一个简单的 v；这种演变也是曾得过证明的，我们可以把它叫做古典的演变，因为从通俗拉丁语和德语起，许多语言都曾发生过这种变化。从那时起，c'hw 这个古音组变成了 hv，hv 这个音组又起了我们所能期待的变化。h 的气息截止了喉门的颤动，侵入了 v，使它变成了清音 f。例如在古爱尔兰语里，hv 这个音组（来自 sw，而不是像布列塔尼语那样来自 c'hw）很有规则地变成了 f。因此 c'hw 变成 f 的演化就曾有过好几个中间阶段，但都是合法的，并且符合在别的语言里所确认的事实。

如果我们离开雷奥纳尔地区，取道沙多兰和洛克罗南往杜瓦尔涅涅去，就会在布列塔尼领域内碰到跟理论上构拟出来的语言阶段相对应的地理间隔。我们可以在当地把发生变化的历史在某种程度上重建出来：由 c'hw 变成 hw，然后变成 hv 和 f；这些音位的地区是按逐步演变的阶段连续起来的。一般认为由 c'hw 变为 f 是现代布列塔尼亚语一种趋势的结果，这是正确的；但是，事实上，这种变化只在一部分地区里得到完全实现，而且一定曾经过一段

① J. Loth, VIII. t. XVIII, p. 238; Vendryes, I. t. XVI, p. 300.

连续的复杂过程，而这一点语音定律并没有指出。

语音演变的例外是不可避免的。我们曾见过一些例子。那是因为有些词往往是在使它们发生变化的“规律”起作用之后被输入那语言的。这只是一个借词和借词日期的问题。在任何语言的历史里，大量的例外都是来自借词，即来自外部的影响。

也有许多来自内部的影响，概括为所谓类比作用。类比作用是在于一种语言的另外一些词的作用中止了或修改了语音定律强加于某个词的变化。例如拉丁语的 c 在古代的 a 之前变成了 ch，这是规范法语的一个规律。我们说 chien（狗）、chèvre（山羊）、cheval（马）、chantre（歌手）代替了拉丁语的 canem、capram、caballum、cantor。Châsse（圣物匣）这个词是直接来自拉丁语的 capsa 的。由于向南方一种方言借词，这个词有一个同源词 caisse（钱箱）。那是有关规律已不起作用的时候进入法语的，这就是上述外部影响的一个例子。但是来自拉丁语动词 vinco（我战胜）的虚拟语气 vincat，在法语里理应是 il vainche；如果我们说 il vainque，那是因为我们在这个虚拟语气里按照例如过去分词 vaincu 的形式恢复了那塞音，它在 u 之前被有规则地保存了下来。

类比作用不断纠正或防止语音定律的作用。音位发展的规律性往往为类比作用所干扰。有一个喜爱秩序和明晰的著名词源学家曾因此宣称，他有时会“因为看到类比作用所作出的破坏而感到十分恼火”①。事实上，差不多没有任何语音过程不或多或少受到类比作用的影响和扰乱。那往往是词的意义发生作用，由此产生

① A. Thomas, CXXV, 3ᵉ vol., p. 32.

流俗词源学的意外，那也是语音学的一种“创伤”。我们后文再谈这个问题。

我们应该在这里谈谈超都市现象或超方言现象的事实①。所谓超都市现象就是指自夸言谈优美，过分关心发音正确。一个意大利乡民一心想说罗马的拉丁语。他知道他家乡方言的长 o 往往与首都语言的复合元音 au 相对应，于是把 plostrum（大车）说成 plaustrum、coda（尾巴）说成 cauda，plodere（拍手）说成 plaudere。这就是“超都市现象”。在词源学上，这三个词中，长 o 是最古老的。但是都市的居民，为了避免人家笑他说话像乡巴佬，也有一种超都市现象的自然趋势，自愿采用 plaustrum、cauda 或 plaudere，其实我们知道这些发音甚至在罗马也有人使用过，也许是一些老罗马人使用。元老院议员弗洛鲁斯（Florus）有一天责备维斯巴西安（Vespasien）不应该说 plostrum。维斯巴西安戏谑地给以回答，招呼那元老院议员：“敬礼，弗劳尔（Flaure）。”维斯巴西安是对的，plostrum 是正确的形式：plaustrum 和 Flaurus 都是超都市现象。

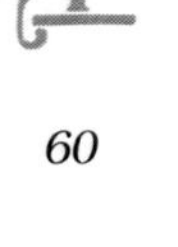

我们说外地方言时最容易犯一种因对词的形式犹豫不决而导致的错误；最常见的一种是要求太正确，要求过分纯正而陷入迷途。古希腊人试图用不是自己的方言写作时也往往犯这种错误。毕达哥拉斯学派作家所用的多利亚方言中就有许多超方言现象。因为这些作家（或他们的抄写员？）知道多利亚方言的长 α 往往与阿狄克的 η 对应，曾把阿狄克方言的许多 η 改成了 α，其实阿狄克方言的这些 η 在多利亚方言按规则仍然是 η。例如在毕达哥拉斯

① H. Oertel, CXXXVII, p. 148 及以下。

学派[1]的著作中我们可以看到用αἴσθασις、κινασις、ἀμετάβλατος代替了αἴσθησις、κινησις、ἀμετάβλητος。我们理解到在希腊方言融合成共同语的时代,人们要用一种纯粹方言写作时常会犯这种错误。这个撒上许多共同形式的方言混合体,其中哪些是方言,哪些不是,往往很不容易分辨,人们就很容易被引带到犯错误。甚至那些生来就说方言的人也极易为超方言现象所迷惑。

*　　*　　*

我们从以上陈述中已可以看到有些有规律的语音趋势是跟一些不同性质的趋势发生矛盾的。这些情况往往会在各种语言的历史上出现;任何语音史上的不规则都要归结于它们。特别是一个民族改变了语言,于是就有不同的民族说同一种语言。有时,战胜者把他们的语言强加于失败者。有时,政治或社会条件决定了一个民族采用一个相邻民族的语言。因此,在某些语言的发展中产生了一些迅速的和怪异的变化。因为那个采取新语言的民族有时会把他就要离别的语言的发音习惯应用于这种新的语言。例如人们要从高卢的通俗拉丁语的语音学中去寻找高卢语的影响。诚然,在这一点上,罗曼语言专家是不同意的[2]。另一方面,人们在不同种族但是在地理上相毗邻的民族的语言里也可以找到相似的语音演变,如里沃尼亚语(芬兰语族)和拉脱维亚语[3](印欧)、亚美

① 公元前5世纪由哲学家毕达哥拉斯(Pythagoras)领导的一个学派。他们相信灵魂转生说,认为囚禁在肉体内的灵魂可以通过学习而获得净化。——译者

② Meyer-Lübke, CLXXXL, p. 170. 关于斯拉夫语对罗马尼亚语的影响,参看Densusianu, LXVI, t. I, p. 241.

③ Jespersen, CLXXIII, p. 79.

尼亚语(印欧)和格鲁吉亚语。

某些语言学家曾倾向于夸大语言演变的影响,认为许多主要的语音演变都起源于它。[①] 事实上,有些自发的语音演变确实是系统自然变迁的结果,而且是由语言的使用本身引起和证明的。

语言发展的研究可以使我们有可能在一系列语音变化中区别出哪些是由于外来情况影响的。语言学家事先彻底知道了某种语言于它发展中的某一时期的语音系统,将会很容易认识到这种语言的后期历史上较古状态里已经萌芽的自然趋势的效果。

这种研究可以使我们得到一些有一般影响的结果。把我们已知道历史的各种语言所提供的资料结合起来加以整理,将可以确定什么是语音演变的有规则的过程。这种工作还没有做。但是不管哪个语言学家,只要认识几种语言的历史语音学,将差不多可以毫不迟疑地说出两种已经证明的语音状态中哪种是最古老的及变化是朝哪个方向发生的。

① 特别参看 Gamillscheg, Ueber Lautsubstitution (Primzipienfragen der romanischen Sprachwissenschaft (1911), pp. 162-191). 又参看 Delbrück CLIII, p. 152.

第三章　语音词和语象

直到现在，我们讨论的语音演变都是由于语音系统发生变化而产生的。音位变化的原因应该在这些音位与整个系统的关系中去寻求。但是这种类型的演变不是语言学家唯一要考虑的。

语言中没有孤立的音位。这不只是说音位没有独立的存在，只好抽象地加以分析，因为它们在每种语言中都构成一个系统。这也是说，人们对音位不能孤立地使用。人们只把音位结合起来说话。一句小小的句子，一个小小的词，都一定有一连串复杂的发音动作，这些动作是互相结合起来的。由这些结合产生一些相互的作用，引起各种各样的变化。音位中，凡因在同一个词里与其他音位的关系而引起的变化都可以叫做结合变化。它们在语言史上的重要性并不逊于前面所说的各种变化。[①]

但是在开始研究之前，我们必须确定结合变化在其中产生的语音组合的界限，即对语音词下个定义。

*　　*　　*

所提的问题是有二重性的。首先是要考察一下某种语言的句

① Sievers，CCV，p. 377. 关于斯拉夫语的事实 Broch. CXLIX，p. 185 有详细说明。

子单纯从它所由构成的音位考虑，说话者是否感到可以进行区分；其次，这些区分是否与心理区分或语法区分吻合。

在第一点上，我们可以毫不迟疑地给以肯定的回答。任何句子中都有一些自然的语音区分。这是毫无疑问的。这些区分甚至有好几种。

有一种最容易感觉到的就是分为音节。正如心理病理学所证明的，任何说话者都意识到这一点。[①] 有人观察过一些健忘症的病例。整个词都忘了也还保存着音节。这样的病人只能用表示各种事物的词所由构成的音节的数目来指出有关的事物；他不能表达 chapeau（帽子），也不能表达 tabouret（小凳子），但是他知道并用手指指出头一个词有两个音节，第二个词有三个。他已丧失说某个词必须作出某些发音动作的记忆，但是他还知道这个词有多少个音节。诚然，人们可能找借口说这里混杂着学习阅读时所获得的一些习惯，并且没法区别什么是属于书写语言的及什么是属于口说语言的而拒绝这种经验的证明；其实，用手写的习惯和用眼睛看的习惯在这里可能混杂，并打乱事物的关系。

我们可以从诗法得出更牢固可靠的结论。在许多语言中，韵律都是以音节的数目为基础的。在一些不知有文字、诗歌只依靠口头传统的语言里也是这样。例如在印度和希腊，在开始有文学初期，如果我们至少按照丰富多彩的吠陀诗篇的直接继承者或列斯波斯抒情诗的奠基人来判断，他们都是严格根据音节的数目来编写长诗的。[②]

---

① 参看 Rousselat. CLV II, p. 969.

② L. Havet LXXX, p. 166.

开始有文字初期证实了这种证据。在表音文字里，人们首先是按音节标记语言的。区分为音节先于区分为字母，甚至多少长期延缓了字母的出现(参看第五编)。为了区别音节的要素，必须作长期的和细致的分析。最早的字母先于这种工作：它们是音节的。

区分为音节早于区分为词。在许多语言的最古的文献里，词是不隔开的。依照音节文字的规则，一个词的结尾和下一个字的开始结合在一起；比方印度的古代文字就是这样。塞浦路斯的文字还是这样，它是音节的。它把希腊的词 των αίλων, τον ἀργυρον 标成 to na i lo ne, to na ra ku ro ne。

区分为音节首先似乎是强加于任何想把他所听到的或所发出的句子标记成文字的人的。大家知道没有文化的人要把一个个词正确地分隔开是多么困难，相反，他们却很有心绪把音节分隔开；这后一种显然是最自然的，而前一种却有约定俗成的部分，需要学习和实践。

可是对音节下定义却是一件相当困难的事情。[①]

我们试举最简单的例子，其中有一系列辅音和元音的交替。比方像法语 l'Académie des Beaux Arts(美术研究院)这一音组，念 lakadémidébozar。由我们在上面所下的关于辅音和元音的定义可以得出一个在这里区分为音节的原则。发元音需要把口张开；开口度虽然大小不同，但是总比发辅音时大。有些辅音，如塞音，甚至不需要任何开口度。其他发音时要把口腔张开的辅音的特点

① 这段话是在 F. de Saussure. Cours de linguistique générale, 1916，出版以前写的，该书 p. 64 及以下，特别是 p. 89 提出了一种富于独创性的关于音节的理论。

是具有一种摩擦的噪音，这就需要有相当狭小的开度。所以像我们所举出的这一组声音就有一连串的张开和收缩，有时甚而至完全的闭合。在这里张开与元音相当，收缩与辅音相当。我们试用录音器录出就显得很醒目。随着笔尖的活动我们可以看出音节的区分：元音绘出曲线的高峰，降下来就表示构成辅音的闭合。

巧妙之处在于能精确地标明音节始于何处与止于何处。卢德(Roudet)先生教导我们音节区分可按我们的观点呈现出三个方面。他说："我们每一次由一个音节过渡到另一个音节都有一个同时影响到呼气调度、发音动作和听觉感受的突然变异。"[①]这个三重变异使我们有可能在若干情况下确定音节的界限；在其他许多情况下，这种区分却是任意的。要想确定这种区分就像想确定两个高山间的谷底确实在什么地方一样都是非常幼稚的。

给语音词下定义差不多也是一样任意的，因为往往有些音节，甚至有些音节的组合，我们不知道应该分成独立的词呢，还是把它们归附于相邻的词。有些区分得比较清楚，有些却不大清楚，各随语言而有所不同。

重音应该是解决问题的一个方法。我们在上面说过，气息从气管流出后不是始终如一的。空气的消耗不是连绵不绝的。因为调节声管步伐的筋肉有时使它的动作急速起来，有时缓慢下去，因此有些加速，有些激进，有些减低速度，有些休止，拍子数量的多少各随语言和说话者而不同。换句话说，言语本身就包含着一种带有强弱拍子的韵律原则。正如我们把一个音乐句子分成拍子而不

① Roudet，CXIII，p. 182.

管它的旋律一样，我们在任何句子里都可以认出一定数目的区分，而不管意义；这些区分当然不像在音乐里那样有规则，而且数值更易起变化，但也一样要决定于强拍子的周期性的循环。语言里是既有高峰，又有洼地的。

这些高峰时常有一种心理价值。人们有时认为产生音强和音高的筋肉活动决定于心理的原因。重音似乎是在语音尸骸内部吹进了生命。依照一种借自古代语法学家的隐喻，重音就是词的“灵魂”；无论是声调或重读都会使词具有它的性质和个性。但是重音不足以确定词。[①]

首先，它只很不完备地标出了词的界限。毫无疑问，在某些语言里，重音的位置决定于词末；在另一些语言里，重音落在词的最后一个音节或词末前的音节；又在另一些语言里，词首念重音。但可能性并不止于此；有些语言的可变的重音毫无词末的表示。此外，有时几个词的组合只有一个重音，或者，相反，一个词就有两个重音。印欧语，比如希腊语或梵语所证明的，有所谓前接重音，没有独立性的小词依附于前一个词。在我们带有重读的语言里，某些词组只用一次发音发出，只有音组的一个音节上带有附加的气息。另一方面，我们知道在梵语里，有些词就带有两个重音，而且在带有重读的语言里，往往除主要重音之外还有一个次重音。

我们没法在重音和词之间建立一种确定的和永恒的关系。有些带声调的语言，它们的某些主要的词没有重音，例如梵语的动词，它有好几种用法都是这样！动词在梵语的句子中不管多么重

① 关于法语的重音，参看 M. Grammont 的精细的按语，LXXVIII, p. 126.

要，可是它在主要句中一般是没有重音的。所以我们不能把语词的独立性、表达性和是否念重音混为一谈。有些俄语的例子如 ú morja（近海边）、ná zemlju（在地上）、pó gorodu（在城里），其中名词前的介词是念重音的。[①] 另一方面，我们要注意，重音并不一定落在语词的最重要的音节上：法语的重音是落在最后一个音节上的，就是说常落在构词要素的后缀上，而词根却是非重读的。[②]

所有这一切使我们不能依靠重音来对语音词下定义。

在许多语言里，语词的末"段"，用语音学家的话来说，它所遭受的特别待遇，跟首"段"的和中"段"的都有所不同。[③] 这确实是可以用来证明语音词存在的最好论据。正如戈提约（Gauthiot）所指出的，除了语词的形态价值，它的长短或它的重音以外，词的末"段"本身是很虚弱的。这个末"段"虚弱的一般原则可能因语言而有不同的应用，虚弱性是可大可小的。但是在这原则的应用方式中，我们可以找到它的证据；因为语词本身越独立、越自主，虚弱性的结果就越明显。因此末段的特殊发音就是语词存在的函数，从而确定它的界限。

*　　　*　　　*

承认了语音词的存在，我们就可以研究它的构成要素因受相互影响而产生的各种变化。

我们所考虑的这最后一种事实正好是由于语音词的存在而产生的这些一般事实中的一种；它向我们提供了所谓结合变化的一

① Boyer 和 Spéransky，LIII，p. 31，No. 2 和 p. 91 No. 2.

② Jospersen，CXXXIII，p. 26 及以下。

③ Gauthiot，LXXII，pp. 34-35.

个例子。在印欧系语言里，末段正是作为末段而起变化的，那就是说，除了其他一切考虑之外，正是由于它所占的位置而演变的。如果在某些语言里，末段弱化的一般原则有所削弱，甚至有些例外容许这个或那个末段保持着不变，这一方面是因为任何语言都没有同样清楚地维持词末的截断性质，另一方面也是因为有些特殊的作用已截断了使末段变虚弱的一般作用。

例如词末的 m 在拉丁语里早已停止发音；但是 rem（有物）这个词却保存它的鼻音，在法语 rien（没有东西）里还有它的痕迹。那是因为它是一个短的、单音节的词，并且短的词往往能抗拒长词中的有规则的变化。相反，长词有时却因为长而起了特殊的变化。[①] 特别是有些很常用的词是这样。这些词因为常用，在没有全部发出之前已经被人了解，所以说话的人可以不必完全发出而满足于把它们缩短一部分；在这些词里，语音的损耗就特别厉害。这些词一般或者是语言的次要成分，或者是一些现成的公式，无须担心因为要使人了解而必须发音明晰。任何语言里都有一些小品词、介词或连词，这些词往往都是由古代自主的词派生出来变成语法工具的。例如现代希腊语的小品词θὰ和ἂς，一个表示将来，一个表示虚拟：[②]χάνω（我失去），θά χάνω（我将失去）；ἀγαπῶ（我爱），θἀγαπῶ（我将爱），εἰμαι（我是），ἂς εἰμαι（我假如是），γράφω（我写），ἄς γράφῃ（他假如写）。前一种来自 13 世纪已经出现的θὲ νὰ，只是θὲλω ἵνα（我愿）的缩写；后一种是ἄφες的缩写，在古希腊语是一个

① Meillet，VI，t. XIII，p. 26.

② Pernot，CIX，p. 125，§236，n，1.

祈使式，有“让”的意思（试比较英语 let us go“让我们去罢”，let him write“让他写罢”）。在这两种情况下，缩写已经远远超出了语言的常规，可以用与它有关的词的语法特点来解释。

人们通常把法语的“oui, monsieur”（是的，先生）“oui, mademoiselle”（是的，小姐）说成 wimsyœ、wimmzel；西班牙语的“vestra merced”（您老人家）说成 usted（您）；德语的“guten Morgen”（早上好）说成 gmoen、moen 或“behüte dich Gott”（上帝保佑你）说成 phyatdigot，这些都是不规则的。曾有人试图用“言语速度”（Sprech tempo）的理论来加以解释；wimsyœ、gmoen 是“快板（allegro）的形式”；oui monsieur、guten Morgen 是“慢板（lento）的形式”。但是这种解释不能令人满意。诚然，话语的速度可因语言而不同：法国或英国人说话就比德国人快，北部德国人又比南部德国人快。但是在同一种语言内部，同一个词同时有两种形式，人们可以按照会话的速度毫无区别地使用这种或那种形式，这种说法是不正确的。实际上，思想里存在的是 Morgen 或 monsieur，而器官发出的是 moen 或 msyœ。后者代表一种达到极端的语音趋势的应用；它表明如果没有什么阻碍，语音趋势的作用在语言里会弄到什么地步；这其实就是一种形式界限。[①]

在语音词内部，不是所有要素都有相等的价值的。其中有些强，有些弱；有些处在支配的地位，有些处在被支配的地位；有些有抗拒破坏的作用，有些很快就向这些作用让步了。[②] 支配和抗拒

① Vendryes, Réflexions sur les lois phonétiques，见 XCIX, p. 122.

② 参看 Juret, LXXXVI.

这两个主要因素，每个语言史家都首先应该在他所研究的语言的语音系统里确定它们的界限和原因。事实上，每种语言的语音构成中都可能有一些特殊的支配和抗拒。每种语言的不同的语音演变都可以用音位间争取平衡来解释。但是在每种语言所特有的语音作用之外还有一些在任何语言中都可以看到的一般作用，那就是既是生理的又是心理的自然趋势的表现。所以前一章所研究的现象虽然都是产生这些现象的语言的语音系统的特殊变化的结果，哪怕是在好几种语言里独立产生的，可是我们现在所讨论的现象都来自一些一般作用，这些一般作用的原则一直支配着每种语言的特别条件。

塞音的内破要素和外破要素之间有一种差别；前者的出发点没有后者的那么稳固，所以听起来也没有后者的那么清楚。这种差别会使内破容易遭遇到各种意外。一个像-akta-这样的音组有一个内破的 k，它的抵抗力比后面外破的 t 的弱。有两个对立的趋势可能起作用，其结果就是整个音组发生变化。要么说话者由于惰性避免 k 的发音，一到内破期马上就把舌尖放到发 t 的位置，最后发出了带有一个长 t 的 atta。这个过程可以在意大利语里得到证明，在这种语言里，拉丁语的词 actus（动作）、strictus（狭窄）变成了 atta、stretto。要么，说话者一心想保持 k 的发音，在内破的 k 之后在相同的部位上发出一个轻微的外破音，然后过渡到 t 的外破期。这种发音，在一些自夸发音正确的老乡所说的法语里往往可以听到；我们可以把他们所说的 facteur（邮政投递员）标成 faqueteur。其中 k 的外破期虽然很短，实际上无异于一个元音的胚胎，即人们用哑 e 表示的缩减的、抑制着的 e。在前一种情况下有“调节”(accomodation)[①],后一种情况下就是“插音”(épenthèse)。

还可能有第三种方式:那就是这两相接触的音位,不调整它们的要素以至增加它们之间的相似点,有时直到完全相同;或者在它们之间引入一个缓冲的音位,设置障碍使不能互起作用,这样来互相保卫,反而利用它们的差别加以夸大,以至不再有任何共同之处,取消了一切相似点。这就是与调整相反的分化(différenciation)过程[②]。例如,为了保存 -kt- 音组的例子,我们碰到一些语言如伊朗语、克勒特语,上述音组的第一个塞音变成了擦音;最后成了-cht-。

在调整、插音和分化等意义上的演变的性质决定于那语言的语音系统的一般情况。这三种方式通常是在淘汰发音困难的音组中发挥作用的。

语言淘汰在这种情况下的音位或音位群一般都是由于组织上的理由。发音困难,正如相反的发音容易一样,都是些完全相对的概念,说话者对于这些概念无疑都有明确的感觉。但是它们对每种语言是不同的。我们不深切认识语言的构造就没法加以评价。事实上,发音习惯就是它的根源。所以某一音组某一民族觉得很难发音,而与它相邻的民族发起来却没有什么困难。

可是有某些音组,由于器官的自然配置,一般说来是难发音的。我们可以称之为不稳定的音组。无论什么时候,有关情况使得语言中出现这种音组,我们都可以预见到语言将设法把它们清

---

① Vendryes, VI, t. 16. p. 53 (1909).

② Meillet, VI, t. xll, p. 14 及以下(1901).

除出去。但是淘汰的方法是各不相同的。

例如-tn-是一个不稳定的音组。t 的发音部位跟 n 的相同。在像 atna 这样的音组里，舌头的两个 a 之间不需要移动：软腭下降一下，同时声带颤动，就造成了 t 和鼻音的差别。这是一个相当细致的机制，需要做得很准确。如果那是一个文言的词如专有名词 Etna(爱特纳)，大家是会照着发音的。事实上，专有名词往往比其他的词更能抗拒来自结合变化的语音演变，但是在语言的日常通用的词儿里，人们一般总是设法把不稳定的音组 tn 淘汰掉。有时会产生一种调整：软腭从音组开始就降下来，同时声带在两个 a 之间继续颤动不停，结果就成了 anna(例如拉丁语的 annus，与峨特语的 aþns 比较，二者都来自更古的 atnos)。有时产生一种分化。起分化的可能是塞音，也可能是鼻音，那要看情况。为了避免在一个难以防卫的平衡位置上保持着不变，那语言将夸大这两个音位的差别：其中一个有时变成了 akna(如昂伯里安语，它与拉丁语的 annus 对应的是 akna)，有时是 atra，如在某些克勒特语里，特别是在布列塔尼语里，traon(底，山谷)来自更古的 tnaon。末了还有一个第三种的淘汰方式，那就是插音。例如 t 和 n 并置造成了一种发音上的困难，于是在二者之间引入一个元音来克服这种困难：例如高卢语的 tyno(念作 teno，带有法语的哑 e)，与布列塔尼语的 traon 对应。

* * *

上述情况都只涉及音位接触的问题。但是相同的平衡事实和相互作用的事实也可能涉及有几个要素隔开的音位，甚而至牵涉一些属于两个不同音节并出现于语音词中相当远的地方的音位。

这样，可能产生的过程就是同化、换位和异化的过程。[①]

两个相隔开的音位，其中一个向另一个借入一个或几个要素，以至和它混同起来，这就是所谓同化作用。最常见的是被同化的音位在被它同化的音位之前。那就是说，这其实有一种提早发生的事实：心里挂着发语音组合内部的某个音位，过早地发出了它，并且连续发了两次。一般地说，为了解释误会，被同化的音位和另一音位是相当邻近的。例如拉丁人的祖先把 pequo（我煮）说成 guequo，由此变成了历史文献上的 coquo，但是同化作用也可以采取相反的序列；例如流俗法语把 jusque（直到）说成 juchque，在这里只把嘘音代替了咝音，没有使它变成浊音。

换位的出发点与同化作用的相同，都是由于误解和欠缺注意。但是结果却完全不同。那不是把同一个发音动作重复两次，而只限于把两个动作倒过来，最后，换位看来好像是同一个词的两个段之间的要素交换。例如葡萄牙语把 festra（窗子）说成 fresta；有些布列塔尼方言把 debri（吃）说成 drebi。古希腊语的κάτοπτρον（镜子）这个词变成了κάτροπτον。

末了，异化作用是与同化作用相反的方式。那是在于把一个应该重复两次发音动作只进行了一次：[②]例如西班牙语的 arbol 和普罗班斯语的 albre 源出于拉丁语的 arborem（树）。在这两个例子里，人们按照相反的序列，把发 r 音所要求的两次动作只进行了

① 特别参看 Ghammont，LXXIX，和他的许多关于各种语言中的换位的论文，特别是 VI，t，xiii，73 及以下，和 CI，1909. p. 179。又参看 Pernot，CVIII，p. 540.

② 除了 M. Grammont 的基本著作以外，参看 K. Brugmann，Das Wesen der lautlichen Dissimilation，Leipzig，1909.

一次，第二次动作代以一个不同的动作，即发流音 l 的动作。并且异化作用的结果往往导致一个音位干脆不用；例如由 δρύφρακτος 变成了古希腊语的 δρῦφακτος（木栅）。

上述三种过程的先后次序各决定于一些特殊的原因，在任何一种情况中，语言学家都应该确定：重读是支配换位和异化机制的原因之一。但是也必须考虑到音位的性质和它们在语词内部的各自地位。

结合变化的结果不会产生新的音位。例如异化作用永远不会创造出它所由产生的语言所没有的音位："如果异化作用的正常作用最后产生出一个新的音位，那么两件事情必有其一：要么，这个作为不速之客的音位立即为那语言所原有的最邻近的音位所代替；要么，如果代替太困难，如果那语言所具有的最邻近的音位距离太远，那么要异化的音位或音位组合就保留着不变。"（格拉蒙）在这种情况下，异化作用就不会产生；或者如果产生，也朝着相反的方向。说话人有一种不知不觉的感觉，要求他发出某种发不出的音来，这使他坚持异化的道路，改变词内的布局，给那应该被异化的音位以一种增强的力量，重建有利于它的平衡；这种异化叫做逆向异化。

还有一个心理上的理由：如果词的词源对说话的人来说很明显，那么异化作用就不会发生或改变意义。如果说话者只对词的应该被异化的那一部分有词源的感觉，那一般就有一种逆向的异化作用；如果词的各部分对他同时在词源上都是很清楚的，那就完全不会有异化。那有时是最强的后缀，有时是词根。例如 pruneraie（李树）这个词被异化应该变成法语的 pluneraie，但是因为词根 prune 最强，结果变成了 prunelaie；此外因为有 prunelle（瞳人）这个词更有利于它的异化。可是在像西班牙语的 sombrero

(帽子)或者希腊语的 ἀνδροβόρος(吃人的)这样的例子里就不会发生异化,因为这两个 r 所隶属的音节要素对说话者来说都是具有意义的。格拉蒙因此能够把所有这些异化的事实归纳成一条规律:最强的音位异化最弱的音位。如果有相同的力量,它们就两个都得以保持下来。

所以归根结底这是一场支配和抗拒的斗争。但是这种斗争只跟发音器官有关。确实,在任何语言的语音系统的结构里都有一些要素比另外的一些要素强(参看前一章)。但是有关要素的各自力量首先是在脑子里。结合变化的来由是在于思想和器官之间不协调。它们来源于粗疏大意。有时太强调,把注意力过分集中于某一点而损及其他各点,或者对构成语词的不同要素分配不均;有时,相反,心不在焉,任何器官都处于自然的怠惰状态。

为了正确地估计这些变化的价值,必须对普通语音学和每种语言所特有的语音系统都有很精细的认识;但是此外也要能够把语音演变归结为一种心理过程。因为最后分析起来,负责任的还是说话者的心理活动。

*　　　　*　　　　*

这个结论使我们不能不谈一谈言语和思想的关系。这虽然主要是心理学的问题,但是语言学家也不能把它撂在一边不理。①

我们听到人家说一种我们不懂的外语的时候,我们的耳朵听

---

①　特别参看 B. Erdmann, Die psychologischen Grundlangen der Beziehungen zwischen Sprechen und Denken (Archiv f. System. Philosophie, t. 11 (1896) pp. 355-416)和 Mauthner, CLXXVIII, t. l, p. 164; van Ginneken, LXXVII,多处,可以找到关于这一问题的很丰富的书目。

到的只是由一些或长或短的音组构成的东西，中间由静默割断。如果我们懂得人家对我们说的语言，那么，我们的耳朵听到的这些音组就会在我们的心里唤起一些有联系的表象的组合，其中每一个从语法上说就构成一个句子。所以声音和句子就是我们对语言作概括分析首先加以区别的两种现实，这种分析要看是以我们不懂的语言还是我们懂得的语言给我们的印象上的差别为依据的。

诚然，我们不是用声音来表达我们心中的一切表象的。例如沉思默想不需要发音器官发音；但是沉思默想是一种内部言语；在这种言语里，句子正像在发音的言语里一样，是连串起来的。[①] 并且沉思默想的每个句子就潜在地包括一切言语的发音。思想依靠声音来行动，哪怕声音不表达出来。所以有时在沉思默想中，我们会不知不觉地发出与我们的思想相当的言语。那好像思想在发音器官中压得太重，使它无意中发动了机构，正好像一个笨手笨脚的或不谨慎的工匠在试用一部机器时，不只限于把它试一试，而且竟然使它发动了起来。

对内部言语来说，在什么程度上需要语音的可能性，那应该让心理学家来决定。这种需要确实来源于习惯，而不是由自然强加于人们的。但是我们可以断定一个聋哑人的沉思默想跟有言语天赋的正常人的不同。我们用来表达自己的形式把思想囚禁得不能独立存在且不能离开使它物质化的声音，甚至如果物质化没有真正实现的话，连声音的可能性也不能离开。哪怕发音器官空自运行，不受思想牵制，也否定不了这个理论。假如我们试图发出一系

① V. Egger, La parole intérieure, Paris, 1881.

列没有意义的各种声音，它的变异也决不等于一种思想的发音表达所能有的变异。人们往往只限于把那语言里存在的音组加以复制，就是说，把那些发音器官已经习以为常并且通常被带有意义使用的音组加以复制。

我们可以把在言语之前的心理统一体叫做语象。它既是思想为了语言表达所制成的表象，又是准备实现的语音可能性的总体。语象是一种具有两面性的形象，它一方面面向思想深处，另一方面又反映在发音的机构里。从它的物质现实方面看，它可以译成声音；但是从它的心理来源看，它又是心理工作的产物。它把我们在上面提出的二元论的两个项目统一在它身上，它又是语言学家的领域和心理学家的领域的交接处。

心理学家[①]把语象看做一个由口说的、听觉的、视觉的和触觉的四种形象重合或联合构成的复杂产物。这种四个形象的区别是很古老的；它在哈尔特雷(David Hartley)于1740年左右撰写的《对人的观察》(Observations on man)一书中就已经建立起来了。它在察尔科特(Charcat)学派的著作中取得了什么样的地位是众所周知的。这后者教导，任何词都是由四种形象联合构成的。这四个形象两个两个组成了感觉形象(听觉和视觉)和发动形象(口说的和手触的)，或者与上述分类交叉的语音形象(耳听的和口说的)和书写形象(眼看的和手写的)。这个定义由于不应用于"词"而应用于语象而能自圆其说。可是语象的分析对语言学家关系不大。脑力活动的状态对心理学家来说是大事，但仍然是在语言学

① 参看 Dagnan-Bouveret，X，t，XVI，p. 466 及以下。

家的能力以外的。

我们在这里可以把语象看做一种组织不明的整体。其中至少有两个要素是心理学家所认识的，即视觉形象和触觉形象，但不在我们的考虑之列，因为只与书写语言有关。对既不会读又不会写的人来说，起作用的只有口说形象和听觉形象；但是甚至从第一章开始，我们就已经举出理由把它们只归成一类。

另一方面，我们没有考虑到语象生成时产生的差别。我们设想这些差别是在操母语的成年人的脑子里构成的。我们采取的是成年人经过自最初的婴儿时期学习之后正常运用的语言。

每个婴儿都一定完全由他自己创造他的语言；因此，语象不过是在脑子里变成语言可能性的经验事实，也应该是婴儿一点一点地习得和发展的。我们考虑我们在成年时期学习一种外语很难设想这种习得的情况。因为学习外语总是从自己的母语出发，学习外语总是采取代替法进行，在记忆里把自己的语言的词和句子跟要学的语言的词和句子对照排列，设法找出它们相等的成分。这种学习并且往往是书本上的；把它应用于书写的词，并且以某种多少带有人造成分的语法结构为基础。这种工作跟在小孩的脑子里完成的完全不同。小孩从他的周围的人那里接受了某些与一定秩序、一定需要，或简单地一定事实的表达相当的现成句子，如："你要走了吗?""我肚子饿"、"天气好"等等。所有这些贮藏在脑子里，组成一样多的语象，越来越多，越来越精密；因为借助于一种孩子的心灵很快就习以为常的代替工作，这些形象变得适宜于表现无限繁复的事物、观念或感觉，带上思想的所有色彩。学习结束后，孩子已具有整套语象，自发出现在脑子里，组织完整，准备一旦有

什么命令要发出，什么需要要表达，什么事实要陈述，就实现在语言里。产生语象的智力很快变成这样简单，这样熟练，人们已再也意识不到；一感觉到有所需要或意志上的冲动，马上就会产生语象，并且马上实现在语言里。

不得已要学语言时，孩子必须进行复杂的练习，使他的器官习惯于复制他所听到的声音。但是他听到的永远不是孤立的声音；人们向他提供的声音是在一个具有意义的整体里的，因此他同时学会了怎样使他的器官适应于各种与不同的音位相当的位置，并给如此发出的音位组合附上一定的意义。所发出的声音并不都是同样重要的；正如语音演变的研究所证明的，其中有些是支配着其他一些的。那些以音位为形式的内容，其理智要素本身也可能有支配程度的差别；有些涌现出来，比其他要素更明显地吸引人们的注意。结果，甚至从构成要素的观点看，语象仿佛是在一张当然很不完备的初校样上不断加以修改，一点一滴地逐步组成的。在这张初校样上出现的还不过是一些特征，与语音支配以及理智支配的顶峰相当的特征。至于次要的特征以至最小的细节，那是一点一点地出现在语象之中的。

无论学习时期直到语象确定的培养时间有多长，甚至无论人们考究它的哪个发展阶段，在语言学家看来最特异的是它的统一体，组成它的一切要素都建立在一个单一的动作上，即最初的语言动作的基础上，超出这个动作，语言学家就没法攀登了。当小孩把“他不喜欢他的汤”或“他不喝汤”说成“paspoupe”①的时候，他心

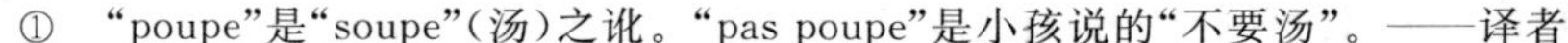

① “poupe”是“soupe”（汤）之讹。“pas poupe”是小孩说的“不要汤”。——译者

里所有并指挥他的句子表达的语象是一个整体——一个非常协调,并且还是初步的整体。稍后,到了成年期,他将会说:“我不喝汤”,或“我宁愿没有汤”,或“但愿你不要给我汤”。在这里,作为每个句子基础的语象都比孩子的句子丰富且带有特殊色彩。但二者的统一体是相同的。

我们可以对句子下定义为语象借助声音而被表达和感知的形式。像语象一样,句子也是语言的基本要素。两个交谈者互相交换的是句子。我们曾通过句子来获得我们的语言,我们用句子来说话,我们也通过句子来思考。语象可能是极其复杂的,句子柔和地准备着进行最繁复的表达,它是一种有弹性的要素。有些句子只有一个词:“来!”“不!”“唉!”“嘘!”;每个词就构成一个完整的意义,它是自足的。但是句子确实有与语象相同的广度;它甚至不为语音的容量所限制,因为一次呼吸往往不够表达一个完全的句子,并且有时一个句子就包含着两个或几个呼吸群。心灵的工作控制着器官的运用,不会因为器官的不足而自己停下来,正如一个笛手或欧巴吹奏者不应该因为要呼吸而使他的演奏受到妨碍。句子可能有各种程度的表达,从孩子用来表示某种需要的粗糙的发音直至隐含着德摩斯顿(Démosthène)、西塞罗(Cicéron)或博须埃(Bossuet)等人思想的和谐平衡的大复句。

由我们对句子所下的定义可以看到,它是覆盖着语象的;二者都只受心灵结合官能的限制。因此我们应该使它具有一个比通常更大的外延,而不只限制于词。语象和句子之间只有这种差别:句子是具体的现实,易于受到一切现实化可能有的意外。陶工把一堆瓷器放到炉子里去烧,对于烧后所获得的结果总是没有把握的;

他老怕炉火太旺，把黏土烧掉，或者炉火太弱，烧不出颜色。同样，神经中枢里准备好的语象通到发音器官里不会没有遇到意外的危险。

举个例子就可以明白上述的这一点。我想象有个邻居无意中把我刺了一下。我叫道："啊！你把我刺啦！"

一连串的动作是很容易构拟出来的。有一种刺的感觉传到神经中枢，猛然唤起一个语象，立即用上述句子译成语言。这一连串动作来得这样迅速，叫声马上跟着刺的动作发出。我们把思想依靠后天习惯的力量为我的叫声给予的形式叫做语象。语象在一种没有主动态动词，而行动必须用被动态表示的语言里是不同的，如"我被你刺了"。语象的不同往往就是各种语言间唯一的差别。例如德语说："Ich bin es"(那是我)，而法语却说："C'est moi"。语象的结合方式不同。"Ah! tu m'as piqué"[1]相当于正常法语的语象。现在试设想我的语言是溜口说出的；我说："Ah! tu m'as quipé"，这就犯了一个"首音误置"(contrepèterie)的错误(德语叫做 Schüttelfom)[2]。但是语象并没有改变，如果它只不完备地现实化，那是因为进行时遇到了意外。我所发出的句子与语象不符合，错误是由语象转变到句子的时候产生的。

不消说，在有些情况下，犯错误是由语象本身负责的。我虽然很熟悉我的朋友杜兰(Durand)，但是在会话中我把他叫做勒伯伦(Lebrun)，这却是我的另一个朋友的名字。这已不是可以归咎于

① 啊！你把我刺啦！——译者

② 参看 Meringer 和 Mayer，CLXXX(又，英语叫做 Spoonerism.——译者).

发音器官的物质上的意外。一个普通老百姓在相同情况下将会说:“我不知道为什么我的心里老怀念着勒伯伦。”事实上,那是一个名字错误地滑进由心灵结合的语象里,代替了另一个名字。其中差别昭然若揭。

所以语象和句子是由相同的要素组成的。这些要素通常语法叫做词。在这一章我们研究了语音词,但是语音词可能包括通常语法意义上的几个词,它甚至随着语言具有一些相当明确的界限。为了给词下一个更完备的定义,必须从语法的观点分析它的要素。这将是下一章的对象。

第 二 编

语　　法

第一章　词和形位[①]

任何句子都包含两种不同的要素；一方面是一定数目的表现观念的概念表达；另一方面是这些观念间的一定关系的指示。如果我说："马跑"，我的心中就有"马"的观念和"跑"的观念，然后把这两个观念联合成"马跑"这句话。如果我说："彼得的房子大"，我的心中的"房子"、"彼得"和"大"的观念同样结合构成我的这句话。

应该记住，我们是按照语言提供的模样来接受事实的，就是说，按照语言赋予语象的形式来考虑语象的。我们在上面所说的"我们用句子来思考"就是这个意思。要说"马跑"，我们假定说话者已在脑子里依照他甚至没有意识到的习惯完成了一种心理行为，这种心理行为把一个名称和某一件事物（这里指的是"马"）联系起来，使这件事物和某一动作发生关系，并把这动作包括在一定时限内。

以语言为前提的这种心理行为包括两个连续的过程，一个是分析过程。表象确定后，心灵就在那里区分出一定数目的要素并

① 法语原文是 morphème，即"形态单位"的意思。房德里耶斯在这里用来指表示语法关系的最小单位，以与表示语义关系的"义位"相对立。后来也有人把它译成"词素"或"语素"，显然已超出语法的范围。我们在这里仍照房德里耶斯最初的办法用来指表示语法关系的单位。——译者

在其间建立一种关系(这里是指“马”和“跑”),然后是综合过程,把这些为心灵所认识和分析出来的不同要素重新结合起来构成语象。语言学关心的只有综合过程,但这种关心是非同小可的,因各种语言的结构上的差别都是从综合过程的不同方式得来的。[①]

试设想人类的不同脑子对跑着的马都有完全一样的视觉印象,我们承认,那是无可反驳的,它们用相同的方法分析这一表象的各种要素,而且它们在“马”和“跑”之间建立了确实相同的关系,可是这关系的表达在不同语言里却有不同的方法:语象结合的方法不同。所以本章开头时所提出的区别并不是纯粹理论性的,它相等于我们所称的形位和义位。

我们应该把义位理解为表达表象观念的语言要素;在这里是指“马”的观念或“跑”的观念;而形位的名称是指表达观念间的关系的要素,在这里,“马”与“跑”联系一般是与第三人称、单数和直陈语气有关的。[②] 所以形位表达心灵在各义位间建立的关系。这些只是表象的客观要素,我们在本书专论词汇的那一编里将分别加以研究。

*　　　　*　　　　*

形位经常是在句子中表示观念间语法关系的语音要素(一个声音、一个音节或甚至几个音节)。

在古希腊语的一个句子中,如βωμὸν καλὸν ἀνὲθηκεν ὁ Σιμωνιδης(西摩尼德斯已建立一个美丽的祭坛),我们很容易认出除表达句

① Finck, CLXI, p. 4.

② 按指法语的 le cheval court 而言,汉语的“马跑”没有表示人称、数和语气的特殊形态。——译者

子的主要概念的音节（如西摩尼德斯、建立、祭坛、美丽）以外，其他音节的唯一作用是在表明美丽的性质是属于祭坛的，并且是西摩尼德斯于过去的时候完成了建立祭坛的动作。前一些音节是义位，后一些音节就是形位。又如法语的一些词群如 pour donner（为了给）、je donne（我给）、tu donnais（你过去给）、la donation（赠与）、des donateurs（赠与者的）、au donataire（给受赠者），我们试加分析就很容易认出这里有一个永恒的要素即音节 don（给），它把所有这些词跟“给”的观念联系起来。但是除此之外，我们在这里还可以看到有一定数目的语音要素是用来指明那是动词或名词，属于什么种类，或标明词的语法范畴（性、数、人称），以及它们跟句子中其他词的关系的；这些要素都是形位。

有些词不能独立存在；我们必须把词加以分析才能发现；人们把这些成分叫做后缀或词尾。另外有些如法语的代名词或冠词，在文字上是和词隔开的。这种差别在这里并不重要。

我们试把 ἂι 这个词插入上述希腊语句子的宾词和动词之间：βωμὸν καλὸν ἄν ἀνέθηκεν。意义立刻就发生了变化，这个ἄν是一个形位，它使整个句子具有一种特殊性质的假设色彩；它和不定过去时的ἀνέθηκεν连接在一起表示人们所说的非真实性；意思是“他似乎已建立了一个美丽的祭坛”。同样，在梵语里，假如我们在任何句子中加上 iti 这两个音节，那就意味着整个句子成了重述某个人的话：iti 是形位。通俗法语也有一个很相似的形式 quidi（阳性）或 quèdi（阴性）。试比较这两个句子：“tu as tort”（你错了）和“tu as tort，quidi”（据说你错了），你将会马上感到前一句属于直接的格式，后一句属于一种重述，带有叙事的性质。

形位插入句子或词里的次序，它们在那里所占的位置，语言赋予它们的范围和重要性是不关重要的。我们在这里把希腊语 ἐποίησεν（他已做）的词头附加元音 ἐ-，后缀-σ-和词尾-εν，同法语 il a fait（他已做）的头两个音节排列成相同的范畴。这些要素的来源虽然不同，而它们在各自语言中所起的作用却是相同的。

形位是否有屈折变化，那是不关重要的。在阿拉伯文学语言里，Kana Zaydun yaqtulu 只是"扎伊德过去杀死"的意思。事实上，为了标明过去时的延续，阿拉伯语的未完成体要放在实体动词之前，而且二者都有屈折变化：[①]

第一人称单数……………………kuntu aqtulu

第二人称单数阳性………………kunta taqtulu

第二人称单数阴性………………kunti taqtulinā

第三人称单数阳性………………käna yaktulu

第三人称单数阴性………………kānat taqtulu 等等。

尽管这两个形式之间可以插入一个词，但是人们在心里总感觉到它们是一个统一体，而且头一个是一个简单的形位。

最后，形位只包括一个要素还是两个隔开的语音要素，那不关重要。有些形位是由心灵把两个孤立的词联合起来构成的，但它们仍然是一个不可分解的统一体。法语常用两个在句子中几乎永不黏合在一起的要素表达否定，可是 je ne mange pas（我不吃）却同希腊语的οὐκ ἐσθίω或爱尔兰语的 nitoimlim 一样是一个统一体。

不管它们的形式是单一的还是复合的，我们在这里面临的第

① Brockelmann, CXLVIII, t. II, p. 509.

一类形位是用语音要素插入句子中并与义位接合来表达的。

第二类包括的形位是在于义位的语音要素的性质或特点。这一类形位比前一类灵活，但是在语言中一样重要。

这一类的最显著的例子是印欧语或闪语的元音交替。这里指的不是附加在义位上面使它具有形态价值的语音要素。那只是利用义位的语音要素来表示它的形态作用。例如英语的复数 men 或 feet 和单数的 man（人）或 foot（脚）对立；分词的 held 或 struck 和不定式的 hold（拿住）或 strike（打击）对立。这些形式的差别是在于元音的音色，它这样起着形位的作用，因为它单独表示词的形态价值。同样，在德语，wir gaben（我们过去给）同 wir geben（我们给）和 gib（给，命令式）对立。同样，在中古威尔斯语，复数的 brein、myr、wyn 同单数的 bran（乌鸦）、mor（海）、oen（羊）对立。元音交替是最古老的印欧系语言如希腊语和梵语的主要的形态要素。我们可以说在印欧语里，每个词的形态价值都差不多完全是由词根元音的音色确定的。闪语也是这样，例如阿拉伯语今天还会使我们想到这一点：himar（驴）的复数是 hamir①。这个程序在阿拉伯语里这样活跃，人们已把它扩展到一些近来向西班牙语或法语借来的外来词上：resibo（收据），复数 ruāseb；bābor（汽艇），复数 buāber；chanbīt（田园看守人），复数 chuābet 等。人们把这叫做“复数”或“内部复数”。

“内部屈折”这个术语表明元音交替起的作用与附加于词上的屈折要素相同。事实上，在英语里像在威尔斯语里一样，一般都是

① Brockelman, CXLVIII, t, I, p. 431.

加上一个特殊的词尾来表示名词的复数，如英语的 boot（靴子），复数 boots；loss（损失），复数 losses；威尔斯语的 penn（头），复数 pennau；coed（树林），复数 coedydd 等等。在阿拉伯语里，阴性的词都借助于加词缀来构成它们的复数。同样，在德语里，过去时往往采用词尾-t-来跟现在时对立，如 ich rede（我说话），过去时 ich redete；ich lebe（我生活）；过去时 ich lebte；等等。我们把这些例子和上面的比较可以看到元音交替和屈折变化是两种相等的形位。

重音也是一种很重要的形位，它在有些语言里被用来确定词的形态价值。重音，在这里，通常应该理解为音高重音，即声调。在希腊语和梵语里——这两种语言的证据已得到同语系的其他一些语言，如立陶宛语和斯拉夫语确认——声调像后缀或词尾一样是词的独特要素。有些构词法，其他方面完全相同，往往只是声调不同。在希腊语里，使γράφειν（写）或πένεσαι（烦恼）具有现在时价值，ταμείν（割）或γενεσθαι（生）具有不定过去时价值的是声调；使τόμος（切口）区别于τομός（切断）的只是声调，造成希腊语的一些复合词如πατροκτόνος（杀死他的父亲的）和πατρόκτονος（被他的父亲杀死的）等里面的主动语态和被动语态的差别的也只是声调。印欧系语言的形态非常丰富，具有各种各样表达词和词在句子中的作用的手段，因此声调的这种作用就更值得注意了。

在远东的语言里，语法要素的数量很少，声调起的作用更大。这些语言很适当地利用了它们的语音所能有的各种声调的柔和性、广袤性和繁杂性来达到表示形态的目的。[1] 某些非洲的语言

---

① 关于越南语的，参看 Grammont，VI，xvi，p. 75.

也表现出同样的事情。[1] 例如泊尔语(Peul)用语调来表示否定：像 mi warata 这样的一个组合是“我将杀死”的意思(或习惯现在时“我杀死”)，如果最后的 a 的声调和句子其他部分的相同；如果最后的 a 的声调念得高一些就成了“我将不杀死”的意思。声调的提高具有形位的价值。

在带有形态价值的不同音调中，有一种在某些语言里是很重要的，那就是零音调，即没有音调。例如在梵语里，动词是有音调的或无音调的，各随它在句子中的使用情况而不同。但是很自然，在它的各自使用中，有无声调也是它的明显特征。

所以除上述的各种形位以外，我们还可以加上一种更灵活，但是表现力并不比其他形位差的形位。大家可以把它称为零形位。这零形位在形态学中可以起很大作用。它具有的价值特别是一种对立的价值，但并不因此而显得小一些。在音乐中，沉默往往和旋律一样富于表现力，尽管它出现在旋律中并且会打断旋律的发展。在谈话中有好些很雄辩的沉默。在语言里，零形位像其他形位一样也是形位。在印欧语里，有些实体词的主格单数没有词尾。那就是说，在这种情况下，它有的是零词尾。这种没有词尾和其他具有各种词尾的情况对比已足以表明有关主格的特征。印欧系语言的名词变格，至少在古代，甚至有一个格是常具有这种特征的，那就是呼格。这个特点，在一种与呼格很相邻近的动词形式，即祈使语气第二人称单数的形式里也可以找到。所以在印欧系语言或闪族语言的元音交替中，零形位所起的作用是跟其他形式一样重要的。

① D. Westermann, CCXXI, p. 37 及以下。

末了，我们来谈一谈最后一类形位，它比上述的几类更不具体。那只是在于义位在句子中的各自位置。

人们用拉丁语说 regis domus（王的房子）。这两个词的领属关系是用格的形式来表达的，词尾表明每个词对另一个词的关系所起的作用。在法语 la maison du roi（王的房子）里，la、du 这些小要素是用法与拉丁语的词尾相同的语法工具。此外，拉丁语和法语之间还有这么一个差别，即前者的词序自由得多：人们可以说 regis domus 或 domus regis，几乎没有什么差别。而在法语里，像 du roi la maison 这样的倒装，除用在诗歌里以外，已差不多是不能接受的了。然而，这样的倒装，看起来虽然有点怪模怪样，但还不致在意义上说不通，这两个词的关系还是可以理解的。相反，有些语言，这相同的关系就只用词的各自位置来表达：例如威尔斯语的 ti brenhin（ti 是“房子”的意思，brenhin 是“王”的意思），领有者常置于被领有物之后；又如汉语的 wang tien（wang 是“王”的意思，tien 是“殿”的意思），被领有的事物反而常置于领有者之后。在这两种语言里，没有任何外部符号表达从属关系，只用词序来标记，所以自然是不能移动的。在各种已经失去语格屈折形式的语言里，语格表达的关系一般要么借助于附属词（介词、冠词等等），要么用词的各别位置来表示。①

我们用法语说 Pierre frappe Paul（彼得打保罗），唯一用语音表达的形位是零形位：动词形式 frappe（打，第三人称、单数、现在时）是以没有词尾为特征的，并因此与其他动词形式如 frappons

① 关于伊朗语的，参看 Gauthiot, C., pp. 113-114.

（第一人称、复数、现在时）、frappez（第二人称、复数、现在时）、frapperait（第三人称、单数、愈过去时）、frappant（现在分词）等对立。在这里，没有词尾就标明所指的是一个直陈语气现在时的动词和一个第三人称、单数的动词。但是主语和动词与动词和宾语的关系没有任何的外部标记：法语和拉丁语的区别就在这里。在拉丁语的像 Petrus caedit Paulum（彼得打保罗）这样的句子里，词尾 us 和 um 表明这两个实体词在句子里所起的作用，指出哪是主语，哪是宾语。法语的唯一指标就是词序：词序在这里就是形位。所以在拉丁语中，为了行文清楚，我们可以随意移动这三个词中每一个的位置，不会有什么不便之处，但是在法语里我们不能触动词序而不致引起意义的改变：把 Pierre frappe Paul（彼得打保罗）说成 Paul frappe Pierre（保罗打彼得），所犯错误跟在拉丁语里用错了格，想说 Paulum caedit Petrus（彼得打保罗）而错误地说成了 Paulus caedit Petrum（保罗打彼得）一样。

*　　*　　*

我们这样认识了三个主要范畴的形位，还要考察一下形位和义位的关系。

在某些语言里，这两种要素结合起来，好像每个词既包含它的语义价值的表达，又包含它的形态作用的表达。闪语和印欧语就是这一类型的语言。例如一个像希腊语ἔδωκε这样的词，它本身是完备的和确定的；它的义位用所谓词根表示，在这里就是-δω-，表达“给”的意思；这个词的其他要素表明这个观念跟过去有关，并有一个单数的主语：“他过去给”。这个词的任何要素都不能独立存在：无论是词根-δω-、后缀-κ-、词尾-ε-，或词头附加元音ἔ-，离开了

ἔδωκε或类似的结合就都不能存在。这只是一些交换的要素，因为我们可以改变词根以及后缀的词尾，比方说ἔθηκε，或ἔδωκα，或δωσω，或δίδωμι；甚至词根也会受到语法所规定的变异，δίδωμεν与δίδώμι相对比。词的要素虽然复杂，但是因为其中每一个的次序都是固定的，不能移动的，所以造成了它的统一体和凝聚力；它们互相支持和加强，使人在心中产生一种单一表象的印象，跟法语“il a donné”（他给了）的一样，包含着时和数的表达。

闪语的动词变位里也有一些类似的例子。一旦决定了所有来自同一词根的构词法中的三个词根辅音相同，那么要考虑的就只有元音和词缀和词尾的变异了。阿拉伯语的 qátala（他过去杀死）和希腊语的ἔδωκε（他过去给）是一样的；它含有一个义位，词根 qtl，和一些形位，把 qátala 和所有从一个相同的词根抽取出来的形式对立起来，如：qātala（他过去寻求杀死，他过去战斗）、taqātala（他们两个互相战斗）、maqtūl（被杀死）、uqtul（去杀，系命令式动词）、yaqtulu（他现在杀死，或将杀死，延续时）、qātil（杀戮者，系主动名词）等等。闪语动词的屈折形式还可以表达性，如：qátálta（你已杀死），阳性，和 qátálti，阴性对立；同样第三人称的 qátala（他已杀死），阳性，和 qátálat（她已杀死）对立。

可见印欧系语言和闪族语言都把两种形位即元音交替和加缀法结合起来，但是程度不同。在闪语里，元音交替所起的作用更大。“这些语言用辅音表达基本观念，用元音表达观念的附属改变，这种特性使人可以说它们的屈折变化是在词的内部进行的。”[①]“阿拉伯

① Renan. CXI.

语词根的特征只在它的辅音：至于元音，每个词根的每个辅音都可以跟着 ă、ā、ĭ、ī、ü、ū 或零，总共七个形式，每个形式都可以用来作为语法功能的特征。”[1]这可以使得闪族语言没有词缀的帮助也可以构成许多派生词，如阿拉伯语的 kátaba（他过去写）、kātib（作家）、kitāb（书，被写的东西）。

在印欧语里，词没有后缀的帮助就不能这样构成。例如试把希腊语的συγγράφειν、συγγραφεύς和σύγγραμμα等词和上述阿拉伯语的三个词比较。但是无论在印欧语里还是在闪语里，元音交替的效能都是在于使人们所称的词根具有一种特殊的价值，把它从词缀的网络里分解出来，说确切些把最大的表现力集中在它身上。词根是一种说话者可以感觉到的现实，因为它可以有各种不同的元音状态，每个元音状态就与一种不同的用法相当。词根的现实性就在于它的变异性，交替的原则使它的要素起一种代替的作用。这是一种细致、非常灵活的技术，闪族人和印欧系人对这种技术已很熟练。

不应该把词根（racine）和词干（radical）混为一谈。在法语里，我们可以通过分析认识到在 aim-er（爱）、part-ir（离开）、recev-oir（接待）等词中有 aim-，part-，recev-等要素；但是这些要素只是一些语法实体，在说话者的意识中几乎没有什么现实性。语法学家管它们叫“词干”。在德语里，交替的原则已经在词干中引入了一个更清楚的价值：geben（给，不定式）：gab（给，过去时），或 nehmen（拿，不定式）：nahm（拿，过去时）：genommen（拿，过去分

① Meillet，XCTV，4e édition，p. 133.

词)的对立可以在某种程度上使我们对同一个以辅音 g-b 或 n-m 为特征的要素有了一个观念,某些元音就是在这要素内部按照它所要表达的意义而演变的。在印欧系语言中,要对词根有最好的认识,必须追索到古希腊语,特别是追索到梵语。

可是印欧语,甚至闪语,一般除元音交替以外还加上了词缀(后缀或词尾)的使用。在印欧语里,光用元音交替来表示词的特征是很少的,就是遇到这种情况,语言学家也应该承认有关的语言带有零后缀或零词尾,例如希腊语的φώρ和φέρειν或φόρος比较。印欧语的词根在形态学上非常重要,所以没有独立存在;印度语法学家,由于一种习俗,往往根据一种任意的对事实的分析,养成了一种把他们的词加以分解以便在那里找出词根的习惯。就在今天,我们的梵语词典还把动词的形式归结为一种理想的类型叫做词根,认为一切动词的形式都借助于后缀由这些词根变来。

后缀也没有独立的存在;它的现实性都来自元音交替(像词根一样)和归附于它的意义,这意义往往是非常确切的。在一个希腊的词如πατήρ、πατρος、πατὲρες里,元音交替确定了后缀(-τηρ-、-τερ-、-τρ-)在那里出现的不同场合的价值;一个像ἀπάτωρ、复数ἀπάτορες这样的词,只是前者的复合词可以向我们提供两个新的后缀形式(-τερ-、-τορ-)。这是一个亲属名称的后缀。

词尾完全可以跟后缀相比。这也是附加于词根上面的要素。人们只凭用法把它们跟后缀区别开来。后缀用来标明词所从属的一般范畴(行动者、行动、工具、增加的、减少的等等的名称),而词尾只标明在句子中的作用。词尾所起的作用跟后缀不同;但是从构词法的观点看,无论是在印欧语还是闪语里,这些都是同性质的形位。

后缀和词尾附加于词根。这是印欧语词的结合的习惯程序；但是它没有什么东西是带排他性的。词首附加元音置于词根之前，可以看做例外：在像λύω、ἔλυσα这样的一个动词里，词首附加元音标明过去时，正如λύσω的 σ 标明将来时一样。

所以我们不应该遇到有些别的语言和印欧语相反把屈折变化形式搁在前面就感到大惊小怪。甚至法语就可以给我们一定观念，它的复数在以元音开头的词里是以一个前加的咝音来表达的，如 arbre（树）：z-arbres（许多树）；homme（人）：z-hommes（许多人）；œuf（蛋）：z-œufs（许多蛋）；oie（鹅）：z-oies（许多鹅）。通俗语言把那程序扩展到从 œil（眼睛）这个词的复数抽取 zyeuter（瞧）这个动词的过程中向我们提供了一个怪模怪样的例子。在某些洛林（Lorrains）的土语里，人们把 eux（他们、宾格），elles（她们，主格）说成 zous 和 zelles 和 zout（他们的）（依 novout 类推）。①

但这在法语里只是一个例外的事实，没有多大的影响。反之，在某些闪族语言，如阿拉伯语里，确实有一种真正的词前屈折变化形式。例如阿拉伯语动词变位的两个时中之一个，即未完成时，人称经常是用一个词首的词缀来表示：

第一人称单数 aqtulu	复数 naqtulu	
第二人称阳性 taqtulu	复数 taqtulūna	双数 taqtulāni
第二人称阴性 taqtulina	复数 taqtulna	
第三人称阳性 yaqtulu	复数 yaqtulūna	双数 yaqtulāni

① E. Rolland，VIII，t. v，p. 151.

第三人称阴性 taqtulu　　复数 yaqtulna　双数 taqtulāni

在一个完全不同的语系，如格鲁吉亚语里，也可以找到一些词前屈折变化的同样惹人注目的例子。我们可以断定加词缀的程序是在于在词根上附加一些形态要素，置于词头或词尾，那没有关系。

*　　*　　*

印欧语和闪语里由词根和词缀构成的词都结合成一个独立自主的和完备的整体。和这些语言相对的有一系列的语言，它们的形位却是或多或少离开义位而独立的。最明显的典型是那些把词分成两类，用汉语的术语来说，即分成虚词和实词的语言。实词就是义位，虚词就是形位。虚词永远不带重音。例如从属的标记 ti（的）这个词是一个虚词：wo ti eul-tseu（我的儿子），wo（我）、eul-tseu（儿子）。它起法语前置词 de、英语属格 's 的作用；它甚至可以用来指明一个从句的从属关系及等于一个连词。最常见的，虚词只是实词的一些特殊化的形式（不重读）。例如实词 tseu（子）和 eul（儿）都是"儿子"的意思，通常作为虚词附加于其他实词，从而完全失去了它们的意义；men（门）、tao（刀），带上实体词缀 eul 或 tseu 变成了 men-eul（门儿，念 môl）或 tao-tsen（刀子，念 taoze）。动词 leao（了，完成）作为虚词（念 la）用来表示过去；lai la，逐个词翻译是"来完"，即"来了"的意思。我们还可以把同一个词的两个形式结合起来，既是实词又是虚词，如 leao la（了啦）。

印欧系语言也不乏虚词的很好的例子。梵语的 iti 标明某人的言语的关系也不过是虚词。古希腊语的 ἄν，现代希腊语的 θὰ 和 ἂς 也是一样。在一本词典里，这些词是不能翻译的；它们没有任何具体的意义。这些只是系数、指数、代数的价值，而不是词。它们不能孤立地存在;必须与另一个语言要素接触,和它构成一个整体,人们的心灵感觉到是一个统一体,才能有它们的意义。孤零零的ἄ没有任何意义,但ἄν ἐποίει、ἄν ποιῇ在希腊语里却有确定的意思。法语也有一些虚词例如前置词。我们不能用同一个单独的前置词把我们的前置词译成德语:à pied(德语 zu Fuss"徒步")、à Berlin(德语 nach Berlin"到柏林")、à la côte(德语 an der Küste"到海岸")、à l'étroit(德语 in der Enge"到海峡")、à regret(德语 mit Bedauern"很遗憾")、à mes frais(德语 anf meine Kosten"由我负担费用")、à part(德语 bei Seite"分别")、à six heures(德语 um sechs Uhr"六点钟"),等等。法语的助动词 être 或 avoir,像英语的 do、shall、will 一样,都只是虚词;同样,丹麦语的辅助词 mon 在某种程度上模糊地表达了将来的观念之后,已到了只简单地伴随着动词,特别是在疑问的位置,所以我们可以说到了今天,mon 与其说是动词,不如说是疑问副词:mon han kommer?(他就来吗?)就是"知道他是否就来?"的意思。

所以印欧系语言虽然自己创造了一些虚词,可是一般表示印欧语语词和闪语语词的特征的,那是它的统一体:形位和义位不可分解地联系在一起。反过来,在有些语言里,形位和义位的联系却或多或少是松懈的。

在汉语里,虚词的位置虽然是绝对固定的,像在法语或英语里一样不能把虚词的位置随便移动,但是虚词有一定的独立性,首先因为它可以不要,men(门)和 men-eul(门儿)都是一样。其次是反过来,有时可以重复,甚至把它和有关的词分开来强调它所表达的观念,如 leao la che la(了了事了)。

在芬兰·乌戈尔语和突厥·鞑靼语里，形位或义位的联系也许最不密切。在匈牙利语里，在一连串互相一致并且在句子中起相同作用的词里，形位在一定情况下只在最后一个词的末了表达出来，如 a jó ember-nek（给好人；不是 az-nak jó-nak ember-nek）、a nagy varos-ban（在大城里）[①]。在土耳其语里，把复数的标志 -lar-插在像 kizlari（他的女儿们）这样一个词里的义位 kiz（女儿）和领有的后缀 i 之间（kizi"他的女儿"，单数）。[②]

甚至在土耳其语里，这两种要素的联系很松懈，形位的次序也不是固定的。我们用法语不能说 nous avons le vu 来代替 nous l'avons vu（我们曾见过他），也不能说 j'aime le ne pas 来代替 je ne l'aime pas（我不爱他）；但是土耳其语可以说 sevmišlerdir（他们曾爱）或 sevmišdirler，seveželerdir（他们将爱）或 sevežekdirler，sevi yorlar idi（他们过去爱）或 seviyor idiler，sevdim idi（我过去曾爱）或 sevdi idim，sevsem idi（如果我过去爱）或 sevse idim，没有什么差别。

这些组合中的每一组都是可以分析和分解的；除了词根的位置是固定的，并且都有词首以外，各种表达时、人称或数的不同要素，无论对词根或相邻的要素来说，都具有相当的独立性，在整个词里可以自由分配。它们一般都不能独立存在，例如 lar（ler）这个要素并不比希腊语或拉丁语的词尾更能孤立地使用。但是它与义位的联合比希腊语的词尾和相应的词干的联合却要松懈得多。

① Schleicher 和 V. Thomsen，引用者 Jespersen. CXXXIV，p. 37.

② Gauthiot，LXXIII，pp. 31-32.

dir 这个要素本来是实体动词的第三人称单数，要构成相应的复数必须加 ler。可是在古奥斯曼里（Osmanli）文学语言里，dir-ler 这个次序甚至当这些要素按它们原有的作用用来表达实体动词的第三人称复数时也可以倒转过来。

*　　　*　　　*

形位数量的多少可以随语言而不同。我们刚才已经看到，土耳其语可以随意把某一个形位从一个位置移到另一个位置不会引起什么不便，但是不能把它重复两次：可以说 seviyor idiler 或 seviyorlar idi 没有什么差别，但是不能把这两种说法结合起来说成 seviyorlar idiler。相反，在汉语里，我们在上面提到过的那种重复程序，有些语言例如班图语却很喜欢使用。在这些语言里，不管有多少的词，每个词都有一个类别词和某个语法范畴相当。例如在苏比雅语（Soubiya）里，“许多女孩子在跑路”这个句子念成 bakazana baenda，或甚至 bo ba-kasana baenda，ba 是复数人称的类别词；“漂亮的人”念成 mu-ntu mu-lotu，mu 是单数人称的类别词。所以班图语有十七个类别词，在有些方言里甚至多到二十三个。

和班图语的前缀相当的有泊尔语和人们叫做伏尔泰语的西部语言群的后缀。泊尔语有二十一个类别词，其中四个是复数的。例如由表达“命令”观念的词根 lām 派生 lām-do（代名词 o 类）“首领”、lām-u（代名词 ngu 类）“统治”、lām-de（代名词 mde 类）“命令，名词”、lām-be（代名词 be 类）“王、首领”等等。在这个语群里，词根不孤立存在，它们经常伴随着一个类的指标。并且这个类的指标在句子的每个要素里都要重复一次，如 debb-o dan-è-dyo e（这个白种的妇人）、rew-be ran-è-be be（这些白种的妇人）等等。

在这种类型的语言里，形态学和整个语言紧密地混合在一起，要经过一番细致的分析才能把其中的形位区别开来。分析后，句子就成了完全脱节的、破碎的，最后认不出来了。

美洲有些语言的情况却完全相反，在这些语言里，形位和义位要分开理解和表达。首先在句首要把各种形态的指示联合在一起，仿佛是列成一种思想的代数概要；除了后面跟着来的各种事物的表象以外，什么都在这里了；例如说"男子用刀子杀死妇人"这个句子，要把它排成："他，她，这个，用‖杀死，男子，妇人，刀"（支诺克语）[①]。句子中双杠线前面的只包括语法的指示、形位，义位都在后面举出。

我们不要对这奇特的结构感到大惊小怪。法语口语里就有好些很相似的说法。我们常听见老乡们说："Ella n'y a encore pas ‖ voyagé, ta cousine, en Afrique"[②]或"Il l'a-ti jamais ‖ attrapé, le gendarme, son voleur?"[③]在双杠线前面的也只会有一些形位：主语、宾语的表示（直接的或间接的），性、数、时、句子的否定性质或疑问性质的表示；我们在知道那指的是谁和什么之前，在这里什么都有了。需要补充的只有表明是什么人曾参与什么动作，一句话，即有关的事实；抽象的论据放在前头，具体的放在后面。

*　　　*　　　*

① 按照 Boas, CXXX, introd, p. 38.

② "你的表姐妹还没有到非洲去旅行"的意思，正常的法语应该是"Ta cousine n'a pas voyagé encore en Arifique."——译者

③ "宪兵从来没有抓到那个小偷吗?"的意思，正常的法语应为"Le gendarme, n'a-t-il jamais attrapé son voleur?"——译者

形态的程序纷繁复杂，因此人们对词所下的定义也随语言而不同。

有些语言的词，我们很容易对它下定义为：独立的、不可分割的统一体；在另外的一些语言里，词却好像融化在句子的躯体内部，我们不往里面投入一大堆不同的要素，老实说，就很难把它加以确定。在法语的 je ne l'ai pas vu（我没有见过他）这个句子里，通常的语法经过分析认为有七个不同的词；可是老实说只有一个，不过是一个复杂的、由好些互相纠缠着的形位构成的词。它们不能独立存在；它们的唯一价值是对心灵来说能够变换，因为我们可以说 je ne t'ai pas vu（我没有见过你）、tu ne m'avais pas vu（你过去没有见过我）、nous ne vous aurons pas vu（我们将来见不到你）等等，随意改变那个词的组成要素。毫无疑问，我们要注意这些要素之间的相互差别：je、ne、tu、te、le 确实是不能独自存在的简单的形位；它们不能分开使用。je 只存在于像 je parle（我说话）或 je cours（我跑）这样的结合里；je me dis（我对我说）、tu me frappe（你打我）里的 me 也是一样。代名词和动词之间（je dis，je le dis，je ne le dis pas）不能插入一个或几个要素。人们可能把法语 je dis（我说）的 je 看做拉丁语 dico（我说）最后的 o，设想那是法语中一个前置的屈折形式，如 je-dis、tu-dis、il-dit（念 idi）。我们还走不到这个地步；但是人们已经看到，几个世纪以来，代名词主语有逐步与它的动词焊接的趋势。我们今天已不再像拉伯莱[①]那样说："Je，

① 拉伯莱（Rabelais，François，1494—1553），法国人道主义者，曾做过医生、解剖学教授和牧师，写有一些富于人道主义的著作。——译者

dit Picrochole, les prendrai à merci"(我,毕克洛疏尔说,将赦免他们)。相反,哪怕有一个表达的主语,通俗语言也常用第三人称的代名词:"Le père, il dit ce qu'il veut."(父亲,他想什么就说什么),"Les bourgeois, ils ont bien de la chance"(资产阶级的人,他们真够运气)。另一方面,像 nous(我们)、vous(你们)这样的形位,在一定程度上相当接近于一个词,因为同一个形式可以用于强调的位置,既相当于 je(我,主格)、me(我,宾格)和 moi(我,独用),又相当于 tu(你,主格)、te(你,宾格)、toi(你,独用)、il(他,主格)、le(他,宾格)和 lui(他,独用)。这就使得词的定义非常复杂。此外,在一个动词的形式当中就有副词的形式和否定的形式,这些形式是游离于形位的价值和词的价值之间的。我们可以说,在法语里,对词是不好下定义的。

在像土耳其语这样的语言里也是这样。在这些语言里,形态要素常游离于一个义位和另一个义位之间,或互相联结得相当自由。在土耳其语里,构成词的统一体的是语音现象,按照主导音节的元音系统调节各种不同音节的元音系统的元音和谐律。班图语词的统一体决定于另一个原因,即类别词的使用,这些类别词在每一个形态范畴里都是受词在句子中的作用支配的。但是无论是在班图语、法语或土耳其语里,在词的名义下,都必须包括各种不同的要素,就是代替的要素,既被感觉到是代替的,所以跟义位只有一种同样松懈的联系。[①] 最后,有些美洲的语言,如格林兰语也是这样。在这种语言里很难确定句子内部的区分,并且具有一种有多少个句子

① Gauthiot, LXXIII, pp. 34-35.

就构成多少个词和有多少个词就构成多少个句子的趋势。[①]

相反，在闪族语言以及很古的印欧系语言如吠陀梵语或希腊语里，词却有充分的自主性，表现为对特异的语音有不同的处理，例如最后音段的处理，或重音平衡的精确的作用。词的本身就带有它的用法的符号，和它的形态价值的表达；那是一个完满无缺的整体。根据不同的理由，对汉语的词下定义也是不困难的，但是离开了它的上下文就将失去一切表达的价值，只有一种抽象的模糊意义，不能与任何用法发生关系。

所以词不能有适用于一切语言的一般定义；梅耶曾提出一个，那也正好表明用语法来表达的方法是不明确的。他说："词是一定意义和可能有一定语法用途的一定声音组合相联合的结果。"[②]

① Finck, CLXI, p. 31.

② X, 1913, p. 11.

第二章　语法范畴

人们把用形位表达的概念叫做语法范畴①。

例如性、数、人称、时和语气，疑问和否定、从属、目的、工具等在用特殊形位表达这些概念的语言里都是语法范畴。每个人都可以诉诸他的语言学知识来判定它的数目有多大及它的不同性质。各种语言的形位多少不同，因此它的范畴的数量也自然不同。一种语言，如果像前一章所说，语法越少，它所能有的语法范畴也越少。但是有些语言的语法范畴却很多。

不管我们考虑哪种语言，语法范畴都只按它们所由表达的形式来确定。在古代希腊语里有一种语气叫做愿望语气，它有些用法跟法语的假定语气相当，大致用来表示愿望。没有特殊的形式表达这种语气的语言，我们没有权利说它有这种语气。有些语言虚拟语气和愿望语气已混而不分——如大多数的印欧系语言——说话的人在被保存下来的单一形式中已分不出从前用两种不同形式表达的两种用法。剩下的只有一种语气，我们随便把它叫做愿望语气或虚拟语气都无不可，反正说话的人感觉到的只有一种语

① 参看 Göbel, Die grammatischen Kategorien. XXXII, v, p. 189 及以下。〔Jahrg. 3, Abt. I〕; Van Ginneken, LXXVII, p. 65 及以下。

气。这种感觉是由于形式只有一个，尽管用法是各种各样的。这并不妨碍后来又创造出一些与语言中已没有特殊形式表达的用法相当的新形式。例如不定过去时和完成时的混同，或毋宁说古代的完成时转变为一个历史时，在许多语言中已取消了表达完成时的手段。有些语言放弃了完成时就一直没有这个时，另外有些语言却按一种与被废弃的古代完成时不同的计划采取新的道路又创造出了一个新的完成时。

所以语法范畴经常是与一定语言和一种语言的一定历史时期有关的。希腊语只在某一时期有愿望语气，这一时期的界限是可以很准确地确定的。我们知道日耳曼语在哪一个时期除过去的单一形式以外又创造出了一个在意义上与古代完成时相当的新的形式。语法范畴的历史在每种语言里往往很准确地建立起来。但是范畴的系统随各种语言出现的形式是相当不一样的。我们的语法是在 17 世纪和 18 世纪按古希腊语或拉丁语语法的模式建立起来的，那一直是假造的。我们还依靠着它的专门术语；这套术语是不符合事实的，并且为我们语言的语法结构提供不确切的观念。假如我们所根据的原则不是由亚里士多德的门徒们建立起来的，那么我们法语的语法将确定会是另外一个样子。

*　　　*　　　*

语法范畴的分类是一件还有待进行的普通形态学的工作。如果承认全部语言有多少个形位就会有多少种范畴，那么就把范畴的数目推到了极点。我们在这里只限于依照一种经验的方法考察由最一般的范畴中选出的几种：性、数、时、态。我们将从这一研究中分解出一些资料，然后加以总结。

性的范畴，由于它从最古的时候起就在比方印欧系语言和闪族语言里存在，[①]曾非常严格地强加于语言，每逢一个实体词出现于说话者的心里总是带有一个性。因此性就主要成了实体词的特征，并且往往成了它的唯一的特征。我们区分法语的 le poids（重量）和 la poix（松脂），le père（父亲）和 la paire（双）就全靠这些词的性，只有正写法上的不同。何况 le livre（书）和 la livre（镑），le poêle（炉子）和 la poêle（平底锅），像德语的 die Kiefer（杉木）和 der Kiefer（牙床）一样，连各自的写法都相同了。一个外国人说话时把性弄混算不了什么令人愤慨的错误，但是错误来得太频繁就会使人对语言不能理解了。

可是语法上性的区别有时是没有什么道理可说的：人们说不出为什么 la table（桌子）、la chaise（椅子）、la salière（盐瓶）等是阴性的，而 le tabouret（矮凳）、le fauteuil（靠背椅）、le sucrier（糖罐）等却是阳性的。在一种相邻的语言里，关系往往不同：人们用德语说 der Sessel（靠背椅），像 der Stuhl（椅子）一样，而 der Löffel（羹匙）、der Kegel（柱）的性却跟法语的词 la cuiller（羹匙）、la quille（柱）的恰好相反。

此外，我们知道性在各时代中怎样容易发生变化。在罗曼族语言、日耳曼族语言、克勒特族语言的历史上，性的变化是很多的。[②] 在法语里，“阴性的”或“阳性的”词尾往往牵连到相应的性，

① 关于性，参看 L. Adam，XLIII；H. Winkler，CCXXII；K. Brugmann，XXXI，iv（1889），pp. 100-109；Barone，CCXXVI.

② 关于法语的，参看 Brunot，LVI，p. 233；关于德语的，参看 Behaghel，CXLIV，p. 318；关于威尔斯语的，参看 J. Morris-Jones，CXXXV，pp. 228-229.

以至许多带有“阴性”词尾而今天在正确的语言里固定于阳性的词，曾用或在通俗语言中还用于阴性，特别是当词首元音不容许有定冠词标明性的时候；例如在 exercice（练习）、orage（暴风雨）、ouvrage（工作）等词里。甚至prophète（预言家）和 pape（教皇）等词，由于它们的词尾，在中世纪也曾被当做阴性的看待。由此可见自然的性和语法上的性多么不同。我们可以继续说 l'ordonnance（传令兵）、la sentinelle（哨兵）是阴性，用来表示阳性的个人，正如过去拉丁人说 auxilia（部队）或 uigiliae（哨兵）一样。

我们的语法上的性这样不适宜于表达自然的性，在法语里，有四分之三的时候，没有办法用语法上的性来表达性别。médecin（医生）或 professeur（教授）等词没有阴性的。我们很难把它们应用于妇人。我们不能说médicine，也不能说 professeuse，因为在前一种情况下严格地说有一个意思不同的词médecine（药物）。但是我们甚至不能为了调整一切采用 médecin 或 professeur 与阴性冠词配合，像希腊人过去说 ἡΛεόντιον 或拉丁人说 illum senium（Térence）那样：la médecin、la professeur 对我们来说未免显得刺耳，不好听。正确的法语只好把它说成 la femme médecine（女医生）、la femme professeur（女教授），用 femme（女人）这个词做一种表示性别的形位。我们的处境像一种没有性区别的语言一样。在这种情况下，英语采用两个代名词 he（他）和 she（她）做形位，例如 he-goat（公山羊）、she-goat（母山羊）；爱尔兰语用 ban（来自 ben“女”）这个要素做前缀，如 ban-dio（女神）、ban-file（女诗人）、ban-tauth（女巫）等等。我们甚至说 une femme cocher 或 une femme cochère（一个女马车夫）。我们如此固执地把 femme 看做形位，简

单地说 une cochère 都会令人听起来刺耳。

法语的现状已经很像古印欧语的状态。自然的性在那里没有形态上的表达。[①] 而且印欧语的词不用外部的形式表示阴阳性的差别。在拉丁语里，toga（宽外袍）和 scriba（抄写员），aesculus（橡树）和 famulus（仆从），arbor（树）和 dolor（悲哀）屈折变化方法完全相同；可是在每一组中，头一个词都是阴性的，第二个词都是阳性的。有时候，在几种语言里，阳性和阴性各自分配在某些后缀之间。例如在峨特语里，凡与拉丁语第一变格（togo 型）相当的词都是阴性的，与第二变格（famulus 型）相当的词都是阳性的。那是由于创新的结果。希腊语的词如πατήρ（父亲）和μάτηρ（母亲），υιός（儿子）和νυός（儿媳妇）在印欧语里屈折变化相同。

诚然，我们要把中性撇开。这个性是唯一由它的形式确定的：希腊语的τέκνον（孩子）和στέγος（属格στέγους，“屋面”），σίναπι（芥末）和μέθυ（蜂蜜水），拉丁语的 templum（庙宇）和 corpus（属格 corporis，“人体”），mare（海）和 cornu（有角的）据说都是中性的。印欧语的中性是一个独特的性；它和两个其他的性对立，但是范围比较小，只有一种情况下有自己的形式，这似乎表明是一个正在消失的范畴，在整个系统里没有完全的自主性。它所表达的是某些独立于阴性和阳性对立的概念，就这一点说，它面对其他两性可以起一种补充的作用；例如它表示的往往是一些被视为非活动的不能具有人的能力的事物；有时似乎也表达集体的概念。

这样说来，印欧语的性表现在哪里呢？我们说：表现在一致问

① Ernaut，XCVIII，p. 211.

题上。希腊语的πατήρ(父亲)之所以是阳性的,那是因为人们说ό πατήρ ἀγαθός(好父亲);μήτηρ(母亲)之所以是阴性的,那是因为人们说ἡ μήτηρ ἀγαθή(好母亲)。与实体词有关的冠词和形容词随着词的性有不同的形式。这一事实在性的历史上曾有很重要的后果。性曾随一致关系的语音表达的变异而发生变化:凡一致关系由于语音上的偶然事件不再表出或很不完备地表出,那么性就会死亡或萎缩。在法语里,像在古希腊语里一样,保持性的是冠词和形容词;但是冠词在任何以元音开头的词的前面形式都相同,如l'aurore(黎明)、l'abîme(深渊)。这些词的性就没有其他词里的那么清楚,因此在法语的历史上容易发生性的变化的一般就是以元音开头的词。此外,如果有关的形容词性别模糊不明,那么就再也没有什么性的表达了,如:l'aurore est splendide(黎明是光明灿烂的)、l'abîme est sombre(深渊是阴沉的)。只有当人们说 l'aurore est belle(黎明是美丽的)或 l'abîme est profond(深渊是深沉的),aurore(黎明)、abîme(深渊)才各有一个性。

英语比法语走得远得多:古英语的单数冠词有三个不同的形式表达三个性:sé、séo 和 đaet;它的冠词甚至有一个很完备的屈折变化,每个数都有四个不同的格。但是很早就把这个屈折变化简单化了。首先,在主格,由于一个类推的事实,变成了 đé、đeo、đaet;然后把阳性和阴性融合成一个单一的形式 đé;最后,中性消失了,单数只剩下一个形式,并且是与复数相同的。冠词失去了它的屈折变化,那语言就被夺去了性的表达,因为在形容词方面也成了没有屈折变化。丹麦语还停留在一个不那么前进的阶段;它还用 den 来表示阳-阴性,用 det 来表示中性:复数,用 de 来表示三性。冠词的语音演变使它能保留两个性,但是就来源说却与法语的阳性和阴性不相当。

我们在这里没有必要考究印欧语的语法上的性是怎样来的。[①] 有几个语言学家曾试图探索,但是没有得到任何令人满意的结论。这问题超过了印欧语语法的范围,这是一个在其他语言中提出的普通语言学的问题。有些人类学家,如弗雷泽(Frazer),曾设想两性的差别跟妇人的特殊语言有关,同一个名词由不同性别的人使用就具有两个不同的形式,他自以为这样可以解决这问题。[②] 这未免把问题看得太简单了:性不只在于阳性和阴性的对立,因为印欧语还有一个中性。

在某些美洲或非洲的语言中,性的状况很特别。例如阿尔共金语分有生命性和无生命性。[③] 各种事物怎样分配进这两个性里,不关重要:我们可以看到,除动物以外,阿尔共金人把树、石头、太阳、月亮、星星、雷、雪、冰、麦子、面包、烟草、雪橇、燧火等都认为是有生命的。事实上,"这种性的区别是绝对地根本的。因为它支配着名词的复数,领有的表达,指示代名词、动词和形容词"[④]。在事物的分配中可能产生一些特殊的类比作用。在斯拉夫语里也有一种有生命性;这种性的创立,特别是它的扩展,可以用一种从印

① 特别参看上述 H. Winkler, K. Brugmann 和 Mario Barone 等人的著作,又 B. I. wheeler, The origin of grammatical gender, XXIII. i., pp. 528-545(1899).

② Van Gennep ,LXXIV, p. 265.

③ J. P. B. de Josselin de Jong, De waardeeringsonderscheiding van "levend" en "levenloos" in het Indoeuropeesch vergeleken met hetzelfde verschijnsel in enkele Algonkintalen, 学位论文,Leiden (1912).

④ L. Adam, XLIII.

欧语出发的有规则的形态发展来加以解释。[①] 在亚美尼亚语中[②]，在西班牙语的动词之后，甚至在古代法语的名词之后（le bourg *le* roi“王镇”，les maisons *du* bourg“市镇的房子”），都有把有生命的事物和无生命的事物对立的趋势。在其他语言里还可以碰到别的对立。在东非洲马塞人（Masai）的语言里有一种性表示大的和强的东西，另一种表示小的和弱的东西，[③]有些人随意地把它们译成阳性和阴性的对立，如 ol tungani（人）、en dungani（小人）；这不如简单地说强性和弱性。在这里，这个范畴很接近于我们在别的地方所说的表小词。

在非洲的领域内，性的名称叫做“类”。班图语里占支配地位的是“类”。每个类都有一个特殊的词缀作为特征，语言中所有的词都被分配在这些类之间。我们在上面已经举过一些例子。类的标志像希腊语或拉丁语词中性的标志一样重要。这是必须强加于人们的心里的。每个词的类别词（人们把标出类的语音要素叫做类别词）都非常重要，句子中所有跟它有关的词都要用它重复一次。好像主要的词把它的制服的颜色强加于所有从属于它的词一样。

欧洲语言里的性只是班图语方式的“类”。它代表心灵要把用名词表达的各种各样的概念加以分类的试图。这种分类的原则无疑是跟我们的远祖对于世界的概念相对应的，有些神秘的、宗教的动机帮助把它固定了下来。甚至等到人们已不能理解它的存在理

① Meillet，XCVI.

② Adjarian，Classification des dialectes arméniens，Paris，p. 18,47.

③ Merker，Die Masai，引用者 Feist，XXXVI，t. XXXVII，p. 113.

由之后还保持着它的传统。

*　　　　*　　　　*

有些语法范畴与现实的关系比性更为密切，并且，在我们当前对世界的概念在理性上是正当的，例如数的范畴和时的范畴。随着我说：*le cheval mange*（马吃）、*les chevaux maugeront*（许多马将吃），我表达了两个对立的观念：单数和复数以及现在时和将来时。这是跟经验的事实相对应的。但是我们试考察一下这两个最一般的范畴在各种不同的语言中怎样表达就可以看到它们的表现形式会限制它们的一般性。其次，它们在使用上很少具有我们所期待的适当的表达。

我们在法语里有一个单数和一个复数：但是对我们来说，构成数的单复区别并不是这个范畴的唯一方面。有些语言过去或现在还有一个双数。印欧语的双数在历史中保持得长些或短些，各种语言的情况不同，后来慢慢差不多被淘汰了。[①] 在印度，吠陀梵语和古典梵语有双数，和已经失去这个双数的柏拉克里特语和巴利语对立。古波斯语和禅德语严格地使用双数，但是贝尔威语(Pehlvi)已渺无踪迹了。在我们认识的最古时期，亚美尼亚语和拉丁语都没有双数。在古斯拉夫语，双数还完全活着，并且今天某些方言，如斯洛文和卢萨斯的索拉伯方言，还有这种数。在立陶宛的几种方言中，它正在消亡的道路上。峨特语只在代名词和动词中有它的表达；古高德语只在代名词中留下一些痕迹；但是这些痕迹消失得很慢，因为我们在当前的巴伐利亚土语中还可以找到双

① Brugmann，CL，ii，第二部分，p. 195.

数代名词 ös 或 enk，它们在 13 世纪末以前就在书面语言中消失了。在克勒特语，只有爱尔兰语以最古老的形式在名词的变格中保存着双数；但是这个数在那里占着一个很不稳定的地位，因为双数的名词总应该伴随着“二”这个数词。古希腊语的情况极其复杂，不只在某一方面有启发性，但是最后也把双数淘汰了。① 这是所有印欧系语言的一般趋势。如果这种淘汰发生的时日随着语言而大不相同，那是由于历史的原因。

我们应该相信，双数的使用是适应一种与我们的现代思想习惯所提出的需要不同的需要的。我们现在看不出把双数和复数对立的理由。但是在数的范畴中，有好些别的区别我们现在不表达，但却是很值得有个语法形式的。例如集体方面的形式和个体方面的形式。我们在法语里没有把这两个概念对立的手段，这是一个往往使我们感到烦恼的缺陷。有些语法书常讨论在正写法上应该写成“gelée de groseille”还是“de groseilles”（草莓冻），写成“confiture de pomme”还是“de pommes”（苹果酱），归根结底都只是把复数和集体数相混，并由于缺少一个集体数的语法范畴。同样，当我们说“le cheval court”（马跑）的时候，那是指的某一孤立地考虑的马吗？还是一般马的整体呢？我们也因为不能特指而感到烦恼。我们不能区别个体和种类，也不能区别特殊和一般。印欧系语言的情况差不多都和法语一样。② 数的范畴的好些重要的方面有这里都没有有规则的表达。

① Cuny，LXI.

② 克勒特语言曾自己创造了一个“个体”的范畴。参看 Pedersen，CLXXXIX，t. II，p. 58.

* * *

时的范畴也有一些缺陷。[1] 在一种像法语或德语这样的语言里，动词表达的主要是时间。动词在德语里就叫做 Zeitwort（时间词）。我们在法语里有一整套时，不仅与过去、现在、将来相适应，而且与时间的相对差别相适应；我们有表达过去的将来和将来的过去的手段。在这一方面，很少语言是跟法语一样丰富的。德语差不多只有一个过去时；它把法语的愈过去时和有定过去时混合成一个形式，ich liebte（我过去爱），这个唯一的形式甚至在德国的某些部分有代替 ich habe geliebt（我曾爱）型的分析过去时的趋势，而在其他某些部分，这个分析的时却相反地把过去时的整个表达都总括在它身上。法语的丰富来自拉丁语。从时的观点看，拉丁语也是带有一系列丰富的形式的。

但是时的表达在拉丁语中是一种创新。比较语法告诉我们，印欧语特别表达的是体。[2]

人们把持续的范畴叫做“体”。[3] 法语的时表达动作现在、过去或将来完成的时刻，而不考虑动作的持续情况。可是持续是一个很重要的概念，在某些动词里甚至支配着其他任何意义的考虑。印欧语着意标志时比标志持续少得多。它在动作中关心的不是指明动作在什么时刻（过去、现在或将来）完成，而是标出人们考虑的是它的继续还只是发展中的某点，是它的起点还是它的终点，动作只发生一次还是重复着，它是否有个结局和结果。由此产生这些

---

① 参看 Herbig. XXX，t. vi，p. 170 及以下。

② Brugmann，CL，ii，3，p. 62.

③ Barbelenet，XLVII；Barone，CCXXV.

比较语法所采用的持续动词与瞬间动词，已完成动词与未完全动词，表示开始的动词，反复的动词，终点的动词等间的区别。不考虑这些细微色彩或者用我们语言的自然观念去寻求各种时的表达，就没法对梵语或古代希腊语的动词系统有任何理解。在古希腊语里现在时、不定过去时、完成时的差别都在动词的“体”。斯拉夫族语言曾长时期保存着这种体对时的优势，一部分直保存到现在。在这些语言里，任何动词都属于一个“体”的范畴。体是动词的特征，并决定动词，正如过去时和将来时是法语的特征一样。[①] 这是俄语和法语的主要差别，是法国人学习俄语所遇到的最大困难之一。

就时的表达来说，闪族语言和古代型的印欧系语言极为相似。在共同闪语里没有任何区别动词的各种不同时的手段；相反，人们却可以找到令人惊异的许许多多方法来迻译主观的动词关系，例如表达原因、意动、增强、愿望、推断、命令、交互、再归等等。所有这些术语都表示闪语动词的种种范畴，在各种方言中还多少保存得很好。真正的时闪语只有两种：完成时和未完成时，都是从不同的词干中派生出来的；但是完成时和未完成时这些名称无论如何不能理解为与法语所用的时有什么相似之点。这些名词应该从词源上的意义去理解；它们指的是已经完成的或没有完成的动作，就是说，在闪语里和印欧语里一样，占优势的都是持续的表达，而不是时的表达。例如亚述语把“完成”用于现在时和将来时的意义。在阿拉伯语里，“未完成”也表达将来时和现在时。“在希伯来语

① A. Mazon，XCII.

里，那不正当地叫做将来的形式被用来标明叙述中的过去，另一方面，那称为过去的形式又可随意用于将来时。大家知道那对预言者原文的解释曾遇到多大的困难。这种不确切的现象来自起初没有时的概念，其后才相当笨拙地把它归结于一个动词变化，而这动词变化并不是为了接受这概念而制成的。”[①]

所以时的语法范畴和数的范畴一样都有它的不足之处；甚至在它调度的界限内，也远不是用一个适当的形式经常和它所要表达的概念相适应。在许多印欧系语言里，为了表达将来时或过去时，人们有时要用一个既不是将来时又不是过去时的形式。拉丁语虽然有将来时，可是普劳图斯[②]说（Captifs《囚徒》，749）“peristis nisi iam hunc abducitis”时却用了现在时来表达显然与将来有关的动作，而听者对这句子有关的时不会有片刻的迟疑。同样，在法语里，我们通常说“j'y vais”（我到那里去）来代替“je vais y aller”（我将到那里去）、“je m'apprête à y aller”（我准备到那里去）、“j'irai”（我将去）。拉辛（Racine）在Bérénice（贝雷尼斯）里写道：

Peut-être avant la nuit l'heureuse Bérénice
Change le nom de reine au nom d'impératrice
（也许在夜幕降临之前，贝雷尼斯
把王妃的名字改成了皇后的名字）

德语经常用现在时代替将来时：“ich werde kommen”（我将

---

① M. Bréal, VI, t. xi, p. 271.

② 普劳图斯（M. Plautus，前254—前184），古罗马著名作家，据说曾写过130部喜剧，《囚徒》是其中之一。引文的意思是：“不劝他归顺，你别活着。”——译者

来）这样笨重的结构特别是存在于语法或讲德语的外国人的使用里面。德国人在会话里只简单地说："ich komme"（我来）。用现在时表示将来时是语言的一般趋势：俄语、威尔斯语、加爱力克语、苏格兰语，还有其他语言都用古代的现在时表示将来时。

然而，在法语，简单的将来时可以表达现在时（il sera à Paris à l'heure qu'il est"他现时将在巴黎"）或者前将来时可以有过去的价值（Nul ne se ressouvient d'un mot qu'il aura dit[①]"他将说的话谁也回忆不起来"）。在这两种情况下，毫无疑问，将来时在句子中引入了一种特殊的细微色彩（可能性、偶然性），但事实上，将来时和现在时或过去时有关。

过去时也可以用现在时表达。在故事中，这是很常见的用法，人们把它叫做历史现在。文学家把它看做特殊的魅力；他们说现在时更富于表现力，更适宜于描写，它能使情景活现于读者的眼前，它能在思想上把我们牵引到动作正在展开的时刻。这是很正确的。但是这种解释此外也可以应用于用现在时表示将来时，却在语法学家的眼里没有什么价值。他们不能不坚持如下的推理：一个作家为了能够作为艺术家而利用某个他认为更富于表现力或更艳丽的表现法，这个表现法只能由语言向他提供，所以像现在时和过去时的各自领域，从语法上说，应该分得不很清楚，这样人们才容易由一个领域过渡到另一个领域而在明晰上没有什么不便。

事实上，过去时，反过来也可以用来表示现在；古代希腊语就是借助用来表达过去的时来表达具有一般意义的句子、警句或格

① 这句话引自法国哲学家拉·布吕耶尔（La Bruyère）.——译者

言中的所谓习惯现在时的。例如荷马会说：ὅς κε θεοῖς ἐπιπείθηται μάλα τ'ἔκλυον αὐτοῦ. 其中有用法语现在时翻译的不定过去时："服从上帝的人，上帝倾听他。"这就是所谓格言的不定过去时，用来表达事实上不属于任何时的动作，并且正如任何经验的真相一样，对无论是将来、现在或过去都可以实说。在法语和大多数的语言里，在我们看来，现在时最适宜于这种格言的使用。但是法语为此也可以用将来时，拉丁语也是一样："pulcra mulier nuda erit quam purpurata pulcrior."（Plautus, Mostellaria；漂亮女人脚上要穿更漂亮的紫色）

我们所称的现在时在法语里是一种有弹性的时，正如我们刚才所看到的，它时时准备着表达将来时和过去时，并且不分区别地应用于严格地限于当前现在时的动作（voilà le tramway qui passe"电车经过啦"），或者习惯的动作（j'y passe tous les dimanches"我每个礼拜天都经过那里"），或者与任何确切时间无关的动作（le trammay passe dans cette rue"电车在这条街经过"）。

每种语言里关于时的使用上的矛盾都是数之不尽的。在法语里，过去假定时或者至少用这个名称指示的东西，说话时可以用来表示将来时，如"si l'on me confiait cette affaire, je l'aurais bien vite terminée."（如果把这件事情委托给我，我将很快就办妥），人们看见不是觉得很可笑吗？毫无疑问，要找出这种用法的来由是不难的：那是一个类推的事实。法语的假定是一个将来的愈过去时，而起类比作用的句子部分中的两个动词是各自属于现在时和将来时的："si l'on me confie cette affaire, je l'aurai bien vite terminée."（如果把这件事情委托给我，我将很快就办妥）。这表明语言利用它的资源具有怎么样的柔软性，但也表明把时的范畴加以整理是多么困难；这总还是相当难以确定的。

*　　*　　*

语态的范畴更不好确定。[①] 我们对于语态这个词的理解是动词动作和它与主语的关系的一个方面，看这动作被认为是由主语完成的，是它所遭受的，或为它而做出，由它参与的。古典的类型是希腊语主动态、中动态和被动态的对立：νιξω、νιξομαι（我洗，我洗自己或我被别人洗）。但是在希腊语里，这三态的区别不很清楚。构成被动态的，与其说是动词形式，不如说是前置词宾语：ύφ' "Εκτορος δαμεις（被赫克多尔制服）被看做被动态，但是ύφ' "Εκτορος πεσών（在赫克多尔的拳头下）却只由于一种语法上的约定俗成而被认为主动态：这两种表现法表达的是同一个观念，起初也许任何一个都不比另一个更被动。在拉丁语里，某些被动态如uapulo（我被打败）具有主动态的形式。一般地说，在古典语言里，人们所理解的主动态动词也许是由某种后缀或词尾确定的，而不是由意义确定的：如果 je donne（我给）或 je frappe（我打）是主动态的，为什么 je dors（我睡）、je meurs（我死）、je souffre（我受苦）也是主动态呢？

主动态动词和被动态动词的区别在大多数印欧系语言中都只是幻觉，因为被动态差不多从来就不是主动态的反面。它原来是在被动态中引入一个改变它的性质的特殊概念。被动态往往表达

① 关于主动态和被动态的对立，参看 Uhlenbeck，XXX，t. xii，p. 170；Schuchardt，XXX，t. xvii，pp. 528-531 和 Finck，XXXVIII，t. xli，pp. 209-232.

已完成的动作、完全已完成的动作;这就是为什么法语里有这样多的动词用动词 être(是)表达它们的过去时的缘故。拉丁语的情况已经是这样。此外,这种语言里,被动态有一个特殊的用法,人们不适当地把它叫做非人称被动态。其实应该简单地叫做非人称,因为其中没有任何被动态的痕迹:curritur(人们跑)、luditur(人们玩)、itum est(人们过去去)。我们在相同的情况下也用不定代名词 on(人们)。或者转而用反身代名词,如:il se joue un grand jeu(他下了一个大赌注),il se fait une grande course(他进行了一次大赛跑)。在法语里,像在许多语言里一样,反身是表达被动态的手段之一:cela se dit(这被说),cette robe se porte(这件袍子被穿)。这种表现法的固有特点是动作的主动者不表达出来;但是我们不能把它们看做被动态,除非用一个特殊的意义去理解被动态,使它成为不是主动态的反面。

我们的语言之所以这样混乱,那是由于在主动态和被动态的表达中引入了一些次要的概念,以至这样缩减了它们的根本对立。但是这种根本对立本身能自圆其说吗?如果 je frappe(我打)和 je suis frappé(我被打)的差别只是在于两个人的语法关系,我们就没有必要去注视它。那纯粹是一种由于习惯或由于方便的约定俗成的事情;我们随便说 Pierre frappe Paul(彼得打保罗)或 Paul est frappé par Pierre(保罗被彼得打)都无不可;有些语言喜欢用头一种表现法,另外有些语言喜欢用第二种,最后,还有一些认为两种都可以用,在这里,一切都只有历史过程的结果。事实上,如果法语有主动态和被动态(后一种在一定程度上是受限制的),印欧语似乎只有主动态;其他语言有把语态归结为单一的被动态的趋势。

事实上，对待主语和外部世界的关系有两种方法，有时主语是主动的，就是说，他用他的意志的行动对他周围的人产生一定效果，如 Pierre frappe Paul（彼得打保罗）；有时是被动者，就是说，他从他周围的人那里接受某种引起他的感觉的印象，如 Paul est frappé par Pierre（保罗被彼得打）。在这两个例子里，对立是很清楚的：一个打出一拳头，另一个接受一拳头；没有什么可以怀疑的。但是有些情况，主动性和被动性互相平衡和互相混合；另外有些情况，后者压倒前者。如果我说 Pierre voit Paul（彼得看见保罗）或者 Pierre aime Paul（彼得爱保罗），这两个人彼此做出一个动作，被理解为主动的或被动的都无不可。视觉是一种受动的现象，彼得的视网膜为某一形象所击动。爱情或友情也是一样：彼得经受某种感觉。这没有什么是主动的。我们想象把主动动词保留给动作能发生效果的情况比较合乎逻辑，如果主语遇到他的心绪有某种变化就采用另外一个类型的动词，随意叫做被动动词或表情动词都可以。

这就是有些语言，如乔治亚语[①]中动词两大范畴的出发点。乔治亚语有两个类型的屈折变化：visurveb（我欲望）和 msurs（欲望是我的），vikvareb（我爱）和 mikvars（爱情是我的）等等。由这两个类型产生了两个平行的动词变化，主动动词和表情动词，乔治亚语在同一个动词中共同使用（通常引入了一种时的差别），或者按照意义分配于各动词之间。例如它一般说 mesmis（听是我的，即我听），属表情动词，但是 vxédav（我看见），属主动动词；mdzéra

① 例子引自 Finck，CLXI，p. 133；又参看 Schuchardt XXXIX，t. 123（1895）pp. 1-91.

（相信是我的，即我相信），mgonia（思想是我的，即我想），属表情动词，但是 vaseneb（我建筑），vtser（我写），属主动动词等等。印欧系语言没有这种区别。

可是我们在法语里用 je crois（我相信）和 m'est avis（我想起），je vois（我看）和 il m'apparaît（由我看来）的对立来表示它的观念，这对立很可以表明主动动词和表情动词的差别。我们通常喜欢使用主动态，以致全部违反逻辑，把像 il me souvient（它使我想起）这样的一句熟语变成了主动态[je m'en souviens 是一个既荒谬又野蛮的表现法，可是沃治拉（Vaugelas）已经看出它"在宫廷里"比 il m'en souvient 更为通用]。Regretter（遗憾）这个动词的情况也是这样。（je regrette"我遗憾"来自 il me regrette"使我遗憾"，试比较意大利语 mi rincresce）德语的动词如 ahnen、grauen 也是这样[ich ahne etwas"我怀疑某些事情"来自 es ahnt mir（或 mich）etwas；人们说 ich graue mich vor etwas"我因某些事情而发冷战"，而不说 es graut mir vor etwas]。而且在拉丁语，paeniteo（我悔恨）这个动词就已经是从 me paenitet 来的。

由表情过渡到主动，在这里同时就是由非人称过渡到人称：现在有些语言一般喜爱人称表现法。这种喜爱在拉丁语里很清楚，在这种语言里，人称被动是由非人称被动来的：inuidetur mihi 曾先于 inuideor（人们嫉妒我），正如 uitam uiuitur（人们过着生活）（恩尼乌斯，《悲剧》，v. 190）[①]曾先于 uita uiuitur"生活被过着"一

① 恩尼乌斯（Ennius，前 239—前 169），古罗马诗人和剧作家，曾写许多悲剧流传于世。——译者

样；同样，人们用丹麦语说 jeg blev budt to kroner“人们向我贡献了两个克朗”，而不说 mig blev budt to kroner；说 jeg blev forbudt Adgang til…“人们曾禁止我进去”而不说 mig blev forbudt Adgang til…，后者是唯一在逻辑上正确的表现法。由此可见主动范畴和被动范畴的区别是建筑在一个非常脆弱的基础上的。

及物动词和不及物动词的区别在古典语法中虽起着巨大作用，但也没有更牢固的基础。它是语法学家经常使用的；看来这样自然，人们用不着费心去给它下定义；它似乎是不言而喻的。事实上，没有任何东西比它的定义更差。人们说，在拉丁语里，有带宾格的直接宾语的就是及物动词(amo patrem“我爱父亲”)，或在法语里，不需要前置词的帮助，后面直接跟着一个宾语的就是及物动词(j'aime mon père“我爱我的父亲”)。反过来，在拉丁语里，宾语在与格，或在法语里前面有一个前置词 à 的，都是不及物动词，如 noceo patri“我打扰父亲”，je nuis à mon père“我打扰我的父亲”。但是 noceo 和 patri 之间的关系与 amo 和 patrem 之间的关系完全相同，而且我们知道它们的结构上的差别纯粹是偶然的。也许 nocere alicui(打扰别人)是按照 obesse，officere alicui(损害，打扰某人)来说的：一个结构牵连到了另一个结构。在同一种语言的发展过程中，人们可以看到结构互相交换，不及物动词变成了及物动词，或及物动词变成了不及物动词。[①] 在希腊语里，动词παραινεῖν在古典时期是及物的，但是人们在《使徒行传》(27，22)中可以找到παραινῶ ὑμῖν。相反，动词διδάσκειν(教)却由及物动词变成了不及

① 关于 16 世纪的法语，参看 Brunot，LVII，t，II，p. 439.

物动词：人们在《阿波卡里拔斯》(Apocalypse，2，14)中可以找到 εδίδασκεν τῷ βαλάκ。在阿狄克散文里，χρῆσθαι后按规则要用与格，但是在克列特碑铭上和《新约全书》的希腊文里却用了宾格(χρώμενοι τόν κόσμον，《第一使徒书》，7.31)。在拉丁语里，mederi(护理)起先支配宾格，其后支配与格(mederi oculos“护理眼睛”，mederi oculis“同上”)。最后，从一种语言到另一种语言，同一个观念，可以时而用及物动词表达，时而用不及物动词表达。法语说“j'aide ma mère”(我帮助我的母亲)。“je suis mon père”(我跟着我的父亲)：但是德语说“ich helfe der Mutter”(我帮助母亲)，“ich folge dem Vater”(我跟着父亲)；俄语说“blagodarjù vas'”(谢谢你)，正如法语说“je vous remercie”(我谢谢你)一样，但是德语却说“ich danke Ihnen”(我谢谢你)；拉丁语在 nubere、parcere、benedicere 之后用与格，表示“嫁娶”、“宽恕”、“祝福”的意思。

在教授语言的语法学家看来，这种区别无疑是有道理的，因为它涉及两个不同的结构；如果说 noceo patrem 或 ich helfe die Mutter，那就犯了一个错误。但这只是一种形式上的不同；纵使历史考虑到了并加以说明，理性却说不过去。

用下列方法去理解及物动词和不及物动词的对立也许更好一些。自从及物的概念必须有一个宾语的时候开始，凡动词动作的终点在句子里表达出来的，我们就可以把这动词叫做及物的，反过来，任何动词在使用上没有宾语表达出来的，都是不及物的。例如，像“j'aime Rose”(我爱洛丝)，“la maison où j'aime”(我在那里发生爱情的房子)，“Cet homme boit du vin”(这个男子喝酒)，和

“qui a bu boira”(谁喝过的要喝)这样的表现法是互相对立的。使用上没有宾语的当然是不及物的,它所表达的动作没有指向任何事物。但是这种似乎真正合乎逻辑的对立不能追究很久而不致损及逻辑本身。例如这种对立我们在像“ils *prennent* ces allumettes”(他们拿这些火柴)和“ces allumettes *prennent* ”(这些火柴着火了),或者“le chien a *crevé* la toile”(狗挖破了帆布)和“le chien a *crevé* ”(狗死了)这样的表现法里也会碰到。但是情况完全不同。在每一对的第二个句子里,动词(prendre、crever)用于绝对的意义,并且动作与主语有关,而在上面,动词 aimer、boire 在没有宾语的句子里,却表达一种不确定的动作。另一方面,人们可以把“je pars à Paris”(我动身去巴黎)看做及物动词,因为它有一个标明动词终端的宾语,而且这所谓宾语在许多语言(拉丁语、爱尔兰语、希腊语、梵语等)里是用宾格表达的,如拉丁语“peto urbem”。但是在“je pars dimanche”(我礼拜天动身)里,我们有的不是地点补足语,而是时间补足语,其中动词 partir 是否应该当做不及物动词呢? 这个问题需要讨论。并且怎样区别“j'attends Pierre”(我等彼得)和“j'attends à demain”(我等到明天)这两个句子呢? 又怎样标出“tournez la meule”(推碾子)和“tournez à droite”(向右转)的差别呢? 如果把这两个动词都列入及物动词(如果把 tournez à droite 和 tournez le coin“转弯”比较,怎么不这样列呢?),人们可以说这个相同的词用来表示两种非常不同的用法,因为 tournez la meule 中的动词是使动词(“使碾子转动”),而在 tournez à droite 中它却是反身动词,意即主语也是动作的终点(把你向右转)。拉丁语里的 saepe stylum uertas(时常转动你的

铁笔）和 uerte hac（转到这里）也是一样。[1]

*　　　*　　　*

我们把一种语言的语法范畴的分析进行得这样深，可以看出把它们归结为一个逻辑系统是不可能的。这可以用一些很清楚的理由从语法方面来解释。这是因为每种语言的语法，我们不管从它的历史上的哪个时候去考虑，都是多种活动的结果，独立地涉及语法系统中的不同点。如果形态演变的出发点是在人们所称的类比作用，类比的结果并不是在整个系统中放进一些逻辑。

另一方面，认为在语言历史的原始时期，语法范畴完全适应于人们心中的逻辑范畴，在许多世纪的过程中，它们才由于习用上的改变逐渐偏离了它，这样的假设，是没有什么事实可以证明的。我们无论在语言的历史上往上追溯到多么远，所达到的也只是语言的很进化的状态。我们认识到的今天大家所使用的各种语言的最古老的形式，其符合逻辑的程度既不高于也不低于后来的形式。

要想就一个民族的语言所具有的语法范畴去判定这一民族的心理状态总是不慎重的。有些语言把一些不再有存在理由的范畴当做语法过程保持了很久。我们曾在性的范畴方面见过一个这样的例子。如果有人向我们举出一个法语的句子，认为 table（桌子）和 tabouret（矮凳子）相对立是从一种野蛮人的语言里得来的，我们事实上将会相信那是跟班图语有关的。巴利（Bally）先生曾举出过几个惊人的例子，认为使用和保持某些语法范畴建立了开化

① 参看 Ernout，VI. t. XV，p. 325.

人语言和野蛮人语言间的相似。[①]

有时，某些语法范畴被废弃或演变了，另外有些又被创造出来了，有人想从这一事实推断那是人类心灵在抽象道路上的一种进步。这种推断有时是很有道理的（参看本书结论章）。但是不能把它一般化。印欧语没有不定式，它既不能说"携带"，又不能说"做"，只能说"我携带"或"我过去做"。每种印欧系语言独自创制的不定式都是在抽象道路上跨进了一大步。但是这些语言中也有把不定式失去了的，例如近代希腊语或保加利亚语。这并不意味着希腊人或保加利亚人失去了抽象地理解动词动作的官能。

有些野蛮民族除双数以外还有一个三数，这也不意味着这些民族计数只能算到三。[②] 数的语法范畴是离开数的概念而独立的。普拉涅尔特（Planert）先生同样指出过必须把因果关系的概念和用来表达这概念的语法范畴区别开来。马来人不表达因果关系概念，但是这并不妨碍他们因果地进行思维。[③] 此外还有各种语调程序或手势程序可以填补范畴的缺乏。

如果语言有时毫无道理地保存着某些无用的语法范畴，遇必要时，它们永远不会因为要制造一个新的而感到困难。我们在上面曾把表达"时"的语言和表达"体"的语言互相对比。就印欧系语言的历史所提供的事实来看，我们似乎可以说"时"的概念比"体"的概念更接近近代，并且取而代之。可是"体"的概念并不是我们

① XLIV, p. 107.

② Lévy-Bruhl, LXXXVIII, p. 157.

③ Planert, Die gramnalischen Kategorien in ihrem Verhältnis zur Kausalität, Eine Untersuchung am Malayischen, XXXIV, t. IX (1906).

的近代语言中所没有的，尽管近代语言以表达“时”的概念为最好。

例如日耳曼族语言为了表达它们所欠缺的持续体，曾利用现在分词伴随着实体动词。在中高德语里，我们已经可以找到一些比如 all die mich sehende sint“所有看见我的人”(der arme Heinrich, v. 673)或者 der riter ... mit tem der lewe varend ist “骑士……狮子和他旅行”(Iwein, v. 2986)这样的表现法。英语的 I am going“我正在去”，I was reading“我过去正在念”等曾有很大扩展的表现法，也是由于相同的需要而产生的。在 16 世纪的法语里我们可以看到一种用动词 être(是)或动词 aller(去)创制的同类的持续体的尝试，后因受马列尔伯(Malherbe)和梅纳时(Ménage)的谴责而没有成功。可是伏尔泰(Voltaire)还说：“Cette prison qui va vous renfermant”(这个监牢正在把你关起来)，拉丰登(La Fontaine)也说：“Je me vais désalterant”(我正在解渴)。

以富于“时”的表达手段在一切语言中出类拔萃的法语已找到了两种表达“体”的手段，并且自几个世纪以来一直在共同使用。[①]一种是用前动词 re-来标示与持续动作对立的瞬时动作。例如 rabattre(打落)、rabaisser(落价)的意思不是指重新或更加落下，而只是指继续由高而低降落，而不考虑需要多少时间。同样，*réveiller* quelqu'un(唤醒某人)，那是使他不再睡，使他醒来；*remarquer* une chose(注意某事)，那是使它常被记住(marquée)。在通俗语言中，带 re 的复合动词，当人们只考虑动作结果的时候，到处都有代替简单动词的趋势：unir(联合)两个人现只应用于婚

① D. Barbelenet, XCIX, p. 8 及以下。

礼，否则要说réunir；remerier(感谢)已代替16世纪还被使用的mercier；ralentir(放慢)是减少速度的意思；ramasser(搜集)、recueillir(采摘)、regarder(看)的意思已与amasser(积聚)、cueillir(摘取)、garder(看守)的完全不同；rattraper(捕捉)quelqu'un多用于本义，attraper(捕获)quelqu'un已差不多只用于比喻义。人们说*rapportez*或*remportez*-moi ça(把这个东西拿给我，或给我拿开这个东西)来代替"apportez, emportez"，*renfermez* le chat(把猫关起来)，*refermez* la porte(把门关好)，*rentrez* donc代替"entrez donc" dans une maison(进屋吧)，实际上他从来没有进过，"prends garde de *répandre* (un liquide)"[小心别洒啦(一种液体)]等等。这样的例子在法语里是很古老的。人们在《Aimeri de Narbonne》中就已经读到"ralez vos en"表示"allez vous-en"(走开)，在这里，那前缀出奇地增加了表情的色彩。这个在法语里很根深蒂固的过程在拉丁语里就已经存在，而且它的源流超出了拉丁语的范围，因为我们在日耳曼语和波罗的-斯拉夫语里也可以找到。

但是法语并不拘泥于这一过程；它还有另一种方法翻译"体"的概念，那就是用反身动词。试比较défiler(遮蔽)、trotter(快走)和se défiler(溜走)、se trotter(走开)。二者往往是结合的：人们用反身动词，往上面加一个前动词，这一次是é-或en-，如s'en aller(出去)、s'enfuir(私逃)、s'envoler(飞去)、s'écrier(大喊)、s'écrouler(崩溃)等等，如果把它们跟简单的相应的词比较将可以对事实提供一些极好的例子。所以法语不是不适宜于表达"体"，因为一旦它觉得有这种需要，它是能够找出办法的。不过"体"在法语里不是有规则的语法范畴。随便一个法语动词，我们不能像指出它的将来时或愈过去时那样指出它的持续体或反复体。如果有些语言，如俄语，其中体的概念占优势以至变成了动词系统的原则，在法语里像在拉丁语一样只是一种孤立的残存，或只适应于偶然的需要。

所以各种语法范畴间，有重要性随语言而不同的差别。形态系统从来只包括有限数目的范畴是强加的和占统治地位的。但是每个系统里总多少有些被引入的或互相交错的别的系统，代表着除了各种饱满盛开的语法范畴之外还有其他一些正在消失或相反正在形成的范畴。

另一方面，在各种语法范畴之间，我们可以建立某种层次：有几种不过是更一般的范畴的特殊方面。例如，我们已经谈过主动态和被动态是两个语法范畴，但是这两个都很容易归结为一个单一的范畴。诚然，一种不使用主动态的语言不能把比方“je vous aime”（我爱你）翻译出来；但是我们的意思只是说不能把这个句子由法语逐词翻译：我们用所谓“主动态”的动词表达的关系将会简单地用一种不同的方式表达。

同样，我们所理解的希腊语或拉丁语的属格构成一种在汉语里毫无类似之处的语法范畴，但在法语或威尔斯语里也是一样。我们说 le livre de Pierre 来代替拉丁语的 liber Petri。汉语用词序来表达两个实体词的关系，把被限定语置于限定语之前，[①]如 Han tchaou（汉朝），在威尔斯语里，词序恰好相反：aber yr afon（河口）。说威尔斯语的属格或汉语的属格，像说法语的属格一样，都是荒谬的。但是我们知道在拉丁语里，加名词的属格可以用形容词来代

① 应该说：“把限定语置于被限定语之前。”——译者

替：人们可以说 uirtus Caesarea（恺撒的德行）来代替 uirtus Caesaris。这已经变成了俄语的规则。甚至在法语里，le livre de Pierre（彼得的书）的类型不是唯一使用的：我们也说 le palais royal（王宫）或者 les livres sibyllins（女巫的书），la maison à Pierre（彼得的房子）或 la vache à Colas（戈拉士的母牛），l'hôtel Dieu（病院）或 la rue Gambetta（龚必大街）。所以在这里也没有为了表达相同知识范畴的单一的语法范畴。德语在 Vaters Haus 或 das Haus des Vaters（父亲的房子）里当然有一个属格，但是它也可以说 meinem Vater sein Haus（我的父亲他的房子），这是一种完全不同的表现法。考虑到这些只跟构成语象方式有关的差别，我们必须为刚说到的所有语言提出一个唯一的一般范畴，那就是从属范畴。它既包括拉丁语或希腊语的属格，又包括汉语或威尔斯语的词序或法语前置词 de 的使用。

这个从属范畴看来似乎是单一的，它本身其实包括一些合乎逻辑的小区分。例如我们用法语说 sa beauté est éclatante（他的美丽光彩夺目）或 la beauté en est écletante（其美丽光彩夺目），那要看指的是比如一个妇人、一幅画，或一般地指一个人或一个无生物体。但是我们说 le père de Pierre（彼得的父亲）和 la culotte de Pierre（彼得的裤衩）都无不可，不会想到这些词的各自关系中有什么差别。相反，西非洲的一种语言曼丁哥语却把 a fa（他的父亲）和 a-ta kursi（他的裤衩）区别开来：领有格是不同的，因为父亲不属于他的儿子，而裤衩却属于它的所有者。[①] 在类似的语言里，

① M. Delafosse, IV, t, xviii (1915) p. cccxliii.

从属关系就因有从属和非从属的区别而显得复杂。在法语里，我们不标出这种区别，尽管细想起来它显然是合法的。

*　　*　　*

语法和逻辑的不一致是在于语法范畴和逻辑范畴很少是恰相符合的；彼此间的数目差不多永远是不相等的。当我们按照逻辑给语法事实进行分类，试图加以整理的时候，常被导致作出任意的分配：有时把一些语法面貌相同的事实列入不同的逻辑范畴（这是对语言横施暴力），时而把一些在逻辑上毫无共同之处的事实随便归入相同的语法范畴（这是对理性施加暴力）。所以最简单的是在这两项分类中进行选择。这可以为那些专门术语任意而往往不合逻辑却具有一种语法价值的语法学家的做法提供理据。唯一要求他们的，至少是他们的分类虽然牺牲了逻辑，却能适应他们所研究的语法条件。范畴虽然可能随语言而不同，事实上在它们统治的语言里有一种支配心理活动的能力。

对逻辑范畴下定义，决定在语法范畴的五光十色后面是否有一些对任何语言都一样有效并且借助于人类脑子的结构强加于一切语言的逻辑范畴，那是逻辑学家的事情。试设想曾有人向一个17世纪的人提出过这问题，他满脑子笛卡儿主义和波尔·罗瓦雅尔逻辑，他毫不迟疑地就给了肯定的回答。笛卡儿曾说："良知是世界上分配得最广泛的品质"，"……它是唯一使我们成为人并区别于野兽的事物，我愿相信它在每个人里都是完整的"。拉勃吕耶尔推崇这位大师的思想，写道："理性是世界各国的，哪里有人，哪里就有正确的思想。"这个人类心理的概念，以不可动摇的规律，在普天之下，为当时所有的人接受。现在看来却是可以讨论的了[①]。

然而，各个不同民族的心理习惯无论怎样千差万别，存在着某些基本特点却是无可否认的。在所有能思维的人当中都可以找到一种人类的逻辑和若干巨大的逻辑范畴。它们当然就是语法范畴的基础。这些民族和那些民族究竟要从哪里去提取它们的价值呢？

埃米尔·涂尔干(Émile Durkheim)[②]把范畴的存在归之于一种需要。这种需要之于精神生活正如道德义务之于意志；那就是说，范畴起源于社会并从属于社会。我们在这里再次找到了这个社会因素的影响。它在语音演变的起源中已经表现得很清楚。只有它才能解释语音定律：需要迫使一个团体的所有成员用同一种方式发音，那不是出于任何物理的或形而上学的根源，那也不能用个人以外的一般化的假设来加以解释。任何权威都不足以强迫人模仿某一个人的特点。语音的约束力这样强大，任何个人都不能避免它的驾御。范畴的约束也是一样。这二者的力量都是得之于社会联系的力量。

① Lévy-Bruhl, LXXXVIII, p. 7.

② 法国著名社会学家。他所著的《社会学方法论》一书已由许德珩译成中文，商务印书馆出版。

第三章 词的不同种类[①]

划分词类的困难这样大，直到现在我们还没有得到一种令人满意的分类法。按照一个可以直追溯到希腊逻辑学家的传统，我们的古典语法教导共分十类。但是这种分类法抵抗不了考验：把它应用于它创制时所根据的语言已经觉得有许多地方不容易把道理说清楚，何况它对许多语言不适应呢？仔细考验一下不能不加以改正。

首先应该除开感叹词。感叹词在用法上不管怎样重要，它本身总有些东西使它跟其他词类不同，不能列入同一分类。例如时常不遵守语音定律，而且往往甚至包含它自己的音位；比如许多现代语言中的吸气音或法语的塞擦音 pff，它一般与形态学毫无关系。它代表语言的一种特殊形式，表情语言，或有时是能动语言；无论如何，它是停留在理智语言之外的。我们将于下章中再谈。

其次，我们要把形位除开。我们语法中的许多“词类”都不过是形位。例如人们称为前置词或连词的小品词；它们所起的作用在别的语言里也许用一种完全不用的形态方式来充当。法语说“le livre de Pierre”（彼得的书）来翻译拉丁语的 liber Petri；与法语“on disait que le comte était mort”（人们说伯爵死了）相当的德

① 参看 Rozwadowski，CXCIII；Jespersen，CCXXIX.

语说“man sagte der Graf *sei* gestorben”;用虚拟语气已足够表明附属分句的性质。在同一种语言里,形位的使用可以不同;德语也一样可以说“man sagte *dass* der Graf gestorben ist(或 sei)”。在拉丁语,“rogo venias”(务祈光临)和“rogo ut venias”都可以一样用。用法语,除“le chemin du bois”(木头路)、“l'arbre de la forêt”(森林的树)以外,很早就已经有人说“le bois le roi”(帝王森林),“le bois la dame”(王后森林)。de、que、dans、ut 等词都是用来表明词与词之间和句子与句子之间的关系的形位。前置词和连词一般都有不同的形式。但是大家知道,在有些语言里,词与词之间和句子与句子之间的某些关系是用相同的方式来表达的。在汉语里,相同的要素 ti(的)可以用来表明名词和分句的从属关系。

在有冠词的语言里,这也同样只是一个形位。冠词一般只是用来做类别词的意义较弱的指示词,它可以表示名词的性和数,更常用来表达限定关系。它具有语法工具的一切性质。

人称代名词也是这样:je lis(我念书)等于拉丁语 lego, tu lis(你念书),il lit(他念书)等于拉丁语的 legis, legit 一样。法语用 je(我)、tu(你)、il(他)翻译拉丁语用屈折形式表达的意义。如果代名词是自主的,或者像人们所说的增强语气的,它就完全起实体词的作用,并且应该列入名词的范畴。[①] 我们试比较这两个句子:Viens-tu, toi?(你来吗,你?)和 Viens-tu, Pierre?(你来吗,彼得?)或者 Moi, je suis grand et Pierre, il est petit.(我,我个子

① 法语的名词(nom)包括实体词(substantif)和形容词(adjectif),有时需要分别使用。——译者

大，而彼得，他个子小）。代名词 toi（你）、moi（我）和实体词 Pierre 在这里有相同的价值。诚然，在某些点上，人称代名词接近动词。由于它往往起动词形位的作用，这在人们的心目中多少和动词的范畴有联系，并且容易按动词的形式起模型的变化。[①] 例如在意大利语里，代名词 eglino、elleno（他们、她们）已采取与动词第三人称复数相应的词尾；同样，在威尔斯语里，人们按照动词的词尾-ynt 说 hwynt（他们）而不说 hwy。另一方面，大家知道，动词中保存有双数的语言，在代名词里也一样保存，哪怕在名词里已经废除；相反，动词中已经没有双数的语言，即使名词的双数还保存着，在代名词里也已经没有了。所以代名词的用法虽然像名词，有时却要受动词的影响，但是不构成独立的词类。

形容词在它的方面却往往跟实体词区别很少。在印欧系语言里，它们显然出自一个共同来源，在许多情况下还保存着相同的形式。在拉丁语或希腊语里，没有什么宣告 bonus 或ἀγαθός（好）是形容词，equus 或ἵπποϛ（马）是实体词；屈折形式是相同的。毫无疑问，能够把它们区别开来的是用法。但是应该补充说，有些用法对它们是一样适用的。我们同样可以说“je suis *fort* ”（我强大）和“je suis *roi* ”（我是王），“un homme est *grand* ”（一个男子很高大）和“un grand est *homme* ”（一个高个子的男子）。在任何语言里，实体词和形容词都可以这样交换它们的作用；它们之间在语法上没有截然的界限。我们可以把两个联合起来构成一个单一的范畴，即名词。

① 参看 Johann Schmidt，XXXVII，t. xxxvi，p. 403.

我们把这种淘汰的工作追求下去，结果将会只剩下两个词类，即动词和名词。其他词类都可以归入这两大类。剩下来要知道的是名词和动词是否代表主要不同的功能。

只参考某些语言，如印欧系语言，人们将不迟疑地承认名词和动词之间有一个根本的差别。只想一想要把它们混杂起来都显得是荒唐无稽的。事实上，印欧系语的形态学对它们中的任何一个都显示出不同的后缀和词尾。直到十次中有九次，我们能够一下子就认出一个梵语的或古希腊语的形式是属于名词或动词。同一的范畴在其中任何一个中都有不同的表达，例如人称或数。希腊语说λέγω表示“我说”，说ὁ λόγος μου 表示“我的话”，第一人称的符号在两种情况下是不同的。复数的词尾在名词和在动词里毫无共同之处。在某种意义上似乎有两个平行的和彼此独立的形态系统。

但是假如我们从印欧系语言过渡到闪族语言，就不能保持一个这样清楚的区别。阿拉伯语并不缺少名词变格和动词变位所共有的词尾。用于阳性复数第二和第三人称愈过去时的词尾 ūna，也用来标记那语言的大多数的阳性词的复数。双数的词尾 āni 用于相同的人称、相同的时，也是唯一的名词双数的词尾。名词变格和动词变位的关系，在阿拉伯语里并不限于词尾上的某些相似；它们甚至触及事物的深处。在名词的三个格（主格、直接宾格、间接宾格）和愈过去动词的三个语气［直陈语气，虚拟语气、假设语气（或有些语法学家叫做省略语气）］之间有惹人注目的平行。阿拉伯语法学家自己已经承认这种平行，并翻译成他们所创制的术语。

在芬兰·乌戈尔语言里，动词和名词的共同点很多，人们甚至错误地认为它们没有什么区别。事实上是它的动词似乎来源于名词，有时还受了与名词相同的形态要素的影响。[①] 在沃固尔语(Vogoule)里，mini(他去)、ali(他杀死)的构词法很像 pūri(拿着)、ūri(保持着)；在芬兰语里，antaa(他给)原是"给着"的意思。[②] 这不过是使用名词句的后果。但是，更重要的是，它们有一些共同的词尾。在切勒米斯语(Tchérémisse)和摩迪夫语(Mordve)里，同一个-t 可以构成名词的复数和动词第三人称的复数。这种做法一直延伸到芬兰语的方言里，例如 meni(他过去去)、menisi(他会去)跟 menit(他们过去去)、menisit(他们会去)相对立，正如 kalat(鱼，复数)与 kala(鱼，单数)相对立，puut(树，复数)与 puu(树，单数)相对立一样。匈牙利语里也有同类的事实：vártak(他们已经等候)和kértak(他们已经问)是 vart(他已经等候)和kért(他已经问)的复数，正如 harsak(菩提树，复数)和 nevek(名字，复数)是 hárs(菩提树)和név(名字)的复数一样。在印欧系语言里我们找不到可以比较的事实。

最后，有些其他语言，如远东的语言，动词和名词的不确定被看做语法中的根本教条之一。实际上，在汉语里，同一个词可以用作名词或动词，只有词序宣告它的用法。

"老老幼幼"这个句子就是一个典型的例子，其中用作实体词表示"老人"(或"幼孩")之意的词用作动词就成了表示"对待老人

---

① 参看 J. Szinnyei, XXVIII, t. v (1905), p. 62.

② 译文加"着"的三个词，在原文都是动作名词。——译者

（或幼孩）”的意思。[①] 但是这样惹人注目的例子究竟是罕见的。一般用作动词的词带有一个变调，因此如有必要带有一个声母的变化，今天成了非送气和送气的差别。例如 hǎo（好）和 hào（好），tsàng（藏）和 ts'áng（藏），tchouàn（传）和 tch'ouán（传）。最后，在近代流行的使用中还有其他直接区别动词用法和名词用法的手段。词序和主-动-宾相续的重要性更不用说了。人们一般教学用词缀来确指各个词的性质，如名词用词缀 eul（儿）或 tseu（子），动词用词缀 tcho（来自 tchao），例如 Tso tcho（坐着）或 tchao tcho（穿着“衣服”），还有更好的表示时间的词缀，leao（了）或 kouo（过）表示过去，yao（要）表示将来。

有时在汉语里同一个词可以用作动词或名词，说话者会很巧妙地表示出这两个词类的差别。中国语法学家在实词中区分出“活词”和“死词”；据说前者有能动意义（sens actif），后者有受动意义（sens passif）。实体词和形容词属死词或受动词；相反，暗含动作的动词却属活词或能动词。作为这一原理的必然归结，当一个动词的使用带有受动价值的时候，它就可以采取与名词相同的调子；由于声调的改变，它就变成了死词。于是人们通常归之于汉语的动词和名词的不确定现象则多是表面上的而不是实际上的。事实上，人们对于所用的词具有名词价值或动词价值是永远不会有什么迟疑的。

① 这个典型例子，见于中国《孟子·梁惠王》。原文是：“老吾老，以及人之老；幼吾幼，以及人之幼。”“老吾老”的第一个“老”用作动词，是“以老人之道对待”的意思，其后两个“老”用作名词，指老人。“幼吾幼”的第一个“幼”用作动词，是“以幼孩之道对待”的意思，其后两个“幼”用作名词，指幼孩。——译者

在这一点上，有一种语言和汉语很相近，那就是英语。英语的大多数实体词都可以同样用作动词，这语言有承认任何名词都可以用作动词的倾向。像 fire（火）这个词可以是名词或动词没有什么差别；它甚至作为名词可以毫无差别地起形容词或实体词的作用，作为动词带有主动或受动色彩没有区别。这真正是一个抽象的概念，任由人们从心所欲地作任何具体的运用。下列句子可以为证：词的价值改变了，但是它的外部形式没有受到任何改变。Put a fire in my room（在我的屋子里生火）；I fire my room（我烧我的屋子）；a fire fly（萤火虫）；o people, so easy to fire（啊，人们，这样容易激动）。有多少个英语的词不能经受这样考验的啊！由 frown（眉头）派生出 to frown（皱眉头），由 book（书）派生出 to book（记录），由 bomb（炸弹）派生出 to bomb（轰炸）等等。

但是我们在这里千万不要为幻觉所欺骗。毫无疑问，fire 在原则上是一个动词或一个名词，没有差别。但同样是真实的，燃烧的火的观念和生火燃烧的观念究竟是有区别的。假如我说"il a du feu"（有火）或者"faites du feu"（生火），我的心里有两个不同的概念，它们在我的听者的心里会引起两种不同的反应。在第一种情况下，我表达一件事实，在第二种情况下，我命令一个动作。这样，无论在英语或汉语里，尽管要标明这两种情况的区别，但是对于像 feu 这个词的价值永远不会产生什么迟疑。这个词按照它在句子中的使用，特别是按照伴随着它的形位，马上就会被听话者感觉到是名词或动词。随着我说 a（the） fire 或 to fire, my fire 或 I fire，我指出了我给这个词以什么价值，名词的价值或动词的价值。形位的唯一差别已足以表明词的价值的差别，没有可能的迟疑。

在这里，形位 a(the)或 I 起着像古希腊语的词尾的作用：I fire 就是αἴθω，αἴθος就是 a(the) fire。

*　　　*　　　*

动词和名词的区别，在一个英语的词或汉语的词里孤立地看不出来，可是放在一个句子里就显现出来了；这不是形式的问题，而是用法的问题。换句话说，我们应该一直追溯到语象的构成，为了辨明动词和名词的区别，话语的各种要素都结合在这里。如果有些语言名词和动词形式上没有区别，任何语言都会把名词句和动词句区别开来。[①]

人们在动词句里表达与一定时间有关的动作，有一定的持续，归结于一定主语，如有必要并指向一定宾语：*Ecoute* la musique(听音乐)，Pierre buvait du vin(彼得过去喝酒)，le cheval *traînera* la voiture(马将拉车)等等。动词句的目的是命令，确认或设想一个动作：命令、直陈和虚拟(应该加上将来和假设)就可以相当清楚地代表动词句的这三个方面。一个单词也可以构成一个动词句：法语 prends(拿)，拉丁语 ueniam(我将来)，希腊语τέθνηκα(我死)，阿拉伯语 qālu(人们曾说)。这个单词有时甚至可以是一个实体词。人们说“Feu!”(火!)“Silence!”(住口!)“Halte!”(站着!)“Place!”(让路!)“Attention!”(当心!)那正好像说“Prends”(拿着!)“Venez”(来吧!)“Arrêtez”(止步!)一样命令进行一个动作。在逻辑语言里，用动词表达动作。但是命令句只部分地属于逻辑语言。那是主动语言的语气。它可以用一种呼叫来表达。人们可

① 特别参看 Meillet，VI，t. XIV，p. 1 及以下。

以用“chut!”(嘘!)来制止人家说话;或者用“hue!”(咋!)来叫马开步。这是命令的公式,不属于动词的语法系统。

动词句的分析可以提供一种动词形式的层次。首先是命令式,它在某些点上停留在有组织的动词之外,以至可以用一个名词,或更常见的用一个不定式来表达;其次是直陈式(现在的或过去的),它确认某种事实的存在;最后是偶然性或猜测的语气。

名词句完全不同。人们用它来表达某种性质对某种事物的归属:la maison est neuve(房子是新的)、le déjeuner est prêt(早餐准备好了)、l'entrée est à droite(进口在右边)、Cyrus est roi(塞路斯是王)、Zayd est sage(扎伊德是圣人)。名词句包括两项:主语和定语。二者都属名词的范畴。亚里士多德的门徒逻辑学家已经感觉到这两类句子的差别,但是把它们归成一个单一的类型,分解动词句时往里面引入实体动词:le cheval court(马跑)=le cheval est courant(马在跑)。这样顽固的错误是很少见的,粘上形而上学的观念更把它加强了起来。有些被“实体”动词这个名词弄昏了头脑的哲学家曾把这个动词所代表的实体和定语所表达的偶性对立起来。整个逻辑的基础都建筑在原先有动词 être(是)存在上面,认为那是一切命题两项间必不可少的联系,一切断言的表达,全部三段论法的根基。但是语言学并不依靠这种烦琐哲学的结构,从根本上摧毁了它。按照大多数语言的证据,动词句与动词 être(是)毫无关系,并且这个动词本身只在相当晚的时期才在名词中取得“系词”(copule)的地位。

印欧语正常类型的名词句是没有系词的;人们把它叫做纯粹名词句。定语简单地置于主语之旁,两个要素的次序各依每种语

言所特有的规律来决定。例如古希腊语有规则地说：κρείσσων γὰρ βασιλευς（因为王[是]更强）（Iliade，I，v. 80），πάρ ἔμοιγε καὶ ἄλλοι（其他人[是]在我旁边）（同书 v. 174）；像古波斯语 manā pitā Vištāspa（我的父亲[是]威施达斯巴），或梵语 tvám várunas[你（是）瓦鲁纳]。纯粹名词句在俄语里还保存着。人们用俄语说：Zavtrak gotov（早餐准备好了）或 dom nov（房子[是]新的）；形容词采取定语的形式："新房子"要另外说成 dom novy。在古爱尔兰语里，同样的对立要用这两项的位置来表示：infer maith（好人），但 maith infer（人[是]好的）。用法语，我们试把 les marrons chauds（热栗子）和 chauds，les marrons（栗子[是]热的）加以比较，将会引起同样的观念。在汉语里，ta kuo[①]（大国）是"大的国家"的意思，kuo ta（国大）是"国家[是]大"的意思。那是经常对立的。

大多数的语言都有无系词的纯粹名词句：在闪族语言和芬兰·乌戈尔语言里，它是经常使用的。阿拉伯语说 Zaydun alimun（扎伊德[是]圣人），像匈牙利语 az ég kék[②]（天[是]蓝色的）一样。纯粹名词句在芬兰·乌戈尔语里流行得这样广泛，人们曾用这一语系的语言的影响来解释俄语里这类句子的顽强。[③] 在班图系语言里，纯粹名词句也是一样有规则的；[④]例如在斯瓦希里语里：simba mui[狮子（是）坏的]。在这里指出形容词定语的是落在

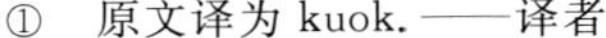

① 原文译为 kuok. ——译者

② Szimonyei，CCXI，p. 403.

③ Gauthiot，VI，t. xv，225.

④ Sacleux，VI，t. xv，p. 152 及以下。

mu-这个音节上的音强重音。为了更好地表明这两项的关系，人们有时还在它们之间引入一个代名词：mti u mkulu[树(是)大]，按字面翻译即树它大。这使得当地土著说法语时把“l'homme est fort”(这男子强壮)说成 l'homme lui fort。这个 lui 往往把位置让给了不确定的和不可变化的代名词 i，它和各种指示要素结合起来最后变成斯瓦希里语的一种系词：mti ni mkulu(树是高大的)。

我们在这里抓住了一种系词形成过程的要点。在印欧系语言里，系词一般是丧失了它本有意义的独立动词；而且在名词句中引入系词是很容易解释的。事实上，有一种概念，简单地把主语和谓语连接起来是表达不了的，那就是时间的概念。动词既然是时间的符号，于是就成了不可少的了。为了翻译天空是蓝色的，匈牙利语不能不说 az égkék vala，加上用来标记过去的愈过去时，同时起了系词的作用。荷马在τὸ δέ τοι ξεινήιον ἔσται(这将是你的好客的礼物)中用将来时的ἔσται，因为他在这里须要指明时间。语气也是属于动词形态学的一个概念；因此在应该指明语气的时候必须在句子中引入系词：εἰς δέ τίς ἀρχὸς ἀνὴρ βουληφόρος ἔστω.(让一人当领袖吧，我的军师爷)

遇到有必要表达“语气”或“时”的时候，系词一旦被引入名词句里，有时就停留在那里不动，哪怕在意义上毫无增益。例如在拉丁语里，纯粹名词句是例外的；正常的类型是带有系词的，如 Deus bonus est(上帝是慈善的)，auarus est homo(人是贪婪的)。法语的 les marrons sont chauds(栗子是热的)，英语的 life is short(人生是短促的)。亚美尼亚语、除俄语以外的某些斯拉夫语等也是一样。因此在某些语法学家看来，系词能作为句子中极重要的要素出现。有些词的历史本身证明事实上并不是这样。在全部印欧系语言中,系词是由动词词根派生的,不过它的意义已逐渐弱化了罢了。例如在很古的时候就提供了系词的词根,es-原是“存在”、“生命”的意思;在梵语里,分词 sat 表示真实事物的意思,它的派生词 satyas 的意义是“真实”;在希腊语里,τά ὄντά是“现实”的意思。我们可以把这种降级的工作一直追寻下去,把表示“存在”的动词缩小到系词的作用。

此外,为了实现这一作用,许多语言并不以词根 es-为满足。[①]在系词的使用上,有好些存在动词的代用品。其中一种扩张得最广泛的是一种本义是“推动”或“长大”的动词;它在希腊语的φύειν一词中还保存着这个意思,但是到了梵语的 bhävati 已经有了“它变成”的意思,最后简单变成了“它是”的意思。在古英语里,béo是“我是”的意思,像爱尔兰语的 biu 一样;拉丁语由这个词根派生出它的过去时 fuit(他过去是),斯拉夫语派生出一系列实体动词的各种形式(byti“是”,bychü“我过去是”等等)。此外还借助好些其他词根:如希腊语的γὶγνομαί(我变成)与动词“是”很接近,如拉丁语的 uersor;拉丁语的 stāre(站立)向法语提供了愈过去时j'étais(我过去是);由一个表示“居住”意义的词根(梵语 vásati“他停留”),日耳曼语派生出了它的实体动词的一部分形式(德语 ich war“我过去是”,gewesen“已经是”)。也许是在俄语里,实体动词“是”最繁复;人们按照它所确指的色彩把它使用于这个作用,如 sidjêt'(坐着)、ležát'(睡着)、stoját'(站着)、sostoját'(包括着)、

① 参看 J. 和 E. Marouzeau, C. p. 151 和所援引书目。

predstavlját' soboiu(表现为)等等。[①] 可是那些出现这些动词的句子已只不过是半名词句,因为它们到底使用的系词的价值盖上了与这些动词的本义有关的色彩。因此,它们与古代语言常见的句子很相近,其中形容词定语与任何动词都黏附在一起:希腊语κόλαλες ἀκούουσιν(他们听见被叫做谄媚者),希腊语χθιξὸς ἐβη κατά δαίτα(他昨天赴宴),拉丁语 ibant obscuri(他们在黑暗中前进),古斯拉夫语 pade nicĭ(他摔在地上)。

我们可以把类似的句子叫做名词·动词句;因为它们把上述两个相对立的类型的特点结合起来。这到底是两个名词句,但是其间引入了一个动词。相反,也有一些动词·名词句。这是用名词熟语代替动词的句子,像前章所举的例子一样,用 il m'est avis(我的看法是)代替 je pense(我想),或者在拉丁语里 opus est mihi(我的看法是)代替 egeo(我想)。有些语言特别喜爱这些动词·名词句。在印欧语领域的两个极端常遇到两组语言,通常使用动词·名词句。这一方面是印度语,另一方面是爱尔兰和大不列颠的克勒特语。

在古典梵语里,并且在《摩诃婆罗陀》的语言里就已经是这样,人们可以看到一种用分词代替动词人称形式的倾向,如有必要,并且伴随着一种系词形式。这是以名词句代替动词句,而不互相侵蚀。因为所要表达的观念仍然是动词的采地。这一类句子的比例随时增加;它在古典梵语里的比例是很大的,因为在那里,分词的

① Boyer-Speranski, LIII, p. 249 及以下。有些同样繁复的代替词语在波兰语里也很常见。

使用是习惯的特征之一。分词句子的发展在许多情况下有利于以被动代替主动。例如人们在《摩诃婆罗陀》的散文片段中已可以找到一些像 mayā vrta upādhyāyas[我已选择一位主人，逐字翻译是“由我(已经)选择一位主人”]，tvayā parāddham[你已经犯了一个错误，逐字翻译是“由你(它已成)错误”]，avābhyām apūpodattas[我们俩已经给了一块饼，逐字翻译是“由我们俩一块饼(已经)给”]。

在克勒特语里，不定式的发展常损及人称的形式。句子表达动作的词表现为名词的形式优先于动词的形式。例如下列借自马比诺基翁(Mabinogion)的威尔斯语句子 gobeith yw gennyf y neges yd eloch ymdanei, y chaffel(我希望你去谈判的事务将会获得成功，逐字翻译是：“希望是我的，事务你将去，关于它，它的获得”)。近代爱尔兰语也是一样，在第亚尔木伊德(Diarmuid)和格莱纳(Grainne)的著名故事中，creud adhbhar na moichéirghe sin ort(你为什么起来这样早？逐字翻译是：“为什么这个早起被你？”)。又如 na biodh fios ar d-turais ag aon duine go teacht tar ais duinn aris(不让人知道我们出门直到我们已经回来，逐字翻译是：“没有知识关于我们出门给任何人直到回到我们重新”)。克勒特语的动词实体词和动词这样邻近，它们可以接受以动词变位的时间为特征的前动词；例如前动词 ry 表示过去，人们用中古威尔斯语可以说：gwedy clybot yn Rufein ry oresgyno Carawn ynys Brydein(当人们在罗马已经知道卡劳恩纳已经征服不列颠岛，逐字翻译是：“已经知道在罗马已经征服被卡劳恩纳不列颠岛”)。

*　　　*　　　*

所以在名词和动词的各种用法中，有些是互相对立和表示两种不同的思想的，但是也有一些是互相接合以至最后互相混合的。二者之间是由我们刚才讨论的名词・动词句或动词・名词句构成。这些句子中的主要要素是一个词同时与动词有关，又与名词有关。它有时是指属于汉语叫做"被动"范畴的动词，有时是指具有动词性质的名词，表示动作的实体词或形容词，即不定式或分词。梵语和克勒特语的习惯表明，由于这些动名词的用法，我们在某些情况下可以用名词表达动词的观念。这个可能性是所有从事希腊语或拉丁语翻译的人所熟悉的。在我们学校里，或者为了更好地尊重古文的词序，或者由于优美或者和谐的动机，人们有时教修辞学者以名词代替动词，或以动词代替名词。所以应该更仔细地考察动名词的价值。

不定式本来就是动作名词，但不是所有动作名词都是不定式。在大部分印欧系语言中都有以特殊后缀为特征而构成的动作名词。它们一般都直接附于一个动词词根，并且或多或少属于动词系统。由于与动词有这种紧密的接触，它们都保存一些接触的痕迹，例如在支配关系方面。大家知道在句法上，名词之所以区别于动词，那是因为它可以有属格的宾语而不是宾格。可是有些语言动作名词的宾语就用宾格。古拉丁语曾保存有一个关于这用法的痕迹，因为在普劳图斯(Plautus)的作品里可以找到这样的句子：quid ti bi *nos tactio*？(你关我们什么事？)或者：quid tibi *hanc rem curatio*？(这事你操什么心？)

分词同样可以附属于指称与动作有关的人的名词的更一般的

范畴,即进行动作或承受动作的人,看他是被动的或主动的。人们把这些名词叫做动作者名词。但是一般地说,动作者名词像动作名词一样在形式上不表示语态的差别。分词有时跟动词一样支配宾格。例如拉丁语的 imitatus est eum(他模仿他),像写作 imitor eum 一样。这种支配往往扩展到其他不是分词的动作者名词。我们在普劳图斯的作品里可以看到:orator iusta(要求正义的人)。这应该是拉丁语的一种通俗表现法,因为它后来还再出现:peccatorum ueniam promittor(答应给罪人以宽恕的人)。但是这种形式我们在许多语言里也可以看到。如在梵语里:dâta vásūni(以善待人者);在古波斯语里:ahuramazdā ouvām danštā biyā(阿胡拉马兹答可能爱你;逐字翻译是:"可能是爱者,你");在禅德语里:puθrem varšta(生儿子的人);在希腊语里:πολλὰ συνίστωρ αὐτοφόνα κακά (Eschyle, Agamem,1090)(许多罪犯自杀者的同谋)。

动作名词和动作者名词一般都以特殊形位为特征,永远不相混淆。它们在名词的一般范畴当中构成两个分别得很清楚的特殊范畴。我们可以在那里黏附上工具名词和表达动作结果的名词。工具名词也往往有特殊的后缀:例如希腊语的-τρον,拉丁语的-trum或-clum;这些后缀加在动词词根上面,ἄροτρου、aratrum 表示用来耕田的工具"犁",poclum 表示用来喝酒的工具"酒杯"。这些在意义上和形式上都是与动作者名词相邻近的词,像把工具名词的后缀-tro 和动作者名词的后缀-ter-、-tor-相比较所显示出来的一样。

至于表达动作的结果或对象的名词,最常见的出自动作名词本身。Coupure(切口)是 couper(切)的事实,正如 pâture(饲料)

是 paître（饲养）的事实，或 bordure（边沿）是 border（缘边）的事实一样。但是人们用 coupure（切口）这个词来指一个小孩用他的小刀子在他的手指上切了一条缝，或把报纸切成小块块；pâture（饲料）也可以指人们用来果腹的食物；bordure（边沿）用来指一件衣服或围裙的镶边。法语大部分的动作名词都可以这样用作对象名词。这是一个所有印欧系语言都可以提供例子的事实。

我们刚才讨论的范畴包括大量普通名词。事实上，许多日常的对象名词，甚至动物名词都是古代的动作名词、动作者名词、专门化的工具名词。分词或动词形容词只是动作者名词的更一般的形式，已提供了大量的普通名词：serpent（蛇），那是“爬行者，爬行的东西”；希腊语ὀδους、拉丁语 dens（牙齿），那是“吃的东西”，正如梵语 radana（牙齿）是“咬的东西”（radati“他咬”）一样。所有这些黏附在动词词根上的名词都很容易从动词句出发来加以解释。

我们在名词句中可以找到恰好与动词句中动作名词相当的成分：就是性质的抽象名词。例如 j'adore Dieu（我崇拜上帝）和 Dieu est bon（上帝是慈善的）这两个句子。bonté（慈善）是 bon（慈善）的性质，正如 adoration（崇拜）是 adorer（崇拜）的事实。所以抽象名词自然是从名词句抽取出来的。在某些情况下，抽象名词和动作名词很接近。例如动作名词黏附于动词，而这动词的意义是主动的，不是被动的。这样，含有类似动词的动词句就接近于前文所说的动词名词句，或者可以和它们交换。例如在丹麦语里，与动词 elske（爱）相当的动作名词是 kjoerlighed（慈爱）（kjoerlig“慈爱”的性质）。在法语里，endurance（忍耐）既是动作名词，又是抽象名词：从 Pierre endure la faim（彼得忍受饥饿）这个动词句里抽取出

l'endurance de la faim(饥饿的忍受＝忍受的动作);但是从 Pierre est endurant(彼得是忍耐的)这个名词句里抽取出 l'endurance de Pierre(彼得的忍耐)。这样,endurance(忍耐)就是 endurant(忍耐)的性质,正如 clémence(宽大)或 patience(耐心)是 clément(宽大的)或 patient(有耐心的)的性质。

由抽象名词范畴过渡到具体名词范畴。因为抽象名词时常以具体价值使用,抽象潜在地表达的实现可以任意出现在心里。例如抽象名词具有有特征的后缀,如拉丁语的-tut-或-tat-、法语的-té、德语的-ung,在一些具体名词中也可以看到。由抽象过渡到具体,在相同情况下,往往只是以形象代替观念。在习用中,这种代替有时因使用复数的词,有时因把词用作形容语而变得容易。例如把 uirtus(德行)的复数应用于一些有道德的行为,uirtutes(在教会的语言里这个词甚至时常表示"奇迹");laus(光荣)的复数含有"赞美、谄媚、光荣的行为或言语"(laudes)。largesse(宽广)、complaisance(恳切)唤起抽象的概念;largesses、complaisances 是具体的概念,实现抽象的事实。这样,复数的使用改变了词的价值。用作形容语同样有效,例如 douceur(甜蜜)是甜的性质,但如果人们说:ce remède est une *douceur*,那也是指一种甜的东西(即这种药物是一种甜的东西)。同样,在德语里,抽象的词 Bescherung(送的动作,礼物)、Schande(羞耻),在像 das ist eine schöne Bescherung(这是一件好礼物),dies Verfahren ist eine Schande für eine Familie(这种行为对于家庭是一种耻辱)等句子中应用于事物。

抽象名词向具体名词演变的最后结果是变成形容词。在一些像 Cet homme est toute bonté(这个男子全好),cette femme est la vertu meme(这个妇人就是德行本身)中，bonté、vertu 等词起形容语的作用。这是因为形容词有时是古代的实体词。在拉丁语里，uber(繁殖力强的)只是实体词 uber(乳房)变成形容词。这种用法出于像 ager uber(乳房田)这样的表达法，就是说丰产和哺乳。这个词的创新是在于使实体词具有形容词的多式屈折变化；那不是 agriubera，第二个实体词做第一个的同位语，而是 agriuberes。像 arua ubera 这样的一致关系的歧义使创新更容易了。我们甚至可以看到比较级或最高级的实体词。尽管比较的级别是属于形容词的采地。在中古德语里，scheder 是 schade(可惜)的比较级。事实上，当人们说 es ist Schade(可惜)，英语说 it is a pity(可惜)，法语说 c'est dommage(可惜)时，起形容词作用的实体词是应该能够带有比较的等级的。

实体词可以容易变成形容词这一事实表明这两类词之间没有主要的差别。毫无疑问，在“Pierre est bon”(彼得是慈善的)和“la bonté de Pierre”(彼得的慈善)这两个句子之间有这么一个差别，即 bon 表达某个人彼得所具有的个体化、具体化的性质，而 bonté 是抽象地理解的性质本身的表达。但是如果我说“la *bonté* de Pierre est grande”(彼得的慈善很大)，由于我给 bonté这个词加上了一个补语，我就确定了慈善是这个人的一种性质，而我的句子的意思就跟如果我说“Pierre est grandement bon”(彼得是大慈善)恰好相同。问题是在语象组成中的简单差别。

我们试把里面相同的词有两种用法的句子平行列出也许对实体词和形容词的对立有更好的理解。① 例如试比较“les blessés

① Jespersen, CCXXIX, p. 19.

allemands”(德国的伤兵)和“les Allemands blessés”(受伤的德国人),“des savants sourds”(一些聋学者)和“des sourds savants”(有学问的聋人)等等。毫无疑问,每一系列的头一个词都是实体词,第二个词是形容词。差别是在观点。如果我考虑的是全体伤兵,我将在那里区分出不同国籍的队伍并说德国、法国、俄国等的伤兵。如果我考虑的是全体德国兵,我将在那里区分出死的、受伤的、失踪的、健存的等等,并说受伤的、死的、健存的德国人等。人们表达这种差别往往宣称“形容词的”所包含的内容大于实体词的。这是真实的,条件是要加上对说话者来说。事实上,问题不是要知道学者多于聋人或聋人多于学者,伤兵多于德国人或德国人多于伤兵;而是说话者考虑学者的范畴还是聋的人范畴,全体伤兵(例如一个医院的)还是全体德国人(例如一个兵团的)。

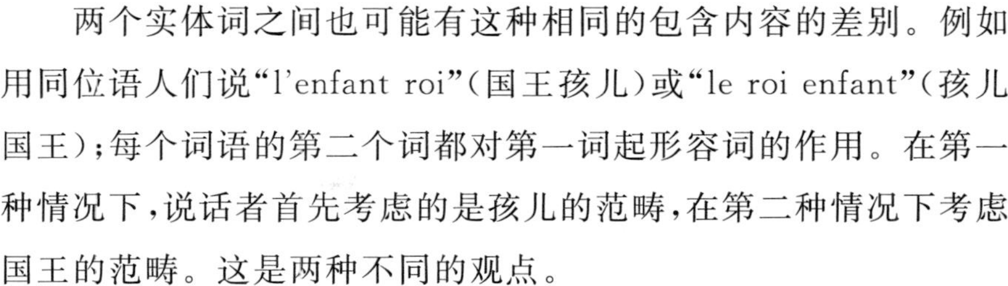

两个实体词之间也可能有这种相同的包含内容的差别。例如用同位语人们说“l’enfant roi”(国王孩儿)或“le roi enfant”(孩儿国王);每个词语的第二个词都对第一词起形容词的作用。在第一种情况下,说话者首先考虑的是孩儿的范畴,在第二种情况下考虑国王的范畴。这是两种不同的观点。

形容词方面可以变成实体词。每次形容词表达的一般性质与某个特殊个人发生关系,即每次形容词由无限——这是出于自然——变成了有限的,都会发生这种情况。这种区别十分重要,在大多数语言的形态学中都有所标明。在梵语和古希腊语里,重音有时已足以标明:λευκός(白)和λεῦκος(白鱼)。限定一般用特殊后缀加以形容词来表示。在希腊语和拉丁语里,那是一个鼻音后缀。例如στραβός是“斜视”的意思,而Στράβων却是“斜视者,斜视人”的意思；catus 是“精细，邪恶”的意思，而 Cato（属格 Catonis）是“邪恶者，精细者”之意；rufus“褐色的”，而 Rufo（属格 Rufonis）是“褐色者”；这些有限的形容词因此被用作专有名词。法语用冠词来表示限定。试比较“vous êtes impertinent”（你是不礼貌的）和“vous êtes un impertinent”（你是个无礼之徒）或者“l’impertinent！”（无礼之徒！）形容词前加冠词，那不仅意味着有关人物具有不礼貌的性质，而且似乎把这个性质集中在他的身上，把他分类并加以限定。因此由形容词派生的固有名词具有被限定的形式。呼唤的词也是这样；因为我们诘问某人的时候，不是要指出具有某种大家关心的性质，而是用他所具有的性质来个别地指出他。日耳曼语和斯拉夫语里，形容词都可以有两种不同的屈折形式，看它是无限定的还是有限定的；有限定的形式，形容词用呼格，例如峨特语：atta weiha（哦圣父），broþrjus meinai liubans（哦我的最亲爱的兄弟）。在法语里，正如前面的例子所显示的，用冠词来标出有限的：un monsieur impertinent（一个没有礼貌的先生），但是 monsieur l’impertinent（无礼先生）。人们说 hé le gross！（喂，胖子！）le Poilu！（大胡子！）l’enflé！（吹牛皮的）固有名词中用冠词即由此而来：Lebeau、Legrand、Leroux。

由于冠词在法语里表达限定意义，它对任何语言表达都可以使它具有实体词的价值，如：un pourquoi（一个为什么），des si et des mais（如果和但是，绕弯子话）。甚至一个句子也可以变成一个实体词。一个动词句具有一般意义，人们抽象地加以理解，也可以变成名词的象征。一个小孩看见一辆火车开动，听见发动机呜呜地叫，车轮开始转动，他把他的印象总括起来说：呜呜开了，将声音和车子转动的双重印象联合起来。我们在那里只有一个动词句。但是小孩加以概括把火车命名为“呜呜开了”；在他看来，火车就是某种呜呜地开动的东西。他以后还说：呜呜开不在了，呜呜开装满了，很长，载着许多货物等等。他由一个动词句造成一个实体词，前面放上一个冠词。这是法语许多词的来源：un m’as-tu vu（一个见证）、le qu’en dira-t-on（闲话）、au décrochez-moi ça（退出）、une Marie couche-toi là（一个躺睡在那里的女人）。① 屈折语用一个词尾制造了好些这一类的词。提尔（Tyr）的修辞学教师乌尔片（Ulpien）花号叫做Κειτούκείτος，因为他有一个从不离口的口头禅κεῖται ἢ οὐ κεῖται？（是不是这样？）许多梵语的复合名词都是这样的一些缩短的小句子：ahampûrvas（逐字翻译是“我第一”），见于《黎俱吠陀》（I. 181，3），是一辆车的形容语（它要把它载着去比赛）。关于希腊语里的词像ἑλκεσίπεπλος（拖袍）、τανυσίπτερος（展翼）、δακέθυμος（咬心）②等的第一部分应该看做动词还是名词，人们有时不免有些迟疑。不可能有什么迟疑：这些都是动词，如法语的 prie-Dieu（祈祷）、traîne-misère（悲惨无靠的人）、meurt-de-faim（觅食困难的人，赤贫者）、vide-gousset（扒手，小偷）、brise-miche（笨蛋）等等。在儿童语言里，香水叫做 sent-bon（好闻）。但这些复合词中的每一个，整个看来显然都是名词性的。

这是一个名词的分类，其中包括全部实体词和形容词（自然包

① 关于匈牙利语类似事实的，参看 Szimonyei；CCXI，p. 244.

② Osthoff，CLXXXVII，和 F. Meunier，Les composés syntactiques，Paris，1872.

括状态副词)。一方面有由动词句确定的动作名词和动作者名词,并有工具名词和对象名词做派生词。另一方面并且跟这些相平行的有抽象性质和具体性质的名词(实体词和形容词),比如名词句所确定的,并且它们本身又提供了许多对象名词。另一方面,我们曾指出过也有一种按照语气[祈使、直陈、虚拟(将来,假设)]来对动词进行分类的办法。名词和动词代表语言中活的要素,与语法工具(前置词、连词、冠词或代名词)对立。可见要有一种逻辑认为有道理而与主要语言的语法又不发生矛盾的一种语言的词的一般分类是不可能的。我们刚才区别的词的各种不同种类事实上是在每种语言中最为特殊的形位表示它们的特征的。

但是这种逻辑上的分类不是一种语言的词所唯一容纳的。我们也可以设想出一种心理分类法,它的基础不是只建立在词所包藏的观念的性质上面,而且建立在心理对这些观念的重视上面。[①]心理方面往往掩盖着逻辑方面,因此二者互相重合而更确切。但是前者有时比后者更为变化多端,而且包括一些对逻辑来说无关轻重的范畴。此外,它有容许实验确证的长处。其实心理学家通过记忆现象的研究可以计量各个词"黏附"于脑子的各别性质。并且由这种研究的结论可以按照各个词在记忆里消失的速度对它们给以一定分类。

有一种很简单的方法计量某一句子各个要素的相对重要性。把这个句子向不同的人念,并问他们哪些词最先引起他们注意且印象最深。所得回答一般是相同的。正常的词比形位的印象深,

① 参看 Van Ginneken, LXXVII, p. 62 及以下,连同 Binet 的引文。

名词比动词的印象深，具体名词比抽象名词的印象深。印象最深的词是立即唤起视觉形象的，超乎一切之上的是关于人或地方的固有名词（条件是对话者认识它们）。试对某人说："Je vais à Melun"（我到美伦去），或"Je n'ai pu aller à Melun"（我没有能够到美伦去），或"J'irai peut-être à Melun"（我也许要到美伦去）；这三种情况中最先和自然地出现在心里的形象就是那建造在它的丛林里的小城市，在小山的两旁一层一层显露出它的灰色的屋顶；他看见那弧形的石桥跨在塞纳河的两岸，两岸上成排帐幕般的高大的白杨树，或者高耸入云的箭形俯视着整个城市，或者一些旧区的房屋对他是很熟识的。视觉是立刻的和自发的。旅行的观念只在后来才出现于他的心中，并考虑旅行是否要进行。像所有形位一样，否定是没有诗歌价值的。

对于语言的美学利用，这事实不是没有后果的。由于对这一点没有注意，有些作家已对韵律发生了真正的曲解。为了使读者感觉到某种印象的对立面，只在表达这印象的语词上黏附一个否定词是不够的。因为这样不能取消我们所要避免的印象。我们想要驱逐某个形象反而唤起了这形象。一个当代诗人想描写一个在夏天中午太阳酷热蒸发下的花园说道：

Et d'entre les rameaux que ne meut nul essor
d'ailes et que pas une brise ne balance,
dardent de grands rayons comme des glaives d'or.
（在稠密的丫杈间既无小鸟的鼓翅
也无微风的荡漾，
只有强烈的光线像金剑一样直刺）

这些诗句的制炼是为了给人以小鸟鼓翅或清风荡漾的印象，否定词的应用并不能免除读者心中的这种印象。

在唯一的一句诗句中，德·赫雷狄亚(de Hérédia)说得更确切：

Tout dort sous les grands bois accablés de soleil

(一切在阳光抑制的巨林下沉睡)

语法的形位不能与人们所说的表达形位相混。

人们不难理解要建立一种词的层次，用它们的诗歌价值来加以调整，它们的极限将是唤起一个人或一个地方的专有名词和简单的语法工具，形位，前置词、冠词甚至否定词。这二者之间有整个把具体和抽象分隔的距离。这空间就包括全部词汇，而各个词在记忆中的消失正是由具体过渡到抽象。理波(Th. Ribor)曾这样确定退化的次序：[①]首先是固有名词，然后是普通名词，然后是形容词，然后是动词。这个次序的错误是以习惯语法的分类为基础的，似乎还要把它重做一遍。有些普通名词，甚至有些形容词，是同固有名词一样具体的。名词的抽象价值或具体价值可能随个人而不同。这也随语言而不同。在古代语言中，甚而至还在法语中，动词时常负载着好些形位，使它或多或少属于抽象词的范畴。可是有些动词形象很像名词，另外有些却说有任何塑造的价值。

一般地说，人们最先忘记固有名词，这是事实；具体实体词(往往不是固有名词)消失得比抽象实体词或形容词快。动词中，直陈

① Les maladies de la mémoire, Paris, 2e ed (1883), p. 165. 参看 van Ginneken, LXXVII, p. 71 及以下。

词消失了不定式或还存在。人们心中最稳定的是语法工具。一句话，抽象词比具体词持久。这无疑是因为抽象的东西需要经过一番智力才能深入脑子里，它要求一种心理的志向：至于具体的东西在意识的镜子里只是一些事物的简单反映。例如，在某一句子里，具体的词在我们心里唤起的表象尽管比抽象的词敏捷，可是忘记得最快的还是具体的词。形象的确切也许会使我们对它的名称注意得较少。

从这个原则出发所作的词类的分配与习惯的分类绝对不同。动词、形容词、实体词，甚至前置词和副词将按照一种完全新的计划全部予以分组。人们应该把 plein la rue（满街）、plein les cheveux（满头发）中的 plein（满）看做前置词；但是这种前置词没有（aller） à la rue（“走”上街）、（prendre） aux cheveux（“抓住”头发）中的 à 那么抽象。直到现在，我们不像已经把一种类似的分类的观念推得很远。我们在这里指出它的可能性和兴趣就够了。再进一步加以强调就将会侵占下面成为第三编对象的词汇的领域，也将侵占下章专门讨论的表情语言的领域了。

第四章　表情语言

直到现在，我们只考虑到怎样按照逻辑表明观念的方式，就是说，我们只把语言当做一种智力工具来进行研究。但是人们不只是为了表明观念而说话。人们说话也是为了对他的同类起作用，并且发表他自己的感觉。那就是说，用来做基础，按照学校的教育中智力、欲望和感觉的三重区分，我们有必要除逻辑语言以外，区别出能动语言和表情语言。

关于能动语言，直到现在差不多还没有研究。但是有它的重要性。我们试设想人类语言是怎样产生的就能很清楚地显露出来。此外，在历史过程中，它是有它自己的规律的：在语法上，它的领域是动词中祈使语气和名词中的呼格，每一种在它们各自的范畴中都有特殊的形式和用法。我们在上面已经把一个动词像“住口！”一个名词像“安静！”和一个感叹词像“嘘！”结合在一个概念里，这种混合只有因为它指的是能动语言，动词和名词的不同概念已经消失才有可能。尽管能动语言时常求助于逻辑语言哺育，向它借用一些现成的语法表达，可是很值得和它区别开来；因为它有自己的作用，并且拥有特殊的工具。但是它的研究还有待于进行。

表情语言更要我们花很大力气。它特别是在最近二十年间成了许多深入探考的对象，限定了它的领域并确定了过程。[①]

*　　　*　　　*

加伯伦茨（G. von der Gabelentz）[②]曾经说过："语言对于人，不仅用来表达事物，而且用来表达他自己。"因此，我们不只要考虑怎样表明观念，而且要考虑这些观念和说话者感觉间的关系。换句话说，在任何语言里都要区分开表象分析所提供的东西和说话者由他的内部资源在那里增加的东西，逻辑的要素和表情的要素[③]。

这二者在语言里经常混合在一起。除了技术语言和特别是按定义就是在人生之外的科学语言以外，观念的表达从来就是不能脱离感情色彩的。甚至在表情的音阶中，也没有一个调子相当于没有感情的；只有一些互不相同的感情。为了一个相同的观念，有好几个互相竞争的表达方式出现的时候，很少只有一种能够是纯粹表示智力和传达推理的，或者表示一个简单的赤裸裸的事实。我看见一个意外的事件发生，对受害者非常痛惜，大叫了一声："哦，可怜呀！"我碰上一个没有期待遇见的朋友，对他说："你在这儿！"这些句子含有一个最清楚不过的表情价值。如果用逻辑上的

① 特别参考巴利（Bally）和薛施蔼（Sechehaye）二先生的著作，本章大部分曾受他们的启发。Ch. Bally, L'Etude systématique des moyens d'expression（Neuere Sprachen, t. XIX）; Stylistique et linguistique générale, dans XXV, t. 128 (1912), pp. 87-126; XLV; XLVI; Sechehaye, CXXII. 又参看 Vossler CCXVIII. 在 M. Lanson, Conseils sur l'art d'écrire 和 l'art de la prose 等著作中可以找到风格学原则的实际应用。

② 加伯伦茨，德国语言学家，柏林大学教授，曾写有 Sprachwissenschaft 等著作。——译者

③ Sechehaye, XCVIII, p. 184 及以下。

散漫的语言表达，它们将会归结成“我痛惜这个不幸者”或“我很惊奇在这儿看见你”。试设想在现实中我用了这两个最后类型的句子，它们不是虽然也有一种确实与上述感叹句不同的感情价值，但是也一样引人注目的吗？人们在那里会感觉到一种欲望，或者要从那意外中提取一种道德教育，或者在那跟一个朋友邂逅的惊奇中掺杂一种责备，或者包含着一种太强烈的感觉活动，这些都是要求发泄的。但是在这种情况下，不表达感情实际上证明有感情。

任何最平凡的句子都会混杂有表情的要素。假如我说：“彼得打保罗”，那好像只是表达由打的动作联结起来的两个人的关系。至少所谓逻辑分析没有向我提供其他什么。但事实上像这样的一个句子就永不只是一种关系的表达，我时常在那里增添了一些表情的色彩。彼得打保罗对我永远不是无关轻重的；如果这与我无关轻重，我就不说了。所以我说的这句子总有一种价值跟我在一本历史书里读到的完全不同。在一本历史书里，那也许是关于某个彼得王和某个保罗王的问题，我个人没有任何对他们关心的理由。历史的故事总是客观的。这一点使得小学生背诵他的历史课，历数人类在他们的相互斗争中所犯的各种暴行连眉头也不皱一皱；他不为这些所触动，因为他看到这些投射到过去的岁月里，天长地久反而保护了它；差不多使他觉得很开心。相反，我们不能读关于在我们住宅的门前发生的一段平凡的罪行的故事而不觉得毛骨悚然。在上面选出的例子里，随着彼得和保罗是我的小孩或外人的小孩，随着他们的年龄和力气，随着我的偏爱和我的同情，随着好些人们容易想象得出的别的情况，在发出有关句子的时候，

我的心里都会发生各种愤慨的、谴责的、威胁的、恼怒的，或满意的、鼓励的、赞许的、惊讶的感情。

这些感情自然由语调、声音的屈折、发音的迅速、落在某个词上的重音或者伴随着言语而作出的手势表达出来。[①] 这相同的句子在发音上可以有成千上万的变体与感情的最细微的色彩相当。戏剧艺术家朗诵他的台词的任务就是为每个句子指出适当的表达和正确的调子；这就是他的最清楚的才能。在纸上表现为死的和没有表达力的句子，他用他的动词使它生气勃勃，向它呼入了生命。所以即使认识了各个词并分析了各个语法要素，人们还是没有尽知一个句子的内容。此外还要欣赏它的表情价值。

这是研究感情性质的心理学家的任务，同时也是设法把感情搬上舞台的艺术家的任务，对语言学家却要少得多。这些感情在语言学家的眼里只因为是用语言手段表达的才使我们发生兴趣。它们一般还是停留在语言之外的，这好像一叶轻舟漂流在思想的表达上面而没有改变它的语法形式。说在语言里发出 Pierre bat Paul（彼得打保罗）这个句子永远没有一定语调确定它的色彩是正确的。但是人体在现实中也常占有一定的位置，人们不能对它作别的理解。所谓休息的位置仍然是一个位置。雕刻家的任务就是要认识筋肉在所有态度上所采取的形式，因此他们对人体的解剖学不会学习得太多。但是解剖学家详细分解人体的各部分时可以不考虑动作。在任何可以想象得到的动作中，活动的还是同一个躯体；同样，一个相同的句子不管可以有怎样的声调变化和

① 参看 Baurdon，LII.

姿态变化，语言学家都可以不考虑那句子的语法结构是否没有改变。

但是在有些情况下，感情的表达和语法表达不是堆积起来，而是混合在一起以至改变了它。

语言中感情的表达一般有两种方式：词的选择和在句子里指定给它们的位置。那就是说，表情语言有词汇和句法两个主要资源。词汇将另行研究，大家将可以看到表情在词义的演变中起着怎样主要的作用。在这里只要声明词的表情部分是在后缀，即在一种形态要素。这种情况是相当常见的。如果一个感情很强的词有一个后缀，这后缀就往往深入到感情表达里面，以至把它整个包揽在自己的身上，变成词的表情要素。例如法语-aille 这个后缀，起初并没有唤起任何特殊的观念：在 bataille（战争）一词里它还是非表情的。但是因为它时常出现在具有贬义的词里，如canaille（坏蛋）、marmaille（乳臭未干的小孩）等里，它本身也带上了这贬义的价值，并且每个都染上了prétraille（臭牧师）或 radicaille（臭过激党人）里所展现的鄙视色彩。后缀-ard 和-asse 在许多词里也有类似的价值。所谓“表小词”的后缀，因为它们有简略提示它们所黏附的词的观念的功效，原来也在这个价值上连接着一种娇小、珍贵，或甚至亲热、同情、怜悯的感情，如：une maisonnette（一间小房子）、un jardinet（一个小花园）不只是一间面积小的屋子或花园，其中的后缀-et，-ette 确实起着一个感情形位的作用。在这里，形态学像词汇学用性质形容词所能做的那样在表情上进行比赛，如 ma petite maison（我的小房子）、mon pauvre petit jardin（我可怜的小花园）。

词序的过程也紧紧地接触着语法。[①] 从词序自由的观点看，各种语言间有很大差别。人们往往区分两类语言：词序自由的语言和词序固定的语言。这是一种没有事实证明的区分。说真的，没有一种语言，它的词序是绝对自由的。相反，也没有一种语言，它的词序是不能移动地固定的。古希腊语，像印欧语一样被视为词序自由的语言，可是试拿柏拉图的一个句子看，我们不能凭幻想弄混它的词儿，像在一个口袋里弄混 loto[②] 一样。相反，在法语或德语里，在汉语或土耳其语里，词序不管怎样有规则地确定，这些语言还是有一定的顺应性，词序虽有改变，但并不一定变得不能理解。当然，一切要看所作的是什么样的改变。

真理是，在有些语言里，词序起着语法的作用，词序的自由当然要受过程的形态价值的限制。相反，另外有些语言的语法并不规定要任何强制的词序。句子中各个词的关系，即使我们把它们的位置移动，也不会发生任何的变化。例如我用拉丁语可以说 Petrus caedit Paulum 或 Petrus Paulum caedit 或 Paulum caedit Petrus（都是“彼得打保罗”的意思），对于主语、动词和宾语都不可能发生什么迟疑，逻辑分析发觉不出有什么差别。可是这三个次序中的选择并不是无关轻重的。一个拉丁人在这一点上不会弄错。其实，最优秀的作家的拉丁句子的研究表明这里的词序要受一些严格的规律调节，尽管要分解它们的不合拍的变体往往是困难的：这在每种情况下都是感情的事情，而不是理论的事情。有一

① 参考 H. Weil，CXXVIII. 1879.

② 一种玩具。把许多 loto 装在一个口袋里，让人们用手在口袋里弄混。——译者

种习惯的、平凡的次序自发地来到心里。[1] 我们可以把它撇开，但是撇开这一事实就暴露出一种意志，即特别突出某个词来吸引听者对它的注意。这是一个风格的手段，我们可以把它直推到很微妙的境地，因此句法的研究往往是越过风格学的境界的。

这类研究是最细致的；它需要有一种熟练的语言学的判断力和文学兴味的极大巧妙，结合有关语言的语文学情况的稀有认识。所以它只好在有限程度上再加以培养。甚至连在古典语文学领域那样耕耘的一些领域上，人们也直到最近才开始对句子中各个词的各自位置进行了一些有方法的调查。而且适合于这些探讨的方法本身也只开始变得精密。[2]

今天已经确定，作为语法学家要研究一种语言的语法，切不可搜集大量句子，来看各个词在那里按什么次序排列。首先要区分各种句子的类型，然后确定每个类型中某些组合的次序是主要的。事实上，惯例不在于一个个排列句子中的词，而在于结合某些词组的各自位置。例如在一个名词句中，变法只有两项：主语和谓语。动词如果表达出来是属于谓语；动词与谓语发生关系的位置构成第二个变法，那是离开第一个变法而独立的。拉丁语的正常次序是 homo auarus est（原是“人是贪婪的”意思），那要看是否要强调 homo（人）的观念或 auarus（贪婪的）的观念；不论哪种情况，色彩都往往是觉察不出来的：这是对人类贪欲的纯粹和简单的定义。

① L. Havet，Mélanges Nicole，pp. 225-232.

② 特别参看 Marouzeau，XCI 和 XI（1906），p. 309 及以下；Kieckers，Die Stellung des Verbs im Griechischen und in den verwandten Sprachen，Strasbourg（1911），和 XXX，p. 145 和 XXXII，p. 7.

这两个次序都是名词句的一种平凡的类型。人们只为了一些良好的理由才把它撇开不理。例如倒装句 homo est auarus就改变了系词的价值:那句子变成了像法语 il se trouve bien(他看来很好),il paraît grand(他显得很高大)之类的名词・动词句。系词虽然没有达到完全独立,但是它的价值已比在名词句中少抹煞了一些。似乎可以译成法语“il l'est, avare”(他就是,贪婪的),或“il lui arrive d'être avare”(他有时是贪婪的)。“il se trouve être avare”(他看来是贪婪的)等等。Auarus homo est(贪婪的人是)的分离把贪婪放在强调的地位:“贪婪的这个人看来是”或“这个人的缺点是贪婪”等等。总起来说,在带动词 être(是)的名词句里,词序分别译出主语或谓语的重要性,和动词 être(是)的两个价值——简单的系词,或存在动词。

在一个动词句里,主要的组合是主语、动词、宾语(直接的或间接的),这些组合中每一个本身都包括一个或几个词,看主语是否伴有形容语或各种关系语,或者动词是否伴有或多或少的副词。我们首先要决定动词在主语之前或主语在动词之前,然后是怎样把宾语引入这样确定的次序里。我们于是承认除了词序有形态价值的情况以外,动词和主语的各自位置在每种语言中都是要受某些占优势地位的句子类型支配的,这些句子类型最后也成了习用法所遵循的了。词序,甚至在像希腊语或拉丁语这样的语言里,也显出比我们起初所相信的固定得多。例如大家承认古希腊语里有某些公式的次序是不能改变的:人们通常说ἔδοξε τῆ βουλῆ而不说τῆ βούλῆ ἔδοξεν。在有些艺术作品的署名或有些供物的献辞上,习惯用法是把动词放在句子当中,包围在主语和它的附属词之间:

πύρρος έποίησεν' Αθηναῐος。公元6世纪在纳荷斯(Naxos)发现的伊奥尼亚(Ionia)的旧献辞上就已经读到Nικανδρη μ' ανεθεκεν εκηβολοι ιόχεαιρηι。在相同情况下,动词很少放在句末。毫无疑问,把这些探讨继续进行下去,人们将可以认识到在古希腊的许多句型中,哪个是习惯的次序;并不妨碍有些偶然的次序任由作家自行处理。

在词序固定但不因此而有形态价值的语言里,其所以使词序固定的理由一般是通过对语言的条件本身进行仔细的考验才显示出来。要次序确实固定本来需要一段相当长的时间。在克勒特语里,自从爱尔兰最古的文献起就已经固定了:[①]动词放在句子的开头,前面只有克勒特语用得很多的前动词,然后是主语,最后是宾语。这个动词在主语之前的位置似乎是由于这个双重的事实:第一,克勒特语总是把代名词宾语(这也是它用得最多的)插在前动词和动词之间;第二,印欧语的习惯常把前代名词(pronom enclitique)放在句子的第二个位置(在第一个念重音的词后)。这就似乎为克勒特语的句子制定了一套陈规:开头有一个带前动词的动词和一个数目极多的代名词宾语;它们注定了要以前动词、代名词宾语、动词开始,主语只能放在后面。这是一个古代传统的维护,它这样创造了句子中各个词的习惯次序。但是必须补充一句:这个次序在习用上有某些限制,并且随着时间的推进人们遵守得不很严格。

在日耳曼语里,情况有些不同。德语用两种次序,同样严格,但要看句子的性质。在主要分句里,动词常占第二个位置,主语、

① Vendryes. VI, XVII, 337.

宾语(或定语)随说话者爱好,可以放在前面或后面。在从属分句里,动词总是放在句末,主语或宾语之后。因此人们在主要分句里说"Wolf lebt im Walde"(狼住在森林里)或"im Walde lebt der Wolf","der König ist blind"(君王是瞎眼的)或"blind ist der König";但是在从属分句里:(man weiss dass) der Wolf im Walde lebt, der König blind ist(大家知道狼住在森林里,君王是瞎眼的)。这两个次序的固定是在历史的进程中逐渐形成的。在古日耳曼语里,习惯次序和偶然次序的对立按照句子的不同类型显得复杂得多;在一些认识得还很差的条件下曾有过简单化。[①] 此外,德语把一定位置归属于动词时,还保留着处理其他各词的一切自由,并且每个次序都有它自己的价值;除了自然来到每个人心中的平凡的次序以外,还有一些不同次序的可能性,人们说话时可以按照他的灵感予以选择。

* * *

表情语言和逻辑语言的主要差别是在于句子的构成。我们试把书面语言和口语加以比较,这种差别就更为明显。在法语里,书面语言和口语相去很远,我们从来不像书写那样说话,也很少像说话那样书写。在每种情况下,除词汇的差别以外,还有词的处理上的差别。里面镶嵌着书写句子各个词的逻辑次序在口说的句子中总是或多或少不相连贯。有些句子如"Il faut venir vite"(要快来),"Quant à moi, je n'ai pas le temps de penser à cette affaire"(至于我,我没工夫想这件事情),"Cette mère déteste son enfant"

---

① Delbrück, CLIV.

(这个母亲讨厌她的小孩)都属于书写语言，但是在口语里，十分之九没有完全的形式；"Venez, vite!"(来，快!)"Du temps, voyons! est-ce que j'en ai, moi, pour penser à cette affaire-là!"(工夫，你瞧！我有工夫吗，我，来想这件事情！)"Son enfant! Mais elle le déteste, cette mère!"(她的小孩！她可讨厌他呢，这个母亲！)[①]

书写语言的平衡句子，连同它们的从属分句、它们的连词、它们的关系代名词以及它们的整套装备可怎么说呢？人们在口语中很少说："Quand nous aurons traversé le bois et que nous aurons atteint la maison de garde que vous connaissez, avec son mur tapissé de lierre, nous tonnerons à gauche jusqu'à ce que nous ayons trouvé un endroit convenable pour y déjeuner sur l'herbe"(当我们穿过树林，到达你认识的那守卫的房子，它的墙壁上挂满了常青藤，我们往左转直至找到一个地方适宜于在那里草地上进午餐)，而是说："Nous traverserons le bois, et puis nous irons jusqu'à la maison, vous savez, la maison du garde, vous la connaissez bien, celle qui a un mur tout couvert de lierre, et puis nous tournerons à gauche, nous chercherons un bon endroit, et puis alors nous déjeunerons sur l'herbe."(我们穿过树林，然后直走到那房子，你知道，那守卫的房子，有一堵墙盖满了常青藤，然后我们往左走，我们找到了一个好地方，于是我们在草地上进午餐)书写语言努力结合成一个连贯整体的各个要素在口语里显得分离、隔断，不相连接；它的次序本身也完全不同。这已不是通常语

① 所有这些例子都借自 Bally。

法的逻辑次序；这是一种也有它的逻辑的次序，但是一种尤其是表情的逻辑，在里面，各种观念不是按照推理的客观规则排列，而是按照说话者赋予它们或想向他的对话者提示的主观重要性排列。

在口语里，语法意义上的句子概念被清除了。如果我说“L'homme que vous voyez là-bas assis sur la grève est celui que j'ai rencontré hier à la gare”（你看见坐在那边海滩上的人就是我昨天在火车站遇见的），我正在用书写语言的程序造成一个单一的句子。但是在口语里我将会说：“Vous voyez bien cet homme—là-bas—il est assis sur la grève—eh bien! je l'ai rencontré hier, il était à la gare.”（你看见这个人——在那边——坐在海滩上——哦！我昨天遇见他，他在火车站）在这里有多少个句子呢？很难说：试设想我在用短横标记的地方留下了一个停顿，“là-bas”这两个词本身就构成了一个句子，正如我回答一句问话：“这个人在哪儿？——那边。”句子 il est assis sur la grève如果我在构成它的两部分之间停一下，“il est assis”（他坐着），“(il est) sur la grève”[(他是)在海滩上]，[或“(c'est) sur la grève (qu') il est assis”“是在海滩上他坐着”]，就很容易变成了两个句子的组合。在这里，语法句子的界限这样游移不定，我们不如放弃不去试图计算它。但是在某点上，那确实只有一个句子。哪怕它似乎可以有一种电影式的发展，语象实际上只有一个。不过在书写语言里，它是成块地出现的，而在口语里，人们却是连续分段发出的，分多少段和强度如何，那却与经受的印象本身或对他人起作用的需要相当。

书写语言利用从属法的地方，口语正如前面所举的例子指出的，常用并列法。人们说话时不用语法的联系，把思想挤得紧紧

的，并使句子具有一种三段论法的简洁风度。口语是柔软和灵巧的，它用一些简短的指示标明各分句间的联系；在法语里，一些连词如 et(和)或 mais(但是)一般已经够用了。为了标明从属关系，各种语言有一种倾向要把一个特殊的表达方式应用于任何情况。例如我们可以看到，印欧语在历史过程中创造了一些关系工具，建成了关系系统。起初，语调一定曾起过作用；人们用动词的声调上的差别或某些在每个差别中重复一次的小品词来指出两个互相对立的句子的关系。有些语言曾按照分句是主要的还是从属的保存一些不同形式的相互作用。但是一般地说，人们能使一个小品词(关系代名词或连词)具有引入从属分句的作用，并似乎可以作为它的标签也就心满意足了。我们试想一想法语连词 que 的运用多么丰富也就够了。书写语言力求准确，并且有闲暇时间按照思想的色彩对句子间关系的表达作深思熟虑的、复杂的、从心所欲的准备；可是口语却倾向于只采取一种相同的符号，让对话者去费心猜想那是什么种类的关系。因此同一个连词有时在同一种语言里就表示“parce que”(因为)、“quoi que”(虽然)、“afin que”(以致)、“lorsque”(当)的意思。在法语里，一般老百姓说话时不用 dont(某人或某样东西的)、auquel(对某样东西)、pour lequel(为某样东西)，看来太笨重、不方便；他满足于用一个 que 来表示关系，避免其后在关系从句中指出他眼前的关系种类：他不说“l'homme dont je connais la fille”(我认识他的女儿的那个人)，“le patron pour lequel je travaille”(我为他工作的那老板)，“le pauvre à qui je fais l'aumône”(我给他施舍的那个穷人)，而说：“l'homme *que* je connais sa fille”，“le patron *que* je travaille pour lui”，“le pauvre que je lui fais l'aumône"。这些在今天口头法语里所常用的表达法在中世纪的克勒特方言中是常见的。[①] 它们表明口语和书写语言是(各自)独立的。

口语的特征是限于强调思想的顶峰;它们是独自出现支配整个句子的,至于各个词和句子成分间的相互关系,或者有必要时借助于语调和手势只不完全地表明,或者完全不表明而必须在心里加以补充。这种语言很接近自发语言:人们于是用这个名称叫在一次猛烈情绪冲击之下从心里自发喷涌出来的语言。人们这样强调惹人注目的词儿,没有闲暇也没有时间把他们的思想归结成深思熟虑和有结构的语言的严格规则。于是自发语言和语法语言相对立。

这是一个必须知道的问题:一个是否必然先于另一个,自发语言是否不与表情语言相混合的问题。当一个人与另一个人邂逅惊奇地大声呼叫:"你在这儿!"我们可以严格地坚决主张在这个感叹的源头上有一种语法的表达:"你是在这里"或"我很惊讶你会在这里。"语言学家至少不缺乏援用一个语法的格式:省略、隐藏,来如此这般地加以解释。

但是这里特别适宜参照儿童语言。儿童说:"papa ici"(爸爸这儿)来使人了解他的父亲已经来到或者就在这里,只能表达一件事实的确认。其后等到他获得反映和分析他的概念官能和用语言完全表达他的概念的能力,那小孩将会说:"爸爸是在这儿"或"爸

① 人们在一些与斯拉夫语领域相毗邻的区域的德语中也可以看到;参看 Behaghel, CXLIV, p. 30.

爸已经来到这里”，而不说“爸爸这儿”了。我们要不要承认有由自发的非语言的语言过渡到语法的有组织的语言，而没有表情的出发点呢？这将是很冒险的。因为小孩没有开始使他的基本语言“爸爸这儿”具有一种客观的性质。他初次发出叫声是为了表达一种欲望、一种意志、一种需要，而他第一次说“爸爸这儿”是为了表达再看到他的父亲的喜悦或看到他和叫他来的欲望。所以“爸爸这儿”的客观表达是在小孩的发展过程中为了淘汰主观要素而创造出来的；其后加上一个动词，它自己也能够变成语法的完全的表达；但小孩确实是从表情的公式出发的。

有些语言学家同时又是心理学家倾向于相信在儿童语言里，表情语言常先于理智语言。[①] 智能逐渐变感觉和情绪为观念，观念由表情要素分解出来，但是没有把它们完全淘汰。在纯粹表情的自发语言内部结定了一个巩固的核心，这核心由于周围各部分的巩固化而逐渐增加。这就是约定俗成的语言或语法的语言。它“孕育”在另一种语言里不断地被饲养着，永不因此而干竭。这种理论首先是生成的和动态的。它自以为加上一些构成前语法的无定形的和不稳固的要素就可以解释语法，即有组织的语言的本源。这种前语法甚至在每个生命的过程中都将在或大或小的程度上被保存着；表情语言的一切现象都一定跟它有关。但是由于一种反作用，它自己也可能受语法源泉的哺育，例如一个在逻辑上有组织的句子，正如一种纯粹的反映，在某种剧烈痛苦或突然恐怖的影响

① 特别参看 Sechehaye, CXXII, p. 67 及以下；又比较 Lévy-Bruhl, LXXXVIII, p. 27 及以下。

下变成了一种无意识地发出的叫声。

*　　　*　　　*

实际上，逻辑上组织起来的语法语言是永远不能离开表情语言而独立存在的。它们互相间不断发生作用。我们刚才已经看到，在任何语言里，或者由于语法制定了一种不能改变的次序，或者由于养成了一种习惯要在类型相同的句子里采用相同的次序，词序都会有固定的倾向。这并不妨碍表情性有几种方法在句子结构上表现它自己。有时人们把一个词、一个句子成分放在句子前面，其后不用形态要素、小品词或代名词把它再提回来；有时把它置于句末，与上下文孤立起来，不再在句子里预先声明；最后，有时突然割断句子的联系，使它的后一半重新开始，与前一半不发生任何关系。这些在口语里流行的程序，当它发生一定效能的时候，往往为书写语言所借用。例如拉·布吕耶尔(La Bruyère)说过："Un homme de talant et de réputation, s'il est chagrin et austère, il effarouche les jeunes gens"(一个有才能和声望的人如果苦闷和严肃，他将吓坏年轻人)，或者还说："Un noble, s'il vit chez lui dans sa province, il vit libre, mais sans appui"(一个贵族，如果住在他家乡的房子里，生活是自由的，但是无所依靠)。他的句子可以叫做艺术家的文字，但显然是从会话中常用的一种表现法复制出来的：[1]"Ce pauvre monsieur, il était si bon"(这位可怜的先生，他这样慈善)，或者"Un enfant sage, on lui donne tout ce qu'il veut"(一个乖巧的小孩，他要什么人家就给他什么)。许

① Brunot, LVII, t. III, p. 485.

多语言都使用这同样的表达法。我们在德语里看到："der Kirchhof, er liegt wie am Tage"（在白天，墓地像在睡觉一样）；"die Glocke, sie donnert ein mächtiges Eins"（钟在一点钟大声响了一下）。英语也可以提供许多例子。古波斯语的，有人也指出过。[①] 它在马来亚-波利尼西亚语里是常见的。末了，汉语里也有：他们可以说"t'a ti fang tseu wo me yeou kien kouo"（他的房子我没有见过）代替"wo me kien kouo t'a ti fang tseu"（我没见过他的房子）。

正如法语本身所给的印象，这两个表达法之间起初有一种色彩。一种是平凡的和非表情的，反过来，另一种却多少表达一种感情的色彩。但是也可能第二个强加于普通使用以至代替了第一个。它由表情的变成了语法的，例如人们可以用法语说"Cet homme-là, sa maison est belle"（那个人，他的房子很漂亮），而不说"la maison de cet homme est belle"（那个人的房子很漂亮）。在一种像爱尔兰语这样的语言里，人们用预期叙述法可以正常地说"sa maison de cet homme"（这个人的他的房子），而不说"la maison de cet homme"（这个人的房子）。在德语里，人们在"das Haus meines Vaters ist schön"（我的父亲的房子很漂亮）和"meines Vater's Haus ist schön"（我的父亲的房子很漂亮）之间可以有所选择；但是在方言上发展出了另一个表达法："meinem Vater sein Haus ist schön"（我的父亲他的房子很漂亮），同时把预见叙述法的过程（用领有格）和与格结合起来而不用属格表示从属性。在当

① Meillet, Grammaire du vieux-perse, p. 11.

前德国的某些方言里，这个表达法是唯一使用的；例如在科堡(Cobourg)[①]人们不说“meines Vaters Haus”（我的父亲的房子），而只说“maen fader sae haos”（我的父亲他的房子；在这里maen是与格·宾格的形式，主格是mae）。这个通俗的和方言的表达法，文学语言里不是没有的；歌德就提供了一些例子。这是表情语言的程序，它已经深入到语法里去了。

甚至语法范畴有时也用表情语言的程序来表达。有些范畴确实特别有这倾向。在研究“时”的范畴时我们已经看到必须为持续留下一个重要的地位；而我们称为持续的就是一个动作在我们的眼里所采取的容貌，它在我们面前的特殊角度。所以这特别是一个观点的问题，由于观点的选择是主观的事情，所以可以有表情的一部分。在我们的语法区别出来的各个时中，有一个特别主观的，就是将来时。当我们表达某一动作将于将来某一时刻产生这一观念的时候，我们的思想一般不是停留在对这一动作的完成的客观考虑上面；我们差不多总是同时指出当前对于这一将来动作的处理。

因此将来和过去之间有一种差别。过去是一个客观的时间，因为它已不再依赖于我们，我们也不对它发生作用；像人们所说的，它是一个历史的时间。相反，将来时却伴随着变幻莫测的一切神秘，准备接待千千万万种期待的、欲望、恐怖和希望的感情。假如我说：“je ferai cela demain”（我将于明天做这个），在确实说明这件事情将于明天由我完成的同时还用一种主观的气氛包围着我

① Ed. Hermann. Griechische Forschungen, I, Leipzig, Feubner (1912). p. 203.

的句子，使它在我的眼前染上各种色彩，以至整个句子时常归结为“我想”、“我同意”、“我恐怕”，或简单的“我有意(做这个)”等表达。

各种语言中的将来时的历史确认了这些观察。[①] 将来时时常用欲望或意志来表达，就是说，它有一种表情起源的表达。汉语在动词前面加一个要素 yao(要)来形成它的将来时。如“wo yao lai”(我要来)。英语说“I will 或 I shall do”(我将做)，近代希腊语已用一个可以往上追溯到θέλω ἵνα(我想)的分析结构来代替古代的将来时。保加利亚语自 13 世纪起就把用作助动词的动词 chotěti(想)来表达将来时。[②] 法语有些土语说“il ne veut pleuvoir”(它不想下雨)来表示“il ne plevura pas”(它将不下雨)，而我们的 aimerai(我将爱)类型的将来时本身，正如大家所知道的，来自 amare habeo(我有爱)的结合，其中的动词 habeo(我有)指出说话者要在动作中参加的部分。将来时表达的形式这样繁复，并且这样频繁地加以革新，可以证明这个“时”包含着一大部分表情性。

重复又是这些来自表情的手法之一。它应用于逻辑语言就变成了简单的语法工具。我们必须看到那是伴随着把一种感情的表达推到顶峰而来的情绪中的出发点。许多语言的最高级就在于形容词的重复；在这里，很显然，语法的使用就出于表情的使用。起初，重复不过是加强表达力的一种手段，如“c'est beau, beau”(这漂亮，漂亮)。但是这过程逐渐失去了它的表情价值。显得用来表示超量或过度很方便而不顾它所要表达的任何感情，如用“il est

① V. Magnien, XC 和 Ribezzo, CCXXVII.

② Vondrak, CCXVII, t. I, p. 178.

gros, gros”(他胖,胖)来代替“il est très gros”(他很胖)。这完全是闪语的最高级,今天比如在埃塞俄比亚语里还很流行。人们用近代希腊语说:ζεστὰ ζεστὰ κολλούρια(烧饼很热),είσαι πολὺ πολὺ κακός(你极淘气)。[①]

然而,像法语这样的一些语言,过程永远不会变成单纯语法的(因为法语有其他表示最高级的手段),它们能够保存重复的表情价值。例如“il est gros, gros”(他胖胖的)就跟“il est très gros”(他很胖)的意思不完全相同。我们试把“il n'est pas très joli”(他不很漂亮)和“il n'est pas joli joli”(他不漂亮漂亮)这两个句子比较一下就更感觉到其间的差别。试设想把这两个句子用于带有讽刺的价值:讽刺的意味在第二个句子比在第一个句子更容易感觉到。

我们在印欧系语言或闪族语言里所碰到的重复现象一定是有一个表情的来源。大家知道,它在这些语言里有几个用途。在印欧语里最清楚的一种是用来表示全部完成的动作。古希腊语中出现的完成重复就是带有这种价值的。[②] 重复词根的头一个音节就是表示与动词形式语义价值相当的强调。在闪语里,动词的重复只在于延长辅音,即在于用一个所谓双辅音来代替单辅音。它的表情价值也是很清楚的。那就是表示某种像加强语气的意味:[③] 阿拉伯语 chábat(他过去打),chábbat(他过去猛打);kásar(他过

① Pernot, CIX, p. 90, 160.

② J. Mackernagel, CCXX.

③ Brockelmann, CXLVIII, t. I, p. 508.

去打碎)，kássar(他过去打成碎片)；等等。在名词里，还有一种很古老的用重复构成复数的痕迹，它的表情的来源是很显然的。

这些都是感情的表达变成语法过程的情况。在这里，逻辑向表情语言借贷。相反的情况也是屡见不鲜的。在任何口语中都有好些小词，这些小词只有一种感情的价值；在这里，逻辑所占的部分很小，有时竟被用于与它们的本义相反的意义。甚至往往不只是指词，而且是指整个熟语，包括动词、主语、宾语和一些小句，在那里说话者经过初步分析能认识其中的各个词。整个儿在心里只造成一种感情的印象。例如用“par exemple”(譬如)来表示惊讶，或用“vous savez”(你知道)来表示同意让步。这些熟语的逻辑价值越消失，它们的表情价值就越强。由逻辑到表情的过渡是通过前者的损伤来实现的。人们在一个人的面前发出一个令他震惊的意见时这个人会回答说：“Ah！ par exemple?”(哦！ 譬如?)那表明他期待着他的对话者会给他一个解释的例子。其后，养成了一种习惯对任何本身不能解释的意外的言谈，甚至无法提供一个例子的，也回答说“par exemple!”(譬如!)。最后，感叹取代了问话，人们说“par exemple!”(譬如!)像发出一个惊讶的、怀疑的、轻侮的、愤怒的、恐怖的叫声一样。这染上各种色彩的熟语就变成了一种感情的表达；但是从逻辑的意义出发它的发生是清楚的，而且很容易把它重建出来。

语言的生命并不到此为止。表情语言公式的本质陈腐得很快。表情部分消失，不久就只剩下一种黯然失色的表达。口语随意用成堆的缺乏表现力的词语打断它的句子，仿佛在各种富于表现力的字眼间塞进了好些废料，如“tiens”(好呵)，“allez-y”(去你的)，“penses tu”(你想得好)，“voyez-vous”(你瞧)，“n'est-ce pas?”(是不是?)我们每个人在日常会话中都随意混杂着一些这一类公式。这些公式由逻辑的变成了表情的，最后终于堕入自动现象的领域。这是一次进化的末期，将同时使它们摆脱理智的和感情的性质。

这样，表情性深入到语法语言，摆脱它和分离它。用表情性可以解释大部分语法的不稳定性。语法的逻辑理想是对每个功能都有一个表达，而且是对每个表达都只有一个功能。这个理想为了实现，语言必须像代数一样固定，公式一经确定就在人们用它的一切运算中都不要发生变化。但句子不是代数的公式。表情性总是包围着思想的逻辑表达并使它具有各种色彩。人们永远不会把同一个句子重复两次，人们不会两次用同一个词都带有相同的价值，永远不会有两个绝对相同的语言事实。理由是在于不断改变我们的表情情况的环境。

第五章　形态的演变[①]

任何活语言的形态系统都是不稳定的。我们从前几章所援引的事实来看就已经可以领会到。甚至一种被语法学家确定了的死的语言，我们研究起来只要试图稍微整理一下，就可以看出里面有许多不规则的和矛盾的地方。别说那些最喜欢挑剔的作家有时造成的个人的“笔误”，在任何形态中都会有一些“错误”，这是任何语言中甚至最有教养的人所必不能避免的。其中每一条规则都有一些不能用逻辑来说明的例外。简言之，每个说话者的形态系统本身就包含着像语音系统一样多的演变的原因。

但是这两个系统的演变方式中有一个差别。许多语音演变都不依赖语词而直达到音位，与此相反，形态演变却永远只涉及词，而不涉及一般形位。这不只是因为形位最常见的是属于词的一部分，而尤其是因为形态演变的原因不属于心理的范畴，而是在于语言的实际使用。

形态的演变总是从一定的使用出发的，因此每次只有一个有限的范围。那不是像某些语音演变那样的系统的改变，而只是系统的一个要素，而且在一定的用法。

这两种程序的差别表现在它们的结果上面。语音的演化是全

① 参看 Meillet, L'évolutou des formes grammaticales, XLII, 1912, p. 384.

部的，不容许有任何残余；它以一种新的状况代替一种古代的状况。相反，形态的演化很少波及与它有关的全部情况，除它所产生的新形式之外往往残存着或多或少古代的形式继续被使用。因此，在形态演化的每一阶段都有一些残余被保存下来。法语的不定式 courir（跑）代替古老的形式 courre，但是我们现在还说 chasse à courre（用狗猎兔），而且有些不定式如 rompre（折断）或 moudre（磨）现在还在使用。*Les chacals*（豺狼）的复数并不妨碍我们说 *les chevaux*（马，复数）。第二人称复数 *vous dites*（你们说）还保存着；但是人们现在说 vous prédisez（你们预言），vous contredisez（你们反驳），可是 vous contrefaites（你们伪造）仍然与 vous faites（你们做）取得一致。我们现在仍然说 l'Hôtel-Dieu（病院），le monument Victor Hugo（维克多·雨果纪念碑），la rue Gambetta（甘必大街）；但是用前置词来表达 la maison de Dieu（教会），les poésies de Victor Hugo（维克多·雨果的诗歌），la politique de Gambetta（甘必大的政策）等等。语言对这些矛盾差不多没有感觉到，无论如何并不因此而感受苦闷。

有两种一般倾向支配着形态的演变。一种来自均一性的需要，倾向于把一些已变得不规范的形位淘汰出去；另一种来自表达性的需要，倾向于创制新的形位。

人们把不规范的形位归结于规则从而淘汰出去。那就是说均一的需要借助于类比作用而得到满足。① 人们用这个名称来指心

① V. Henry, LXXXII; Giles, CXXII, p. 58; H. Oertel, CXXXVII, p. 150; H. Paul, CLXXXVIII, p. 96；等等；参看 Meillet, IX, t. II, p. 860.

里按照它所认识的模型创制一个形式、一个词、一种表达法。小孩按 j'ai ri(我曾笑)的模型说 j'ai li(我曾读书)来代替 j'ai lu(我曾读书),或者在人们把他 approcher(移近)桌子之后要人把他 d'eprocher(移开)桌子。他这样创制了两个类比形式。一个不学无术的人自夸说话漂亮,按照类比作用说 je ne me remets pas de vous,正如按照 je ne me souviens pas de vous(我记不起你了)说 je ne me rappelle pas de vous 一样。

说真的,类比作用是整个形态学的基础。人们常遵照类比作用说话:语法所定的词形变化表不过是一些要学生遵守的模型。我知道不定式 finir(做完)与将来时 je finirai(我将做完)相当。有一天,我偶然需要使用另一个以-ir 结尾的动词的将来时,如 crépir(皱起)或 polir(磨光),我毫不迟疑说 je crépirai, je polirai,但是如果继续在这条路上走下去,由 venir(来)派生出将来时 je venirai,[①]我就造成了一个受习俗谴责的类比创制。然而,历史教导我们,有一些这一类创制终于获得了胜利。人们已经很久把动词 tressaillir(战栗),和 défaillir(失神)说成 je tressaudrai, je défaudrai;今天,这些动词的将来时有规则地形成了:je tressaillirai, je défaillirai。有规则的动词变位的影响决定了它们的存在。

语言学家久已用一个代数比例公式来表达类比作用:a∶b∷c∶x,即 finir∶finirai∷tressaillir∶tressaillirai,由此在数学上得出这个新的将来时。但是时常应该避免把数学的推理应用于性质或复杂性不容许的事物。在这里,代数不能指出事物的正确观念。它有

① 正式法语 venir(来)的将来时是 viendrai.——译者

使人相信变化是自愿的和有意识的之危险，而事实上却恰好相反。此外，规律只在四项间起作用是很少的。引诱类比作用的形式原来不是孤立的要素，那是一个总结几个不同要素的符号。要停留在代数的土地上，至少必须把那公式改为 p∶p'∷a∶x，p 和 p' 代表无限的数量。另一方面，事实上，由于与 finirai 比较造成由 tressaillir 变成 tressaillirai 的不只是不定式 finir；那是两个动词共有的各项的整体。另一方面，与动词 finir 的作用结合的还有以-ir 结尾，并以-irai 造成它们的将来时的全部动词的作用。

但是，在这里，代数的应用特别是有不考虑各种形式各自价值的缺点。有一个很好的理由解释 tressaillir 和défaillir将来时类比作用的成功：它们之所以被归结为规则，那是因为用得很少。相反，在直陈现在时，人们仍然继续说 nous tressaillons，vous tressaillez，尽管说 nous finissons，vous finissez。在这里，类比作用的力量是软弱无力的，因为直陈现在时比将来时用得多。所以，一切都可以归结为说话者心里所有各种形式间的支配和反抗的斗争。类比作用在一定程度上有赖于省力的规律，它要避免记忆时无用的包袱的负担过重。它所淘汰的形式都是一些虚弱的形式，由于用得很少，所以不为记忆所保证。类比作用只是由于记忆虚弱才能胜利。用得太少的不规则形式会被忘记和按照规则重新制造。

儿童在语言习得中创造了大量的新形式，任由类比作用作向导。这些创制其后大部分被改正了，因为这最常见的只是一些个人的偶发事项，出于一种不正确的感情或对于语言的不完全认识。但是有些很符合语言的一般感情，最后终于维持了下来。有时，同一时代的全体个人都倾向于犯同样的错误，好像一个法律一样强加于他们变成了规律。于是学校教师的努力也无能为力了。有些坦率的错误表达法也甚至为有教养的人所通用，语法反为谴责他们，大家知道了感到很惊讶。

语法往往与语言的自然感情发生斗争。在语法学家具有强大影响的国家里，语言向类比作用让步不那么容易；类比创新老早就被窒息，活不下去。要胜利，它们常需要有规则地重复。在16世纪，语法学家的工作还没有后来那么广泛和有效能，人们在习用中遇到许多错误未能取得有规律的力量。[①] 拉伯莱（Rabelais）把 je finissais（我过去做完）说成 je finois；我们只把前一个形式保存了下来。相反，在当代法语里，不管语法怎么说，习俗总成功地把一些直到现在还为人所谴责的表达法强加于人使用。比如大家都说 je m'en rappelle（我记起他）而不说 je me le rappalle；野蛮的表达法如 de façon à ce que（借以）还有人说，来代替 de façon que，甚至有越来越多的人写。我们应该看到，同时也很抱歉，这些错误是处在语言的自然倾向中的。

可是有些抗拒类比作用的形式，人们因此把它们叫做不规则的形式。任何语法都或多或少有些不规则的名词、不规则的动词，也叫做强的形式，与允许类比作用调节的弱的或虚弱的形式对立。强的形式仍然是在规则之外的。它们的抵抗力来自它们使用的频繁，这把它保持在人们的心里，不容许他人加以改变。它们用它们个体的特性强加于人，本身往往不能作为模范被用来作为一种类比作用的出发点。例如最常用的动词一般都是所有

① Brunot, LVII, t. II.

语言中的强词，即不规则的。一切词中最不规则的是实体动词，因为它是最常用的。法语 il est（他是）和 ils sont（他们是）的对立是极古代的；它至少在文字上的书写形式看来，还使人想起印欧语动词变位的一种过程，在法语里没有别的地方还保存着。在拉丁语的一些很常用的动词中，还有一些这一类型的残余，法语却只还有这个动词 être（是），它的不规则性似乎并没有受到什么威胁。

强的形式不容许割断不是由于时间的关系。在许多语言里，实体动词都有改变了它们的动词变位的类比作用的痕迹。例如在波兰语里第一人称 jestem（我是）曾按第三人称 jest（他是）改造过；但是这些动作一般都是有限制的，并不妨碍实体动词在它的全体上保存在一个非正常的状态。具有相当丰富的强的动词变位的语言，如德语，有机会把它长期保存着；因为不规则的形式互相支持着。毫无疑问，有些被语言逐渐淘汰是为了把它们归结成规则。我们可以把在前一个世纪变成弱的动词的强的动词排列成整整一个表。它们的数目增加了。在习用中与强的形式并列的弱的形式最后终于流行开来。有些方言说 ich verlierte（我过去丧失）代替了 ich verlor，ich springte（我跳跃）代替了 ich sprang，ich fangte（我过去拿）代替了 fing，gefangte（“拿”的过去分词）代替了 gefangen；现在时直陈式和祈使语气在许多动词中拉平了它们的词形变化，人们不再由 fliegen（飞）说 du fleugst（你飞）、er fleugt（它飞），由 lügen（撒谎）说 du leugst（你撒谎）、er leugt（他撒谎）。有些方言说 näm（拿）或 hälf（帮助）而不说 nimm 或 hilf。曼海姆（Manheim）方言用 ich geb（我给）、du gebsch（你给），er gebt（他

给)，而不说 ich gebe、du gibst、er gibt。[①] 在英语里，类比作用更多，有些动词仍然是强式的，但更受限制，数目也还有减少的倾向。在《辟克威克散记》(Pickwîck Papers)里，怀特·哈尔特小旅店里擦靴子的人说："he know'd(代替 knew) nothing about parishes"(他对教区一无所知)，又说："Ven he seed(代替 when he saw) the ghost"(当他看见鬼的时候)等等。然而它所涉及的动词都是最常用的。

有时，类比作用出现在同一个词形变化表内部。在德语里，按照复数的 wurden，人们说单数的 wurde(变成)来代替 ward。过去时的词形变化的统一在德语里老早就完成了。一般地说，单数的元音占优势：人们按照 ich warf(我扔，古高德语 warf，wurfum)说 wir warfen(我们过去扔)，按照 ich zog(我过去拉，古高德语 zôh zugum)说 wir zogen(我们过去拉)。如果 ward、wurden 这一对词被保存到今天，那是因为 werden(变成)这个词重要，并且使用频繁；假如 wurde、wurden 这一对词被创制出来，单数有一个弱式动词的词尾，那是因为受了成对的 hatte、hatten(有)，wollte、wollten(要)，musst、mussten(必须)等的影响，也或多或少用作助动词。这不是说在日耳曼族语历史里，人们只找到一些与 wurde 同类型的类比形式。在古高德语里，动词 biginnan(开始)，除过去时的 bigan 以外，还另有一个用得更多的 bigonda 或 bigunda。由动词 fundan(找到)，古撒克逊语除 fand 以外还有一个过去时形式 funda。同样，古英语按照复数 fundun，单数说 funde。但是 wurde 的创制并不是不那么独立。每一个类比作用的情况都要求分别对待；如果我们要了解类比作用的方

① Behaghel, CXLIV, p. 247.

向，首先必须找出它的出发点。

这个出发点总是在语言的某一形式类型中。那不是指心理通过连续获得寻求实现整个计划的问题。有时，无可怀疑，分析工作的结果是在于缩小强的类型，减少不正常的形式的数目。但这不是绝对的规则。有时某些强的动词强加于心理以致把自己当做模型，带领后面的几个弱的动词。最常见的总有特殊的理由证明类比作用的道理。在德语里，强的变位系统包括数目相当繁多并且确定得很清楚的范畴，事实已发生过几次；例如 fragen（问）的 ich frug（我问）是一个旧的类比创新，并且是一个正在消亡的创新，但是我们在好几种方言里找到：jagen（打猎）的 ich jug（我打猎），kaufen（买）的 ich kuf（我买）等等。这些动词已进入强动词的有规则的范畴。相反，在英语里，正如在法语里一样，强动词才真正是不规则的，是一些孤立的例外，不构成说话者感觉到其机制的系统，可是这些不规则的动词有时还两个两个、三个三个地集合起来，如此这般地互相加强，互相保证。例如 pondre（孵小鸡）和 tondre（剪羊毛）这两个法语动词起初没有任何共同的东西（在拉丁语里，ponere“孵小鸡”和 tondre“剪羊毛”属于两个不同的动词变位），可是起相同的屈折变化。

在这一切里很少有什么逻辑。让·保罗（Jean Paul）在 1782 年 9 月 8 日的《日记》（*Tagebuch*）里说：“本质上摇摆不定的心灵，从来都是不勇往直前的。为什么呢？因为它要追赶类比作用，因为它对事物的真正关系漠不关心。它跑在一些外部关系后面，并且在这种追赶中常不知往哪儿走。”这句话可以应用于我们在这里研究的过程。它的原则无疑是在于要把不同的形式归结为同一形式的倾向。这一倾向是由于自然惰性的结果。但是这一均一的倾向，正如我们有时写过的那样，不是单义性的倾向。单义性是一种逻辑的原则，按照这个原则，每一语法功能应该用一个单一的符号来表达，每个符号只表达一个单一的功能。这是一种语法对逻辑的理想的适应。我们从以上所述已足可以看到什么东西妨碍着这一理想得以实现。心灵永不完全改变它的形态系统：它的力量一次只涉及系统的一部分，很小的一部分，而且因为它对各不同部分所起的作用永远不是由于欲望指向完成一种有方法的计划，而只是由于环境偶然的提示，所以全部结果一般是缺乏一贯性和同质性的。

德语词尾-er 的历史在这一点上是很有启发性的。[1] 这个表示许多中性词复数特征的词尾本来是一个由于类比作用而一般化的后缀。在印欧语的中性词干当中，有些以后缀-es-为特征，人们可以在拉丁语（形式是-er-）genus 类型的屈折形式（复数是 gener-a 等）中认识出来。在德语里，擦音在相同情况下也应该变成 r，这一类中性的词，自古代的词末辅音脱落后，添上了一个新的词末的-er，可以用来表示复数和单数的对立，其后竟成了复数的特征。这是一个很有表现力的词尾，语言保持着不让它消失；它由于类比作用扩展到了许多原来不是以-es-为词干的词；例如 Kalb（小牛）、复数 Kälber 就是这些以-es-为词干的词之一，以它为模型，人们说 Haus，复数 Häuser（房子）；Buch，复数 Bücher（书）；Fass，复数 Fässer（酒桶）；Glas，复数 Gläser（玻璃杯），Geld，复数 Gelder（钱，银），Wort，复数 Wörter（词）。然而还有不少中性的词用别的方法

① Streitberg, CCX, p. 103.

来形成它们的复数的，如 Mass 复数，Masse（数量）；Ross，复数 Rosse（骏马），Auge，复数 Augen（眼）等等。另一方面，词尾-er 也可以在几个阳性的词里找到，如 Rand，复数 Ränder（边缘）；Gott，复数 Götter（上帝）；Wurm，复数 Würmer（虫）等等。因此类比作用要给它所创制的词尾赋予一个单一的功能并没有获得成功。

在预先订定的逻辑基础上建立起来的人造语言又怎样呢？像这样的语言只有当做特殊语言才有可能：技术语言或信号法典。几个人同意用它就足够使它维持原状而不改变。但这些语言不可能变成活的，否则它们不多久就要改变。它将在各种形式间建立价值的差别，某些形式将支配其他形式，类比规律发生作用，紊乱将接着原始的井然有序而来。占支配地位的形式仿佛构成了一些类比辐射的中心；从各方面，为了种种不同的原因把其他形式拉到它们这边来；其后有些类比计划互相交错起来，而我们的线性理由不能加以调解了。理想的逻辑语言只是一种梦想。它使人想起一个园丁设想在一块有规则的园地里种上完全一样的稻子，给以相同的照料，这样，他的园子将常会长出一样高低的产物，安排得一模一样，开花结实，数目完全相等。其实，改变生物条件的各种原因太多了，非人力所能及的原因太多了。语言学也是这样，在这里，类比作用往往是逻辑的敌人，尽管它要适应均一性的需要并且采用满足这种需要的推理。[①]

① 关于人造语言，参看 Couturat 和 Lead，LX，和 X，1908，p. 761；1911，p. 509；1912，p. 1. 又参看 Le Bulletin de la société française de philosophie，1912，pp. 47-48. 关于 Brugmann 和 Leskien 所拟定的语言上的反对，Zur Kritik der künstlichen Weltsprachen，Strassburg（1907），Baudouin de Courtenay（XXIV，t. vl，p. 385）曾加以讨论，参看 XXX，t. xxii，365.

* * *

表情性的需要，像均一性的需要一样，是永远得不到完全满足的；但是在寻求满足时，心灵总被带去补偿形式所经受的耗损，从而改良了形态。

在语言的语音演变中，有些形位被降低到不能再加以运用了；有时甚至完全被消灭了。于是需要恢复或补充。在一种屈折语言里，例如拉丁语里，只要句末音被触及，那么整个屈折形式都要修改。语音定律的作用留下仅存的形态的残余很少具有足够的表达力以便照样保存下来。例如，在公元头几世纪，通俗拉丁语的名词变格已逐渐消失了。在每一屈折变化类型里，最多只剩下一个主格和宾格的对立，有时是事后由于类比作用创制出来的。新拉丁语的动词变位也多由于类化作用。在法语里，作为头两个人称复数特征的词尾-ons 和-ez，是类比扩展的结果。finissons（我们做完）、finissez（你们做完）、finissais（我过去做完）的要素-iss-是拉丁语的始动后缀-isc-，人们把它从几个动词里抽取出来扩展到一套屈折形式，它就变成了这形式的标志。过去分词 eu（古代èvu）、vu（古代véu）、lu、tenu、rompu 等的词尾-u 出于带-utus的分词的收音，拉丁语里的例词是相当少的。但是在这里也有语音损耗要补救，古代的分词 habitus、uisus、lectus tentus、ruptus等在法语里只用或只能用带有形态表达的形式来表现。由此产生一种有表现力的尾音的类比扩大。

但所有这一切是不够的。即使采用类比接枝法把拉丁语屈折形式其余部分都复活起来，要对所有语法范畴都给以表达也很困难。另一种程序是干涉性的，即在于更着重前置词、发展冠词、利用代名词，一句话，即在于着重于创制用作形位的辅助词的整个系统。例如我们今天说 la sœur（姐妹）、de la sœur（属于姐妹的）、à la sœur（给姐妹的）或 je lis（我读）、tu lis（你读）、il lit（他读）、而拉丁语却说 soror（姐妹）、sororis（姐妹的）、sororis（给姐妹的），或 lego（我读）、legis（你读）、legit（他读）。法语表达法的出发点在拉丁语里确实已经存在，例如在拉丁语里前置词已经有好几种用法，屡次加强了格的屈折形式；但是在法语里，à 和 de 是语法符号，较少带有拉丁语 ad 或 de 的一切具体价值，后者还保存相当清楚的方位价值。然而 ad 和 de 已经是形位了。

拉丁语的前置词在法语里是不够的。它要创制一些新的；关于这一点，且不说拉丁语副词或前置词的结合，如 dans（在内）、après（在后）、sous（在下）、avec（和，跟）等，它还用了语言中其他存在的词。例如它曾由实际词 casa（原是“屋子”的意思）提取了 chez（在……的家里）；我们在法国的某些地区还可以找到一些地名叫做如 Chez Pierre、Chez Roland（彼得的家、罗兰的家）。有些分词或形容词变成了真正的前置词：pendant la nuit（正当夜间）、vu les circonstances（鉴于情况）、nonobstant la défence（尽管有防卫）、excepté le dimanche（星期天除外）、malgré la pluie（尽管下雨）、sauf erreur（除错误外）、plein la rue（满街）。我们在许多语言中都可以找到类似的事实。例如印度某些近代的语言里（比如僧伽罗语）用古代梵语的方位格 grhe（在家里）的要素来表达属格。这无异于法语用 le livre chez Pierre（彼得家里的书）来代替 le livre de Pierre（彼得的书）。匈牙利语表达工具并可以用“用”翻译的词尾 -vle来自一个古代独立词 vāyl 或 vāyd（借力于，借助于）的离格。

英语里 concerning(关于)、past(过去,如 half past two“两点半”),德语 trotz(虽然)、betreffend(关于)和丹麦语的 undtagen(除开)等都是真正的前置词。

所有这些词都变成了汉语语法意义上的“虚词”。除类比作用的程序以外,这其实都是由实词变成虚词,让形态补救它的损失。各种语言所用的语法工具都是古代独立词的残余,它们的本有意义已变空虚了,被用来作为简单的指数,作为符号。

我们可以在许多语言中追寻许多要素如前置词、连词或冠词的演化,它是符合这个一般类型的。在希腊语里,μετὰ(同,与)、μεσφι、μέχρι(直到)与表示“中”意义的词发生联系,如同 πεδὰ(在后)跟指脚的词有联系一样。lorsque(在某时)、du moment que(在什么时刻)等类型的连词在好些语言里都可以找到。拉丁语的 magis(更)变成了法语的对立连词 mais(但是),正如衰微时代的希腊语的 μάλλον 由“不是这个,毋宁说是那个”的观念过渡到“不是这个,但是那个”。在任何语言里,定冠词都是古代的指示词;人们从表达一的数名中抽取一个无定冠词。在日耳曼语、克勒特语、法语、亚美尼亚语中,人这个名词变成语法工具用来表达无定式(法语 on dit、德语 man sagt、不列颠语 neuz ketden“没有人”、亚美尼亚语 marth egav“某人来了吗?”),有时表示确定(威尔斯语 y gwa“这人,他”)。

所谓助动词也是虚词。英语 to do(做)在 do you see?(你看见吗?)I don't see(我没有看见)里都用来做语法工具。德语相当的动词 tun(做)表示类似的功能,至少是在方言中:er tat schiessen(他开了一次火),er tut sich wenden(他转过身去)。这些一般在任何语言里都是用来做助动词的相同动词。例如“意欲”或“应该”表示自愿的可能性,将来;“保持”、“占有”的观念用来标示已完成的动作,既事。由此产生英语的 I will go(我将去)、I shall find(我将找到),近代亚美尼亚语的 bidi anem(我将做),法语的 j'ai conquis(我已战胜),德语的 ich habe gedacht(我已经想过)。近代希腊语的 θά χάνω(我将失去)、ἔχω χαμένο(我已失去)等等。我们在文字上把相连续的虚词和实词相隔开,不过这纯粹是写法上的习惯。

此外,法语本身甚至还有一些情况是把成分焊接起来,虚词就变成了后缀。例如在法语里的将来时和假定语气:j'aimerai(我将爱)、je lirais(我将会念)出于低拉丁语的 amare habeo、legere habebam。法语的性状副词是由后缀-ment 加上形容词形成的;这个后缀只不过是 mens(心灵)这个词的古拉丁语的离格 mente。早在公元前 1 世纪,人们就在拉丁语里找到了 mente 这个词的一些用法,预示这个副词的功能:constanti mente(坚定地)、obstinata mente(固执地)、liquida mente(流畅地,畅快地);[1]sagaci mente(聪慧地)。[2] 那是没有什么值得惊奇的:希腊语[3]就有一些像 εὐδόξῳ φρενί[4]或γηθούσῃ φρενί[5]这样的熟语,恰好可以译成拉丁语 gloriosa mente(法语 glorieusement“光荣地”)或 laeta mente(意大利语 lietamente“欢快地”)。这些熟语是建筑在一个通用的模型

① Catullus, 64, 210 和 239; 8 II; 63, 46.

② Lucretius, I, 1022.

③ Paul Shorey, XX, t. v (1910), p. 83.

④ Eschyle, Choéph; vers 303.

⑤ 同上,vers 792.

上的。有时，在拉丁语里也好，在希腊语里也好，有些意义不同的词儿用于一般的价值，就往往似乎用副词的方式构成了形容词（ἀέκοντι νόῳ、νηλέι θυμῷ、κακῇ καρδίᾳ、τλήμονι ψυχῇ 等等，studioso animo、turpi corde、ardenti pectore、miris modis、certa lege 等等）。在所有这些拉丁语的熟语中，实体词还保存着它的价值，只多少有些弱化，罗曼族语言采用了含有 mente 这个词的，使它变成了虚词。别的语言用了其他的词。例如德语用了 Weise（方式）这个词使它变成一种副词性的后缀：glücklicherweise（幸亏）。斯堪的纳维亚语用 vis（方式）这个词表示相同的用法：丹麦语用 heldigvis（幸而，来自 heldig），瑞典语的 lyckligvis（同上，来自 lycklig）。亚美尼亚语在它的方面用 bar（方式）和 pês（形式、相貌）等词创制了一些容貌副词，例如 brnabar（有力地）来自 burn（力量），darnpês（辛苦地）来自 darn（苦）。在许多意义相同的词中，人们在心理只采用了其中一个，其余的都被废弃了。

法语的否定副词也是一样产生的。大家知道否定一般是多么容易传染的，并扩展到与它接触的词。aucun（没有一个人）、personne（没有人）；du tout（毫不），是法语的好例子，像西班牙语nada“没有东西”（de rem natam）一样。我们在法国起初说：je ne vois point（我一点也看不见），je ne mange mie（我一点点也不吃），je ne marche pas（我一步也不走），je ne bois goutte（我一滴也不喝），等等，所有句子中的否定都用副词 ne 来表达；作为动词宾语的词以可用意义来解释：je ne vois pas un point（我看不见一点），je ne mange pas une mie（我不吃一个小丸子）等等。但是否定的价值传达到这个做宾语的词，既丰富又彻底，以致窒息了固有的价值，而那个词就变成了否定词，已能与任何动词并用来否认任何事实。Pas 和 point 这些词仍然好像是否定副词，由同一个人使用没有什么差别。goutte 只在几个熟语中保存着（je n'entends goutte“我一滴也听不到”，je ne vois goutte“我一滴也看不见”），而 mie 已完全从口语中消失了；但是人们久已说“je ne dors mie”（我一点觉也没有睡），“je ne souffle mie”（我一点也不出气），“je n'écoute mie”（我一点也听不到），哪怕人们要对那个词的本有价值保存那么一点点意识都是不可能的了。

在变成单纯的后缀之前，实词逐渐失去了它的本意，并且是不知不觉地失去的。我们可以观察到语言是习惯依照完成这种工作的方法结合成复合词的。德语是用 Mann（人）这个词作为第二项来形成许多复合词的，如：Bergmann（矿工）、Dienstmann（门卫）、Fuhrmann（车夫）、Kaufmann（商人）；同样，用 Frau（妇人）这个词构成 Hausfrau（佣妇）、Waschfrau（洗衣妇）。这些词是真正的复合词，人们也觉得是这样。Mann 和 Frau 的单独存在仍然使人觉得是复合的。人们把复数说成 Dienstleute，Kaufleute 更加强了这一感觉。然而，确实的，两个复合的要素对心灵来说没有相同的重要性。重音落在第一个音节将使第二个音节降为次要的成分；在这里，重音和意义是一致的。第一个要素是词的表意义的要素，第二个尤其是有形态的价值。在法语里，我们用 mineur、voiturier、négociant翻译 Bergmamn、Fuhrmann、Kaufmann，用简单的后缀代替德语复合词的第二项，是一样具有表达性的。毫无疑问，我们不能说德语的 mann 就是后缀，但它正在变成的道路上，它也许实际上正随着时间变成。第一个要素吸收了心灵的全部注意，第二

个缩减到了差不多一个后缀的作用。[①]

在日耳曼语里，有几个后缀就是用这种方法创制的。人们用古高德语说："ni scouuos thu heit manno"（non respicis personam hominum）[②]（《马太福音》，XXII，15），其后 heit 这个词变成了复合词：man-heit"人道"、vîp-heit"妇道"，最后变成了今天用得最广的后缀（Menschheit"人道"、Schönheit"美丽"等等）。人们同样可以跟着创制一些后缀-lich 或-tum。头一个是古代的实体词，含有"身躯，形式"的意思，今天在 Leichnam"尸体"或 Leichdorn"鸡眼，趼"里还保存着；在复合词中，人们可以在 gleich"有相同形式的，类似的"中找到，而在 weiβlich"有妇人形式的"、lieblich"有可爱形式的"等词中已经变成以 lich 为形式的后缀了。后缀-tum 公元 9 世纪在俄特弗里德（Otfrid）的诗歌中还是一个独立的实体词（以 duam"行动，功能"为形式）；人们过去说 rîhhiduam"帝国"，现在说 reichtum，并且扩展到了 Deutschtum"德国"、Yankeetum"美国"等中。古英语也有同样的倾向，如 wefhad 与古德语的 vîpheit 相当，cynedôm（今天 kingdom）与 Königtum"王国"相当，woroldlic（今天 worldly）与 weltlich"世界的"相当。

变成后缀的词失去了它们的本有意义，已带有一种抽象的价值，使它们适宜于表达一种形态范畴。例如有些表达性质、有些表达状态、有些表达动作名词的特征、有些表达动作者名词的特征。这些抽象的价值并不妨碍在感情的色彩之后再加上各种色彩。例

① Ganzmann，CLXIV，p. 26.

② 前为古高德语，后为拉丁语，原是"不尊重人道"的意思。——译者

如-ard 这个后缀，那是法语从日耳曼语里抽取出来的，它在那里以 hard 为形式用来做复合固有名词的第二个要素（Bernhard、Eberhard、Richard 等等），在法语已带有一种贬义。这个意义的发展是由于类比过程；但是这类比作用并没有达到某些词（例如 buvard“吸水纸”或 foulard“薄绢”），其后缀保存它的一般的和抽象的价值，但还没有任何表情的色彩。这可以证明表情的色彩是以后才加上去的。

虚词的真正特点是抽象。它越确定是虚词，它的抽象价值越增加；以至某些形位最后只成了一些代数的符号，不能由一种语言翻译成另一种语言。古希腊语的ἄν或梵语的 iti 就是这样。毫无疑问，这些形位起初不是来自实词，它们在语言里有具体的意义，正如近代希腊语的θὰ和ἄς一样。所以形位的演化是由具体过渡到抽象，正如由特殊过渡到一般。

形位形成过程的归纳，法语疑问小品词-ti 可以向我们提供一个很好的例子。

加斯东·巴黎（Gaston Paris）曾第一次向我们指出这个在当代土语中常用的小品词的意味。[①] 在疑问的位置上，一个像第三人称单数 il aime（他爱）的形式在中古法语变成了 aime-il，在 17 世纪初还很通用。在第三人称复数的影响下，那是以 t（ils aiment，aiment-ils?）结尾的，于是在单数的地方插入一个 t 来加强疑问的

① XVIII，t. VI，p. 438；参看 t. VII，p. 599. 按加斯东·巴黎（1834—1898）是法国著名语文学家，精通罗曼族语言和中古文学，写有《Histoire poétique de Charlemange》，1889.《La poésie de moyen âge》，1893 和《La littérature française en moyen âge》，1889 等著作。——译者

形式，否则就会因为缺乏表达而有隐而不见的危险：由此成了aime-t-il，那是由第一个类比扩张而来的。但是为了表达疑问，第三人称一开始显然就比其他人称更为有利。其实，这个 t，在非疑问的形式里不存在，因为两种情况都发成èm(il aime，ils aiment)。t 是很好的疑问的标记，其他人称（aime-je、aimes-tu、aimons-nous、aimez-vous)都没有。这些其他人称中，aime-je，由于发音的条件，处在次等的状况，在某种情况下甚至完全排除出去(cours-je“我跑吗?”lis-je“我读吗?”pars-je“我离开吗?”sers-je“我服务吗?”等等)；还有两个 aimons-nous(我们爱吗?)和 aimez-vous(你们爱吗?)容易跟反身代名词混同而失去了它们大部分的表达价值。这是对第三人称疑问形式的大有利之处，因为 t 短而清楚，此外，即使主语是名词也一样可以使用：Pierre，aime-t-il?（彼得，他爱吗?)还有，在这种疑问形式中，由于一种正常的语音过程，尾音 il 就会变成 i(参看 coutil“斜纹布”、nombril“脐”、persil“香芹”)，割断它与代名词联结的联系(il aime“他爱”、aime-ti?“他爱吗?”)至少在以元音开始的动词里是这样。它于是逐渐带有独立要素的价值，专门指疑问的意思。最后，有利于疑问的 ti 的确定扩展且确保它的成功的，是用一条窄小的联系把代名词主语连接于动词的倾向，法语的自然的倾向。人们能把这二者拆开的情况变得越来越少了：je le dis(我说它)、tu le sais(你知道它)在口语中已为 je dis ça(我说这个)、tu sais ça(你知道这个)所代替：我们可以预见到代名词 je(我)、tu(你)、il(他)、nous(我们)、vous(你们)、ils(他们)不再与动词隔开。从那时起，用来表示疑问的倒装越来越变得没有什么意义。Pierre aime-ti 的 ti 这个要素将成为疑问的最简

单和最实用的表达：人们把它延伸到 il aime-ti，然后延伸到 j'aime-ti、tu aimes-ti、nous aimons-ti、ces enfants s'aimenont-ti，使法语特别坚持的主语先于动词次序一点也不改变。

所以疑问小品词 ti 之所以得以扩展，每一次都是由于特殊环境的有利，以至引起一系列的类比作用的扩展。今天是一般影响的抽象符号，因为它应用于任何类型的疑问短句都不致有什么差别。这就是法语所需要的疑问的唯一符号。

我们可以看到它创制得怎样柔软和温和。

假如法语没有正写法的传统，而且今天还像一种野蛮人的语言那样受人欢迎和记录，那么这小品词 ti 也许不会跟它前面的动词隔开。人们将把它写成一个单独的词 žemti、žémtipa（j'aime-ti 我爱吗？ j'aime-ti pas 我不爱吗？），而那疑问小品词和否定小品词将被看做构词要素，词缀和希腊语或拉丁语的后缀或词尾一样。人们将无法猜想 t 或 pa 的来源；人们将把它们看做毫无本义的语法工具。

印欧语或闪语的屈折变化也许产生于原本是独立的要素向词根的黏附。它首先浮游于它的周围，然后随着时间的进展融合在一起。[①] 我们不知道它的起点。要想找出第一人称复数或离格的词尾，始动动词或抽象实体词后缀的原始形式和意义都是徒劳无功的。但是我们可以确定说这些屈折要素来自古代多少改变了形式的独立词的类比扩张，并收缩成了语法工具的作用。事实上，形态的更新也不外是这样。

---

① 特别参看 Hirt，XXX，t. XVII，p. 36 及以下，H. Oertel. 和 E. F. Morris，An examination of the theories regarding the nature and origin of Indo-European inflexion（XXII，t. XVI，63-122）.

第 三 编

词　　汇

第一章　词汇的性质和范围[①]

前面的研究中一直没有考虑词的语义价值，即词脱离它们在句子中的作用所表达的意义。形位和义位虽然往往合成一体，以致词的分析无法进行，但形态独立于词的语义价值，正如独立于词的语音价值一样。从语义价值方面考虑的词的总汇，叫做语言的词汇。语音、语法形式和词汇这三个系统可以在不同原因的影响下单独发展。有些语言更新了它们的词汇，而语音和形态却没有改变。在乌尔都文学语言（印度斯坦语的一个变种）里，我们可以找到整句的话只有语法是印度语的，其中的词从头到尾都是波斯语的。阿美尼亚茨冈人使用一种语言，其中语音和语法是阿美尼亚语的，而词汇却与阿美尼亚语没有关系。[②] 在同一个语法的模型里可以注入不同的词汇。

*　　　　*　　　　*

以词汇为研究对象的科学叫做**词源学**[③]。词源学要逐一考察词典中所有的词，在某种程度上说明它们的身份，指出它们是从哪

① K. O. Erdmann，CLVII；Rozwadowski，CXCIII.

② Finck，"Die Sprache der armenischen Zigeuner"，收录于 *Mémoires de l'Académie de St. Petersburg*，vol. viii，No. 5（1907）.

③ 关于词源学，试参看 M. A. Thomas 的著作。又参考 Thurneysen，CCXIV.

里来的，什么时候和怎样形成的，经历过什么样的沧桑变化。所以这是一门历史科学。它要尽历史资料的可能，进行追溯，确定每个词的最古形式，它要研究词是怎样流传下来的，在意义和用法上曾经遭受过什么样的变化。这门科学的重要性是无需多说的。人们过去正是由于有了词源学的资料才开始把比较语音学和比较形态学建立起来。词源学、语音学和形态学是相互为用的。词源学家一旦掌握了语音和语法形式的对应规则，把这些规则正确地加以运用，就能对语言的研究作出最有用的贡献。

但是词源学只着眼于说明词汇的形成过程，它会使人对词汇的性质产生不正确的观念。事实上，词的使用并不根据它们的历史的价值。人们即使知道词所经历过的意义演变，也不会老是放在心里。词总是有一个当前的价值，即只限于使用时的价值，和一个特殊的价值，即与具体的那次使用有关的价值。[1]

我们试翻阅一部词源词典，最惹人注目的，除了许多词根本没有可靠的词源以外，就是词义所遭受的变化出乎意料地花样繁多。法国的军衔，从 caporal“伍长”起直到général“将军”止，其中包括 sergent“军曹”、adjudant“副官”、lieutenant“中尉”、capitaine“上尉”、commandant“校官”，就是一个非常杂乱的汇集。任何命名集都是这样，只靠词源学的知识很难解释其中的名目。习惯使每个词具有一个确切的价值，不管它们过去可能曾有过什么意义。法国的最高军阶maréchal“元帅”一词是从“马夫”来的（古德语为 marah-scalc，中世纪拉丁语变为 mariscalcus），因此，在词源学家

① Bally，XLV，p. 21，47.

看来，法兰西元帅（le maréchal de France）和打铁匠（maréchal ferrant）具有同样的名称。

如果在同一种语言里——比方法语——用同一组音表示 calcul mental“心算”和 calcul rénal“肾结石”，这完全是出于偶然。从词源的观点来看，两个 calcul 恰巧是同一个词。相反，词源学家在 il loue une maison“他租房子”和 il loue la vertu“他赞扬美德”，或者 il pratique le vol à la tire“他掏摸人家的东西”和 le vol plané“空中滑翔”这些句子里却分出两个不同的词。其实，在法语里，人们把拉丁语 locare“租赁”和 laudare“赞扬”的意思，偷窃和飞行的观念，或者计算和结石的观念联结在同一的音组里，同样是非常偶然的事情。对说话的人来说，这三种情况是相等的。同音现象是离开各个词彼此间的历史联系而独立存在的。

不但如此，当我们说某个词同时具有几个意义时，那就在一定的程度上为幻觉所欺骗。在一个词的各个意义当中，只有上下文确定的那个出现于意识里，[①]其他一切意义都隐没不见了，即使意义非常确定的词也是如此。当我说 ce terrain rapporte“这块地收成好”，ce chien rapporte“这条狗衔回猎物”，或者 cet enfant rapporte“这孩子讲故事”的时候，那显然是三个不同的动词。同样，如果我说：Ne fréquentez pas Mlle. X：c'est une fille“不要常常到 X 小姐那儿去，她是个妓女”，Mme. X a eu un bébé，c'est une fille“X 太太生了一个孩子，是个女孩”，或者 Je vous présente ma fille“我给您介绍一下我的女儿”，实际上就用了三个不同的词，无

① 参看 B. Leroy，LXXXVII，p. 97 所引 Paulhan 的话。

论是我或听我说话的人都不会在其间建立任何关系。

承认词有基本意义和从基本意义派生出来的次要意义，这是从历史的观点来提问题；这种观点在这里没有什么价值。毫无疑问，在一眼就能看出语言发展的人看来，钢的 plume“笔头”是从鹅的 plume“羽毛”来的。这是同一个词随着时间的进展获得了两个不同的意义。因此，在一本自诩能指出意义的联系的词典里，在 plume 这个词下面列出（鹅的）plume“羽毛”的意义之后跟着列出（钢的）plume“笔头”的意义，就很恰当。但在今天操本族语言的法兰西人的心目中，这两种用法实际上是两个不同的词。任何人听到像 il vit de sa plume“他靠笔耕为生”或 il s'est arraché une plume“它自己拔了一根羽毛”这样两句话，都不会感到有什么困惑或觉得意义不明。谁都会毫不迟疑地理解 il“他”在前一句话里是指作家，在后一句话里是指鸟儿。这两个词的不同和任何同音词一样。法语里确实存在着和上面两个意义相当的两个词“plume”，正如它在 ils ont déposé leur seaux“他们放下水桶”，ils ont apposé leur sceaux“他们都盖了章”，la nature ne fait pas de sauts“自然界没有飞跃”，ces enfants sont des sots“这些孩子都是笨蛋”这几句话里有四个词“so”一样（不过写法不同）。

有人会反对说，plume 这个词过去曾被人感到是暗喻吧。但这是不会持久的。在日常说话里，一个词每次只有一个意义。当 plume“鹅毛”用作书写工具的时候，假如有人说，Je prends ma plume pour écrire un mot“我拿我的 plume 写一个字”，他所用的还是作工具解的“鹅毛”，而不是想运用暗喻。听到这句话的人也不会另作判断。暗喻是简短的比拟。要欣赏暗喻，需要作出一种努力，人们在闲暇中阅读的时候可以这样做，但在交谈中却没有这种闲情逸致。语言要求确切，明晰，人们在说话时最要注意避免歧义。按定义，双关语不是自然的东西，而是一种艺术的形式，它和一切艺术作品一样，要求有特殊的注意力。善于此道的人知道得很清楚，运用双关语必须预先埋下伏线，唤起听者的注意，使他一经提示就扑上前去捕捉那生花的妙语。要是一个词果真在随便什么时候都同时展示出它的全部意义，那么在交谈的过程中，成串的词语游戏所产生的令人头痛的现象就会不断地使人感到十分苦恼。

有修辞癖的人极其重视暗喻的选择，凡与上下文不切合的都要加以摒弃，他们对于上面这个论断无疑将会感到吃惊。他们会分辩说，风格的艺术不是一句空话。现在官方演说和小报文章里常常充斥着许多牛头不对马嘴的暗喻，谴责这些暗喻不见得就是过分关心形式。例如说，"把国家之车驶上火山"，或者把初上舞台的女演员描写为"一颗能歌善咏的含苞欲放的明星"，决然不是善于修饰的笔法。这种被人引为笑柄的语词误用在任何语言里都可以找到。例如德语的这个句子：der Zahn der Zeit，der schon so manche Träne getrocknet hat，wird auch über diese Wunde Gras waschen lassen 是人所共知的，直译出来就是"已经吸干了多少眼泪的时间的牙齿也会使这创伤上长出青草"。这类句子确实很可笑，但也要经过一番思考才觉得可笑，在即席的热情中未必觉察得出。它们的错误是在于把一些从暗喻上看不能配合的词放到一起。可是在谈话中漏出这种句子的人会给自己辩解说，他的本意不在设譬，他只是想按习惯所规定的那样采用一些惯用的词语。

事实上,每一词语,如果分开来看,确实适合于他的意图。引起笑话的只在这些暗喻的堆砌。[1]

任何人一不小心都会犯同样的错误。这在即席发表演说的人是常见的事。即使有才华的作家也会出类似的差错,例如德国学者从席勒的散文里挑出的毛病就不在少数。它们只有重复过多,或像上举的例子那样唤起特别可笑的形象,才真正值得非难。可是,有修辞癖的人却对包含不连贯暗喻的措辞和不确切的词语结合一概加以谴责。其实,当我们从常人嘴里听到这些词语的时候,并不忙于把它们责为违反理性。有许多通用的熟语,虽然收集在词典里,并为最优秀的作家所采用,其实都是误用比喻的结果,这种误用有时十分惊人。譬如说 on remplit un but"某人注满(完成)目的",on abîme sa robe"某人损坏他的袍子(尊严)",on embrasse une carrière"某人拥抱(从事)某种职业",或者 on jouit d'une mauvaise santé"某人享受(遭受)不良的健康",都是非常荒谬的;有修辞癖的人排斥这些熟语是很有道理的。然而下面一些说法也未始不同样荒谬:un débarcadère de chemin de fer"火车站月台"(没有人在这里下船"barque"),on arrive à Clermont-Férrand"到达克雷蒙-费朗"(在这里没有河流,也没有河岸"rive"),on s'aborne à un périodique"订阅期刊"(不能把期刊和地界"borne"并提),on avale un verre d'eau"吞下一杯水"(水不会因此流下山谷"val")。可是这些熟语却属于最讲究的语言,人们已不再感到它们有什么不合逻辑的地方。人们很难相信,在17

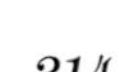

① Erdmann, CLVII, p. 172.

世纪的时候,法兰西学院的某些有修辞癖的人竟会谴责 fermer la porte“关门”的说法,认为应该说 pousser la porte“推门”和fermer la chambre“关上屋子”。[①]

除非花一番思索,有些说法我们已不再感到有什么刺耳,例如 cul-de-sac(口袋屁股,指“死胡同”),pet-de-nonne(修女的屁,指一种松软的小圆面包),或者 vesse-de-loup(狼屁,指“蘑菇”)。在这里,暗喻从使用中消失了,它们像别的名词一样变成了分别指一种街道、一种糕点,或一种菌类的名称。同样,我们将毫不犹豫地说 on est acculé aux pires extrémités(屁股靠着最糟糕的极点,指“陷于绝境”),因为这个词的词源价值已经消失。[②]

* * *

在上面刚考察过的例子里,决定词的价值的都是上下文。词总是处在语境里,每次都是这个语境暂时确定词的价值。词尽管可能有各式各样的意义,上下文总是强使词具有“特殊”价值,使词摆脱记忆对它所积累的过去的一切表象,为它创造“当前”价值。但是词离开了具体应用,总带着它全部潜在的和实际的意义隐伏在人的脑际,随时准备着浮现出来,适应唤它出现的任何语境。

词有各种各样的用法,但它并不因此具有一般的价值。词可能有的各种特殊价值之间不能形成一个平均数:每个价值都完整地待在那里,只等候符号来认定。如果有所踟蹰,那不是在于价值本身,而是在于使用的环境,例如我心里有 fille 这个词,前面说过

① Saint-Evermond,*Comédie des Académiciens*,第三幕,第三场。

② 按 acculer 来自拉丁语 culus,在词源上和 cul“屁股”有联系,被认为是猥亵的词,但是现在这种意义已经消失。——译者

的各种意义是不相混淆的，它们每一个都随时听候着我于必要时使用。然而我的心里却只有 fille 一个词。

这个词本身不是孤立的。它和我过去曾经使用过它的一切上下文，和它可能参加的一切组合一起铭刻在我的心里，例如 filles et garçons“儿女”、une bonne fille“好姑娘”、une fille-mère“未婚母亲”、les filles du Saint-Nom de Jésus“耶稣圣名会修女”等等。我把它和好几个词群同时联系在一起。它按照我的想象力在我的脑子里唤起以自己为中心向四面八方散射开来的为数不定的表象。

任何的词在心里都不是孤立的。相反，我们在心里总是趋于把词分门别类，发掘它们之间的新联系。词总是按它们的义位或形位的特点，甚至只按它们所由构成的音位而跟语言中一定的族发生联系。我们感到 donner“给”、don“赠品”、donation“赠与”、donateur“赠与者”、donataire“受赠者”等词由于有个共同的成分即词根 don，而形成一族，不管由这词根派生出来的各个词具有什么样不同的意义。同样，bonasse“老好人”、blondasse“淡黄色”、mollasse“软弱”、cocasse“滑稽可笑”、jaunisse“泛黄”、dégueulasse“卑鄙”（最后一个词主要是隐语所用）等词，尽管意义各不相同，我们仍然可以在它们之间建立一种联系，因为它们都具有明显表示贬义的后缀-asse。然而，donation、donateur、donataire 又分别和 adoration“热爱”、armateur“船主”、destinataire“收信人”等等这样的词结成一组。可见有些聚合是彼此交叉的。

词按照音位相聚，这在所谓流俗词源中起着很大的作用。我们的意识趋向于在词的外形之间建立关系，这些关系有时会和意义相反，甚至和常识相反。有时，一个词由于和另一个比较常用或比较熟稔的词模模糊糊地有些相似，就会使它们互相接近，由此产生一些离奇的变形。拉丁语 culcita puncta 按字面是“有绗缝的被子”的意思，它在法语里变成了 courte-pointe，而不是 coulte-pointe，尽管法语 court“短”这个词的意义和所指的事物并没有任何关系。英语的 country dance“乡村舞”本身借自法语，其后又以 contredanse 的形式重返法语，但已毫无原来的用意。疾病或药物的专门名称在常人的嘴里往往披上了很滑稽的形式，这给幽默杂志提供了好多笑料。如果说 liqueur à pioncer“安眠药水”(代替了 liqueur opiacée“鸦片药水”)是一个别饶风味、满有意思的词语，[①] 那么，把 laudanum“鸦片剂”说成 lait d'ânon[②] 就毫无道理了。

我们曾举过一种漏斗叫 chantepleure 的例子，它不论和 chanter“歌唱”或 pleurs“眼泪”都毫不相干，但是它的名称的连续演变却可以作为一个与意义毫无关系的流俗词源的绝妙例子。专有名词(这里指广义)，显然是滋长这类变形的最肥沃的土地。这方面不乏有趣的例子：法语的 pipe de Kummer“库美尔烟斗”(库美尔是制造商的名字)变成了 pipe d'écume de mer“海泡沫烟斗”(德语的 Meerschaum 即由此变来)，意大利语的pomi dei-Mori“摩尔人的苹果”(即西红柿)变成了 pommes d'amour“爱情的苹果”(英语的 love-apple 和德语的 Liebesäpfel 由此变来)，英语的 Aunt Sally“莎利姑姑”(一种游戏)变成了法语l'âne salé“腌驴”，意大利

① 按 pioncer 是“睡眠”的意思。——译者

② 按字面是“小驴乳”的意思。——译者

语的 girasole“向日葵”变成了英语的Jerusalem artichok“耶路撒冷蓟”，喜类图斯（Hymettus）的名字变成了 Il Matto（中世纪威尼斯方言的“疯子”），现代希腊语的 Trello-Vouno“疯人山”即由此变来！这些都是我们在心中把词加以类聚的引人注意的例子。这种工作通常虽然是无意的，但同样产生效果。

要是进一步探究这些变化的后果，我们就会超出语言学的范围，进入民俗学的领域。有多少传说是由上面谈到的这种语言的偶然事件产生的啊！[①] 由于在格勒诺勃尔附近的 tour Saint-Vrain“圣符兰塔”变成了 tour Sans-Venin“无毒塔”，出现了一个传说，这个传说只能用流俗词源才能解释。名称作为传达观念的工具，通过类比和谐音的作用，会引起一些滥用才智的比附。健全的理性谴责这种比附；有人认为这与幼稚的想象有关，使它取得了现实的容貌。曾有人说过，而且部分地证明过，神话是语言的一种失调。[②] 圣徒列传也往往是这样：我们乡间的许多圣医正是由于他们的名字合乎双关而以德行闻名于世。民间医药里有许多偏方也只不过是双关谑语的产物。观念的联想创立了类比疗法，那是因为词或多或少总有一种象征的价值。[③]

我们在上面已指出过表情语言和逻辑语言的关系，这二者在言语的使用中常混在一起。但这种混合最常见的还是在词汇方面。一个词并不只是由词典里的抽象公式来确定，在每个词的逻辑意义的周围常飘浮着一种感情的气氛，它包围着词，贯穿在词里

---

① Max Müller，CIV，vol. ii，pp. 91-92 和 p. 317；Nyrop，CLXXXVI，p. 222.

② Bréal，LIV.

③ 关于词的象征价值，试参看 Meyer，XXX，vol. xii，p. 256.

面，按照词的不同用法使它具有临时的色彩。即使是最缺乏想象力和感受极其迟钝的人，对于他们，在词所表达的抽象的、一般的概念里也混杂着一些构成词的表情价值的特殊色彩。

试作一番分析，我们可以发现，这种价值具有不同的特点和多种来源。它首先是词义和词所由构成的语音间所确立的协调的产物。毫无疑问，今天谁也不像德·布罗斯(Charles de Brosses)或德·哲勃兰(Court de Gébelin)那样认为词最初是由最适宜于表达观念的声音构成的，例如 fleuve“河流”之所以得名就是由于 fl 这个音组包含一个“流音”，使人产生某种“流动”的东西的感觉。声音和意义之间并没有预先规定的对应，词汇不是由许多拟声词的汇集产生的。任何语言学家都不会赞同托·阿奎那(St. Thomas Aquinas)神父的公式，认为名称必须与事物的性质相符(nomina debent naturis rerum congruere)。但是尽管这种协调的假设无从解释词汇的形成，由于它能道出我们的某种心理状态，还是有它的价值。[①] 坚称 fl 这个音组和流动的概念有必然联系，那是荒谬的，因为 ruisseau“小溪”、rivière“江河”、torrent“急流”等词都和 fleuve“河流”同样表示流动的意思，但并不包含有这些音，而 fleur“花”这个词也包含有这些音，却丝毫不唤起流动的观念。然而 fleuve 这个词确实有表达力，因为它所由构成的声音很易唤起它所代表的形象。

事实上，声音或声音组合的表达力是有差别的。拟声词构成的奥秘就在这里。德语的 kladderadatsch 很能说明一堆盘子哗啦

① Grammont, *Onomatopées et mots expressifs*, 载于 XVII, vol., xliv, p. 97.

啦跌成粉碎，同样，法语的 patapouf 也很能说明一大包衣服一蹦一跳打从楼梯上滚下；法语的 pan 会使人想起一响手枪的尖啸，boum 会使人想到大炮轰鸣的持久的回荡。音乐家都知道不同的音调或多或少适宜于表达不同的情趣；例如某个音阶比较适宜于表示乡村的纯朴，某个音阶比较适宜于表示缠绵的柔情，某个音阶比较适宜于表示雄浑的气魄。作曲家的本能会使他在每一场合选出适当的声调。的确，换一个音阶有时会改变一支曲子的特色，但是我们无法断言天才的作曲家就不会用某个音调表达他所感受的情绪。同样，使词的声音具有自己所切望的表达力，也是诗人的一种技巧："生成观念的词借助自己的声音要素产生诗歌的神韵，并且使伴随着它的次要的词处于音调上的从属地位"（贝克·德·富基耶尔）。诗人通过调剂和巧妙地安排的对比，能够用词创造出意想不到的效果，非外行人所能设想。

任何一个词都会在我们的心里唤起一定的表象，快乐的或悲伤的，舒适的或可怕的，伟大的或藐小的，美妙的或可笑的，不管它表达的是什么意思，并且往往在我们认识这意思之前。试在一个人面前提起他从未见过的某人的名字，他会立刻对那个人形成某种观念。这观念一般是错误的，后来，当他被介绍和这位从未谋面的人结识的时候，他会说，"嗳唷，想不到他会是这样的"。语言里的词也是这样。事物的名称所引起的自发的印象支配着我们对事物的概念。

试图确立名称和事物之间的协调，这是遵循和人类同样古老的心理习惯。在过去漫长的时间里，名称不仅是约定俗成的符号，并且是事物的不可缺少的部分，分享着它们的特性。那时候，人们不分符号和事物。nomen omen“名称即征兆”的公式会使人想起这种古老的观念。我们在词汇的禁忌和由禁忌所引起的变形中还能看到它的痕迹。那时，名称是很重要的。在“创世纪”里，我们可以看到阿伯拉罕、撒拉、以撒等名字具有什么样的意义。在希腊，不幸的埃杰克斯(Ajax)这个名字就象征着他的坎坷的命运。[①]

优丽赛斯的名字使人想起他的祖父的性格的某些特征。[②] 所以在过去，词并不是什么无足轻重的符号；它们具有足以说明咒语和诅咒为什么有力量的不可思议的价值。写的词自然比说的词更有效力；我们在讨论文字的一章里还要谈到词的魔力。但是简单的语句也能产生有力的效果，特别是当它处在诗歌里的时候，字眼受着韵律的制约和定位。维吉尔(Virgil)说过，用一个有韵的公式，我们可以使用月亮从天上降下：

Carmina uel coelo possunt deducere lunam. (Ecl viii, v. 69)

早期的诗人拥有一种可畏的力量，总括起来，就是“讽刺”。在我们这些开化人的心目里，“讽刺”只唤起一种文学习作的观念，虽有些陈腐，但无论如何是无害的。可是曾经有一个时候，讽刺诗的作者同时又是魔法师，讽刺诗就是真正的咒语，它的锋芒向着谁，谁就倒霉。阿尔基罗库斯(Archilochus)的讽刺诗所产生的后果是大家都知道的。这位情场失意者用他的讽刺的暴力，终于使他心爱的少女的父亲陷于绝望而自寻短见，更为残酷的是使那少女也同归于尽。这故事一直以传说的形式流传到我们今天，总的说

① Sophocles Ajas, V. 430.

② 参看 Odyssey, chant. 19, V. 406.

来，如果不是奉承阿尔基罗库斯的性格，至少是奉承他的才华。但仅仅把它解释为传说是不恰当的，我们应该从字面上去理解它。里冈佩斯（Lycambes）和纽布蕾（Neobule）确实是被阿尔基罗库斯宣告死刑的，因为他向他们发射了无法摆脱的具有魔力的咒语。其后，随着文明的进步，讽刺诗人和作恶多端的巫师分开了。他们起初是合为一体的；在很长的时间，在许多地方都没有把它们区别开来。苏格兰的盖尔语现在还用 ortha 这个词表示“命运”，那是古代从拉丁语的 orationem“言辞”借来的；盖尔语把女巫说成 tha facal aiee——“她有词儿”来指出她的威力。[①]

认识事物的名称实际上就是把它们控制在自己的权力下；因此，词的知识就是权力的标志。阿塔尔达·吠陀的巫医在他们的咒语中说：“热病呀，你逃不出我的掌心，我知道你的名字！”驱使疾病离开病人的命令比这还更严厉。知道病魔的名字就把病治好了一半。我们且莫嗤笑这类原始的信仰！它们至今还很有效力，因为人们相信用词表达出来的诊断的重要性。“大夫呀，我的脑袋疼得很厉害。”——“这是 cephalalgia。”“我消化不良。”——“这是 dyspepsia。”这种莫里哀式的对话每天在诊察室里不知重复多少次。也许有人说，术语有一种不是普通说话所能企及的精确性，它表示全部确定的症候，例如 cephalalgia 并不等于头疼，dyspepsia 也不等于消化不良。但是，实际上，大夫只不过是用一个神秘的字眼代替了病人都懂得的日常通用的词儿，而病人知道医师已掌握

① G. Henderson, *Survivals in belief among the Celts*, Glasgow (1911), p. 11, 18, 291.

使他忍痛受苦的隐疾的名称，也就如释重负了。

交错在词的周围的类比关系，建立在声音、概念和事物之间的潮流，这些都是我们的意识作用于词汇的结果。因此，当一个词在我们的意识里浮现的时候，它并不是孤立的。即使我们只看到词的一个方面，其他的方面隐而不见，在它后面还是拖着许多跟它有微妙联系的概念和感情，时时准备着表露出来。我们意识中的词参与着我们整个理智的和感情的生活。

*　　*　　*

所以，了解一下词汇的范围可能是很有趣的事。[①]

有些语言学家曾经提出过这个问题，试图从数字上来解决它。例如麦克斯·缪勒（Max Müller）说，根据一位乡村教士的判断，一个英国文盲农民的词汇不超过 300 个词。与此相反，莎士比亚的词汇，有些人说共有 15,000 个词，也有些人说多到 24,000 个词，密尔顿曾使用 7,000—8,000 个词。荷马的史诗大约有 9,000 个词，旧约有 5,642 个词，新约有 4,800 个词。

可是这些数字并不说明多大问题。首先，我们必须把文学作品除开。毫无疑问，我们可以大致确定伊利亚特和奥德塞、莎士比亚或拉辛的戏剧里有多少个词，但是认为这样可以确定荷马、莎士比亚或拉辛的词汇，那是儿戏。有些用词简练的作家故意限制着他们的词汇：因此，要根据拉辛的悲剧来判断法语的丰富程度，正像只根据上流社会的人数来计算法国的人口一样地不可靠。但是，一般地说来，作家的语言都经过人为的扩大，其中包括大量偶

① 参看 Max Müller，CIII，p. 287 及以后。

然的摭拾或从书本上摘来的词。在雨果的词汇里是不是算上那著名的Jérimadeth呢？实际上它只是一个玩笑。还有别的许多专有名词，虽可能是真实的，可是在这位诗人的头脑里只有偶然的、昙花一现的存在，它们是否也应该算在里面呢？撇开专有名词不谈，单就普通的词来说，其中有多少是作家从词典里随手拈来、偶尔使用的呀！我们不能把一个作家的词汇和他的作品的词表混为一谈。词表始终是混杂的，在那里，贵族词和平民词，专门术语和日常用词比邻而居。任何词表都是若干个词汇掺杂在一起的：有作家日常交谈时使用的，也有古代的、科学的、方言土语的；它们丰富着作家的风格，并且往往构成这风格的全部价值。

谁也不知道他自己的词汇的范围，也没有办法加以统计。把词从词典里一个个拿出来，看它是否唤起心里的观念，如能唤起，确定那又是什么，用这种办法来检测是不够的，因为这样会把自己置于全然人为的境地。词排列在心里跟排列在一本书的字里行间不一样。我们不能像检阅一队行列整齐的士兵那样一眼看出它们的先后次序。我们不能确切地知道我们的心理活动从什么深处把词抽取出来安顿在我们的句子里，然后带着全副装备滑进我们的发音器官里。词在心里从来不是孤立的，它加入某个或大或小的词群，并从这个群获得自己的价值。但是词群的分布却有各种语法的或心理的、历史的或社会的原因，使得任何从数量上估计词汇的尝试都徒劳无益。

从语法方面说，数量的估计本来就不可能。我们曾经说过，要确定一个词多么不容易，要分开词的成分又往往多么困难。要计算一个词汇，显然必须把形位撇开；可是有许多词只是形位，有些形位有时还是词。例如否定词就比指明类别或语法用法的单纯的后缀更加重要，如果把它算作形位就会不恰当地降低它的价值。可是在许多语言里，否定不是用孤立的、独立的词来表示的：例如爱尔兰语的 domelin“我吃”和 nitoimlin“我不吃”相对立，立陶宛语的 neszù“我带”和nèneszu“我不带”相对立，这里都只是一个词，然而是一个包含有否定形位的词。

由于有后缀范畴的存在，词的数目在语法上永远无法确定。在法语里，-eur 是一个活跃的词缀，人们由 promener“散步”派生出 promeneur“散步者”，由 marcher“步行”派生出 marcheur“步行者”，由 trotter“速行”派生出 trotteur“速行者”。galopeur“疾驰者”这个词也许不存在吧？这不要紧。如果我用到它，和我交谈的人就会立刻理解，因为他对构成这个词的各个要素是完全了解的。即使词典里没有这个词，也应该把它算作法语的一个词，因为它隐然存在于每个法国人的心里。因此，有许多词是我实际上并未意识到的，我从来没有用过，也许永远不会用到，可是仍然是我的词汇的一部分，因为如有需要，它们会很自然地来到我的心里，如果有人在我的面前使用，我也能立刻理解。在这里，法语的例子和某些别的语言，例如立陶宛语比较起来，还是说服力比较差的。在立陶宛语里，抽象名词和施动者名词正如未来时和虚拟式一样，可以随意用动词词干构成，从这个观点，即语法观点看来，词汇是无限的。

从词的使用的严格语义观点来看，情况也是一样。我们在上面说过，词通常有多少用法就有多少意义。但是由于说话者实际使用词的时候，心里只有一个意义，所以每个意义都是离开其他意义而独立的。因此,我们可以说,在一个词汇里,每个词有多少种用法,就有多少个不同的词。不仅如此,由于词的使用每天都可能创造新的用法,一个词的用法永远是无限的;我们可以断定,只要语言活着,词汇就会无限制地扩大。同一个词要算好些次,而究竟要算多少次,没法确定。

从另一个观点看,有许多词不应该算在词汇里面。

词是有层级的,这使我们有可能把动词跟形容词或名词区别开来,把普通名词跟专有名词区别开来。这种分层有心理的依据,但在词与词之间造成了明显的差别。一个专有名词代表什么呢?往往什么也不代表。世间有多少人,即使是最有教养的人,能对贝里克雷斯或奥古斯特、路易十四或腓特烈二世有确切的概念呢?我们管脑袋里装满专有名词、一经询问就能如数家珍地倒背如流、使无知者惊羡不已的人叫做学者。可是这些名字究竟有多少能在他们的心里唤起明晰的概念呢?这往往只是他们的脑子的一种重负而已。我们没有理由把只是锻炼记忆的东西合法地算在词汇里。

许多所谓普通名词其实不过只是专有名词。① 我所以知道椋鸟、梅花雀、鸡隼,或苍鹰等都是飞禽,那是因为我偶尔在田园故事中或只是在信手翻阅某篇博物论文时见到过这些词。但是我想不出这些是什么鸟,它们的名称在我的心里唤不起任何确切的形象。我只知道它们是鸟,别的什么也说不出来。这已经可以算是不错

① Vendryes,"Sur quelque difficultés de l'étymologie des noms propres",载于 *Mélanges littéraires publiés par la Faculté des Lettres de Clermont-Ferrand*,1910,pp. 329-333).

的了。有许多名称究竟是属哺乳类、爬虫类还是鱼类，是属植物还是矿物，我还得踌躇一番。更有些词潜伏在记忆的角落里，是我偶尔发现的，关于它们，除了也许是法语的词以外，我一点儿也说不出别的什么来。

这样继续考察一个词汇，把里面的词逐个加以分析，在选种板上筛选，我们将可以看到，在一个受过教育、有教养的人所背的包袱里有相当大一部分的词只是徒然无益地加重他脑子的负担。可是，在人们完全意识到的日常使用的词和偶尔进入记忆里从不使用的词之间有不知不觉的过渡，如果在计算词汇的时候必须牺牲其中某一部分，那么界限应该画在什么地方呢？

因懂得外语而加在脑子里的额外负担，是否也要估计到呢？多种语言通是能用几种语言表达同一概念的人。国际旅店中的通译对日常用品的名称能懂得三种、四种，乃至五种不同的形式。这是他的职业强加于他的记忆训练。我们是否可以说他的词汇比只跟单一的顾客打交道、仅懂得一种语言的旅店侍者丰富三倍、四倍，乃至五倍呢？如果考虑到前者记忆的负担比较重这一纯粹表面的事实，情况确实如此。但事实上这不是词汇比较丰富的问题。这是几个互相重叠而一般并不相混的不同词汇，它们的使用将决定于不同情况。

为了适应人人的日常生活的需要，有一个就词的数目来说到处大致相同的词汇。有人说，文盲的农民在生活上需要三百个词。我们姑且承认这个数目，虽然它比实际上的确实偏低好多。但是，毫无疑问，一个饱受教育的高贵人士日常使用的词也不会超过多少，差别只在于这些词和群众使用的不一样。不过这位高贵人士可能也懂得群众的词，并且知道在必要的场合上加以使用。这样，他就有套词汇：一套在客厅里使用，一套在农庄上使用。[①] 如果是军人，他还懂得兵营里的语言；如果他对某门科学发生兴趣，他还在某种程度上通晓一种技术词汇。最后，假如他有一两种外语的实际知识，那么他的脑子里还要加上相应的词汇。这些都是不同的词汇，因为它们来自不同的需要，并且作为不同的人们之间的通用货币。

当我们仔细考察一个词汇的时候，最明显的莫过于人的脑子里负担的词竟然如此复杂。对于这个负担所由构成的不同成分，无论是从语法的观点、心理的观点，还是更重要的，从使用的观点来看，都没有共同的尺度。词汇之所以有趣，正在于它的复杂性。这一点，我们在下面探讨语言的构成时还要谈到。同时，它也可以用来解释任何词汇的演变。

① “在我看来，一个能操土语的侍臣，其特长几乎可与通晓外语的学者相埒。”[Duclos, *Considérations sur les mœurs*, 5e éd, Paris (1767), p. 212]

第二章 词怎样改变意义[1]

在语言的演化中，语音、形态和词汇之间有个差别。

语音系统从童年起就已经固定，并且终身被保持着。除非由于受教育的结果有意识地改变发音，例如习得外语的发音代替了母语的发音，人们在孩提时期所确定的全部发音是终身不变的。形态系统也同样稳固。毫无疑问，它的确立需要稍长的时间，但一经确立以后就不会发生明显的变化。形态变化不会发生在同一代人当中：它的语音变化一样，发生在从一代人转到另一代人的过程中。发音系统和形态系统都是一劳永逸地获得的，它们之所以稳固，是因为它们取决于说话者心理的同一性。

相反地，词汇决定于环境，它向来是不固定的。任何人从出生到老死都通过向周围的人不断借用来建立自己的词汇。他不但扩大自己的词汇，而且也缩小它，改变它。词进进出出，川流不息。但是新词不一定都把原存者赶走，人的心理会适应同义词和类似

① 一般参考：Bréal，LV；Nyrop，CV，vol. iv，和 CLXXXVI；Jaberg，XXXVIII，vol. XXV，p. 561 起（这个问题的文献和历史）。特别参考：E. Littré，*Comment les mots changent de sens*（Michel Bréal作序和加注），Paris（1888）；A. Meillet，“Comment les mots changent de sens”（II，1905—1906，pp. 1-38）；Paul，CLXXXVIII，chap. iv；Persson，CXC，t. ii，p. 968 起。

词的存在，一般给它们派上不同的用途。例如法语的 chaire“主教座”和 chaise“椅子”，或者 sieur“先生”和 seigneur“老爷”的价值就不一样。生活使作用于词的原因日益纷繁，从而推动着词汇的演变。社会关系、职业，和各式各样的设备、用具，都会引起词汇的演变，一方面排除旧词或改变其意义，一方面要求新词的创造。心理活动不断地被邀请来对词汇进行工作。总之，任何领域的现象的演变原因都没有这么复杂多样。

说到词汇的演变，我们立刻会想起“词的生命”和达尔姆斯德兑(Arsène Darmesteter)的那本同名的小书 La vie des mots[①]。可是这个标题并不是书中最出色的地方。“词的生命”的说法是含混不清的，它往往会引起一些连达尔姆斯德兑本人也要提出异议的解释。

我们不能把词看做有生命的实体。词和生命的类似只是表面上的。词并不像人那样有生有死。在例外情况下，我们也许有可能断定某个词是从哪一年起开始使用的，例如：chandail“毛线衫”[②]是在 1894 年出现的，pudeur“贞洁”这个词的创造出于诗人笛波尔特(Desportes)[③]，bienfaisance“慈善”这个词的创造出于圣彼得修道院院长[④]。obscénité“猥亵”这个词是 17 世纪初的“闺秀”们创造的，它在莫里哀那个时代还是新词。[⑤]

① LXII，参看全书。

② L. Clédat，LIX，第 4 版，p. 117.

③ Vaugelas，*Reonarques sur la langue française*，No. 527，édition de 1738，tomeiii，p. 348. 应该记住，Montaigne 用了 *pudeur* 这个词(*Essais*，ii，p. 15；iii，p. 5).

④ Voltaire，*Septième discours sur l'homme*.

⑤ *Critique de l'Ecole des Femmes*，第三幕。

rescapés“脱险者”这个词是不久以前在古里耶尔巨灾(1906年)后进入法语的,而indésirable“不受欢迎的人”这个词则起源于一桩桃色案件,它的主角被拒绝进入美国。可是前者是一个在巴·德·加莱(Pas-de-Calais)省使用的词扩展到共同法语,而后者是从英语借来的。这两个词的确“进入”了法语,但是和出生毫无共同之处。

法语用 tête“头”这个词代替了古代来自拉丁语 caput 的chef,用 jument“母马”这个词代替了古代来自 equa 的 ive。假如由于某种很少可能出现的机缘,人们重新用 chef 这个词来表示tête 的意思,或者 ive 这个词重新取代了它的幸运的竞争者 jument,我们能说那是一个垂危的词(chef)复苏或一个已死的词(ive)再生吗?当然不能。这只是词汇里进入了两个新词。我们不能说中世纪的古词 ive 和今天出于奇想或为了满足某种需要而创造出来的新词 ive 之间有任何联系。

有时,法语的某个词离开我们跑到外国,几个世纪后又重归故土。例如法语的 flirt“卖弄风情”和 budget“预算”今天是来自英语的借词,但是我们知道,这些都是法语原有的词,在很早的时候渡过了海峡。可是,把词和出国后重返故土的游子相比,只是一种暗喻,不能当真。这里不是古代法语的词 fleurette“小花儿”由英伦重返法国,而是一个英语的词 flirt 被引进近代法语,也不是法国古代的 bogète“小口袋”以 budget 的形式重返法国,而是一个不同的词,一个表示另一种事物的外来词。

然而,上下几千年,纵横数万里探索词的踪迹的词源学却是十分有用的。我们知道,词没有独立的存在,它们只存在于人们的心里。人们的永无休止的心理活动就反映在词汇之中。形象是没有生命的，把镜中的形象当做活生生的人是错误的，但镜子仍能准确地反映出人们在它前面做出的各种姿态。我们完全有理由用形象来衡量或说明镜子所反映的人。这一非常简单的推理足以说明我们从词源学中可能期待取得的结果是有价值的。

但是这里有一个条件，那就是，如果词源学家依靠他的耐心只成功地确定了几个孤立的词的历史，他的任务还不能认为已经完成。一个个孤立的词的词源本身是没有什么意义的：具体的事实，即使经过科学的确定，如果我们不能从中引出适用于其他事实的一般原理，只不过是一种游戏。可是有许多词源就不能引出一般的结论。指出échalote“青葱”起源于Ascalon“阿斯加隆”城，hussard“轻骑兵”来自匈牙利语的“二十”，或者Lyon“里昂”的意思是“Lugh神之城”，是无关宏旨的：这些事实可能使研究蔬菜栽培、军事制度或克勒特文化的历史学家感兴趣，但不能使语言学家感兴趣。语言学家研究词源只是为了把尽可能多的类似的语义过程收集在一起，并且从这种研究中得出词义演变的一般规律。

这些规律在词的本身是永远找不到的。达尔姆斯德兑那本书的缺点就在于要使人相信有一种支配词义演变的内部逻辑。作者除了转喻、换喻等学究式的抽象以外似乎并未作进一步的探索，他没有接触到词所代表的具体现实。

*　　*　　*

安排在心里的词不是孤立的。词在心里相聚的倾向会引起像流俗词源那样的影响到词的形式的事故。这种聚合对于词义的影响更加巨大。

语义群的联系会使每个词保持它的传统意义。如果由于某种偶发事件，词群中某一主要词的意义有所转移，它会把其他的词也拉向新的意义。例如法语的 habit“状态”这个词有了专指“衣服”的意义之后，动词 habiller“纳入某种状态”也经历了同样的变化；[①]它们把有关的派生词和复合词 habilleur“穿衣人”、habillement“穿衣”、déshabiller“脱衣”等等也牵连在一起。又如 pondre 和 ponte 这两个词同时都从“放”的一般观念转到了母禽“下蛋”的观念。词群的感觉把这些词维系在一起。

如果词群的联系松懈或折断了，那么任何东西也阻止不了意义迷失错乱。拉丁语的 captiuus 在整个拉丁语使用时期始终保持着“俘虏”的意义，因为在它的身边有 capio“我取”这个动词。到了法语，capio 不再存在，它的派生词 captiuus 还继续保持，但是只作为一个孤立的词被保存下来，既得不到原生词的支持，也不和任何确定的形态类型相联系，于是这个派生词就发生迅速的变化，变成了chétif“孱弱”的意思。这一意义的转移，虽然由于词原来所属的词群已经解体所促成，但是部分地也由于 petit“小”一词的影响（它在某些土语里甚至已造出一个阴性的chétite）。这说明chétif的根子被切断后，移植到了别的地方，和另一个语义群发生了联系。

形态的相聚也同样重要。我们曾经指出过，后缀有时会怎样影响到整个词的意义，使它按照包含有同一个后缀的相邻的词的价值改变自己的价值。两个词的形态联系往往也会妨碍词获得新

① habiller 是“穿衣”的意思。——译者

的意义：例如法语的 meutrier“杀人犯”始终和 meutre“杀害”连在一起(正如 ouvrier“工人”和 œuvre“工作”或 vitrier“玻璃匠”和 vitre“玻璃”一样)，它没有跟着动词 meutrir“受伤”(由此派生出 meutrissure“伤痕”)改变它的意义。但是当派生词和原生词的联系变得不很牢固的时候，意义就常会发生变化。例如拉丁语 toga 的词源意义不外是“盖的东西，铺盖”；它是动词 tego“我盖”的抽象名词，如同希腊语的 τροφή“养料”是τρέφω“我饲养”的抽象名词，νομή“牧场”是νέμω“我放牧”的抽象名词，στοργή“温情”是στέργω“我抚爱”的抽象名词等等一样。但是这种构成法在拉丁语里很少，而在希腊语里却很常见。toga 和 tego 的联系没有τροφή和τρέφω的联系那么强而有力，于是 toga 无阻拦地固定在一种特殊的用法上，即指称某种衣服①。

在古高德语里，有好几个用后缀-i-构成的形容词跟带后缀-o-的副词并存，例如 festi“牢固”和 fasto“牢固地”，skôni“漂亮”和 skôno“漂亮地”。这种双重的构成法在时间的进程中没有保存下来，副词改为直接从形容词构成。于是，在词尾消失以后，德语继承了两对不同的词：fest 和 schön(形容词)，以及 fast 和 schon(副词)，它们各自的联系谁也感觉不到了。这就促进了副词意义的演化：fast 获得了“几乎”的意义，schon 获得了“已经”的意义(试比较法语的 à la belle heure“恰巧”，de bonne heure“很早”)，至于“牢固地”和“漂亮地”两个意思，德语现在用 fest 和 schön 来分别表示。

① 指古罗马人穿的一种宽大的外袍。——译者

这些例子表明词会怎样受到语言中同一词群的其他词的影响。我们的脑子不自觉地进行工作，把词固定于某些意义，并大致准备把它们用于各种不同的用途。在使用中，词还会遭受到其他意义变化的危险，但这一次则由上下文引起。

每个词在使用时都完全具有一种暂时的价值，把这个词的其他用法可能产生的一切价值排除出去；虽然这样，可是词的使用很繁复，使用也经常对词的意义发生影响。这表现在两个方面。一方面，一个词经常用于相同的上下文会把人的精神引入歧途，因为精神无法通过比较确定这个词的价值，容易使它发生变化。另一方面，同一个词常用于不同的上下文也容易受到磨损，改变它的价值。

当我们听到或说出一个句子的时候，其中所包含的词是互相说明的。如果我们对其中某个词不大熟悉——生活中总有第一次听到某个词的时候——我们自然会根据上下文来加以解释；这正是学童们在试译外语，例如拉丁语的或德语的课文时采用的方法。这种猜想出来的观念有时可能是错误的，但是一般都会得到纠正，因为同一个词以后再在别的句子里出现，会得到另外一些词的说明。每个词的意义都是这样在我们的心里固定下来的。

有些使用范围有限的词只跟某些词一起出现。对于这些词，发生错误的机会就更大，因为从用法上无法明确知道它的价值。这样，词的错误意义常会使它远远离开它原来的价值。例如形容词 fruste 原来只指钱币上的人像磨损不清，monaie fruste 被理解为铸造粗糙、工艺不精的钱币的意思。这个词现在被引申来指没有文化的粗汉[①]。这个错误的意义之所以能够流行,也许是因为它在发音上和 rustre"粗野"、rustaud"粗人"这两个词有些相同。

人们在心里实际上总想用尽一切方法明确知道词的意义。可是当特殊情况把它引到错误的方向的时候,它有时也会弄错。例如法语的形容词émérite起初是指引退的官吏;后来,由于卖弄才学模仿拉丁语的结果,今天法国人所说的 professeur honoraire"荣誉教授"也被称为 professeur émérite。但是有人解释这个词,认为它首先表达的是一种mérite"功绩",一种出类拔萃的品格,因此,今天人们说某位教授émerite,意思就是说他很distingué"出色"。这是一种误解,但是已经很牢固,人们将毫不犹豫地说 un cavalier émérite"一位杰出的骑士"或者 un aviateur émérite"一位杰出的飞行员"。现在这个词已经扩大了使用范围,用于许多不同的上下文,它的这种由于错误而取得的新意义很可能将被保持下去。

可是,我们也可以看到,一个词愈是频繁地用于不同的上下文,它的意义就愈有发生变化的危险。每一个新的上下文都会把人的心理引到新的方向,结果向他提示要创造一些新的意义。这样就成了我们所称的多义现象。

"多义"这个术语应该理解为词按照不同的用法获得多种意义,并在语言中保持这些意义的性能。法语的 bureau 就是多义现象的一个很好的例子。它最初是指一种粗毛毡,然后是指盖着这

① 有一位科学院院士在最近出版的一本书里用下面的句子概括了一位战争英雄的形象:"*L'ensemble est solide, dominateur et fruste*"(总的说来是结实,威严而粗鲁)。

种粗毛毡的家具，以后又指任何一种用来写字的家具，陈设有这种家具的房间、在这房间里进行的工作、从事这种工作的人，最后甚至是指领导行政单位或社团的一群人。新义的产生不一定要破坏旧义。除最初的意义（粗毛毡）以外，所有别的意义都还在法语里活着。意义演变的运动一般不是直线的，而是以主要意义为中心向四面八方发射出去的，而且每个次要意义本身又可以成为一个语义辐射的新中心。①

尽管词可以有多种多样的用法，但其中总有一种占优势，并且大致确定着这个词本身的意义，正如词典里所记载的。如果偶然有两个或几个占优势的、无法通约的用法，那就像前文所举出的那样，是两个不同的词。但是占优势的意义不一定能持久：它被次要的意义包围着，而次要的意义随时准备着浮现出来，取而代之。新的意义好像树上吮吸树汁、终于使主干枯萎的枝丫一样长大起来，最后代替了旧的意义。这样，词就改变了意义。

在一个词的各个意义当中，始终有一个意义准备着强加于人们的意识。要表明这是怎么一回事，下面的事实很值得注意：一个名词可能和动词的动作有各式各样的关系，但是当人们要从名词派生动词的时候，一般只表达其中的一种关系。所以在一切可能的动作中，我们只在心里不自觉地选择并保留下在某个时候需要表达的那个动作。只要别的地方没有什么障碍，就足以使这样形成的词进入词汇，并保持下去。例如德语从 Herz“心”派生出 herzen，是“紧贴在心里”的意思，正如爱尔兰语从 bruinne“胸”派

① Darmesteter，LXII，p. 74.

生出 bruinnim“我紧搂在胸口”一样；可是德语从 Kopf“头”派生出来的 köpfen 却是“斩首”的意思，威尔斯语从 cefn“背”派生出来的 cefnu 是“转过背去”的意思，爱尔兰语从 dorn“拳头”派生出来的 durnim 是“我用拳打”的意思，希腊语从σάρξ“肉”派生出来的σαρκὶζειν是“剥皮”的意思。法国人说 coiffer 某人是指给他戴上某种 coiffe“帽子”；fesser 某人，gifler 某人是指打他的 fesse“屁股”，打他的 gifle“嘴巴”（古词，表示“面颊”）。plumer 一只家禽是指拔下它的 plumes“羽毛”，boucher 是指闭 bouche“嘴”，échiner是指折断échine“脊骨”，peler 是指剥去（水果的）皮，或者，用作不及物动词，是指“蜕皮”。在法国的俗语里，zyeuter（按来自 les yeux“眼睛”。——译者）是指“凝视”。拉丁语曾从 pilus“毛、发”派生出两个动词 pilare：一个是在上古时期派生的（见 Afranius，Novius），意思是指“覆着毛发”；另一个是在帝国时期派生的（见 Martial），意思是指“拔去毛发”。这些在不同时代、不同环境中构成的形式，并没有任何规则支配它们的意义；或者，毋宁说只有一条规则，就是用动词表达意义固定时看来最突出的动作。[①]

我们在这里看到某种可以和形态中的强式和弱式相比的东西。词里有一种语义层级，其中包含有强的意义，也包含有弱的意义。前者不一定是最古的，可是人们一听到词就必然会想起这些意义；它们之所以有这种力量是由于它们的使用的重要性。后者较少使用或比较特殊，老是半隐半现，要另一个词帮助，予以照明、

① 关于这些事实，试参看 T. Hudson Williams，XXI，vol. xxvi，p. 122；Nöldeke，XXIX，vol. iii，p. 279.

利用，才能显露出来。但这种意义的层级不是绝对的，也不是稳固的：它要受反复无常的用法的拨弄，从而产生多义现象。

*　　　*　　　*

词的意义变化有时可以分成三个主要的类型：缩小、扩大、转移。意义由一般变特殊就是缩小（例如 pondre“生产，产卵”，sevrer“剥夺，断奶”，或 traire“挤，挤奶”）；反之，意义从特殊变一般就是扩大（例如 arracher“拔出，夺取”，gagner“挣得，获得”，或 triompher“凯旋，战胜”）。两个意义如果在范围上彼此相等或虽有差别而无关紧要（例如 chercher“寻找，招惹”，choisir“挑选，决定”，mettre“放置，创建”），它们由于接近而从一个意义变成另一个意义（例如从容器变内容，从原因变结果，从符号变符号所指的事物等等，或相反），这就是转移。不消说，扩大和缩小往往是由转移引起的。意义的转移可以有各种不同的方式，语法学家为它们定出了许多专门术语（隐喻、提喻、换喻、强喻等等）。它们的例子在任何教本里都能找到[①]，无需在这里详加考察。

这三种类型的变化在实际使用中可以用生活的条件来解释，谈谈这方面的问题或许更有趣味。

词义缩小的一种情况是把一般名称应用于说话者心目中代表整类事物中的某一特殊的小类。当人们确信不致被人误解的时候，可以不使用确切的词语，而满足于大致的近似。例如吩咐法国的农家女孩把 les bêtes（牲口）赶回来，她毫不犹豫地会理解到那

① 特别是 Darmesteter，LXIII，和 Bréal，LV. 又参考 L. Clédat，*Revue de philologie française et provençale*，vol. ix（1895），p. 49.

是指的留在地里的母牛，因为这对她说来就是唯一有关的牲口。自然，当牧童或马车夫谈到他的 bêtes 的时候，那分别指的是羊或马。这种特指往往在语言里留下一些痕迹。例如ὄρνις在古希腊语里本是鸟的通称，到纪元后已取得了“母鸡”的意思(在《路加福音》第十三章第三十四节已可读到ὄρνις“母鸡”)；在今天的现代希腊语里，母鸡就叫做ὄρνιθα。同样，鸟的通称 auca 在法语里变成了 oie“鹅”[1]。有时，特指只是省略的结果，例如现代希腊语用 πηρός“被剥夺的”来指盲人。丧失视觉被认为是最可怕的剥夺，人们无需更明白地指出。同样，在罗曼族语言里，拉丁语的形容词 orbus“被剥夺的”也取得了“盲人”的意思。然而，在这里，使用委婉语的愿望可能也是一个因素人们满足于使用一般的名称来避免过分粗鲁的特殊的词。

在使用上，泛指词语差不多永不用于它们的一般价值，也许哲学家是例外。每个人都把它们和一种特殊的活动联系起来。我们在上面曾经指出过opération这个词的各种意义。[2] 看人们对你说的是外科手术，还是财务、军事、林业或者数学，你会知道那是指的切除一部分肢体，还是处理银钱事务、指挥作战行动、标明将要砍伐的树木，或者解答一道算题。当神学家谈到圣灵的opération“奇迹”时，那指的又是另一个意思。saison“季节”这个词也可以有各种用法。对于娱乐场的经理或别墅的主人，对于贩卖蔬菜的商人，种植葡萄的人，或成衣匠，我们可以说，对于任何商贩或实业家，都

---

① Niedermann，XXX(Anzeiger)，vol. xviii，p. 75.

② Bréal，LV，p. 285.

有一个“季节”，那就是指工作最繁忙的，随活动的种类和地点而不同的时令。在威尔斯彭勃罗克郡的一部分地区，人们把一年中送种马配种的时期叫做“季节”，这足以表明那是一个畜牧的地区，人人都关心畜类的交配。所以这个词在每个说话者的心目中都指某一种特殊的“季节”，正如刚才提到的opétation，每个设想中的交谈者都把它归到他所熟悉的事物一样。语言里的任何一个泛指词语乃至差不多所有的词都可以提供一些类似的例子，因为词的意义不管怎样特殊，我们总有可能限制它的范围，并且把它用于所谓专指化。

泛指的过程是把特殊的种的名称应用于一般的类，这一过程虽然也有例证，但是比较少见。小孩们常用本城的河流的名称去称呼任何的河流；例如一个巴黎的小孩看见一条河流时说，“我看见一条塞纳”，就是这种情况。这只是一种小孩的错误，其后果是不能持久的。但是有些类似的错误却能持久。例如在南部斯拉夫语里，玫瑰花的名称变成了一般的花的名称：[①]斯洛文语 roža、克罗地亚语 rožica 都指的是花。这一现象有很大的扩展，直到德国边境有些土语完全没有 Blume“花”这个词，而代之以 Rose“玫瑰”；人们说 Die Wiese ist voll Rosen 来表示“草原上盛开鲜花”。由于传染，在意大利符里乌尔话里，无论哪一种花都叫做“玫瑰”，而玫瑰本身却要定出一个新的名称叫做 rosar 或 garoful di spine。这一事实，从词汇现象的扩展的观点来看是很有趣的，它证明在有些语义范畴里面，人们常随便把种和类的关系弄混。

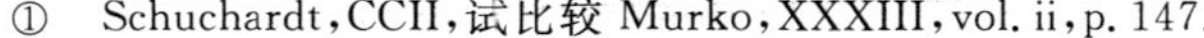

① Schuchardt，CCII，试比较 Murko，XXXIII，vol. ii，p. 147.

正是在这样的组里，意义因邻近而转移特别常见。组里的每个词各有一个原义，表示某种事物，但是它们在说话者的心里有个共同点，即都属于一个一般的大类。当一般的概念支配着特殊的意义时，心理就不自觉地从一个意义转移到另一个意义。动植物的名称，身体各部分的名称，疾病和颜色的名称特别会发生这种现象。

在颜色的名称方面，我们在各种语言里所看到的同一个词意义上的变化往往是特指的结果，但这里所研究的倾向也可能起作用。

意义的转移，在植物的名称方面也屡见不鲜。同一个词在拉丁语里变成了 quercus“橡树”，在德语里变成了 forha“松树”；希腊语的 φηγός“橡树”和拉丁语的 fâgus“山毛榉”、德语的 Buche“山毛榉”是同一个词。希腊语的 ἐλατη“枞树”和德语的 Linde“菩提树”同一来源。从同一个原始形式，克勒特语派生出了橡树的名称（爱尔兰语 dair），拉丁语派生出了落叶松的名称（larix）。在德语里，同一个词 tanna 在过去既指橡树，又指松树。在这里，我们还要考虑到另外一种专指化。例如日耳曼语 tanna 的古义，也许跟爱尔兰语 dair 和拉丁语 larix 一样，只是树的意思，甚至只是一般地指“树木”（希腊语 δόρυ）或“树林”。这些词后来都被用来指称某种重要的树，所作出的选择可以用历史的或地理的原因来解释。但是，如果我们看到用山毛榉的名称来指橡树，例如德语的 Heister 兼有这两种意义，那就只是意义的转移。那是说话者心里举棋不定，不明确，把一种邻近的树木的名称应用于某一种树木。

身体各部分的名称是“意义转移的古典场地”[①]。在各种语言里，这类名称有许多是游移不定的，很容易从身体的一个部分或一个器官转移到另一部分或另一个器官：拉丁语 cox 的意义是“髋部”，但爱尔兰语里和它对应的 coss 却用来指“脚”；它们的中间形式是德语的 Hächse（优于 Hechse）“小腿”，以及上述拉丁词的派生词（法语 cuisse“大腿”，威尔斯语借用为 coes）。这个词是沿着下肢节节往下移动的。拉丁语的 mentum“下巴”，威尔斯语的 mant“牙床”和德语的 Mund“嘴”出于同一个原始形式；法语的 bouche“嘴”来自拉丁语的 bucca，原是面颊的意思；如此等等。

上述例子中有一些可能是隐喻，或者说得更清楚些，可能是有意识的转移。人们或者出于开玩笑，或者由于另外的原因，有意识地用某一肢体的名称去指称邻近的部分。至于有些会引起色情感的名称，那一定是隐喻；它们有时可以用害臊的心情来加以解释，有时却反而出于无赖的意图。例如在法语里，人们常用 gorge“喉咙”或 estomac“肚子”来指妇女的乳房，看说话的人是有教养的还是粗鲁的。人体阴私部分的名称和一般认为与猥亵行为有关的词特别容易发生转移。[②] 指阴私部分的词，如果说话人感觉到其中的隐喻，就不可能转指别的部位；除此之外，我们可以说猥亵的词一般常常会发生转移。它们的共同点在于都是猥亵的词，这就是它们的定义。它们可以相当自由地用来指身体的任何部分，只要

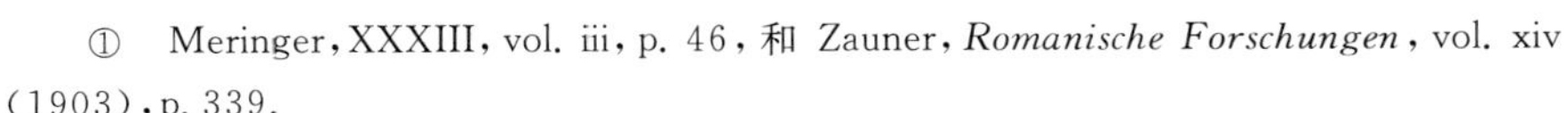

① Meringer, XXXIII, vol. iii, p. 46，和 Zauner, *Romanische Forschungen*, vol. xiv (1903), p. 339.

② Marstrander, XXX, vol. xx, p. 351.

是一个猥亵的部分。某种很粗糙的类比或解剖学上的接近都足以说明词义的转移。任何语言都可以提供一些有关这种事实的例子，我们且让读者自己去找吧。

感官活动的名称也很容易发生转移。表示触觉、听觉、嗅觉、味觉的词往往可以互相代替，后面三个还可以指心理活动，例如希腊语的 αἰσθάνομαι 可以应用于理解、听觉和嗅觉。在威尔斯语里，动词 clybod“听”也可以用来指“嗅”、“尝”和“触”；爱尔兰语的atcluiniur“我听见”也是这样。结果，爱尔兰语用 cluasdall（照字面是“耳盲”）来指“聋”；同一个词根，日耳曼语用来指“聋”（峨特语 daubs 和 bauþs）和“哑”（峨特语 dumps）；希腊语用来指“盲”（τυφλός）的词还可以用来指“聋”或“发疯”。[①] 这些意义的转移无疑是心理在各感官活动间自然建立的“对应”所促成的。

*　　*　　*

我们可以预见到将来会建立一门普通语义学，这门学科把各种语言里有关意义变化的资料集中在一起，将使我们不像迄今所做的那样单从逻辑观点，而是从心理观点去归纳出一些原理来。要做到这一点，我们不应该以词为出发点，而应该以词所表达的观念为出发点。

人们常用表示 voyage“旅行”的词来表达 fois“次”的观念，这显然不是出于偶然。我们对一位把琵琶桶背下地窖或者把木柴往阁楼上堆放的日工说 Combien de voyages avez-vous fait? “您做

① 见 Oedipus Rex. 371.

了几趟?”来代替 Combien de fois êtes-vous descendu,ou monté?“您上下了几次?”拉丁语的 vices、vicissim“次”来自表示“旅行”的词,而 voyage“旅行”这个词本身的方言形式 yâdze 在下瓦莱地区也用来表示“次”的概念。同样,在峨特语里,sinþs 的本义是“旅行”,却被用来构成分布副词 ainamma sinþa“一次”和 þrim sinþam“三次”;中古高德语的 allvart、爱尔兰语的 fecht、威尔斯语的 gwaith、低德语的 Reise、斯堪的纳维亚语的 gang 都被用来表示“次”的意思,这些词本来也都指的是“旅行”。这显然可以用意义的自然发展来解释,这种变化在它被发现的地区都是独立地进行的。

但是在各种语言里还有一些类似的名称,它们不可能每一次都是独立的同一种倾向的结果。例如鼬鼠(一种肉食的小哺乳动物)的名称在许多语言里都和法语的 belette 一样,来自表示“美丽”的形容词,如德语的 Schöntierle、丹麦语的 kjønne、布列塔尼语的 kaerell、迦里西亚西班牙语的 garridiña 都是这样;甚至巴斯克语的 andereder 照字面也是“美丽的太太”的意思(andere“太太”,eder“美丽”)。这不可能是使用不同语言的人在同一个时候想到同一的观念。[①] 这是一个仿造词的例子,说得更确切些,是翻译借词的例子,它在语言的接触中是很常见的。

词往往和某一传说有联系,和它一起传播开来,并且因此在语言中保持下来。这样,词汇就反映出民俗学的事实,我们可以通过民俗学的研究来确定词所曾经历的途径。表示抽象意义的词语也

① XXXIII,No. 1 vol. ii,p. 190.

往往通过仿译而扩散到邻近的地区；英语的 become“变成”和法语的 devenir“变成”相同，[1]威尔斯语的 digwyddo“到达”和拉丁语的 accidere“到达”相同（cwyddo 和 cadere 一样，都是“落下”的意思）。这种情况在下面语言的接触一章还要研究。它们在原则上和我们现在所研究的完全不同，虽然两者之间的界限往往很不容易确定。例如当我们看到德语（gefallen“满人意”）和爱尔兰语（dofuit lemm“他使我满意”，照字面是“他落于我”的意思）都用动词“落”来表达“使满意”的观念，[2]而它们之间又没有任何联系的时候，应该断定这是各语言自发创造出来的两个相同的隐喻。

痛苦的观念很容易和巨大的观念发生联系，犹如强暴的观念容易和力量的观念发生联系一样。古代德语的形容词 sêro“痛苦的，艰辛的”在南部各地（施瓦本、巴伐利亚）的方言里至今还保存着“受伤，受苦”的意思，可是在德国的文学语言里却只表示程度最高。其间的发展顺序是很容易想象出来的：人们起初说 sehr krank“病重”、sehr betrübt“很悲痛”，后来才说 sehr gross“很大”、sehr gut“很好”。这个形容词既丧失了它的本义，就只作为一个表示“大量”的意思的形态被留存下来。但是值得注意的是：拉丁语的 saeuus“坚硬，严厉，残酷”本来和上述的这个日耳曼语的词有亲属关系，它在古拉丁语里也有“大”的意思，语法学家塞尔维乌斯（Servius）就曾说过“Saeuam dicebant ueteres magnum”[3]。sehr

① 英语的 come 和法语的 venir 都是“来”的意思。——译者

② 德语 gefallen“满人意”的词根 fallen 是“落”的意思，爱尔兰语的 dofuit lemm“他使我满意”也包含有 dofuit“它落下”这个成分。——译者

③ 古人用 saeuus 代替 magnus“大”，见《Aeneid》，i，4 的注。

“很”和 saeuus“大”之间的意义联系在历史上无法解释。二者都是独立的语义发展。在希腊语里也可以找到一些例子，例如副词 δεινῶς“可怕地”或 αἰνῶς“狠心地”必要时也用来表示“大量”的意思。

怜悯的观念很容易转变为柔情的观念。人们想到不幸总会掺杂着同情。怜和爱在人们的心田里是很接近的。人们说 mon pauvre petit“我的可怜的小东西”的时候总是带着亲切的感情。可怜的观念和小的观念都跟软弱同义，它们会立刻勾起柔情和怜悯。在许多语言里，同样的词可以毫无区别地用来表示所有这些感情；它们会从一种感情转变为另一种感情。峨特语的形容词 bleiþs 是“可怜”的意思，和它相对应的古高德语的 blidi 却只表示“可爱”；这个词的词根似乎就是梵语 mrityati“它溶化，它溶解”的词根，它的基本概念显然就是那浸润着人心、软化着人心的怜悯。

但善良和软弱总是携手同行的；法国有一句成语直率地说：“太好心会变成愚蠢。”在许多语言里，和善良、温柔、平和等观念有关的词都曾被用来表示愚蠢。单纯是品性的美质，同时也是心灵的缺陷。法语的 simple“简单”和德语的 einfältig“简单”都被当做笨蛋。法语的 bonasse“好人”和débonnaire“顺从”在今天已偏指坏的方面。其中 bonasse 之所以获得贬义，也许是由于带有明显贬义的后缀-asse 所致。但是英语 silly、德语 albern 和威尔斯语 gwirion 等词的意义在发展中并未受到任何外界的影响。原先，英语 silly 的意思只是“安静，不讨厌”（试比较英语的 soelig、德语的 selig），德语 albern 的意思是“亲切，善良”（古高德语的 alawâr），威尔斯语 gwirion 的意思是"诚实，清白"（现在还流行于威尔斯南部），这三个词今天都用来指傻瓜或蠢货。法语的 innocent 也经历了同样的变化，但由于宗教的动机而强化了。[①] 在法国，对虔信上帝的人有一种讽刺的说法，不是说他们伪善，就授以头脑简单的证书：benêt"愚钝"、crétin"白痴"（试比较béni"祝福"、chrétien"基督徒"）。这些词的贬义正是由这种不敬的倾向得来的。

我们刚才指出的所有意义变化都只有一半是心理的，因为词所表示的对象，按其本身的性质来说，就已经预示着这样的变化。不幸的人自然会引起别人的同情，同样，好人可能既然性格软弱，有时又头脑简单；另一方面，强暴必然有力有势，它好像某种高踞在上的巨物使人心惊胆战。我们可以说，心灵从一个观念转到另一个观念，只是遵循经验的指示，把一系列观察概括成一个词。可是心灵所起的作用是相当大的，因此我们在这里还可以谈到心理的变化：如果心灵不知道怎样去作出适当的结论，单凭经验所提供的观察就不够了。对一个圣人的平和的习性作恶意的解释，把一个压迫者的暴行当做大事来渲染，对不幸者表示同情——这些不是每个人都多少要服从的倾向吗？当我们在语言里看到这些倾向的时候，就可以说它们揭示了说话者的性格：它们正是冷嘲热讽、卑躬屈节，或悲矜怜悯种种性格的标志；它们可以用来区别各种不同的人。

词的退化"明显地反映的，有时是社会各阶级彼此的蔑视，有

① innocent 原是"清白、无辜"的意思，后来被用来指人的迷信预言或盲从。——译者

时是民族或种族间的仇恨，有时是群众的愚昧的偏执或狂热者对别人意见的不尊重……人们彼此仇恨，追逐，藐视，侮辱，欺骗，猜忌，而语言就把这些连续不断的误解的痕迹忠实地记录下来。[①]”在法语里，brigand“强盗”、ribaud“淫荡者”、assassin“凶手”、grivois“放荡者”等词起初都指的是某些武装部队，它们之所以具有当有的意义，那是由于军人风习的粗野和腐化。cuistre“粗人”（原是 cuisinier“厨子”）和 goujat“粗人”（原是 valet“跟班”）的意义出于主人对佣仆的蔑视；bouquin“旧书”（借自佛拉曼德语的 bœcken“书”）、lippe“厚嘴唇”（借自德语的 Lippe“嘴唇”）、rosse“驽马”（借自德语的 Ross“马”）、hâbleur“吹牛大王”（借自西班牙语的 hablar“说话”）等词的意义则出于对外国事物的嘲笑。有趣的是，在西班牙语里，parlar“扯淡”（来自法语的 parler“说话”）只用于贬义。madame“太太”一词在英语和法语里还是很高贵的，它通过借用而进入德语后就成了普通而庸俗的词了：在柏林，Madamschen“小太太”是下层居民使用的词。[②]

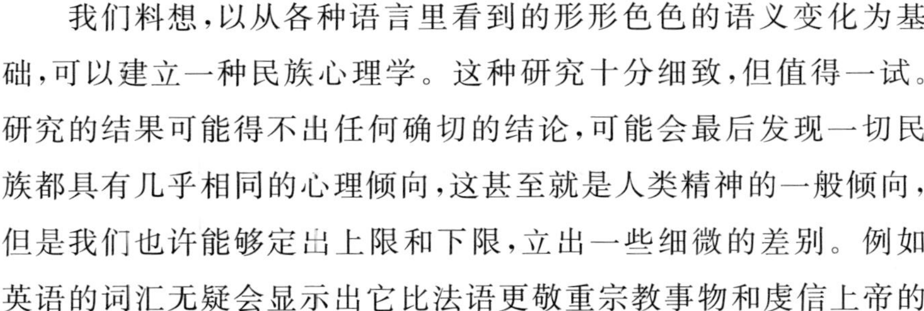

我们料想，以从各种语言里看到的形形色色的语义变化为基础，可以建立一种民族心理学。这种研究十分细致，但值得一试。研究的结果可能得不出任何确切的结论，可能会最后发现一切民族都具有几乎相同的心理倾向，这甚至就是人类精神的一般倾向，但是我们也许能够定出上限和下限，立出一些细微的差别。例如英语的词汇无疑会显示出它比法语更敬重宗教事物和虔信上帝的

① Nyrop, CV, vol. iv.

② Gustave Cohen, *Discours d'ouverture de la chaire de langue et Littérature française à l'Université d'Amsterdam*, Paris (1912), p. 13.

人。在德语和法语之间也可以找出某些差别。这两种语言在习常的用语里都喜欢把动物的名称应用于人，但是法国人在这种用法里往往掺杂着讽刺、轻视或侮辱的感情。德国人比较多情，他们喜欢给这些名称加上亲爱的意味。易卜生[①]剧本里的赫尔默律师经常把自己的妻子叫做“百灵鸟”或“松鼠”，这在法国人看来显得很可笑。在斯堪的纳维亚语和德语里，这种亲密的称呼并不怎么刺耳。

相反地，法国人却喜欢把表示女性的词跟轻佻的或猥亵的观念连接在一起：专有名词如Catin、Goton、Jeanneton，普通名词如garce“女孩”、gouge“下女”、donzelle“闺女”、fille“女孩”已经受到这种歪曲的残害，demoiselle“小姐”这个词不久也将遭到同样的命运。[②]

最强烈地表示愤怒和憎恨的字眼也可以有温柔、爱怜的用法；人们可以把它们用作表示亲切的词语，排除任何藐视、任何责难。法国人把小孩叫做polisson“小瘪三”、petit coquin“小浪人”，把自己的朋友叫做bon bougre“刁钻精”、vielle canaille“老滑头”。同样，德语的Luder“流氓”、Schelm“恶根”，捷克语的čtverák“坏蛋”都是骂人的话，但也可以用来表示亲昵。可是一个德国的妇人可以毫不犹豫地把她的小孩叫做Mein Lausbube“我的淘气鬼”，一个法国的母亲却很少称她的儿子为mon petit pouilleux“我的小无赖”。这里面有一种细微的差别。不过这些用法往往只是一种时

① H. Ibsen (1828—1900)，挪威著名剧作家。——译者

② 这些词都是指不正经的女人或妓女。——译者

髦，甚至只是暂时的。我们不难在德语里找出许多在我们看来是很庸俗的、并不机智的惯用法，例如用“das ist mir Wurst und egal!”表示“无关紧要”，用“nicht die Bohne!”表示“一点儿也不”，用“kein Bein!”表示“人影儿也没有”等等。但是法语有些惯用语如 la jambe!（撒丫子）la barbe!（见鬼）或“la ferme!”（闭嘴）也并不比这更有意思、更加讲究。

意义的演变不只对于心理学提供知识，对于各民族的社会状况也可以提供同样多的知识。

印欧系大多数语言都用房子和田野的对立来表示内外的观念。“在外”即家门以外发生的一切，如拉丁语的 foras、foris，希腊语的 θύραξε、θύρασι、θύρηφι，阿美尼亚语的 durs，波斯语的 dar；或者在田野里的一切，如爱尔兰语的 immaig、immach（来自 mag“田野”），布列塔尼语的 ermeas（emeas，dirveas），立陶宛语的 lauke、laukan（laukas“田野”），阿美尼亚语的 artakhs（art“田野”）。希腊语以 θυραῖος和 οἰκεῖος的对立来表示家里的、自己家的，和不是家里的、不属于自己家里的。这反映出一种社会情况：整个家庭都住在一所房子里，它的大门就标志着家庭范围的界限。

家庭关系也可以解释几种语言里某些亲属名称的隐喻用法。例如拉丁语曾用 nepos“侄子”来指浪子，德语曾用 Schwager“老表”来指驿车马夫。不难解释，这些都是打趣的结果。用德语，人们可以随便把一位和蔼可亲、爱行方便的老头儿叫做 Onkel“叔叔”，任何一个脾气古怪、爱挑毛病的女人叫做 Tante“姑奶奶”（die Tante Voss）。这些隐喻显然只反映出狡猾的机智，它不过是民间意识的一种形式。相反地，如果表示侄子的词还用来指敌手，像梵语的 bhrâtrivyas 那样，那么这种用法就反映出一种家庭组织，其中叔侄的关系和现代家庭中的很不相同。

在游牧民族中，财富自然由畜群构成。人们用家畜的头数来估计财富，于是家畜就成了一种通货。例如古印欧人的情况就是这样。印欧系语言保存有这种原始状态的许多遗迹。他们都把家畜，人们的唯一的财富，当做货币。荷马曾说到ἀλφεσίβοιαι，即给父亲"带牛来"的人，意思就是说女孩子很受人爱慕，求婚者将为她们付出高昂的代价。爱尔兰的法律曾用家畜的头数来规定罚款或价格：一名女奴(cumal)值三头母牛，而 cumal 这个词变成了一种货币的名称。[①] 在威尔斯的法律里(10 世纪)，任何物品的商业价值都是这么计算的。在中世纪威尔斯故事集《马比诺传》(Mabinogion)里，我们可以看到有一件衣服的装饰品价值三百头母牛。但这还不是最好的例子。在许多语言里，同一个词可以同时指银钱和家畜。这两个意义的分开一般是在相当晚的时期，我们不易找出其间的过程，并解释它们的消长。拉丁语的 pecunia"钱"只是 pecus"牲畜"的派生词。德语的 Vieh"牛"现在只用于家畜，但英语和它相对应的 fee 却指某种工资。这些都是以家畜的名称为出发点的。有时也会有相反的情况：在古希腊语里，κτῆνος是"财产"的意思，希罗多德却用来指家畜的头数，在《路加福音》[②]里指驮

① 在关于 St. Patrick 的文献里，1 匹马的售价是 1cumal 银币(*Codex Ardmachannus*, fo. 176a).

② 基督教《圣经》的一部分。——译者

物的役畜；和它有亲属关系的 Xτῆμα 在古典时期只不过是“拥有”的意思（也许在索福克勒斯[①]的《安替贡》（Antigone，782）中是例外），今天在克里特却通常用来指“家畜”。盎格鲁·撒克逊语的céap是“交易”和“买价”的意思（和德语的 kaufen“买”同源），但也用来指“家畜”。在斯拉夫语里，skotŭ 一词（可能借自日耳曼语：峨特语 skatts“银钱”）从最古的文献起就兼指家畜和财富。

我们在这里可以看到社会因素对词汇的演化发生影响；这些因素，直到现在，我们只是偶然地涉及，它们在下一章将会显得更加清楚。

① Sophocles（公元前 496—前 406），古希腊杰出剧作家。《安替贡》是他所写的一种很有名的悲剧。——译者

第三章　概念怎样改变名称[①]

关于词怎样改变意义的问题，已经出版了许多著作。但是问题也可以反过来提出。我们还必须研究意义怎样改变词，或者说得更清楚些，概念怎样改变名称。

如果我们把某一词汇的历史中两个隔得相当遥远的时期作一全面的比较，我们就会因各个词所遭遇的命运不同而感到大吃一惊。例如试把法语的词汇和拉丁语的词汇，或者拉丁语的词汇和印欧语的词汇加以对比，我们将可以看到，为了表示同样的事物，有些词一直十分有规则地保持下来，只经受了语音发展所引起的变化；相反地，另外有些词已被更换，甚至更换了几次。法语曾用由拉丁语 testa“陶器碎片”变来的新词 tête“头”代替了由 caput“头”变来的旧词 chef“头”，而 tête 本身在俗话中往往又被各种各样代用词如 caboche“脑袋”、fiole“脑瓜”、bobine“脑壳”等等所代替。现代希腊语更换了表示最常用的、表面上看来最不容易发生变化的概念的旧词汇：它用ψωμί代替了 'άρτος“面包”κρασί代替了οινος“酒”，νερό代替了 ὕδωρ“水”，οπίτι代替了 οἰκία“房子”，μάτι 代

① 参看Gilliéron，*Généalogie des mots qui ont désigné l'abeille*，Paris，1918；*La faillite de l'étymologie phonétique*，1919；*Les étymologies des étymologistes et celles du peuple*，1922.

替了 ὀφθαλμός“眼睛”，πουλί 代替了 ὄρνις“鸟儿”，等等。

在研究已被我们掌握了历史的各种语言的词汇时，我们很容易把这一类事实搜集在一起，因为任何词汇都或多或少有过更换。更换的原因是很复杂的，有时一点也摸不着边儿。词汇的事实都是单个儿的，它取决于一些偶然事件。我们事前既无法预料，事后没有历史所提供的证据也无法设想。但词汇的更换却有一些一般的原因能说明大多数的事实，这些原因可以从两方面来考虑：一是说话者心理的个人方面，一是使用语言的社会环境的社会方面。

*　　*　　*

如果词因使用而变弱磨损，不足以表达它们原有的意义，说话者通常就会把它们废弃。词的磨损本身可能是由于语音方面的原因，也可能是由于语义方面的原因。①

词太短了，往往会缺乏表达力：如果语音演变把词缩短了，这些词就很容易消失。在法语和其他任何罗曼语里都已找不到拉丁语 os“嘴”这个词的遗迹。法语的旧词 ive“母马”（来自 equa）已为身躯较大的词 jument 所代替。我们知道，民间拉丁语为了把许多词保存下来，不得不用后缀把它们拉长：apis“蜜蜂”、auris“耳朵”、sol“太阳”变成了 apicula、auricula、soliculus，由此产生了法语的 abeille、oreille、soleil。正如人们有时所说的，后缀在这里没有指小的意义，相反地，它的使命是在扩大词的体积，补充词所缺少的材料。有许多词正是因为没有经过这种语言的接枝法而被废弃以

① Brunot, LVII, vol. 1, p. 131; Meillet, *Linguistique historique et linguistique générale*, p. 264.

致死亡的。拉·勃吕耶尔(La Bruyère)似乎很惋惜古法语 ains 这个词,它之所以被废弃,原因显然就在于它的形式:只以一个鼻元音为首的单音节是注定要消灭的。

一个词由于语音演变的结果而变成和另一个词过分相像,也有被废弃的倾向。同音会引起混淆。人们常用一个新词代替同音词中的一个,来弥补同音的缺陷。拉丁语 serrare"锯"的语音代表今天在法语区的几个地点还保持着,[①]但它过去曾有过一片绵延不断的广大的分布地区。这个词在许多地方都为后起的、一般来自拉丁语原始形式 secare"割开"、resecare"再割开",或 sectare"割开"的词所代替,那是因为它和动词 serare"关闭"接近同音,而且始终趋于变成完全同音。结果引起不便,凡遇到要同时使用这两个动词的地方,语言就设法避免。

在上述的所有情况下,更换的根源都是由于语音的事件。然而我们不应该过分强调语音的重要性。语音本身能说明一切的情况是很少的。为语言的使用所废弃的词,除形式的原因外,有时还有其他被废弃的理由。而且我们往往可以看到语言中的反作用。同音词受上下文的保护不致有含混的危险,这使它们得以保存而没有什么不便之处。语言为了保存短词,并予以支持,可以使它们得到另一些词的永久支援。例如法语的形容词 sain"健康"和 sauf"安全"已差不多不能单独存在,但是这两个病弱之身联合起来却获得了抵抗力:人们可以说 sain et sauf"平安无恙"。地名是不易丢失的:如果是单音节的,人们可以在前面加一个普通名词作为支

① Gilliéron LXXV.

撑物来确保它们的存在。例如 Ain、Eu、Batz 变成了 la rivière d'Ain“安河”、la ville d'Eu“欧城”、le Bourg de Batz“巴茨镇”；或者加一个成分把它们拉长，例如把 Bourg 叫做 Bourg-en-Bress（或者干脆叫做 Bourk，把 k 音发出来）。这些都是弥补语音磨损的办法。

语义的磨损也同样严重。经常使用既会磨去词的形式，也会磨去词的意义；特别是表情的词，它的表情价值将会随着使用而迅速降低，整个词将会变得黯然失色、棱角尽消。例如试就表达情感来说，我们可以看到，那些最强烈的词将会逐渐失去信用，终于因为丧失表达力而不再被人使用。这一事实可以在表示数量，特别是表示大量，从而也是表示过量、超量的词语中得到证明。法语的 beaucoup“许多”代替了来自 multum 的旧词 moult；这个词本身，大家知道，在日常用语中又按照所说的是什么、说话者的教育程度如何而有许多代用词，如 un grand nombre“大量”、une foule“多数”、des quantités“好多”、des tas“成堆”、des flottes“成队”等等。

在任何语言里，如果最高级不用特殊的后缀来表示，而是给形容词加上一个副词，那么这个副词一般就会有各种各样的形式。甚至古希腊语和拉丁语本来各有一种表示最高级的后缀，也不排斥使用副词：希腊语有 λὶαν“太，很”、πολύ“许多”、'επιπολύ“许许多多”、σφοδρα“很”、σφοδρῶς“很”、μάλα“完全”、μάλιστα “尤其是”等词，拉丁语有 ualde“很”、magis“更大”、maxime“最大”等词。法语创造了 très“很”这个副词，它不过是拉丁语的 trans“穿过”（注意英语的 thorough“彻底”、thoroughly“彻底地”，和德语的 durch und durch“完全”、durch aus“彻底”也有同样的演化）。可是très

在今天已经陈旧，丧失了它自己的力量，已不足以使得最高级具有充分的价值。法国人现在说某人是 archi-fou“大傻瓜”或 ultra-réactionnaire“极端反动”，就是使用着过去创造très这个词的方法；或者更胜一筹，我们还使用 parfaitement“完全”、complètement“全然”、absolument“绝对”、tout à fait“十分”等副词。大家知道，这样的最高级副词在法语里有好多，我们甚至无法进行普查，因为每个人都在异想天开地发明一些，其中有好些，如 grandemment“大大地”、fameusement“有名的”extraordinairement“异常”épatamment“惊人地”、étonnamment“不可思议地”是不辩自明的。但是，最高级的价值愈是增强，那派生出副词的形容词的意义就愈减弱。我们似乎可以说，人们已把注意力从词根移开，集中到后缀-ment 上面，这后缀已成了词的主要部分。一般地说来，只要词根表达的是某些强大的、粗鲁的、粗糙的观念，就足以表达最高级的意思；因此，诸如 rudemment“粗鲁地”、salement“肮脏地”、bonnement“正经地”、furieusement“凶猛地”、terriblement“可怕地”、effroyablement“可畏地”等等都可以用来表示最高级。

这不是法语所特有的现象。德国人在亲昵的谈话中常说某个女人 fruchtbar nett“好漂亮”、fruchtbar süss“好可爱”，而且像英语的 pretty dirty“非常龌龊”一样，还有 hübsch artig“好有礼貌”、hübsch gesund“好健康”等惯用语。由于德语和英语的副词没有特别的标记，fruchtbar、hübsch 或 pretty 等词的价值完全取决于它们的位置、它们的重音，并且不能和后面的形容词分开，二者在说话者的心目中只构成一件东西。这确实造成了一个形位，但只是表情的形位。

任何词，只要多少是表情的，它们的价值就都容易变弱，从而引起更换。各种语言里表示令人讨厌的事物的词语真是不少。法语里有 ennuyant“烦扰人的”、embêtant“讨人嫌的”、fatigant“令人疲倦的”、crispant“令人肉麻的”、esquintant“令人困惫的”、éreintant“令人厌倦的”、assommant“令人不堪的”、tuant“闷煞人的”、rasant“气人的”、barbant“该死的”、canulant“气死人的”，等等。这些词毫无疑问，并不都是同义词，它们分属于不同的环境，却一个高似一个；经常使用会使它们磨损，以至必须发明另外的词来代替。

如果事物或观念除它原有的价值之外还提示许多因环境和情况而不同的次要价值，那么我们可以期待它们在语言中会有各种不同的表达。例如钱币在任何词汇里都有不少说法。法语里有 galette“薄饼”、braise“火炭”、pognon“铜板”、douille“弹壳”、beurre“黄油”、os“骨头”、pèze“子儿”、plâtre“石膏”等等。在德语里，Draht“铁丝”、Kies“砾石”、Moos“苔藓”常被用作 Geld“钱”的同义词。支付的观念自然也可以随着环境而有各种不同的表达：在法语里有 verser“泼”、casqner“披戴”、cracher“吐”、éclairer“照”等等；在德语里有 blechen“呕”、bluten“出血”、berappen“粉刷”。表达欺骗的观念在任何语言里都可以找到许多不同的说法。发生吵闹的声音有许多不同的原因，因此也可以有各种各样的说法：在法语里有 potin“吵闹”、barouf“嘈杂”、chahut“喧嚷”、raffut“喧闹声”、pétard“爆竹声”、chambard“骚乱”；在德语里有 Radau“骚扰”、Randal“喧哗”、Krakehl“喧嚣”等等。

可能有人反驳说，这些都是隐语的例子，而隐语的特点就在于

使用特殊的词汇。然而这种反驳是没有力量的。我们在下一章将可以看到，隐语是语言自然条件的产物；特殊语言不是人造的语言。隐语所用的方法是自然提供的；如果说经常更换词的必要性在隐语里特别明显，那是因为隐语是作为说的语言来使用的，而在说的语言里，表情性是一种经常的需要。

此外，隐语和全民语言之间并没有任何明确的界限。有什么词汇，哪怕是最高贵、最文雅的词汇，不曾向隐语借词的呢？tête“头”这个词对 caput 来说就是一个隐语的词。要是有朝一日 tête 本身又被 fiole 或者 bobine 所取代，那将是隐语的又一次成功。用 pot“罐子”的名称来叫脑袋是十分自然的，我们在别的语言，特别是日耳曼语里也可以找到这种事实。例如德语的 Kopf 和拉丁语的 cupa“杯子”同源，而斯堪的纳维亚语的 kollar“头”就是从 kolla“罐子”派生出来的。人体的许多部分都很适宜于类似的隐喻。当然，这不是说任何部分都是这样。例如我们看到，脚的名称在许多语言里没有变，但是相反地，手的名称却常被更换，它曾被表示钩子、钳子、羹匙等意思的词所代替。[1] 这是因为手的用途比脚多样化，特别是因为这些用途本身常常需要更新表达力。例如“拿”的观念在任何语言里都有许多种说法。

“说”这个观念，由于它所唤起的感情的多样化，也是这样。[2] 表示“说”的动词都磨损得很快。法国人正在用 causer“交谈”代替 parler“说话”，而法语的 parler 本身在拉丁语里就是一个姗姗来迟

① Ulaszyn, XXXIII, vol. ii, p. 200.

② Michael Bréal. XVI, vol. xiv(1901), p. 113; Carl D. Buck, XIX, vol. xxxvi, pp. 1-18, 125-154; A. Meillet, VI, vol. xx(1916), p. 28.

的不速之客(parobolare);古拉丁语的动词 loqui“说话”没有保存下来,而 loqui 表示“说”的一般意义在拉丁语(或意大利-克勒特语)里也同样是一种创新。三种主要的现代克勒特语表示这个观念的有三个不同的动词:爱尔兰语 labhraim、威尔斯语 siarad、布列塔尼语 komps。英语用 to speak,德语用 sprechen,峨特语用 maþljan,立陶宛语用 tarti 或kalbéti,共同斯拉夫语用 glagolati(俄语 molvit'govorit',波兰语mówic'):所有这些动词在有关的语言里都是相当晚近的,正如荷马时代希腊语的 ἀγορεύειν 一样。它们之所以如此多样化,正是由于语义的磨损迫使人们更换词语。

这种更新有时是要求对比的感觉引起的。有些事物是成对的,人们在心里总是要把它们加以区别,如果表示这些事物的名词偶然彼此相似,其中一个就会消失而用另一个更能表示其间区别的来代替。例如人类和动物的两性区别就是这样。父亲和母亲是基本的一对,在无论什么时代、无论哪种语言里都有不同的名称(当然是就词根而言),这可以用来做一个范例。以它为准,其他许多成对的也用不同的名称来表示,如男人和女人,兄弟和姐妹,叔叔和姑姑等等。这种对立被小心地保持着,我们从这一点无疑应该承认有一种普遍的心理倾向。法国人按照拉丁人的习惯保存着 fils“儿子”和 fille“女儿”,但是当两者对举的时候,他们就不再说 fils,而说 garçon (les garçons et les filles“儿子和女儿”)。其实拉丁人在创造 filius“儿子”、filia“女儿”这一对词的时候已违背了保存在日耳曼语、斯拉夫语,乃至希腊语里的印欧人的惯例。克勒特语已不再使用古代的名称,但还保存着这种对比,如爱尔兰语的 mac、布列塔尼语的 maþ“儿子”;爱尔兰语的 ingen、布列塔尼语的

merc'h“女儿”。

拉丁语的 dominus“主人”和阴性的 domina“主妇”到法语里变得形式相同,用来兼指两性。我们在咒骂语 dame“天哪!”(惯用语 Dame-Dieu“我主上帝”的缩称)和名词 vidame“司教代理人”这些词里还保存着阳性的 dame 的遗迹,但只是遗迹而已。现在只有阴性的词保存在法语里,人们创造了一个新的阳性 monsieur“先生”来跟它配对。德语也曾发生同样的情况。德语的 Frau“太太”这个词,在古高德语是 frouwa,往昔曾有一个阳性的 frô 和它相配(峨特语的 frauja“先生”)。这个阳性的词没有保存下来,也是因为和相应的阴性词过分相似而被牺牲了。德语现在把 Herr“先生”和 Frau“太太”相对立,正如法语把 monsieur“先生”和 madame“太太”或英语把 gentleman“先生”和 lady“太太”相对立一样。

在动物的名称中,同样的对立也是常见的。拉丁语有 equus“公马”和 equa“母马”,但也有 taurus“公牛”和 vacca“母牛”,aries(或 uerex)“公羊”和 ouis“母羊”,catus“公猫”和 feles“母猫”,uerres“公猪”和 scrofo“母猪”。在法语里,我们把 cheval“公马”和 jument“母马”相对立,正如德语把 Pferd“公马”和 Stute“母马”,或英语把 horse“公马”和 mare“母马”相对立一样;但是我们没有像 chatte“母猫”或 chienne“母狗”那样把母马说成 chevale。[①] 法国人还创造了 mouton“公羊”和 brebis“母羊”,bouc“公山羊”和 chèvre“母山羊”,porc“公猪”和 truie“母猪”,cerf“公鹿”和 biche“母鹿”,

① 法语中,公猫是 chat,公狗是 chien. ——译者

sanglier“公野猪”和 laie“母野猪”，coq“公鸡”和 poule“母鸡”，lièvre“公兔”和 hase“母兔”。这是两性对立感的具体表现，它在这么多语言里都起着重要的作用。

*　　*　　*

即使在前面的例子里，心理也不能解释一切。词的磨损或多或少总是受到使用这些词的社会环境的影响。因此，我们要从社会方面来考察词汇更换的问题。在词由于礼貌的原因而发生的演变中，[①]社会因素显得特别清楚。在大庭广众下谈到一般认为粗鄙或猥亵的行为是不适宜的，所以表示这些行为的词就从有教养的人们的词汇中被排除出来。人们用来表示这些行为的有各种各样的惯用语，等到这些惯用语也变得粗野刺耳时，又会重新替换。法语没有保存拉丁语 mingere“撒尿”的任何派生词，甚至连用来代替它的 pisser“小便”这个动词在有礼貌的社会里也已不再使用；人们已用一个不怎么粗俗的 uriner“小解”来代替它。vomir“呕吐”曾得到它的医药性质的保护，但这是一个粗鄙的词，人们常用一些代用词如 rejeter“抛出”、rendre“归还”、s'expliquer“说清楚”等等来代替。同样，德语也常用 sich übergeben 来代替 sich erbrechen“呕吐”。

确定词是文雅还是粗鄙，要凭习惯。同一个词过了边境就会改变性质。pissoir“便壶”这个词在德语里听起来没有像在法语里那么使人不愉快。外来词可以减轻人们想要表达的事物的粗鲁，它起着委婉语的作用。有些观念常用委婉语来表达，例如死的观

---

① 参看 H. Schulz，XXXVI，vol. x，pp. 129-173.

念。法国人用来代替 mourir“死”的有périr“丧生”、passer“过去”、trépasser“逝世”、décéder“亡故”、s'endormir“安眠”、rendre son âme à Dieu“把灵魂还给上帝”等等，甚至只简单说 partir“离去”、s'en aller“走开”。峨特语说 usqiman“离去”，德语说 vergehen“离去”、erblassen“失色”、verbleichen“变得苍白”。这些婉转的说法可以使死亡的形象不致太令人难过。

听起来使人不愉快的词，其数目和性质会随环境和时代而不同。在一个讲礼貌的时代，妇女在社会上有发言权，这一类词自然多些。人们一步步限制着词汇，常用暗示来说话。可是非得明说的场合总是不可避免，这就引起词语的更新。

近来，医生已放弃使用opération“开刀”这个词，因为习惯已使它变成粗暴，并引起人们的恐惧。病人会立刻想到那些令人害怕的器械、血迹斑斑的白布、因痛苦而扭曲的身躯。opération这个词已因它所唤起的形象而遭殃，人们趋向于用 intervention“动手术”来代替它，因为这个词比较新鲜、比较含蓄，也比较含混，不致引起病人不安。

委婉语只不过是所谓词汇禁忌的一种经过培育、雕琢的形式。在野蛮人中，词常有一种神秘的性质，不许某些人使用。欧洲语言里已差不多没有这种禁忌，文明消除了这些野蛮的残迹。但哪怕是最开化的语言，如果我们从它们的历史往上追溯，还可以找到一些和野蛮人的语言里一样明显的禁忌的事实①。

① Meillet, *Quelques hypothèses sur les interdictions de vocabulaire dans les langues indo-européennes* (1906).

许多民族都认为左边是魔道的一边、神秘力量的一边。把这种力量唤醒是不好的，因此往往不许提及左边的名称。由于这种禁忌的结果，人们不得不采取迂回法或隐喻来表示左边。因此，大多数印欧语都保存着同一个词来表示右边，可是表示左边却有各种各样的说法，而且每种说法往往只限于一两种语言，它们本身在这些语言里又很容易被废除和代替。

禁止说某些观念或事物的最可靠的标志，是隐喻的存在（例如希腊语用εὐφρόνη“密友”或ἀβρότη“无人”表示“夜”）。但是用许多名称来表示这类观念或事物也是一种标志。[①] 爱尔兰语有十来个词表示熊的名称，用同样多的词表示鲑鱼的名称：我们从别的材料知道，这两种动物都是常人想象中的禁忌。人们捕猎的野兽一般都带有魔力，猎人的禁忌是很多的。因此，野兽往往要用同义词来表示。

词汇禁忌的结果不仅表现为一个词代替另一个词，而且也表现为改变现有的词的形式。人们只消改变或挪动一个字母就可以冲淡词的亵渎性或危险性而不致削弱它的意义价值。这样的词，人人都能马上理解它指的是什么。帷幕只遮掩那令人不快的方面或猥亵的气味，词的主要线条和一般色彩还是显露得清清楚楚的。在许多语言里，咒骂语都会经受约定俗成的变形，使它们能升登大雅之堂；例如 bigre“畜生”或 fichtre“见鬼！”在法国，人们常用 palsamble、parbleu、pargnieu、pardienne“该死的！”来代替 par le sang de Dieu“凭上帝的血”或 par Dieu“凭上帝”。

生理缺陷或残疾的名称特别容易变成禁忌语，难怪日耳曼语

① Renan，CX，p. 142.

把一个表示某种生理缺陷的词根改变一下语音要素就派生出了三个不同的词。峨特语保存有这三个词：daufs、bauþs 和 dumbs，分别指聋、哑、痴（现在德语里只有两个：taub“聋”和 dumm“呆”）。希腊语里保存有一个 τυφλός“盲”，也是从这同一个词根派生出来的。

有一个表示“底，深处”的词根（法语的 monde“世界”即由它变来）在印欧系各种语言里曾发生很奇特的变化。这变化算起来有八九种类型，彼此间的差别都可以用大家熟知的同化、异化或换位的规律和鼻音中缀的使用来加以解释。希腊语的 ἄβυσσος 和 πυθμήν、拉丁语的 mundus、爱尔兰语的 domun、威尔斯语的 annwfn，古斯拉夫语的 dŭno 等等都属于这一词族。这个词根的变化无疑是由于宗教的原因。表示“底”并引申到“世界”的词，过去是个禁忌的词，它的发音是要避免的。为了使人听见而不致有危险，只好把它改变一下，使它既无害又能让人理解。[①] 非常值得注意的是这些改变在语言中都是很正常的，可以简单地归入我们以前所说的各种连音变化。这个词的发音好像是说溜了嘴似的，但错误却是故意造成的。这是一种为了神秘或讲礼貌的目的而利用失检和口不从心。[②]

*　　*　　*

在更换词汇的社会原因中，我们必须考虑到说话者活动的种

① Vendryès, VI, vol. xviii, p. 308.

② 参看Cadière, LVIII, p. 30，在这里可以找到一些这一类因为讲礼貌而发生变形的例子。

类。凡与社会集体的活动(脑力的或体力的)有关的词都叫做文化词。

人类生产的任何进步都会从新工具和新方法的使用表现出来,相应地就会创造出一样多的新词。

器具的演变自然反映在词汇里。共同日耳曼语有一个词表示面包,它在古代的每一种日耳曼方言里都可以得到证明,例如峨特语的 hlaifs(属格 hlaibis)。这个词,和它所表示的事物一样,是非常重要的。它曾为立陶宛人和斯拉夫人所借用。它在日耳曼语里的重要性还可以从用它构成的复合词中得到证明:古英语 hláfweard"保管面包的人"(即今天的 lord"老爷")、hlaefdige"揉面包的女人"(即今天的 lady"太太")、古斯堪的纳维亚语 witandahalaiban"给面包的主人"(见北欧古文字铭志)。但这个词指的是没有发酵的面包。当人们学会了发酵的方法以后,要用新的名称来表示用新方法做成的面包。这就是古高德语的 brôt、古冰岛语的 brauđ。这个词不见于峨特语,在古英语里也还几乎得不到证明。在现代的日耳曼诸语言里,这两个竞争的词还保存着,但以后起的比较重要,这就是德语的 Brot、英语的 bread。那另一个词则带有半诗歌的性质,或只带有特殊的意义被保存下来,即英语的 loaf(复数 loaves)、德语的 Laib,都是指的"一块面包"。新词的创造不一定要毁灭旧词,但往往把它放逐到词汇中一个特殊的部分。

马的名称在印欧系大多数语言里都已更换。那旧词从最古的梵语(açvas)、希腊语(ἵπποϛ)、拉丁语(equus)、克勒特语(爱尔兰语的 ech)和日耳曼语(峨特语的 aihva)中还可以得到证明,但是在从这些语言派生出来的任何方言里都已经不存在了。古典梵语已经把它说成 hayas 或 ghotah(ghotakas),现代希腊语说成ἄλογον;法语用 cheval 代替了 equus;在克勒特诸语言里,爱尔兰语有 marc、gearran、capall,威尔斯语有 amws、ceffyl、gorwydd,布列塔尼语有 marc'h、ronsé,复数 kezek;德语有 Pferd,英语有 horse,最后这两个都是日耳曼语的新词。波罗的语和斯拉夫语也同样创造了它们所特有的不同的词:立陶宛语 arklys 或 žirgas,斯拉夫语 lošadĭ 或 konĭ。阿美尼亚语也同样造出了 arivar。这是一个普遍的演变,旧词无法解释为由于神秘的原因而成了禁忌语。更换可能是由于马有不同的种,从事畜牧的民族必须一一加以区别。但这个理由是不充分的,因为狗也有不同的种,但狗的名称都稳定得多:法国人还说 chien,正如德语的 Hund、英语的 hound、布列塔尼语的 ki、立陶宛语的szů、阿美尼亚语的 šun,都出于同一个原始形式。马的名称之所以差不多在任何语言里都已更换,那是因为马有多种用途:有乘马、挽马,也有耕马、战马。这些不同用途在不同的社会阶级里用特殊的词来表示。例如古希腊语的 παρὴορος就指拉套的马。甚至军用的马也可以因用途的不同而有几种名称:destrier"战马"就和 palefroi"仪仗马"不同。在中世纪的德国,马的名称很多,都是些后起的词:mór(来自拉丁语的 maurus),pâge(来自拉丁语的 paganus)、burdihhîn(来自拉丁语的 burdus)、soumâri(来自拉丁语的 sagmarius)、最后,还有前面已经提到的 pferid(来自拉丁语的 paraueredus)。和容易发生变化的马的名称完全相反,牛的名称在几乎所有的语言里都保持着不变(希腊语 βοῦς,拉丁语 bos,德语 Kuh,英语 cow,爱尔兰语 bó 等等),因为牛除产乳外,只限于干一些相同的活儿。但是必须指出,有些语言为

了表示供人食用的牛，曾创造了一些特别的名称，如英语的 beef、德语的（至少部分地）Rind。

用途繁多会引起不同的词的创造。除了多少带有隐语性质的表示货币的词语以外，法语里有许多表示社会上各式人货币收入的词，如佣仆的 gages“工钱”、公务人员的 traitement“待遇”、军官的 solde“俸给”、兵士的 prêt“饷”、雇员的appointements“薪金”、医师或律师的 honoraires“谢金”、官员的émoluments“薪俸”、工人的 salaire“工资”、零工的 paye“工钱”、业主的 rentes“租金”、记者的 mensualités“月薪”、股东的 dividendes“分红”、国会议员的 indemnités“津贴”、教士的 casuel“布施”、贫民的 secours“救济金”、演员的 feux“包银”，如此等等。还有一些比较含糊的词，如 rétribution“报酬”、subvention“补助”、gratification“资金”、allocation“津贴”等等。这一繁复的词汇可以反映出我们当前社会的复杂性。另一方面，（法官的）épices“讼费”、（修道院长老的）bénéfice“职禄”现在已不代表什么，失去它们在旧制度下的意义了。

立陶宛语是一种乡民的语言，它的表示灰色的语不下五个，但它们并不是同义词，其中每一个都应用于不同的事物，如：pilkas 指羊毛和鹅，szirmas 或 szirvas 指马，szèmas 指牛，ʒilas 指人的头发和除鹅、马、牛以外的家畜。其他颜色的名称虽然没有这么繁复，但也有类似的对立：例如说到牛的时候，人们用 ʒaals“红”代替习惯使用的 raudonas，用 dwylas“黑”代替 jůdas，等等。至于“颜色斑驳”的概念，则几乎有多少种动物就有多少个词。这可以表明他们是以畜牧为生的，而且把畜毛的颜色看得非常重要。每种动物的饲养者都趋向于对自己所饲养的动物创造出一套特殊的颜色名称。共同语最后就从特殊语言所造成的分散的结果中进行提炼。

在贵族结成封闭阶层，过着沙龙的生活，并以谈吐优雅而自豪的时代，出现过一种高贵的词汇，一切平民所用的词都被排斥在外。杜克洛（Duclos）说过，“他们（指宫廷贵族）的智力和常人相若，他们优于常人之处是用比较优雅的字眼和比较动听的说法来表达自己”[①]。这种精选的词汇使人能马上看出交谈者属于哪一个阶级。这种词汇现在看来已成了一个固定的整体，给人以完全的、确定的印象。实际上，它是由一些容易消逝的惯用语日积月累地形成的，有的朝生而暮死：它们产生于暗示、俏皮话，或者人们在社交中偶然发生的无聊的事件。

我们对当时的这种词汇的一部分认识，是作家们一般作为笑料写入作品而提供的。莫里哀 1659 年写的《可笑的才女》（*Précieuses ridicules*）中嘲笑了当时沙龙里所用的装腔作势的语言。布尔索（Boursault）1694 年在他的《时髦的词》（*Mots à la mode*）和阿兰伐尔（Allainval）1728 年在他的《市民学校》（*Écoles des Bourgeois*）中也讥笑了他们的同时代人的优雅的语言。这三种词汇各不相同。我们只要浏览一下就可以知道有些词的沧桑变化是何等迅速。布尔索描绘的乔司太太老是把 joli“美妙”这个词挂在嘴上，而且千篇一律地用 gros“宏伟”去代替 grand“巨大”。[②]

---

① *Considérations sur les mœurs*, 5me édition, Paris (1767), p. 211.

② Brunot, LVII, vol. iv, p. 222.

这种时髦曾轰动一时，但只在一个很短的时期，因为乔司太太的兄弟勃里斯律师，虽然也和她一样热衷于宫廷的语言，到底见识广博一些，感到应该告诉她，这个词已不当令：

垂死的词且让它安息；
除了一些奴仆的家里还把它陈列，
世上到处已不再使用，
姐姐呀，gros 这词已被废止……

这类情况的困难是在于，局外人要对他们最当令的语言非常熟悉。许多人自夸能说“通衢大道”的语言，具有“巴黎人的机智”，可是不觉得自己还在使用的已经是一年以前的词。那位雍维尔的药剂师奥梅先生所说的 faire florès“声名大振”、turne“杂乱窝”、bazar“市场”、Bréda-street“大街”，以及用 je me la casse 来代替 je m'en vais“我就去”，其实统统都是通衢大道上已经过时了的说法。[①]

调情的语言也是更新最快的语言之一。在这种语言的变化中，我们不难看出风尚的演化，要对它作出解释，必须考虑到两性的社会关系。在过去的奢华时代，附庸风雅的贵族不惜花尽一切心机去谈情说爱，把它作为习常的消遣，于是在贵族语言的内部造出了一种有关风流韵事的特殊词汇。例如中世纪时法国王公宅邸里的情况正是这样，起初在南方，后来移到了北方。在 17 世纪，从以情国地图闻名的朗布耶公馆起，直到梅纳公爵府邸的印章沙龙

① 这里引的是法国著名小说家福楼拜（Flaubert）在他的小说《波瓦利夫人》（*Madame Bovary*）中的一个故事。——译者

和房铎姆府邸的骑士团的聚会，有好几种调情的词汇相继出现。

这些词汇中有许多词转入了当时的文学，例如 gloire“光荣”、soins“关怀”、appâts“诱惑”、feux“烈火”、cruautés“残酷”、rigueurs“严酷”、alarmes“惊愕”，另外有许多词在今天看来已带有滑稽和陈腐的意味。我们把这些词一股脑儿看成连拉辛那样的作家也防不胜防的调情语言的代表。但实际上它们并不都是同一时代的产物，每个词都各有自己的历史，各有自己的盛衰期。在民族中形成一个特殊阶层的贵族，在今天的法国已不再存在。花国的扩展使风流韵事成为社会上任何阶级都能问津。谈情说爱的语言至今无疑还存在着，不过它是一种共同语，其中的词汇是从各界的隐语中借来的；像过去那样的调情语言已经没有了，因为风流韵事已不再是某一阶级的采地了。

因此，我们必须在词汇的演变中考虑到各种话语的相互影响。某个法语中通用的词来自兵营，人们之所以把它从那里找来，是因为它更富于表达力，并且比其他任何的词都更能有力地表明它所要表达的意思。另一个词又可能是从客厅语言借来。有时，一种外语，由于它所享有的威信，也会强使某种邻近的语言至少部分地更换它的词汇。这可以解释某些语言，如英语或高德语，为什么会有这么多的拉丁语的词。这些词并不都代表新的观念或事物，它们往往代替了野蛮语言中使用的词；是拉丁语的威信保证着拉丁语词的优越性。威信是词汇更新中我们不应该忘记的最后一个社会原因。

*　　　*　　　*

语言更换词汇的方法不难归结为几种一般的类型。语言本身可能利用的资源不是无穷无尽的。在语言词汇的范围内，可能做到的只是通过专指让一个泛指的词充当某种特别的用法，或者通过隐喻或换喻改变某个词的本义。这一切都不过是新义的创造。

利用派生法和复合法可以创造新词，从而大大增加更换词汇的可能性。派生词一旦创造出来，人们就感到它是一个新词，可以马上适合于所指定的事物。例如 bottine“半长靴”的意义和 botte“长靴”全然不同；chausson“袜子”、chaussette“短袜”和 chaussure“鞋子”，从意义上看，无论它们彼此之间，或者和它们的原生词 chausse“紧身裤”都毫无共同之处。复合词也是这样，它的成分一旦结合起来，在人们的心中只唤起一个表象。

对于一件新事物，人们往往用它的发明者、推广者、销售者，或者曾用某种方法助它成功的人的名字来命名。法语里有许多词是这样创造出来的，如：calepin“记事册”、guillemet“引号”、barème“价格预计表”、godillot“军用靴”、quinquet“洋灯”、catogan“一种发式”(借自英语，但本身也由上述方法构成)、bottin“工商界名录”、poubelle“土箱”、gibus“折叠帽”、pépin“雨伞”、riflard“大炮”、silhouette“剪影”、fontange“发带”等等。这种方法的使用不一定限于新发明的事物，它也可以应用于一种久已为人所熟知，但由于某种原因须要更换名称的事物。

如果所有这些方法都不够，人们就要求助于借用，求助于邻近的词汇。这些词汇可能属于性质极不相同的各种语言。例如土语、隐语、外省方言和外语都是借用的对象。借用始终取决于对抉择起着决定作用或调节作用的具体情况。

文化词特别易于借用，它们和它们所表示的事物一起被输往各地。事物是它们的运载工具，有时把它们带到非常遥远的地方：rem uerba sequuntur（词跟着物走）。我们试把北方民族，布列塔尼人、爱尔兰人、盎格鲁·撒克逊人、日耳曼人、波罗的人和斯拉夫人从拉丁语借入的词计算一下，就可以看到，它们几乎都是同样的一些词，其中有相当大的一部分又是拉丁语从希腊语借来的。[①]我们在原则上可以说，一个词越过了它的语言的边界就有可能远游到许多地方，因为外国人要用它来指称它的故土所特有的新事物。因此，很自然，我们可以预料到，这新事物传播到什么地方，这个词就会渗入到什么地方。

除邻近的词汇以外，许多语言还有一个可以随意汲取的特殊贮水池，这就是古典语言和已死的语言。拉丁语一直是西欧各种语言更换词汇的一宗资源。法语的词汇里充斥着拉丁词，它们随着新的需要不断地输入，只在形式上按照我们仍能感到的某些对应原则有所改变。拉丁语同样向英语提供了丰富的资源。它向德语提供的就少得多，因为德语的方言词汇非常丰富，而且通过复合法能够大大增加词的数量，使它自给自足。希腊语曾是斯拉夫诸语言，特别是俄语的贮水池。此外，俄语为了更新它的词汇，还有古斯拉夫语词汇的常备资源，它由于教会的影响一直和古斯拉夫语保持着接触。

词汇的更新有这么多的便利，它们实际上已为某些语言所滥用。人们责难英语的词汇过分臃肿，它充斥着迅速为习用所摈弃

① 参看 J. Loth, LXXXIX; Vendryes, *De Hibernicis vocabulis quae a Latina lingua originem duxerunt*, Paris, 1902; F. Kluge, *Vorgeschichte der altgermanischen Dialecte*, 2 版, Strasbourg, 1897, S. 333.

的同义词，还随时准备向它的惯常的供应者——拉丁语——索取新词，更不用说那些偶然的供应者，其他的外语了。法语也不是无可指责的：它在旧词还保存着活力，具有足够的表达力的时候就急急忙忙去采用新词。这是享有特殊权利的一个不利之处，人们一有需要，几乎就可以随便伸手去借，哪怕只是为了暂时使用。

在这样的情况下，语言很少把一些音位随便结合起来制成全新的词，因为没有这种必要。它最多只是冒险去改变一个词的各种语音要素间的关系。这种方法在隐语里是众所周知的；但隐语只是改变形式，不是创造。创造是极其罕见的。[①] 人们虽曾零零星星举过一些例子，这些都只是稀世的珍品：例如18世纪发明的gaz“瓦斯”、rococo“洛哥哥式”，或félibre“费里布勒派”等词。[②] 又例如当代某些产品、食品或工具的名称，比方kodak“科达”这样的词，它完全是由发明者想出来的。这类词的制造达到一定数量就会危及语言的明晰性。它们的情形恰恰跟专有名词一样，对于专有名词，如果我们不认识这名称的主人，就无从在心里引起任何明确的概念。这类词必须有上下文围绕着作为注解。因此，在增加它们的数目时，不能不小心从事。此外，它们是很难制造的。要创制一个词而没有本族语习用的派生法或复合法作指导，是再困难不过的。事实上总有某些东西在指导着我们的选择。[③] 曾有人不无道理地

① Jespersen，CXXXIII，第5、6章。参看R. M. Mcyer，XXX，vol. xii，p. 257.

② Darmesteter，LXIII，vol. i，p. 23；G. Paris，*Penseurs et poètes*，p. 94；但试比较Joanroy，XVIII，vol. xxxiii，p. 463. 按“洛哥哥式”指18世纪欧洲流行的一种家具或装饰的样式。félibre是一派作家的名称。——译者

③ Renan，CX，p. 147.

认为，gaz 这个词会使人想起 Geist“精灵”；因此，它只不过是一个现存的词的变形。jingo“侵略主义者”这个词也是这样。据说，它来自代替了 by Jove“天呀！”的咒骂语 by jingo 的一个形式，而 by jingo 本身又是牛津大学学生所用隐语里的一种委婉语。至于像 rococo 或者 kodak 这样的词，它们具有无可否认的表情价值。它们是拟声词；它们所属范畴的原则和构造现在已经有人找出。[①] kodak 这个词可以造成一种听觉形象：我们仿佛听到了打开照相机快门时咔嚓的声响。创制这个词的人是否感觉到这个价值，从而想造出一个谐音的符号呢？可能如此，但这并非必要。声音和事物之间总会建立起一种不自觉的一致。一个不认识的词所产生的印象可能因人而有很大的不同，但印象或多或少总会有的，差别决定于听者的敏感性、想象力，或者只是他的神经质的程度。在给任何事物起一个全部捏造的名称的时候，我们也不能不无意中受到声音和事物间主观上的联系的指引。此外，像 kodak 这样的词符合拟声语言的规则：辅音的发音很恰当，元音具有格拉蒙先生的法则所规定的音色。这个词造得如此无懈可击，我们怀疑还有比它更好的方案。创造新词的才能也许只是一种幻想。这一结论可以把我们引到语言演化的大原则，那就是：语言是通过现有要素的演变，而不是通过创造而前进的。

① Grammont, *Onomatopées et mots expressifs* 载于 XVII, vol. xliv, p. 97.

第 四 编

语言的构成

第一章　一般语言和具体语言

直到目前为止，我们对语言各部分所作的分析只能使人们对于语言得到一个片断的、不完全的观念。我们分出前面几章所讨论的三种要素：语音、语法形式和词，那只是一种人为的区分。这些要素尽管看来很不相同，其实是紧密地互相联系着的，而不是单独存在的。它们融合成一个整体，即语言本身。因此，语言学家分析了这些要素，还没有完成他的任务。他还要研究这些要素结合起来怎样行动，一句话，即语言是怎样运转的。

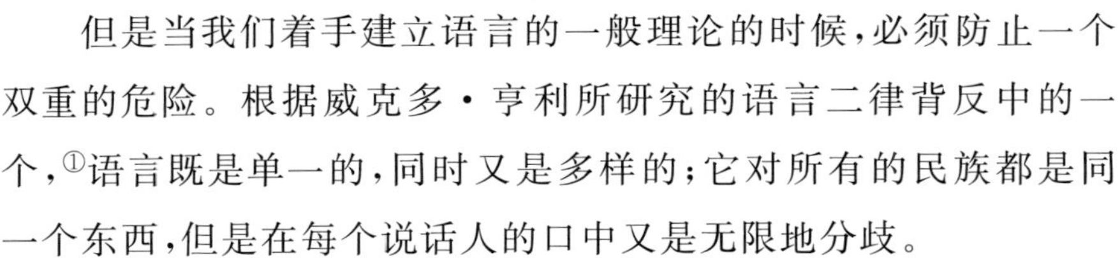

但是当我们着手建立语言的一般理论的时候，必须防止一个双重的危险。根据威克多·亨利所研究的语言二律背反中的一个，[①]语言既是单一的，同时又是多样的；它对所有的民族都是同一个东西，但是在每个说话人的口中又是无限地分歧。

很显然，从来没有两个人的话是完全一样的。语音学家只能从个人的特点中观察语言，在他看来，语言只限于个人。把语言学限制于个人事实的研究，这是描写语音学的不小的缺点。如果有人想在语言中寻求感觉、情绪和人类心灵的热情的反映，他所看到的也只是一些个人的事实。一个信号一旦由于约定俗成而为人所

① Victor Henry，LXXXIII，p. 56 及以后。

承认，就具有一般的价值。但是产生信号、宣告初生信号的存在的具体行动却只能在个人的表现中看到。语言创新始于个人的说法虽然不一定对，但是人人都把自己的创新引入语言却是事实。所以，认为有多少个人就有多少种不同的语言，并非完全没有道理。

但是认为全世界只有一种基本上相同的人类语言，也不是没有道理。普通语言学的各种尝试中所表现的正是这种观念。人们正在试图建立一些适用于各种语言的原理。事实上，任何民族的语音系统都服从于同样的一般规律，我们所看到的差别只是特殊情况引起的结果。形态的表达无疑有许多变异，但是从这些变异归纳出来的三四个主要类型本身并不是绝对的，因为在历史上我们可以看到它们互相转化，其中没有一种足以刻画任何一个人的语言。至于词汇，它所依据的原则是一定的音组和一定的概念相联系；这一原则也是到处相同的，可以适用于一般语言。

所以，关于语言的一般理论一开始就碰到这么个困难：语言学家不知道怎样确定他的研究的界限，他仍然在个人的考虑和全人类的考虑之间摇摆不定。但是试把语言不再设想为一种抽象的东西，而是一种实在的东西，这种困难就立刻缩小了。语言既是一种行动的手段，必然有一个实际的目的，因此，要彻底了解它，就必须研究它和人类全部活动的关系，和生活的关系。

我们曾经提到过语言的生命。这个暗喻虽然不正确，并且意义含混，但是我们可以把它当做一种假设，用来指导研究，或者使教学上的论述更加方便。但我们直到现在所用的资料都只是语言学家在心里创造出来的抽象，用语言的生命来指恰恰是没有生命的语音、语法形式和词，这有点牛头不对马嘴。我们现在所说的生命[①]是指人类进行活动的全部环境、处在无限发展中的现实。语言参与这样理解的生命，那是十分明显的。但是这样一来，我们面临着的就不再是抽象原则的理论体系，而是世界上所说的极不相同的语言了。

一般语言（langage）和具体语言（langue）之间存在着这样的区别：一般语言是人类用来说话的全部心理过程和生理过程，而具体语言则代表这些过程的实际利用。因此，要给具体语言这个术语下定义，我们必须跳出前面各章的框子，研究一般语言在有组织的人类社会中所起的作用。

*　　　*　　　*

人们最先想到的是把语言和种族联系起来。普通语言学方面现有的唯一教材，弗里德里希·缪勒的巨著，[②]就是以这一观念为基础的。作者在这本书里相继考察了鬈发人的语言和直发人的语言，并根据人种的特征对语言作了分类。他的处理使读者感到奇怪，更严重的是，这个原则是经不起检验的。任何有关种族的判断都应该带着许多限制来加以理解。[③] 不论种族的演变在语言的演变中曾起过什么样的作用，我们也不能在这两个概念之间建立任何必然的联系。我们不能把与血统有关的人种特征跟语言、宗教、文化等制度混为一谈，后者显然是可以转移的，是可以借用和交换的。[④] 我们只

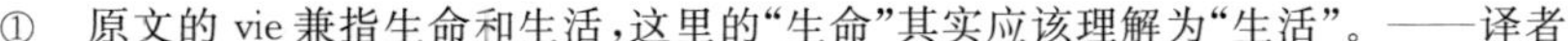

① 原文的 vie 兼指生命和生活，这里的“生命”其实应该理解为“生活”。——译者

② Friedrich Müller，CLXXXV；又参看 Byrne，CXXXI，vol. i，p. 45.

③ E. Renan，CXI，p. XV.

④ Whitney，CXXIX，p. 231.

要看一下当前欧洲的语言地图，就会发现在同一种语言的一致性后面隐藏着各种极其混杂的种族。一个黑人或日本人在法国受到和法兰西儿童一样的教养，会说和本地人一样的法语。这一事实就足以表明任何把语言和种族看成一致的企图都是徒劳的。

那么，我们是否至少可以说，每种语言都和一定的心理素质相当呢？民族心理学谈到法国人的心理素质和德国人的心理素质；如果语言只不过是一定心理素质的表现这句话是正确的，那么它们的差别就应该反映在语言里。这一推断在原则上虽无可非难，但很不容易证实，而且在实践中会碰到许多异议。

首先，我们必须注意，不要把不同的心理素质推断为不同的头脑，这样又会把种族的概念引到心理学的问题里来。即使把黑人和白人对比，我们也没有理由相信皮肤的颜色或嘴唇的形状和某种头脑相对应，黑人会产生和我们不同的思想。

这种推断更不能应用于并无重大人种差别的白种人之间。大家知道，眼睛或头发的颜色、皮肤的色泽、头骨的形状，从民族方面说，不能作为区分德国人和法国人的标准，从语言方面看，那就更不用说了。但是毫无疑问，这两个民族有不同的心理素质，有民族的嗜好、习惯和气质。但这些民族的气质，和它们的语言一样，显然都是结果，不是原因。认为心理素质来自语言，正如认为语言来自心理素质一样，是很武断的。二者都是周围环境的产物，它们都是文化的事实。

作出这样的结论并不是要使试图把这两个概念联系起来的人感到气馁。因为语言和心理素质可能是相同原因的产物，并且有同样的特征，并非其中一个来自另一个。如果语言是一定思想形式的表区别的标志，那么语言的比较分析就应该导致民族心理学。这正是赫尔德(Herder)在他的关于语言起源的论文中的观念，也是洪葆德(Wilhelm von Humboldt)和石坦达尔(Steinthal)的观念。在我们这个时代，另一个德国语言学家芬克(F. N. Finck)重新提出赫尔德的观念，并试图加以补充。[1] 他主张：我们应该把语言看做表现民族精神的行为。语言只是表象，在心理学家的眼中并不提供任何可以触知的实在。把语言当做实在来研究将是一种幻想。研究语言必须采用纯主观的方法，不能从语言发出，因为它只是结果，而是要从创造语言的精神发出。这种方法最适宜于研究心理活动的某些产物，例如民众的信仰；我们研究恐惧、梦想或信心也用得上它。按照他的主张，我们就远远离开了语言学。

我们可以回答芬克，语言也是一种实在。[2] 语言由于它的语音和形态可以具有不依赖于说话者的心理素质的自己的存在。语言是作为一种已经制备好的装置，像一把交到手里的工具那样而强加给说话者的。说话者把语言用于各种不同的目的：用于平凡的需要，或者用它产生精湛的效果。但语言始终是那同一种工具；语言学家的任务恰恰就在于研究这种工具的主要的、恒常的性质。因此，芬克所攻击的客观的方法完全可以应用于语言学，语言可以离开心理素质来加以研究。

此外，我们不能确定，对语言起作用的原因是否对心理素质也能发生对称的后果。语言的主要的和恒常的部分发生变化的原理

① CLX.

② Meillet, II, vol. x, p. 664.

跟心理素质没有任何关系。人们正是从这里提出跟任何生理、心理或社会的生命无关的语言的生命的假设。事实上，我们在两个民族的语言间，哪怕是有亲属关系的两个民族的语言间的某一历史时期所看到的差别，都可以用每种语言发展中的纯语言的作用来加以解释，因此得不出任何有关民族心理素质的结论。

这种观察可以应用于区别两种语言的最显著的特征。例如词序是一种意义非常深远的方法，它的根子似乎已深深扎入语言的意识，因为它在语象形成的根子上就有了。但是我们知道，德语、爱尔兰语或现代阿美尼亚语的句子结构都是这些语言所特有的形态演变的结果；研究语言历史的人追溯过去，在极不相同的句法构造中可以发现说明每种语言的发展的内部规律的作用。

人们常常喜欢，并且很合理地把使用复合法的语言和使用派生法的语言，例如希腊语和拉丁语，或者德语和法语互相对比。这从表面上看好像是两种不同的心理素质：一种是在心里把表象进行分解，用所得的结果把表象详细地表达出来；另一种只指出表象的一个方面，让听者自己去补充其他方面。但事实上，这两种方法都是相当发达的习惯所产生的结果；它们从不互相排斥，它们在每种语言里的使用只是哪一种多些，哪一种少些的问题。只要某一类型在某种语言的某一时期占了上风，就足以使这一类型长时期地大量重复出现。它是形态方法互相竞争的直接结果，丝毫也不取决于心理素质的差别。

因为在两种情况下，心理素质是一样的。区别只在于表达。一种语言说 liber Petri“彼得的书”，另一种语言说 le livre de Pierre（同上），这一事实并不意味着说这些语言的人对领属关系的理解有所不同，差别只在表达领属关系的方式。而且这种差别是有历史原因的。从我们的研究方法的现状来看，要想通过语言的特点来了解民族的精神，只是一种空想的企图。即使词汇也只能很不完全地反映心理素质。法语只有 louer 一个词来翻译德语的 miethen“租入”和 vermiethen“租出”两个词，而后者的意义是互相对立的。这是法语中一个令人烦恼的意义不明的词。可是相反，德语的动词 lehnen 却兼指法语的 prêter“借出”和 emprunter“借入”。我们还知道有些语言用同一个词来表示“买”和“卖”。[1]我们从这些事实中能得出各民族对于租赁、借贷或买卖如何理解的指示吗？当然不能。词汇从来不完全表达思想的一切方面；词总是少于观念，但日常用语满足于近似的词语，并且有办法避免歧义。上下文可以使每个词的意义明确，如果上下文不够，语言总有办法来弥补这一缺陷。事实上，法语没有因 louer 这个词的意义不明而受罪，德语也没有为 lehnen 这个词所困，同样，布列塔尼人也并不因为只有一个词(glas)表示“蓝”和“绿”，只用同一个词来说“天是蓝的”和“豆子是绿的”而感到不便。

不论从语言的哪一部分，如果要看出某种心理素质的面貌，那就显然错了。这并不是说语言和心理素质之间没有任何关系。语言有时甚至能改变和调整心理素质。把动词老是放在某一位置的习惯可以决定某一种思考的特殊方式，而且能对推理的进程发生一定影响。法国人、德国人或英国人的思想在一定的程度上从属于他们的语言。柔软轻便的语言，语法缩减到最低限度，可以把思

① 例如汉语说 mǎi 和 mài，只有声调的不同。

想表达得非常明晰，使它有自由活动的余地；反之，刻板笨重的语言则会使思想由于它的拘束而受到妨碍。但是说话者的心理素质会起反作用去适应任何的语言形式。因此，我们无法用某一民族的气质或心理素质来确定他们所说的语言。只有研究语言的社会作用才能对语言是什么有个最好的概念。

*　　*　　*

人首先是社会的动物，这在今天已成了一种老生常谈。人的社会性最清楚地表现在这样一种本能里面，它促使集体的成员把将自己联合起来的特点立即看做是大家共有的东西，从而和并不在同样的方面表现出这些特点的另一些人对立起来。

这种本能的力量非常巨大，在任何社会机构的任何部门里都可以见到；它的根源就在于群集这一事实本身。假设一个孤零零的法国人在荒岛上碰到一个波斯人，他们两个都会忘记彼此间的差别，自然而然地谋求相互的联合，孤立中的平等将会发展他们的友谊。但假如一个波斯人在法国旅行，偶尔在王后散步场露面，民族感情加上集体的存在将立刻会使在场的法国人想起他们的那个名句："怎么会是波斯人？"一个孤单的骑兵很容易和他所遇到的一个步兵交上朋友；但是大家知道，在一些同时驻扎有这两个兵种的城市里，共处混杂往往会引起怎样的争吵，使当局不得不进行干涉来恢复秩序。有时，不但职能、制服等不一样的两个不同部队彼此间会发生这种对立，就是驻扎在同一个营地的联队内部，在营与营、连与连、排与排之间也往往会发生敌对的行为，其起因无非是轮值的办法不同、指挥官不同、番号不同。一点小小的差别都会燃起敌对。我们似乎可以说，人们一旦集合成群以后，就会利用微不足道的情况来巩固他们的集体，和别的集体对立。

这种情况不能用来自优越感的虚荣的动机作出说明。诚然，集体精神往往掺杂着内心的满足，它有一种喜欢撩拨和凌辱别人的骄傲情绪。但这些情绪正是集体精神的结果，它们不会创制集体精神。集体精神的发展是由于集体的存在。集体本身没有任何个人的东西，也绝不考虑个人的各自价值。一个新来者加入了集体，人们就承认他享有和别人一样的权利，最多要他经受一种见面礼的考验，这种考验也许只是古代所奉行的一种神秘的入伙仪式的遗迹。最后，集体并不受任何法律条文的约束。各成员间的联系既不是任何事先的协商，也不是任何外界强加的意志所产生的结果，而只是在于职业、利益和需要的共同性。愈是在集体以外还有其他职业不同、利害不同、需要不同的集体，这种联系的力量就愈是强大。

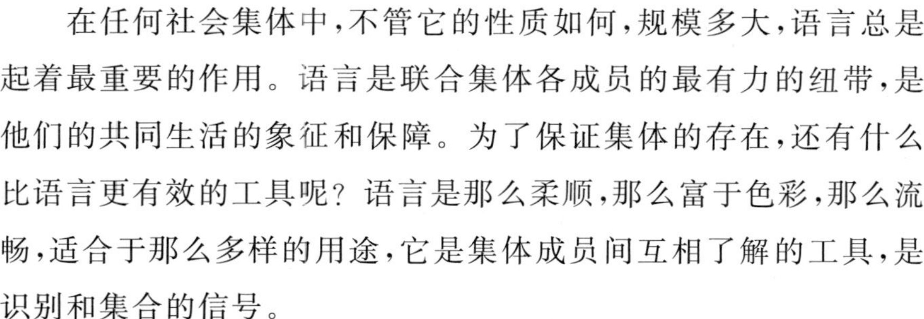

在任何社会集体中，不管它的性质如何，规模多大，语言总是起着最重要的作用。语言是联合集体各成员的最有力的纽带，是他们的共同生活的象征和保障。为了保证集体的存在，还有什么比语言更有效的工具呢？语言是那么柔顺，那么富于色彩，那么流畅，适合于那么多样的用途，它是集体成员间互相了解的工具，是识别和集合的信号。

集体的每个成员都感到他自己所说的语言并不是相邻的集体的语言。因此语言实际存在于用它说话的一切人的共同感觉中。这一定义初看起来好像是纯主观的，但有事实根据，那就是：在每个说话者的意识里，除语言共同性的感觉外还有某种语言理想的感觉，这种理想是每个人都要在自己的话中努力实现的。[①]

在同一集体的各成员之间仿佛存在着一种自然约定的默契，把语言按规则所定的样子保持下去。人们往往不是没有理由地认为这种规则应该以习用为依据。但习用不是任意的，有时甚至恰恰相反。习用总是决定于集体的利益，在这里，就是指的相互理解的需要。因此，每个人都会本能地和不自觉地反对在使用中引入任意的东西。任何人违反习惯都会立即遭到取缔，嘲笑就足以惩罚那犯规的人，使他不想再犯错误。要使违反习惯获得法律的力量，必须集体的所有成员都倾向于犯这种错误，那就是说，必须每个人都感到那是规则，而不再是犯规。

这种规则在任何语言集体内对一切话都约束得十分严格。我们有时会发现有些人，甚至是很有教养的，因看到农民的话里居然也有规则和语法而感到惊讶。他们设想规则只存在于给学生们念的书本里，不是写的语言不该有什么规则。这是一个大错。乡间的说话，即我们所称的“土语”，往往有一些比我们从语法书里学来的语言更加严格的规则。恰恰是在写的语言里有时会有学者们的踟蹰和争论，正如霍拉斯（Horace）所说的：grammatici certant“语法书老是抬杠”。但是说土语的人是不会踟蹰的。试听一个农民怎样议论他的邻村的土语：他会立即发现其中有一些往往是外地人无法觉察的差别，骄傲地肯定说，只有他和他同村的人才说得对，说得好，这正确的说法过了小溪，到山谷的那一面就不再有了。

① 关于语言准确性的理想，试参看 Noreen，XXX，vol.，1（1892），和 Setälä，XXVIII，vol. iv（1904），pp. 27-79.

人们对自己的语言一般总有非常精确的观念，稍稍有些违反规则，他们都能以罕有的敏锐感觉到。马列尔勃（Malherbe）曾发现福恩港（Port-au-foin）的脚夫对语言有极准确的感觉，他说要拜他们做老师。[①] 大家知道原籍列斯波斯（Lesbos）的德奥弗拉斯图斯（Theophrastus）在雅典市集中所遭遇的不幸：当他打听某种商品的价格时，一个普通的妇女从他的话中识破了他是外地人。[②] 如果我们对某种用法有所踟蹰，应该请教的正是普通的老百姓。学院里尽可以对 automobile“汽车”是阳性还是阴性进行讨论，提出许多论据互相争辩，这一切都是理论。实际上，人们很快就决定了这个词是阴性的。如果人们对它有片刻的犹疑，那是因为这个词的性别在许多场合无法表示出来，这就是说，它在一部分用法中没有性别。但是凡在人们感受到它有性别的地方，总把它定为阴性，例如：une belle，une grande automobile“一辆漂亮的汽车，一辆大汽车”，l'automobile est verte ou grise“汽车是绿色的或灰色的”。

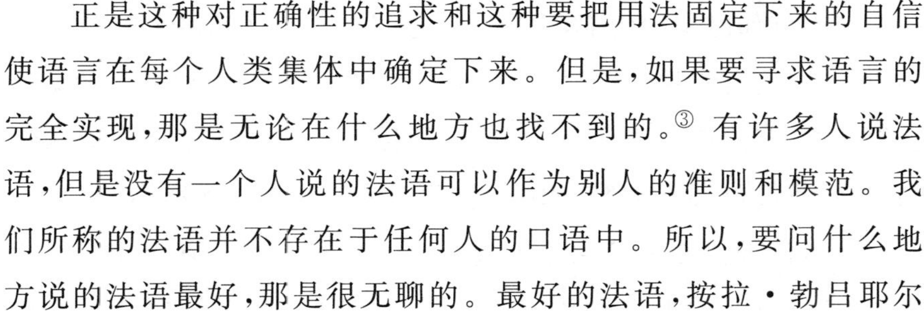

正是这种对正确性的追求和这种要把用法固定下来的自信使语言在每个人类集体中确定下来。但是，如果要寻求语言的完全实现，那是无论在什么地方也找不到的。[③] 有许多人说法语，但是没有一个人说的法语可以作为别人的准则和模范。我们所称的法语并不存在于任何人的口语中。所以，要问什么地方说的法语最好，那是很无聊的。最好的法语，按拉·勃吕耶尔

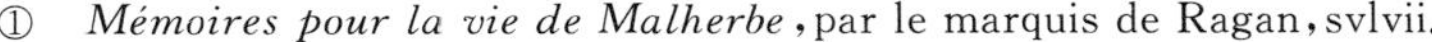

① *Mémoires pour la vie de Malherbe*，par le marquis de Ragan，svlvii.

② Cicero，*Brutus*，vol. XIvi，p. 172；Quitilian，vol. viii，p. 1.

③ Meillet，XCIII，p. 357.

(La Bruyère)的说法，只是一种“idée”(理念)。这是一种虚构，正如斯多噶学派的圣人一样，他完善、文雅、仁慈，身心都很健全，只要像诗人所说，他不为黏痰所折磨。我们的最好的法语同样也不免要受记忆的失误、发音的疏漏，或者说话的错乱等危害。这是一个可求而不可得的理想，这是一种只能用趋向的目标来确定的行动中的力量，这是一种不见于动作的潜在的现实，这是一种永远达不到的未将。

*　　　*　　　*

综上所述，我们可以说，语言是强加于某一社会集体全体成员的理想的语言形式。

但是我们还没有对集体下定义。下面各章主要要谈这个问题，因为语言的特点要决定于集体的性质和范围。在法国，除了到处用于书面和受过教育的人希冀在说话中实现的文学语言以外，还有方言，例如弗朗许·公兑方言或里莫三方言，这些方言本身又分为许多地方话。因此，有多少个集体就有多少种语言。另一方面，在同一个城市例如巴黎的内部，也有一定数目的不同语言相互交叠在一起：客厅的语言和兵营的语言不同，资产阶级的语言和工人的语言也不一样，有法定的隐语，也有近郊的黑话。这些语言有时有很大的差别，我们很可能熟悉其中一种，而对另一种却毫无所知。

分歧的原因是社会关系的复杂。人们很少老关在一个集体里生活，所以几乎没有一种语言不会扩展到别的集体。每个人在转移的时候就把他的集体的语言带过去，用他的语言影响到他新加入的相邻集体的语言。

甚至两个相邻的家庭也没有完全相同的语言，但其间的差别，虽然包孕着将来会引起分裂的根源，暂时还很少被人感觉到，我们可以不必加以考虑。此外，这两个家庭用来交际的语言必然会统一起来，因为相互关系从第一天起就倾向于减少差别，建立共同的规范。我们试设想有两个住在一起而从事不同行业的兄弟。这两弟兄要是有很长的时间不会面，有朝一日会发觉，按照有些人的说法，彼此说的是不同的语言。可是他们每天晚上互相交谈，在白天所产生的差别也就消失。这样，他们每隔几小时就会轮番受到两种相反的影响，他们之间所说的语言也就不断地清除来自外界的分离的要素。

争取平衡的斗争是语言整个发展的规律，上面举的就是一个很好的例子。有两个相反的倾向把语言拖往两个相反的方向。[①] 一个是分化的倾向。语言的发展，正如我们在前几章所描绘的，会使语言愈分愈细。这种分化会随着语言的使用而加剧，最后造成分裂。一个个集体，如果任由它们自行发展，彼此不相接触，必然会遭到这种厄运。但分化从来都是不彻底的，有一个很重要的原因阻拦着它前进：分化会使把语言做作为相互间交际工具的集体变得越来越小，最后就会使语言失去它存在的理由；语言不再适宜于做人们的交际工具，结果只会使自己毁灭。因此，统一的倾向不断起作用来对抗分化的倾向，重建新的平衡。由于这两种倾向的相互作用，产生了各种语言、方言、特殊语言、共同语。我们在下面就要讨论这些问题。

① Meillet,“Unification et différentiation dans les langues”[XLII (1911),p. 402].

第二章　方言和特殊语言①

我们试把一种语言和一些不同类型的语言加以对比，常可以确定这种语言在空间上的界线。我们知道法语跟德语、巴斯克语，或者布列塔尼语碰头的地方，那就是它的分界。某个村落，在同一个村落内部，某个山谷，某条小河，某条街道往往就分开了两种语言。所以我们可以说有一种法语，一种德语，也可以说有一种意大利语，一种匈牙利语，一种塞尔维亚语。这些语言都是互相对立的，并且有确切的界线。

但是要画出法语和普罗旺斯语，高德语和低德语，塞尔维亚语和保加利亚语各自的边界，就会遇到一定的困难。在这里我们所看到的已不再是历史偶然使它们互相接壤的两种不同来源的语言，而是出自同一来源、历史情况使它们发生了分化的语言。从一种语言到另一种语言是逐渐过渡的，我们看不到两种面对面各具有不同表达手段的语言的明显对立。如果我们要在同一个语言领

---

① 关于方言的问题，参看：Ascoli，*L'Italia dialettale*（XLI，vol. viii，pp. 99-120），L. Gauchat，"Gibt es Mundartgrenzen"（XXV，vol. cxi，1904，pp. 365-403）；Tappolet，*Ueber die Bedeutung der Sprachgeographie*，*Festschtift Morf*，p. 385 ff.；J. Huber，*Sprachgeographie*，III，vol. i，p. 89ff；特别是Gilliéron，Jaberg，Terracher 的著作。关于特殊语言一般参看：Lasch，*Mitteilungen der Anthropologischen Gesellschaft zu Wien*（1907）；Van Gennep. XIV（1908），i，p. 32，和 LXXIV.

域的各种土语之间画出分界线，那么所遇到的困难将会更大。

语言的各个特点从来都没有相同的扩展区域，或者换句话说，同语线并不重合一致，而是互相独立的。这在今天已是一个确定的事实。

在这方面，我们考察一下语言地图，能得到很多教益。《法兰西语言地图集》[1]对每个事实都提出一条不同的界线。我们试设想有十来个村落散布在法国某一个州的几平方公里土地上。这些村落的居民说的都是同一种语言，因为他们说的都是一种特殊模样的法语，从历史上看，都是同一种语言在连续的地域上独立发展的结果。但是各村落间却有显著的差别。从语音、语法和词汇的观点看，我们对每一个村落的土语都可以作出不同的描写。[2] 一个村落的特点很少不或多或少扩展到邻近的村落，但是各个特点在地理上的界线很少是一致的。例如十个村落中有五六个村落把其他村落发 e 的音发成 a，或者把其他村落发 u 的音发成 o。但是由 a 到 e 的线和由 c 到 u 的线并不相合，出现这两种变化的村落不是相同的，换句话说，分布不一样。

例如在朗德（Landes）州，[3]joug“轭”这个词的发音有四个大小不等的区域，其分布大致如下：

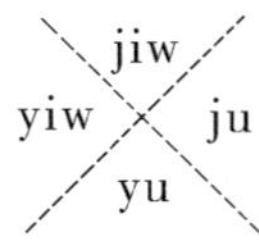

① *Atlas linguistique de la France*，Champion，Paris；参看 Gilliéron et Roques，LXXVI.

② Gauchat，“L'unité phonétique dans le patois d'une commune” *Festschrift Morf*，pp. 175-232）.

③ Millardet，CII，p. 245.

在这里构成分界线的，一方面是j(法语的j)的发音代替了开首的y，另一方面是iw的发音代替了u。这两个语音现象的区域彼此间并不符合一致。但是它们和别的语音现象，例如d与z的交替，也不符合一致；这个交替把整个区域大致分成如下两部分：[①]

laide|laize　　"丑恶"

此外，它们和形态现象中的例如简单过去时与复合过去时的对立(il écrasa，il a écrasé"他压碎")也不符合一致，后者的分界形成一条曲线，把整个州切成奇形怪状的两块。[②]

如果我们研究一下这个州的词汇，就可以看到表示étang"池塘"的名称的，有按村落而不同的四个词(estan、gourgue、pesque、clote)[③]，表示corbeau"乌鸦"的名称的有三个词(croque、corbe、courbas)[④]，乌鸦的不同名称的区域和池塘的不同名称的区域并不一致。所以词汇的事实跟语音、形态的事实一样，它们的分布同样是不规则的。

考虑到这种情况，许多语言学家主张方言并不存在。依这些学者看来，语言状态是语言发展的结果，它只能从两个方面去理解：一是从语言的方面，一切地方话都可以归结为这个大单位；一是从地方话的方面，它们是语言分裂成的。这是罗曼语学家的一般理解，从前加斯东·巴黎(Gaston Paris)和保罗·梅耶尔(Paul Meyer)曾作过巧妙的阐述。加斯东·巴黎说，"没有真正的界线

① Millardet，CII，p. 249.

② 同上，p. 199.

③ 同上，p. 208.

④ 同上，p. 175.

把北部的法国人和南部的法国人分开来;我们的语言好像一幅大地毯,从国土的这端铺到那端,它的缤纷的色彩在每一点上都以极其细微的浓淡差别向前推移[①]”。

这也是让·施密德(Johann Schmidt)的“波浪说”(wellen theorie)[②]的理解。他主张每个语言事实好像波浪一样在地域上扩展,每个波自近至远慢慢地移动,并没有什么界线。他的理论是以印欧系语言的研究为根据的,在这些语言里,同语线确实跟罗曼族语言里的一样,是不一致的。但是梅耶先生却十分有理由地为印欧方言辩护。[③] 他指出,自有印欧语开始就有方言之分。划分所根据的原则是:凡有大量语言现象的界线接近重合的地方,我们就有权利谈到方言。凡是我们见到有共同特点的区域就有确定的方言。虽然在两个邻接的地区之间我们只能画出一些不很确实的界线,但是每个地区总起来说仍然具有某些非其他地区所有的共同特征,使我们得以确定它的界线。例如普罗旺斯语和法语毕竟是同一种语言的两种方言。我们虽然不容易在地图上画出一条明确的界线表明法语到哪里为止和普罗旺斯语从什么地方开始,但是两者各有许多相当明显的特征,我们不能把它们混为一谈。

就是在法语的领域内,我们也能选出某些足以确定方言的特征来建立方言的区分。例如毕卡迪方言保存着在法语领域里已变成嘘音的塞音 c 而跟法兰西岛的法语相对立,它用 keval、kamp、

① Dauzat, LXV, p. 217ff,其中曾引证 Schuchardt, Ascoli, G. paris,和 P. Meyer,试比较 G. Paris, CVI, p. 434.

② CXCIX; K. Brugmann, XXXI, vol. i, p. 226ff.

③ XCVII.

kar 代替 cheval“马”、champ“田”、char“车”。诚然，正如保罗·梅耶尔所指出的，这一非常适宜于把毕卡迪方言和法语相对立的准则不能用来把毕卡迪方言和它北部的邻居瓦隆方言以及西部的邻居诺曼底方言区别开来。可是在毕卡迪方言跟瓦隆方言或诺曼底方言之间却有其他表区别的特征可据以大致地确定彼此的界线。

不但如此，使用方言的人在这一点上是不会弄错的。方言的区分符合于同一地区的人说话与邻区不同的真实感觉。多少年来，毕卡迪人都很清楚地感觉到他们的毕卡迪方言是跟法兰西岛的法语以及诺曼底方言、瓦隆方言都不同的方言。这是因为毕卡迪方言在一片相当广大的地区上虽然有所不同，但总起来说却有一些主要的特征使说这种方言的人感觉到他们所说的是毕卡迪方言而不是邻近的方言。正因为这样，人们曾经用毕卡迪方言写出了一些文学作品。

毫无疑问，我们在下面将可以看到，以某种方言为基础的文学语言并不完全代表这一地区的任何一个地点的话。这在中世纪的法国或古希腊都可以得到证明。但我们不能因此而否认方言的存在：方言和共同语都同样存在；它具有某种理想的存在。在法国，《圣阿列克西斯》(*Saint Alexis*)所用的方言就跟《圣雷舍尔》(*Saint Leger*)或《圣欧拉里耶咏叹曲》(*Cantilène de Sainte Eulalie*)不同。

在希腊，叙事诗的方言和抒情诗的方言不同，戏剧的对话和合唱部分也用两种不同的方言。这些方言起初都是以希腊岛屿或大陆上某一或大或小地区里说的话为基础的，它们各有相当多或相当明显的特征使它们当得起方言这个名称。但是它们由于诗人的使用而成了文学语言，这种文学语言和特殊语言很少有什么差别。

我们在上面说明了方言是什么。在研究方言和共同语的关系之前，我们应该谈一谈特殊语言。特殊语言和方言一样，都是社会分化的结果，但是角度不同。

*　　　*　　　*

所谓特殊语言是指处在特殊情况下的个人集体所专用的语言。执达吏或法官的情况可以作为一个例子。这些官吏在写文书或提示理由时所用的语言和日常的语言相去很远：这是法律的语言。从礼拜仪式可以举另一个例子。人们在向上帝祷告的时候常常使用一种特殊语言，例如天主教教士使用拉丁语。在特殊语言里，宗教的语言应该算是一种。最后，各种隐语也都是特殊语言：学生、工匠、盗贼都在他们各自的圈子里使用的约定的语言。这些也都是特殊语言，因为它们和日常的语言不同，只在为数有限的个人当中用来进行多少带有秘密性质的交际。它们都有一个共同的地方，即对同一种共同语说来是特殊的；如果考察它们的形成，我们可以看到，它们都是使语言适合于有关集体的特殊职能这一共同倾向的结果。

有些特殊语言是和通常的语言不同的语言。例如学者们长期用于国际交往的拉丁语就是一种。学者们选定了一种已死的语言作为特殊语言来和别的学者进行交际；我们的教士也作了同样的选择来向上帝祷告。另一种已死的语言——梵语，在印度仍然是婆罗门教有道者，即学者的语言。关于和活的语言不同的祈祷文式的语言，我们还可以举出希腊语、古斯拉夫语、阿美尼亚语和科普特语做例子，其中科普特语是通常说另一个语系的语言——阿拉伯语的人们保存下来作为宗教语言的。这些都可以用一些特殊的理由来解释：就学者们采用拉丁语来说，那是为了让不同国家的人能够理解；就宗教语言来说，那是为了服从传统，或者更可以说为了把神圣和世俗区别开来。

一般地说来，特殊语言都是在某种活的语言的共同基础上发展起来的。但也有一些可能像拉丁语那么死板。法庭的语言就是这样。在这种语言里，每个术语都有严格规定的意义；做司法官的必须学习它，遵守它，不能有任何的改变。这其实是一种技术语言，正如医师写病历、各科学者在处理科学材料时一般所使用的语言一样。技术语言的产生是因为有必要表明日常用语中没有名称的事物或概念，同时也为了要"科学地"，即用更确切的、不致引起任何误解的术语表明一些通常的语言中已能表明的事物。所以它有时要创造一些特别的词，有时要把一些通常语言的词用于特殊的意义，例如物理学家所说的"质量"、"速度"、"力"等等。因此，技术语言就跟我们所称的隐语有关。[①]

"隐语"这个词在今天是一个相当含糊的术语。事实上，这只是特殊语言的别名；有多少个特殊化的集体，就有多少种隐语。隐语的特点是它的无限多样性，它常随情况和地点而不断发生变化。任何社会集体、任何行业集团都有它们的隐语。有学童的隐语，它们随着学校，有时甚至随着同一所学校内的班级而各不相同；有兵营的隐语，它们也随着军团而不同，甚至在同一个驻防地也不完全

---

① 关于隐语，试参看 F. Michel，*Études de philologie comparée sur l'argot*，Paris，1856；L. Sainéan，CXIX；以及 Marcel Schwob 和 M. Dauzat 的著作。

一样；有成衣匠的隐语和洗衣妇的隐语；也有矿工的隐语和水手的隐语。

最后，还有盗贼的隐语。argot“隐语”这个词最初就是为这种人而采用的。法国直到19世纪初还存在着一个真正的盗贼集团，它具有它自己约定的特殊语言，并为全体成员所自觉遵守。这就是argot“隐语”，较早的时候叫做jargon“黑话”，因为这两个词起初只是一个词。这在英语里叫做cant，德语叫做Rotwelsch或Gaunersprache，意大利语叫做furbesche，西班牙语叫做germanía，葡萄牙语叫做calão，罗马尼亚语叫做smechereasca，等等。研究隐语的人还常常把盗贼的语言作为研究的基础，但这是一个最不确定的领域。今天已不再存在要求成员都必须使用完全一样的语言的团伙。今天说隐语的人来自社会上的四面八方，我们所称的盗贼世界是由各省、各个阶级、各种环境的代表人物组成的。盗贼只是一小帮一小帮为了一时的需要结合起来的，他们不再有什么杜纳斯大王（roi de Thunes）[①]或大柯埃勒（grand Coesre）[②]那样可以把一己的意志强加于大伙儿的领袖。他们没有外部的标记以资识别。他们虽然处在正常社会的边缘，但是常和一般人混杂在一起。在这样的条件下，他们怎么能够有一种严格规定的盗贼语言呢？

隐语的特点主要在于词汇上的差别。它事实上是共同语特殊化的结果，而且它只因与这共同语对立而存在。所以每当人们使

---

① Thunes是“五法郎”的意思，roi de Thunes即“五法郎大王”。——译者

② grand Coesre乞食大王，指法国旧时的丐头。——译者

用隐语的时候必须经常感觉到共同语和隐语之间的关系。任何语音或形态的变形，即使是不大明显的，结果也会破坏隐语和它所从来的共同语之间的联系。

此外，语音和形态都构成系统，只要稍有触动就会整个改变。因此隐语对它们没有影响。毫无疑问，某些发音习惯有时也会用于隐语，并且可以成为隐语的特征。例如巴黎近郊的隐语就具有某些语音上的特点，足以表明说话者的社会地位。但是在这里我们必须把两种不同的事实区别开来。巴黎近郊的自然发音并非规范的法语发音。这些近郊有一种与词汇无关的特殊的语音。我们可以听到有些工人说一口很好的带有近郊口音的法语，反之，我们也可以听到有些社交界的人士用最正确的发音使用隐语的词汇。如果同一个说话者既有近郊的发音又有隐语的词汇，那只是这两个独立的特征偶然结合在一起罢了。

因此，我们可以把隐语的差别只归结为词汇。那么，隐语词汇上的差别是怎样形成的呢？最简单的方法是把日常语言的词作特殊的使用。我们曾经过说，像 travail、ouvrage、opération这样的一般的词在不同的使用者的口中必然会随着这些词所涉及的业务种类而获得特殊的意义。这种词义特殊化的现象就是隐语的基础。

隐喻是隐语喜欢采用的一种方法；把专用名词用作普通名词也是一种。这些都是日常的语言中可以见到的方法；在这一点上，隐语和日常的语言并没有什么不同。区别也许在这方法的应用上：隐喻和换喻在隐语中都使用得特别频繁。由于必须强调并保持隐语和共同语的差别，隐喻磨损得很快，需要不断更换；因此隐语比其他任何语言都消耗得多，那是不足为奇的。而且隐语中的创造还常常是有意的和偶然的。这里我们已接触到了最能区别隐语和日常语言的特点。隐语在根源上和形成上虽然是一种自然的语言，但接近于人造语言，而且随意从个人的创造吸取营养。集体中某一成员常凭他的优越地位把从集体生活的特殊情况得来的名称强加于其他成员，因此个人的幻想常有助于新词的创造。

但这还不足以完全说明情况。正常语言的方法，即使获得个人的特殊作用的援助，也不能向隐语提供经常需要新词的头寸，所以还得求助于外来词。这里所谓外来词，应该广义地理解为隐语赖以生存的共同语以外的一切成分。比方扩展在相当大一片地区的地方话，以小共同语的形式从属于全国的一般共同语的方言和次方言，甚至邻国所说的外语，都可能有助于隐语的形成和更新。例如德国的 Rotwelsch 充满着犹太德语的词，西班牙的germanía 里有非常重要的茨冈语成分，罗马尼亚的 Smechereasca 在罗马尼亚语的基础上混杂着马扎尔语、俄语、犹太德语和茨冈语的成分，在英国的 cant 里到处可以找到爱尔兰语的词，如 twig“懂”（爱尔兰语 tuigim“我懂”）。法国综合技校学生的隐语里有德语词 Schicksal“运气，命运”[①]。总的说来，法国的 argot 包含的外语（阿拉伯语、茨冈语、犹太德语）的词不多，它的基础是借用本土的成分，其中有外省土语的，也有共同法语的。[②]

隐语的形成非常复杂，我们在里面还可以找到许多古语的成

① Marcel Cohen VI，vol. xv，p. 170.

② 参看 E. M. Ernault 的一篇关于布列塔尼隐语的很有趣的论文，载于 VIII vol. xiv，p. 267.

分。事实上，词义的特殊化或单纯的借用一旦把某个词引入隐语，传统往往在日常的语言已丧失这个词以后还把它保存下来。例如人们奇怪地发现德国的 Rotwelsch 至今还用古日耳曼语的 lütte“小”代替 klein；动词 occire“杀”在共同法语里已经消失了好几个世纪，法国的 argot 还用来代替 tuer“杀”。其实这些都是古词语。有些古词语往往只从外表上看是这样，实际上是不久前从文献里借来的，这两种方法有时很不容易区分。

从书本上借词，往往是个人所为；它属于隐语形成中的人为方法。这种方法相当复杂，有时是变更词的外形，例如用隐语的后缀代替日常语言的后缀：法国的 argot 把 épicier“杂货商”变成 épismar，Auvergnat“奥维涅人”变成 Auverpin；或者德国的 Rotwelsch 把 Kaufmann“商人”变成 Kofmich，都是这样。其他变形只是有规则的语音演变的扩大。本书前文解释语音的偶然事件为什么会被夸大时所举出的那些理由，在隐语里正可以找到应用。特别是在隐语里，说话者可以把词发成缩短的形式，因为他只对少数的交谈者说话，对方事先已有所了解，很容易领会他的意思。这样，大量的缩略和省音，简化和尾音脱落，种种的语音偶然事件使得隐语不易为局外人所理解。同时，同化、异化和换位在口头的隐语中也找到了有利的土壤，在这里没有任何专制的规则压抑它们的传播。最后还有一些和语言的正常条件无关的人为变形，例如我们在loucherbème[①]和 javanais[②] 两种隐语中可以看到这类情

① 俗语，原是“肉铺”的意思。——译者

② 原是“爪哇人”的意思。——译者

形。肉铺(loucherbème)是把第一个字母移到词末,用 l 来代替它,然后再用一个隐语的后缀来补足这个已经变化的词,爪哇人(javanais)是把某个音节(ar、oc、al、em 等等,特别是 av 或 va)插入词的内部,爪哇人(javanais)这个名称无疑就是这样来的。

"肉铺"的起源并不古,最多不会早于 19 世纪初年;巴黎下层社会的"爪哇人"看来更加年轻。但是这两种隐语所用的方法却比它们本身要古老得多。无论什么时候,什么地方,只要人们有改变他们的语言的形式的需要,就使用这种方法。现在旁遮普有一个贼帮,把 ma 这个音节插入旁遮普语常用词里,创造了一种特殊语言。① 这是一种最简单的方法,任何人都可以使用。我们在前文曾经说过,创造新词并不那么容易。如果没法从邻近的词汇中汲取新词,人们常可以按照某种原则来变更现有的词。许多随便都采用这种变形的方法。法国的儿童常常在学校里使用"爪哇人";有人说,在日耳曼和斯拉夫国家的学校里也看到这种方法。

只以抱负不凡的雅号著称于世的谜一般的语法学家维尔基里乌斯·马洛(Virgilius Maro),可能生在公元 5 世纪,他好像发明过一种特殊语言,长期在爱尔兰的学校里保持着很高的声誉。这种语言是把一些音节重叠、切断或移动来改变通用词的形式所构成的。它在漫长的岁月里发生了变化,并且产生出一种混合语,叫做"诗人的语言",爱尔兰语叫 berla na filed。这是一种隐语,其中

① T. G. Bailey,"On the secret words of the Cûlûâs", *Proceedings of the Asiatic Society of Bengal*(1902).

混杂着拉丁语、希腊语、希伯来语的借词，从古代文献中提取出来已不再使用的土著词，最后还有一些经过颠倒或变形的通用的词。这种语言现在还有一些样品，往往很难解释，只作为一种暗号学的工具按传统保存在学校里。我们不知道它被口说的程度如何，它也许像巫师和符咒的语言那样只是一种书面的体系。

主要在希腊、意大利和非洲的坟墓里发现的写在铅版上的咒语，也往往表现出应用这同样的原则：外来词的借用和土著词的变形[①]。但这里的动机是不同的：那是要和另一个世界进行交际，并且在行文中有一些和语言毫无关系的考虑。

这种情况使我们不能不谈一谈产生于神秘原因的特殊语言。

到过野蛮人地区的旅行家和整理过这些旅行家的记载的民族学家都证实了特殊语言在未开化社会中的重要性。在同一种语言里，由于宗教的动机，往往有不同的词汇，其区别就在于用法不同，目的不同。事实上，在野蛮人那里，"神圣的领域要比我们广泛得多……几乎没有一种社会活动不在一定场合伴有神秘的宗教仪式，而每当举行这样的仪式时，在理论上都应该使用特殊语言。……这些临时使用的特殊语言往往带有零散片断的性质，或者除散见的以外，至少是由一些禁止使用的词，即语言的禁忌词语构成的"。[②] 一切带有神圣性质的事物，不用说，除各种形式的神以外，还有头领、死者，以及供奉他们的东西、代表他们的动物等等，都要使用特殊语言。带有神圣性质的行为，如捕鱼、打猎、航

① Audollent, *Defixionum tabelloe*, Paris, 1904.

② Van Gennep, XIV (1908), p. 327ff; R. Lasch, *Mitteil der anthropol*. Gesellsch, Wien (1907).

行、战争，或者某些由于一时一地的重视而获得神圣性质的特殊行为，也要使用特殊语言。在印度尼西亚，采樟脑的人和淘金的人都各有特殊语言。

有一种最常见的特殊化是从性别来的。妇女不用男人的语言，即使她们听得懂男人所用的词，也没有权利把它们说出来。这样就出现了两种完全平行的不同词汇，每一样事物都按说话者的性别而有两个不同的名称。例如在卡拉伊布，男人说卡拉伊布语，女人说阿罗瓦克语。[①] 有时，语言的差别和社会阶级的差别相吻合。在爪哇的土人中，上级对下级说话用鄂科语，下级回答却用克罗摩语。[②]

有时，不同代的人也用不同的语言。在东非的马塞人中，男性居民按年龄分成两类，对每一类人都严格规定不许吃某些食物，因此也不许使用某些词[③]。年长的男人不得接触被杀死的动物的尾巴或脑袋，必须用特殊的词来表示这尾巴或脑袋。反之，年轻的男人不许吃南瓜。谁要是忘记了这种规定，在另一类人的面前提起对方所禁忌的行为，就被认为是很严重的过错。这些规定是从宗教上的考虑来的：两个集团被看成由部落中全体男人组成的神秘整体的两半。人们要用一些不同的做法来表示这两半的对立，必然会引起词汇上的差别。

---

① L. Adam, *Du parler des hommes et du parler des femmes dans la langue caraïbe*, Paris, 1879.

② Von der Gabelentz, CLXIII, p. 244.

③ Capit. Merker, *Die Masaï, Ethnographische Monographie eines ostafrikanischen Semitenvolkes*(1910), p. 71；转引自 S. Feist. XXVI, vol. xxxvii, p. 113.

这一事实间接属于在野蛮人中非常受重视的入伙仪式的范畴。人们从一个年龄集团或神秘集团转入另一个集团，都要举行特殊的仪式，使新来者离开他从前的环境，加入新的环境。为此要用秘密的语言，这些语言在入伙者被接纳入一般环境以后大致照原样保持下去。

两个世界的对立，一个是现实的，一个是神秘的，或者一个是善，一个是恶，这是许多宗教的基础。这种二元论往往造成语言的分裂。阿维斯塔法里有二十来个概念，各有两个不同的词，看那是指的善界，"奥尔玛兹"，还是指的恶界，"阿赫里曼"。[①] 同一种行为可能有两种含义，现实的和神秘的，当它渗入魔法的领域，人们就会用一个不同的新词来表示它。教士举行圣祭，正是要从一个世界转入另一个世界。[②] 因此，在任何国家里，圣祭都要使用特殊语言，这就是我们所称的宗教语言。可见近代欧洲的宗教语言实起源于魔法的缘由，它使我们返回到了野蛮人的信念和做法。

然而这里不应该强调野蛮人和开化人的区别。野蛮人也好，开化人也好，决定创造特殊语言的原因毕竟是一样的。我们最开化的语言里的有些特殊化的事实要是出现在盛贝西或者苏门答腊，很容易被认为是出于神秘的心理状态。在现今欧洲的任何词汇的形成中占这么重要地位的语言禁忌，只不过是一种神秘的方法；我们周围有多少人为了害怕碰上某个词所表示的厄运而避免说出这个词来呀！Absit omen！"避开凶兆"就是野蛮人的公式；

---

① 参看 J. Darmesteter，LXIV.

② Hubert et Mauss，"Essai sur la nature et la fonction du sacrifice"，载 LXXXV，pp. 7-130.

相信名称的威力就是神秘心理状态的残余。在我们的近旁甚至还可以找到不限于妇女的特殊语言。德国犹太人说的犹太德语有时就用两套不同的词来区别什么是犹太的和什么是非犹太的；[①]此外，不同的性别在语言的使用上也有不同，例如在敬礼的时候，男的说话或回答都用希伯来语，而女的却用德语。

另一方面，人们可能发生疑问，今天在野蛮人的国度里仍为某些特殊行业所使用的特殊语言是否就是一种神秘的心理状态的证据。马来人有淘金者或樟脑采集者的语言，同样，我们也有各种行业的职业隐语。有人研究过布列塔尼成衣匠的语言（langaj kéméner），[②]以及爱尔兰和苏格兰的铜匠的语言（shelta）和其他工匠的语言。[③] 它们和 berla na filed 一样，可能都是古代的神秘语言；但是它们之得以保存下来可以用某一特殊集体的需要和传统来解释，是职业把他们和其他的人隔绝了开来。

特殊语言是社会分裂的结果；因此，在原则上，它们和方言都同样自然。但它们总是在共同语的基础上产生的，并且通常要继续从共同语中吸取营养。

---

① Ernest Lévy，VI，vol. xviii，p. 333.

② Ernault，VIII，vol. xxvi，xxvii.

③ 参看 R. I. Best，*Bibliography of Irish philology and Literature*，Dublin. 1913，p. 50.

第三章　共同语

我们在第一章的末了指出了语言的统一对社会是多么必要。要是社会不抵抗语言的分裂，世界上将会出现土语分割的景象。但是说一种语言的人总是趋向于保持这语言的一致的；再则，同一个社会集体的成员由于他们要相互交谈而发生的交往也会导致语言的统一。由此产生方言和凌驾在方言之上的**共同语**。

然而共同语的形成和方言的形成是有差别的。方言是由于语言活动的自然作用而自发产生的。任何地方，只要邻接的土语具有共同的特征，而且说话的人感到这些土语在总的面貌上相似，那里就存在着方言。方言是多少可以确定的。我们曾经说过，结合全部的语言标准无法确定方言的界线。语言学家选择哪些现象来在地图上确定方言的区分，多少总带有任意性。划分方言和划分一个国家的自然区域一样：[①]如果这些区域不作为行政区划的基础，那么它们的界线始终是不确定的。法国的塞纳-马恩省的居民至今还说勃里、迦底奈、蒙托亚话。这些不同的土语名称也许和某些地理的特征相对应，今天却并不代表任何严格划定的区域；即使有过一个时候我们找得出当初勃里伯爵领地的界线，至少蒙托亚

---

① L. Gallois, *Régions naturelles et noms de pays*, Paris (1908).

永远只是一个地理上的名称。

方言的界线愈是和行政区划相一致，就愈容易确定，而且它的界线往往在当时的情况消失之后很久还继续存在的。[①] 例如我们可以在当前德国的好几个地区看到，同语线经过的一些地点跟 1789 年以前的政治边界相吻合。这些边界一般可以追溯到 16 世纪甚至 15 世纪，它们同时又是教派的边界；这样，宗教的影响加上政治的影响就确定了那方言的界线。我们法国的布列塔尼也是这样，在这里，雷翁、戈尔努阿伊、特雷基叶等方言的界线在许多地点至今还很分明，并且和往昔的宗教区和政治区相一致。例如我们可以很清楚地看到，把特雷基叶方言和雷翁方言分开的摩尔勒河过去曾是两个主教区的分界线，从语言的观点看，它也把跨在河的两边的摩尔勒城分成了两半。这不是说两岸的人不能通话，但是有若干语言特征的共同区域恰好都是以同一个地点为终点。在这里，正如德语的方言一样，重合的同语线同时又和古代的行政区相符。

然而不管政治因素和经济因素多么重要，方言首先是一个语言实体。即使充分考虑到方言构成中的外部情况，方言主要还是要依靠语言要素的自然发展。

共同语却不是这样，它始终决定于语言以外的情况。它的建立或者是由于有组织的政治力量的扩展，或者是由于占统治地位的社会阶级的影响，或者是由于文学的无上权威；而且不管它的来

① L. Febrve, "Histoire et dialectologie"，载于 *Revue de Synthèse historique*, vol. xii, p. 249.

源怎样，总是有一些政治上的、社会上的或经济上的原因支持着它。“只有文化才能使一种语言扩展到大众。”[①]如果有某种共同语解体崩溃了，那是因为维系着它的社会联系已经松懈。因此我们有必要单独研究一下共同语的形成，举些历史的例子来说明共同语产生、繁荣和衰落的原因。

*　　　*　　　*

共同语总以某种语言为基础。这种语言被说各种土语的人采用来做共同语。这种被采用为基础的语言有什么优越的地位，它何以能在各种地方话之上获得扩张，这些都可以用历史的情况来加以解释。但是语言学家的首要任务是要确定这种语言是什么。

在每个国家，这种语言都是由一些特殊条件决定的。每一种大的共同语，无论是近代的还是古代的，它的形成都各有特殊的途径。有时是一种方言，即某一地区的语言，扩展到邻近的地区，变成了共同语。在古希腊，希腊世界的κοινή“共通语”从亚历山大大帝时代起形成，情况就是这样。“共通语”基本上是阿提克方言。直到公元5世纪，阿提克方言“还只是某一孤立地区的地方话，很少为外人所注意；这一地区的居民主要是农村的，相当纯净，没有任何混杂”[②]。在那以前，希腊已经有过共同语，尤其是在殖民地。自从希腊扩展到小亚细亚海岸的时候起，伊奥尼亚语就已成了共同语。这种语言我们是从希罗多德的著述中知道的，他把它描绘得很出色。根据这位史学家的证明，在多德卡波里斯有一系列各不

① E. Renan，CXI，p. 101.

② Meillet，XCIII，pp. 243-244. 参看 Kretschmer，CLXXVII；thumb，CCXIII；Hoffmann，CLXVIII.

相同的地方话，同时也存在着一种凌驾于地方话之上的共同语。但是政治条件不容许这种共同的伊奥尼亚语取得像后来阿提克语那样的重要地位。由于种种复杂原因的凑合，阿提克语在希波战争终了和马其顿帝国建立之间的一世纪中成了整个希腊世界的共同语。在确保阿提克方言获得这种优越地位的各种原因中，最主要的是在阿契孟尼德王朝崩溃以后，雅典在政治上起了重要的作用。阿提克语向四面八方传播的力量更因它的著名的诗人和艺术家而增强。所以雅典是因为同时作为政治、艺术和文学的中心而获得建立共同语的荣誉的，这种共同语从公元前 4 世纪起直到公元 9 世纪成了所有希腊人用来表达思想的工具。这种共同语来自阿提克地区内所说的阿提克方言，它只是阿提克方言适应不同方言甚至不同语言的居民的结果。

在古代意大利，情况有些不同。[①] 作为共同语扩展到意大利，最后扩展到了整个西方世界的拉丁语，主要是罗马的语言，也就是和四乡以及更远的方言相对立的一个城市的语言。这种 sermo urbanus“城里话”首先窒息了 sermo rusticus“乡下话”，然后取代了邻近地区的方言，如萨宾话、马尔斯话，接着又取代了意大利的其他语言，如奥斯冈语、昂伯里安语、埃脱鲁斯克语、克勒特语和希腊语。我们在这里可以看到作为政治首都的城市的重要性。

共同法语也来自首都。巴黎和巴黎地区在政治上的重要性足以说明法兰西岛的方言“法兰西话”为什么随着邻近省份并入王国

① Stolz，CCVIII.

而为这些省份所采用，最后成了从敦刻尔克到佩皮尼昂，从布勒斯特到沙莫尼克斯这一广大地区的智力交流的工具。法兰西岛的法语不但伸展到和自己同出于拉丁语的各种方言的地区，而且成了原来说日耳曼语或克勒特语的佛兰德人和布列塔尼人的共同语；在法国东南部，它也作为共同语渗入了巴斯克语地区。它甚至并不限于法国的政治边界，因为比利时和瑞士的部分地区在语言上也属于法语的领域，更不用说在海外推广法语的新旧殖民地了。[①] 共同法语的形成和地理扩张的历史是和法国政治、经济、社会的历史紧密地联系着的，不知其一就无法了解其二。但是法语的出发点是首都，在首都中又是某一社会阶级——资产阶级。勃吕诺先生曾很精辟地指出过这一事实。[②] 他说，"我们在 17 世纪确定下来的共同语是巴黎资产阶级的语言，是'城市'的语言，起初为宫廷所接受，然后为各省所接受，大作家加以利用又使它获得了确立和持久的力量，而且在里面看不到一点方言的影响"。

共同西班牙语确立的时期比法语早得多。在阿拉伯人征服西班牙的时候(117 年)，这个半岛上必定存在有三群很不相同的方言：西边是迦里斯方言；东边是卡达伦方言；中间的那群占着广大的区域，共同西班牙语的出发点是这一区域北部的一个方言，即接近巴斯克各省的老卡斯提尔的方言。这种方言，由于一些政治上的原因，循着扇形往南伸展，逐渐掩盖了半岛中间那群的其他方言；可是在真正的卡斯提尔方言的左右两侧，直到今天还保存着那

① 参看 *La langue française dans le monde* (Alliance Française 出版) Paris, 1900.

② LII, vol. iii；又参看 Rosset, CXII.

群方言的代表，成为雷翁土语和阿拉贡土语，它们彼此有令人惊奇的相似点。卡斯提尔方言在13世纪由于阿尔丰索十世（1252—1284）的提倡成了文学语言；这位君王之于西班牙，正如稍后但丁之于意大利一样。所以共同西班牙语实是卡斯提尔在政治上和文学上的无上地位产生的结果。它的势力没有伸展到11世纪末建成独立国家的葡萄牙。葡萄牙诸方言一向属于西部的古代方言群，因此古葡萄牙语是和迦里斯方言混在一起的。但是里斯本在16世纪成了葡萄牙的首都，它的重要性加上大诗人卡摩恩斯（Camoens，1525—1580）的影响使全国的中部方言取得了无上地位，成为葡萄牙的共同文学语言。至于今天在迦里斯所说的方言似乎是在发展过程中停止下来了的古葡萄牙语，而且渗入了许多西班牙词语。[①]

跟法语或西班牙语相比，共同英语一开始就受到各种方言的很大影响。[②] 这是因为共同英语形成的地方——伦敦城恰好处于几种方言的汇合点。此外，当共同语正在形成的时候，伦敦城突然发达起来，容纳了各种各样从外省移来的居民，和原来的居民杂居一处。这种移民使共同语受到方言的影响，到了17世纪，远还没有固定的共同英语的发音就有不少歧异，今天还能看到它们的痕迹。但是这种移民的后果使首都居民和外省居民不断互相交接，这对共同语的扩展是极其有利的。所以在英国，语言的相对统一是由于首都的重要性，但情况跟法语颇不相同：法语的统一是比较

① 这一段的资料录自 Amerigo Castro，特此表示感谢。关于葡萄牙语，参看Leite de Vasconcellos，CXXVII.

② W. Horn，CLXIX 和 CLXX；Morsbach，CLXXXIII.

彻底的。

现在在巴尔干半岛形成了一些共同语，它们的界线将来无疑会发生变化或扩大，但它们的出发点同样也是首都的存在。南部塞尔维亚方言跟人们在贝尔格莱德说的和写的塞尔维亚语有很大的差别，[①]表现为重音的位置不同，没有长短音的区别，屈折变化非常简单。这些土语在许多方面都介于塞尔维亚语和保加利亚语之间，实际上，这两种语言的方言界线是无法确定的。但是自从巴尔干战争结束以后，一种共同的塞尔维亚语侵犯并吸收了南斯拉夫政治边界内的这些南部土语。我们对于比方这种文学共同语如何取代了所谓伊卡维亚方言是相当清楚的。[②]主要的是用 iye 这个音组代替了 i 音。在塞尔维亚，这种代替之所以容易发生，是因为有家族共同体（zadruga）[③]的存在。在zadruga里自然需要有一种统一的语言，而通婚不断把一些外地的说不同方言的妇女吸收到zadruga里来；当地土语很少作出抵抗，于是共同语的影响越发扩大。这样，文学语言就变成了全体塞尔维亚人的共同语。

在德国，首都的建立为时不久，并且没有对全国行使无可争辩的至高无上的权力，因此共同语的扩展和政治上的统一无关。共同德语首先是一种写的语言，它的成功是由于宗教的原因，它的来

---

① O. Broch, "Die Dialekte des südlichsten Serbiens", Vienna (1903) (*Schriften der Balkan-Commission*, Linguist, Abteilung, vol. iii).

② H. Hirt, "Der ikavische Dialekt im königreiche Serbien" (XXXIX, phil. hist. klasse, t. 146, 1903).

③ "婚姻是语言和地方史之间恒常的人文中介之一", Terracher, CXXIV, p. X, 228.

源则出于殖民的需要。[①] 随着宗教改革运动的进展，路德的德语伸展到了整个低德语地区；到了 16 世纪末，这个地区的居民已经只用这种共同的文学语言作为写的语言。在德国南部信奉天主教的地区和信奉新教的瑞士，它的扩展比较缓慢。但是路德本人使用的其实是一种久已制备好了的工具。从 14 世纪甚至 13 世纪起，德意志各城市和各小邦的政府机关都倾向于使用一种不同于各地方言的共同语。作出榜样的是皇帝的军机处，[②]它负起了避免方言特点、在所管辖的全部地区使用同一种语言的任务。这在 14 世纪中叶查理四世时最为明显。这和军机处的语言由于主要是殖民的语言而获得了特殊的力量。德语实际上一步步侵入斯拉夫地区，取代了一些斯拉夫语。这样，在东德意志的殖民城市里形成了共同德语，它随着宗教改革获得了文学上的重要性，由于印刷术的发明而固定下来，变成了一切有教养的德国人的书面语言。

俄语的历史显然不同。[③] 在整个中世纪时期，俄罗斯的书面语言是最早翻译圣书的人所用的古斯拉夫语。这种古斯拉夫语的基础是萨洛尼克地区的南部斯拉夫土语。它在俄罗斯经受了一定的适应变化，但从来没有和俄语同化。虽然文化程度较低的人有时会大体上依照自己的口语书写，但文学语言仍然是教会斯拉夫语。从彼得大帝时代起，俄语摆脱了古斯拉夫语的影响，并按照西

① Kluge, CLXXV 和 CLXXVI; Gutjahr, *Die Anfänge der neuhochdeutschen Schriftsprache vor Luther*, Halle (1910).

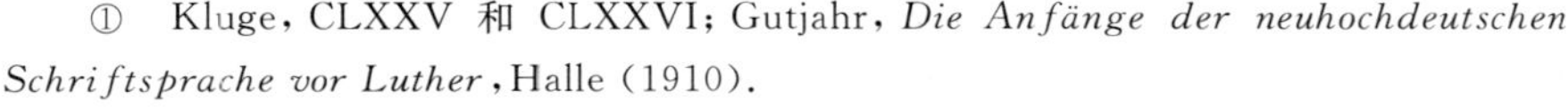

② Socin, CCVI, p. 164, 203.

③ Будде, Очерк истории современного русского литературного языка XVII-XIX вв,《Энциклопедия Славянской Филологии》, вып. XII, 1908г.

欧语言特别是法语和德语的榜样，和中部俄罗斯语言如故都莫斯科的用法取得一致。这样，在19世纪形成了一种文学语言，其中虽还有一些古斯拉夫语的痕迹，但主要是以当前口语的用法为基础的。

波兰语从14世纪开始就被用来做文学语言，到了16世纪在克拉科夫（小波兰）地区特别繁荣起来。可是波兰的共同文学语言并不是克拉科夫地区的语言，而是从10世纪时波兰民族的摇篮波兹南和格内森地区（大波兰）来的。波兰本来有四大方言群：马佐夫方言、波兹南方言、克拉科夫方言和路德尼亚的波兰方言。[①] 作为共同文学语言的基础的是其中的波兹南方言；它在小波兰发展起来，并在这一地区的东部，路德尼亚，也就是在一个民族上原来不属于波兰的部分殖民化的地区，最后形成。

最后，有些共同语起源于纯粹文学上的原因，例如意大利语就是这样。[②] 这种语言从14世纪起，在意大利还没有从政治上统一的时代，就由于但丁、贝特拉尔克、薄迦丘奥等文豪的声望和影响作为共同语而固定下来了。这些大文豪无疑使用了他们周围的人所说的语言；因此意大利文学语言从但丁的时候起就有了 lingua toscana“托斯冈话”的名称。但这一名称并不意味着书本上的意大利语是从一省的方言扩展而来的。由但丁提高到文学语言的地

---

① 参看 Casimir Nitsch, *Mowq ludu polskiego*, Cracow (1911).

② D'Ovidio, "Lingua e dialetto" (XLL, vol. i pp. 564-583); G. Ascoli, "Il toscano e il linguaggio letterario degli Italiani" (XLI, vol. viii, p. 128); Pio Pajna, "Origine della lingua italiana" [*Manuale della letteratura italiana*, par d'Ancona e Baccii, vol. i znd ed. (1908), pp. 15-24].

位、俨然成了共同意大利语的语言，主要是一个城市，佛罗伦萨，和这城市的上流社会所说的语言。托斯冈方言本身有些特点并没有进入文学语言，例如把元音间的 c 变成擦音，把 fuoco“火”说成 fuoho，la casa“房子”说成 la hasa。然而我们应该看到，佛罗伦萨之所以能够成为共同意大利语的 terra promessa“天国”，也还有一些别的原因。除了它所出的文豪的荣誉和作为文学中心的重要性以外，这个城市的位置恰好处在波朗尼亚和罗马之间，这就注定了它成为意大利各文明城市的连接点。另一方面，佛罗伦萨方言具有比别的方言更适宜于起共同语作用的内在性质：它比较接近拉丁语，便利于一切有文化的意大利人把自己的语言转换成共同语。这就为“托斯冈话”的胜利准备了条件。到了 16 世纪，当威尼斯人班波（Bembo）用它来写作的时候，这胜利就已全部完成了。

*　　　*　　　*

以上我们对共同语形成的方式列举了几种类型。共同语形成的方式自然会影响到它们和方言之间的关系。如果共同语本身只是环境使它制胜了邻近方言的一种方言，那么这些邻近方言迟早就会为共同语所吸收。作为共同语基础的方言具有一种强加于其他方言的权威。毫无疑问，它一般会丧失一些过分特殊的特点；例如阿提克方言变成希腊语时已经失去了某些明显的特点。但另一方面，其他方言和共同语相接触也会迅速消磨。除非有特殊的情况使它们以特殊语言或文学语言的形式延长生命，这些方言的界限将会逐渐消失，最后融入共同语。在法国北部，我们可以说已经没有方言：已经没有共同语跟地方话、土语之间的中介。一个毕卡迪人只知道有两种语言：一种是他本村的土语，一种是共同法语；后者是他从学校里学来的，而且每天早上都在报纸上看到。此外，地方话愈来愈充斥着从共同语借来的成分。但是如果共同语里偶尔掉进了一些从土语借来的要素，我们不能因此就认为那是古代方言的残迹或正在形成中的新方言，那只是共同语的一个土语化的方面。用毕卡迪方言写的文献要追溯几百年才能找到，从说话者丧失了对毕卡迪方言的独立感和尊严感的那一天起，这种方言就消失了。

我们对于古代希腊或意大利所发生的情况所知甚少，但是可以设想，那里的方言也或多或少为共同希腊语或拉丁语所吸收。古希腊的共通语是现代一切希腊方言的基础。统一一旦完成，又会按照历史的规律再产生新的分裂，但是在不同的基础上。在现代希腊方言中我们找不到任何和共通语形成以前的古代方言相当的东西。这些地方话本身已充分渗透了共同语的特征，除了发音上的某些细节、词汇上的某些特点以外，人们无疑再也看不出它们的本来面目。各种碑铭，即使是最接近口语的，也不能使我们相信那是古代方言的遗迹①。

在意大利，拉丁语曾经吸收了许多我们现在知道得很少的语言，它还吸收了和罗马方言邻近的一些方言。某些语言学家经过一番努力曾成功地从拉丁语的词汇、形态和语音中挑出了一些方言的特征，这些特征或许在意大利的现代方言里还保存着一部分。②

---

① Thumb，CCXIII.

② 参看 G. Mohl，*Chronologie du Latin vulgaire*；A. Ernout，LXX；de Ribezzo，“Reliquie italiche nei dialetti dell' Italia meriodionale”（*Atti Accad Arch. Lett. Bell. Arti. Napoli*，i，1908）.

因此，方言参与共同语的构成，有程度的区别。消失得最快的自然是最接近共同语基础方言的那些方言。这种说法看起来好像是老生常谈，但在语言接触的研究中却有重要意义。例如丹麦语和诺曼底法语对英语的影响就有明显的差别。[①] 英语的语法结构很少受到诺曼底法语的影响；反之，丹麦语却在英语里深深打下了烙印：在主要被丹麦人占领的地区里，语法系统的受损和简化就比诺曼底人统治的英格兰南部早两个世纪。撇开社会关系和政治关系的问题不谈——必须注意，诺曼底人在英格兰的人数是相当少的，并且在那里只构成一个特殊的阶层——上述差别的原因在于这些语言的亲属关系有程度上的不同。从语法观点看，英语和丹麦语之间的亲和力是英语和诺曼底法语之间所没有的。

首先是书面语言的共同语，如德语或意大利语，它们对方言所处的地位就大不相同。共同语所代表的规范并不处于和方言敌对的地位，因为任何方言都没有侵吞其他方言的趋向。方言和共同语是上下相叠的两种不同的语言。全国各地都无严重阻碍地感到有一个大于地方话而小于共同语的统一体。例如在比埃蒙或龙巴底，会话的语言和书本上的语言并不一致。后者看来是人为的和古色古香的；它确实是一种死的语言，毫无自发性，并且正如阿斯戈里所说，没有 sicurezza[②]。同样，在德国，我们现在还能谈到方言。它们处在地方话和共同语的中间阶段，在大众的感觉中代表

① Jespersen，CXXXIV，pp. 170-173.

② Ascoli，XLI，vol. viii，p. 126.（sicurezza，意大利语“保障”的意思。——译者）

着区域相当广大而且界线相当分明的语言。它们在文学和报刊中都有自己的地位。共同语由于没有统一的发音，在不同的地区说得不一样而受到这些方言的影响。除了特别有教养的资产阶级上层分子以外，任何德国人说共同语在发音上都或多或少带有一些方言的色彩。共同德语的写法到处一样，但发音却相当分歧，很容易听出说话的是什么地方的人。和德语的方言发音比较起来，法国外省人发音中的差别就算不了什么了。

但是我们刚才说过，共同德语、书面语言和各地方言间的分隔并不是绝对的。事实上，我们可以料想，它们之间会有不断的交流；它们是相互渗透的。这种渗透的结果减弱方言的特点。因此我们在这里同样也可以预见方言迟早会消失。但是在方言和共同语的这种竞争中，我们必须考虑到一件前面没有提到过的主要事实，那就是它们都是相当稳定的。

对于任何共同语，我们都可以应用梅耶先生关于古希腊的共通语所说的话。[①] 他说："这是一种随着时间的前进变得愈来愈古老、愈来愈脱离当前说话倾向的理想的规范，同时也是一种要使语言发展的自然倾向和这种规范相调和的经常更新的努力。"共同语"不是一种固定的语言，也不是一种有规则地演化的语言；这是一种在稳定和演化之间具有经常变动的平衡的语言"。这种平衡是不大容易保持的。如果共同语扩展到一个广大的地区，在那里，居民不断地来来往往，社会上各阶级交错混杂，它就不可避免地会遭受到一些很粗暴的损害，不能不发生变化。如果它屈服于冲击而

① XCIII，p. 263.

发生变化,那么结局就指日可待了,因为没有任何力量能使一切说共同语的地方到处都发生同样的变化。这就是分裂,历史可以向我们提供许多例证。但是在陷于这步田地之前,共同语会长期抗拒变化。它们有政治条件以及学校和行政的力量的支持。但是最好的保障也许还是文字。

* * *

关于书面语,下面将有一章专门加以讨论,这里只能谈一谈它在什么程度上和共同语的发展有关的问题。书面语总是代表一种传统和一些保守的规则。当然,没有文字,传统也能存在。据恺撒所说,高卢人有一些教律由僧侣教给他们的弟子背诵,一代代地往下传。在印度,在使用文字之前,宗教的经文也同样是由口头传授而没有受到丝毫的改变。但是,不消说,有了文字支持,传统将会特别有力和坚强。

我们不要把书面语和文学语言混为一谈。这两个概念有时虽然恰相吻合,有时却是对立而互相矛盾的。书面语往往是共同语的表现,而文学语言却一般和共同语有区别。在许多国家里,文人、诗人和说书者形成了一个特殊的阶层,有自己的传统、习惯和特权;因此,他们的语言就具有特殊语言的一切特征,需要特别传授,学习它的技巧。诗人的作用有时甚至是半宗教的。有些文学语言同时就是宗教语言,例如梵语就长期保存着这种性质。在希腊,伟大的抒情诗之所以独特,无疑是因为它以特殊的宗教语言为基础。即使与任何宗教的影响无关,在许多国家里也都构成了限于某些确定用途的文学语言。希腊叙事诗的语言就是这些经过诗人加工形成并一劳永逸地固定下来的特殊文学语言的一个类型。

在希腊，用崇高的语气从事叙事诗创作的人都要在他的作品里使用一种与任何口语都不一样的语言：无论罗德斯（Rhodes）的阿波罗尼乌斯（Apollonius）或斯米尔那（Smyrne）的昆都斯（Quintus）都要遵守荷马的传统。同样，在雅典，也有一种惯例，悲剧的合唱部分要用一种带有多利亚方言色彩的固定语言，但它根本不代表任何一种特殊的多利亚方言。在印度也有一些或多或少以某种方言为基础的文学语言，只为某些范畴的诗人用于某些种类的文学作品。它们的定义就在于和共同语有别。马来人并不说印欧语，但也使用一种充满着梵语成分的特殊语言——卡维语作为文学语言。①

但是撇开文学语言起源于特殊语言的情况不谈，我们也不难理解文学语言和共同语的区别。事实上共同语的基本特征就在于它是一切说共同语的人的各种不同语言之间的一个平均数。当一种共同语推广到整个国家的时候，由于参与建立这个平均数的成分愈来愈多，水准就会不可避免地降低；于是，尽管知识分子有压倒一切的影响，但这共同语愈是扩张，它从下层居民中借来的成分就会愈多。它变得愈来愈苍白无力、死气沉沉而缺乏特色，这样，它就被消极的特性，被软弱无力和陈腐平凡限制住了。

但是文人需要一种个人的工具来表达他的才智和敏感中的特殊东西。巴蕾先生说过："为通常使用所创制的语言只能表达粗略的情状。"②福楼拜有两种笔法，分别用来书写亲切的函件和创作

① 参看 W. von Humboldt 的名著 *Ueber die Kauisprache auf der lnsel Java*, *Berlin*. 1836-1839.

② Barrès, *Un homme libre*, pp. 87-88.

带有他的精练风格的文学作品。“艺术文”始终是对共同语的反动，它在某种程度上是一种文学的隐语。它虽然可以有许多变种，在高蹈派、象征派或颓废派的笔下各不相同，但在任何情况下仍然是一种日常说话的改变。这些只局限于狭窄的文学团体、只限制于少数深通其中奥妙的个人的隐语，在这里对我们没有什么关系。必须提到的，最多只有这么一点，即它们有时会把某些表现法或某些词语提供给共同语。但是我们必须考察一下另一种情况，那就是文学语言只是书面语，它们二者都表现共同语的规范。

法国作家对共同语的构成所作出的贡献是非常巨大的。我们在学校里所学的法语应该归功于作家和语法学家的共同努力。[①]他们为我们铸成了这一优良的工具，勤勉地监护着不使受到任何铜锈的腐蚀。进行了好几百年的语言净化工作看来可能好像是一种卑之无甚高论的寒酸的雕虫小技，但是我们从这种工作中所获的裨益已足够使我们应该对从事这种工作的人表示感谢。由于学校教师埋头研究作家的结果，我们有了一种最适宜于表达我们的思想的形式，一种任何词都有确切含义，任何表现法都有固定的细微色彩的语言。他们翦除了书面语中一切违反自然和优美风味的杂质，不断使它顺从于理性的和端庄的准则，从而使它正如蒲乌尔(Bauhours)所说的，“既挑得动最强的题材，也拈得起最弱的话头”；总而言之，他们已预先使它适应于人类心灵的一切要求。共同语也广泛地蒙受了他们所完成的工作的恩泽。它获得了典雅中

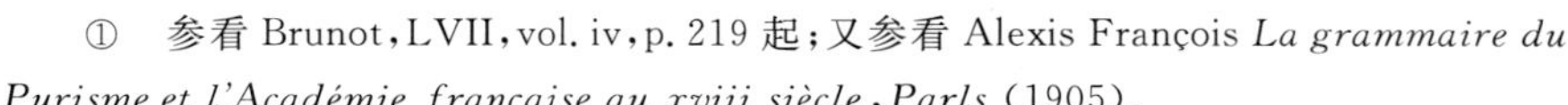

① 参看 Brunot，LVII，vol. iv，p. 219 起；又参看 Alexis François *La grammaire du Purisme et l'Académie française au xviii siècle*，*Parls* (1905).

的明晰、缤纷中的确切，用利伐罗尔（Rivorol）的话说，就是“附丽于它的精髓的笃实”。

伟大的作家对于词所做的正如往昔帝王对于货币所做的一样；他们把愿意给的价值加在词上，并且规定了每个人应该接受的行情。他们的精神，有一些已传给了我们，当我们说法语的时候，是巴斯卡尔（Pascal）和拉·罗锡夫哥尔（La Rochefoucauld），拉·勃吕耶尔和博须埃（Bossuet），孟德斯鸠和伏尔泰授给我们所用的字眼。我们每一个人，哪怕受教育很少的，说话时都会用到在学校时代记住的东西而有时一点也不意识到。当代有些作家的语言，确切地说，只是我们的古典作品的摹写。他们可以作为一切想动动手用法语写作的人的模范，因为他们以一般的和“共同的”形式十分圆满地实现着法兰西文学语言的理想。事实上，在他们的每一篇作品里，我们都可以从遣词、造句，甚至句子的表现法和韵律上看出大师们的烙印。对于这样精致的艺术，我们必须具备训练有素的兴味才能欣赏；对于这类光彩夺目的瑰丽锦绣，能辨出它的每一根彩线的来龙去脉，那是一种乐趣。假如教育改变了性质和目标，不再关心至善至美，也许有一天将再没有人能够玩味这种乐趣；由于不了解它的价值，粗野的大众将会把这种像彩笔画一般着色精细的纤巧的织物践踏在脚下：想到这些，怎能不令人痛心。

这无疑是因为任何有一点个人成分的艺术形式都是群众所难以索解的。但这也是因为一种“共同”形式的创造，不论多么完善，都只是语言史中的一瞬，更是因为书面语常常落在口语的后面。

书面语的形成标志着语言发展中的一个停滞时期。各种形式结晶僵化，失去了生命的自然顺应性。但如果认为语言会一直停滞不前，却是一种幻想。人们相信可以使语言停止下来，那是因为有一种人将语言置于自然语言上面。这两种语言起初距离不大，可是随着时间的进展会日益扩大，直到有一天互相对立，发生决裂。书面语的产生可以比之于在河面上结了一层冰。冰的物质是从河借来的，说得更确切一些，冰只是河水本身，但并不是河。孩子见到冰，认为河已经没有了，河流已经停止了。这只是幻想！在冰层下面水仍继续流去，沿着斜坡往平原流去。等到冰层破裂，我们将突然看见河水滚滚，喷涌奔腾。这正是语言之流的形象。书面语，这就是河面的冰层。被冰层禁锢住但仍在下面流动的水，这就是人们的自然语言。结水成冰，立意把河流止住的寒冷，这就是语法学家和教育家所作的努力。还语言以自由的阳光，这就是战胜常规、打碎传统镣铐的不可克制的生命之力。

当前的法语正好证明了上述的比拟。书面语和口语的距离正在逐渐增大，无论句法和词汇都不相同。甚至形态也有些差别：有定过去时和虚拟式愈过去时已不用于口语。特别是词汇的差别是有目共睹的。我们写的是一种死的语言，这种语言可以追溯到17世纪的作家，我们上面所提到的当代作家今天用的正是它的最完善的代表。但我们说的却完全不是这样。我们常用的词汇从17世纪起已发生变化。[①] 口语的词和书面语的词的对立会使人想起平民的词和贵族的词的对立；我们在会话中使用的大部分的词是否能写入文章，是不能不慎重考虑的。像写文章那样说话的人会

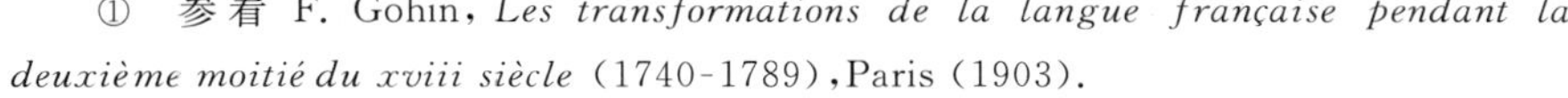

① 参看 F. Gohin, *Les transformations de la langue française pendant la deuxième moitié du xviii siècle* (1740-1789), Paris (1903).

给人以矫揉造作和反常的印象，这样的人是愈来愈少了。

在一个很长的时期，上层阶级按传统保存着一种感染有书面语用法的带有古风的语言，我们只有在居民的下层才能看到自发语言的发展不断更换着语言中的表情成分。在今天，过去上层阶级的人为的语言已经消失，让位给平民的语言。纯语主义者无不为这种“降低身份”而悲叹，但他们的埋怨是没有用处的。[1] 有时连书面语也受到了损害：往往由一些缺少文化的人仓促地编写出来的报纸正在愈来愈多地采用口语中的词语、表现法，甚至形式。像 je m'en rappelle“我记得”这样的语法上的错误和 de façon à ce que“以致”这样的不纯正的表现法[2]已成为经常的用法。其他许多同样草率的“错误”每天都会出现。在一家销路很广的巴黎报纸上我们可以找到这样的一些说法，如：il demanda à ce que…“他问……”，avec cette brusquerie dont il ne se départ jamais“用他这种永远也摆脱不了的粗暴劲儿”，cette affaire ressort de la préfecture de police“这件案子属警署管辖范围”，il ne se gêna pas pour l'agoniser de sottises“他不禁破口大骂他傻瓜”，“au point de vue pécunier”“从金钱的观点看”，alors il s'enfuya“他于是逃脱了”，等等。[3] 我们可以看到，在这一切不纯正的用法中，有许多是

① 特别参看 E. Deschanel，LXVII，和 P. Stapfer，CXXIII.

② 正确的说法应该是 je m'y rappelle 和 de façon que. ——译者

③ 第一句在 demanda 后面多用了 à ce，第二句的 dont 应该是 de laquelle，第三句用 de 代替了 à，都是配合上的错误；第四句该用 agonir，而用了 agoniser，是用词上的错误；第五句把 pécuniaire 写成 pécunier，是拼写上的错误；第六句把 s'enfuit 写成 s'enfuya，弄错了动词词尾。——译者

书面语的纪念品。例如 se départir de“放弃”和 ressortir à“隶属”都不是口头词语，有定过去时的使用也是书面语的一个特征。产生这些错误的记者显然是立意并且渴望要用书面语来写作，但是由于文化低，用了一些杜撰的而且往往是错误的成分来构成自己的书面语。从前，都尔(Tours)的格雷哥利(Grégoire)也是同样的情况：他写的拉丁文满篇都是从周围的口语里得来的错误，可是他还使用了一些口语中早已消失的被动形主动词，其中不少在古典拉丁语里也是没有的。①

为了法国报界的良好声誉，我们必须承认有几家大报的语言保持着文学的姿态，编者在那里正确无误地遵守着书面法语的规则。这类报纸的数目虽有减少的趋势，校正的工作却也许更加小心了：他们要对抗周围的庸俗，对纯洁语言的关心只会愈益强烈。可见巴黎新闻界各家报纸上所用的语言，真正说来，并不是一样的。有些通俗小报差不多只用或多或少有些文学化的口头法语。反之，有些大报在它们的文章中却使用我们的最优秀的作家的语言，这就是纯粹的“文学法语”。

但是这种文学法语是一种学来的语言，它和口语之间的距离相当大，往往需要长期的传授和专心致志的实践才能掌握。谁也不知道这种习惯(我指的是学习的习惯)会维持多久。无论如何，我们可以预见到这种文学法语的命运将和拉丁语一样；它将保持死的语言的状态，其中的规则和词汇都一成不变。活的语言将脱离它继续发展，像罗曼族诸语言所发生的情况一样。这种死的语

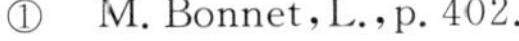

① M. Bonnet, L., p. 402.

言最多只能成为一种丰富活语言词汇的贮水池。那时将会出现和民间法语相对立的文学法语，正如两种阿拉伯语以及中国的“官话”和各种口语相对立[①]一样。要是对法语的拼写法进行一次彻底的改革，那么这两种法语的差别就会使任何人都看得非常清楚。

自然，文学法语的存在并不妨碍在它的下面形成一种共同语：罗曼族诸语言所从来的民间拉丁语本身就和奥索尼乌斯(Ausonius)和克劳迪安(Claudien)时代仍被用来写作的古典拉丁语大不相同。古希腊时代的共同希腊语有一种人为的文学语言和它同时并行；这种语言的词汇，甚至形态，都是不同的。

事实上，人们可以有几种交叠在一起的共同语。

在古印度，梵语原来是一种宗教语言，当一个外来的王朝把它用于世俗的用途时变成了共同的文学语言。它现在是一种学者的语言，既是高等文化的，又是宗教的。像摩诃婆罗陀(Mahâbhārata)或普拉纳斯(Purânas)这样的经文，在寺院里还继续有人唪诵，正像拉丁语的经典仍在天主教教会里使用一样。但是不用说，梵语的扩展远远超出了印度任何一种语言的领域，它不仅遍及整个印度半岛，被种族和语言都很不相同的人们使用着，而且还被婆罗门教和佛教的僧侣带到他们的职务所能达到的各地。

梵语的存在并不妨碍其他共同语的存在。梵语发展为文学语言是在相当晚的时代，大约是在公元前后。在那以前很久就有一些比它年轻的语言被用作共同的书面语。早在公元前 250 年，阿育王就用过这些语言作为他的碑铭上的官方语言。作为宗教语言

① Steinthal，CCVII，p. 53.

和梵语并存的，还有另外一些语言，例如巴利语，被用来书写佛教的经典。最后，在戏剧中，和梵语同时使用的，通常还有一些叫做柏拉克里特语的文学语言，这颇令人们想起希腊的抒情诗语言和叙事诗语言的情况。[①]

但是在这些柏拉克利特语言下面，[②]不同的方言和地方话从很早的时候起就存在了，而且现在还存在着。其中有些在满足文学的需要方面已获得了一定的重要性，例如印地语、孟加拉语、马拉提语。今天，在印度，甚至有一种确切地说并不代表任何真实方言的共同语，那就是印度斯坦语。

我们可以用这个印度语言的例子来结束本章。它很好地说明了共同语彼此之间以及共同语和方言之间的关系。它表明，要给规定它们的要素划清彼此间的界限有多大困难，以及它们怎样不断地相互渗透，相互作用。这是因为共同语的形成以及它们的发展和分裂都要受到语言以外的历史原因的制约，受到文化变迁的制约。

① F. Lacôte, *Essai sur Gunâdhya et la Brhatkathâ*, pp. 40-59.

② 参看 Jules Bloch, XLIX.

第四章　语言的接触和混合①

使语言不受任何外来影响而不断发展的理想几乎从来也没有实现过。相反，相邻语言的影响在语言的发展中常常起重大的作用。

这是因为语言的接触是历史的必然，而接触必然会引起渗透。在我们眼前或附近就可以找到一些地区由于历史的原因杂居着说各种不同语言的民族。在这类地区中，商业的扩展和交际的需要要求人们懂得并通用几种语言。巴尔干半岛向来是而且现在还是语言以及种族、民族和宗教的迷宫。斯拉夫人、希腊人、阿尔巴尼亚人、罗马尼亚人、土耳其人、犹太人和阿美尼亚人，今天在这片土地上形成了大大小小的相互混杂的共同体。在特拉斯有希腊人，在马其顿有罗马尼亚人，在阿尔巴尼亚有塞尔维亚人，在阿提克又有阿尔巴尼亚人。在那里，没有一个地方的政治的疆界能够和种族或宗教的界限重合在一起：天主教和正教，伊斯兰教和犹太教在

---

① H. Schuchardt, CCIII; E. Windisch, *Zur Theorie der Mischsprachen und Lehnwörter*［XL, Leipzig (1897), pp. 101-126］。关于原理，参看 Schuchardt, *Kreolische Studien*, XXXIX(1882-1890), vol. 101-105, p. 116, 122; XXXVIII, vol. xii, xiii, p. 476, 508, vol. xv, pp. 88-123; XV, vol. vi (1912). Sayce, CXXXVIII, vol. i, p. 219 有些混合语的例子。

每个种族和民族的居民中都有它们自己的信徒。语言是不同程度地支持民族和宗教的，这里却在上述的一切之外加上了一个混乱的要素：塞尔维亚语和保加利亚语，希腊语和阿尔巴尼亚语，罗马尼亚语和土耳其语，阿美尼亚语和犹太人所说的西班牙语比邻而居。我们只是列举了大的语群，还没有把方言包括在里面。

这种情况在现代欧洲虽然有些特殊，在历史上却往往是一种常规。从语言的观点看，它的后果是巨大的。每当两种语言接触的时候，它们总会在不同的程度上互相影响。有些语言学家从这一事实出发，甚至声称没有一种语言不在某一方面是混合的语言。因此我们有必要考察一下语言的接触可能在什么条件下发生，以及这些接触会对语言产生什么样的后果。

*　　　*　　　*

如果认为，随便哪两种语言相接触，一概都会发生同样的竞争，那就完全错了。因为各种语言的力量是不同的，因此也没有同样的抵抗力。

如果那是两种大的文明语言，例如德语和法语，两者同样强大，而且结构上的差别相当大，那么，它们的竞争对语言就不会有大的后果，而且几乎只在经济的领域内进行。斗争是在学校里准备的，决定胜负却在日常生活的交往中。有人指出，瑞士有的村庄里德语赶走了法语，有的村庄出现相反的情况。[①] 我们在这里不要绝对地考虑语言，比较它们各自的长处。这些村庄的

---

① Zimmerli，*Die deutsch-französiche Sprachgrenze in der Schweiz*（第一部分 Göttingen 论文，1891；第二部分在 Geneva 和 Basle 提出，1895 和 1899）.

居民有两种同样结实有效的工具可以使用，他们选择了最符合他们的活动需要的那一种。随着经济关系往语言边界的这一边还是那一边发展，语言边界也就相应地趋于往经济关系发展的那一边移动。在这种情况下，实际利益是唯一的主宰，由它决定偏向这种语言还是那种语言，否则，这两种语言就可能长期停留在平衡状态。

除经济条件以外，政治状况也必须考虑。某些民族由于爱国主义的感情，或者为了表示自己的独立，反对强邻，会更有力地支持甚至发展两种语言中的一种。例如法兰德语和法语在比利时的各自地位就不仅决定于经济的条件，此外还有政治的动机是语言学家也得考虑的。爱尔兰在过去二十年间掀起了一个恢复本民族古代语言的运动，这一运动的根源主要是政治的，它要把本族语言从世敌的语言——英语中解放出来。法语在阿尔萨斯从来没有像它并入德意志帝国时那样流行；1871 年以前，当阿尔萨斯还是法国的一部分的时候，阿尔萨斯人没有受到强制语言的约束，他们也就没有那么大的动机要避免使用他们的阿雷曼尼克土语。

巴尔干各国语言的竞争大部分都受到政治原因的制约，但宗教也起着重要的作用。像阿美尼亚语这样的语言，它的活力大部分是由于有一个独立的阿美尼亚教会的存在。宗教共同体的感情会增强语言的抵抗力。1688 年，在开普，法国新教徒难民占殖民地人口的四分之一，但由于那里公共的、政治的和宗教的事务都只许用荷兰语，法语经过一个世纪就消失了。

另外还有一种同样非常有力的感情加强和保持着许多语言的

完整性，这就是威望感。没有一个罗马人愿意学习“连名称也是罗马人不屑出之于口”[①]的野蛮人的语言。因此，在意大利，拉丁语把埃脱鲁斯克语、奥斯克语和昂伯里安语都扼杀了。拉丁语的威望如此之高，高卢在被征服后不到一个世纪就向罗马派送了教雄辩术的教师。

希腊人不愿牺牲他们的语言去改用他们所蔑视的征服者的语言，这种意志使希腊语历经漫长的时期而一直保存下来：土耳其语始终没有能够代替，甚至也没有能够侵害希腊语。人们为了行政上的需要，说着压制者的语言，但正如意大利人所说的，lingua del cuore“心的语言”从来不会向 lingua del pane“面包的语言”让步。

语言的威望往往从它的价值中得到证实。例如在希腊语里，这种价值非常巨大，远远超出人们对土耳其语所能承认的价值。征服者的语言土耳其语决不是文明的语言，它不能和代表古老许多倍的文化的希腊语相匹敌。

语言价值的重要性表现在许多地方，我们几乎对每种语言都能提出一个系数。在欧洲，阿美尼亚语在俄语的面前退却了。但波兰语在过去沙皇帝国的西部却抵住了俄语：它们是两种势均力敌的语言，谁也毫不让步。某些印欧语或闪语（例如阿拉伯语）所表现的扩张力量无疑是由许多复杂的原因造成的，但语言的价值也有它的一份。

偶然投入说另一种语言的居民中间的孤立的语言小岛很难维

① quorum nomina uix est eioqui ore Romano (Pompon. Mela, III, 3).

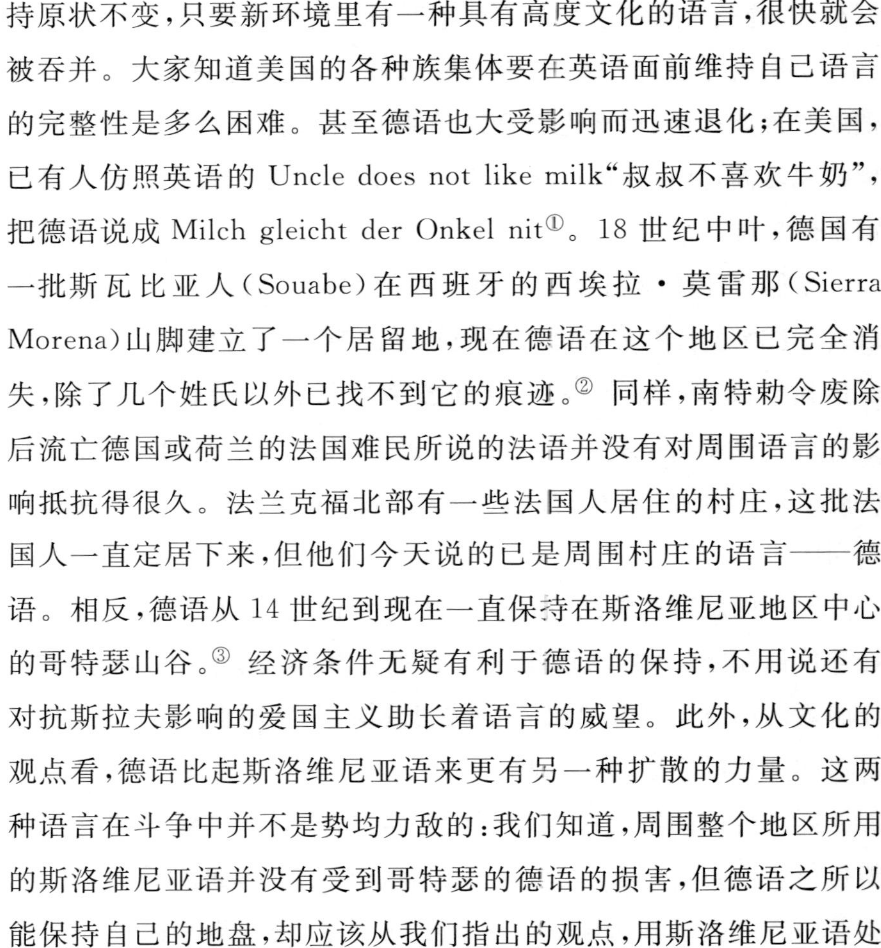

持原状不变，只要新环境里有一种具有高度文化的语言，很快就会被吞并。大家知道美国的各种族集体要在英语面前维持自己语言的完整性是多么困难。甚至德语也大受影响而迅速退化；在美国，已有人仿照英语的 Uncle does not like milk“叔叔不喜欢牛奶”，把德语说成 Milch gleicht der Onkel nit[①]。18 世纪中叶，德国有一批斯瓦比亚人（Souabe）在西班牙的西埃拉·莫雷那（Sierra Morena）山脚建立了一个居留地，现在德语在这个地区已完全消失，除了几个姓氏以外已找不到它的痕迹。[②] 同样，南特敕令废除后流亡德国或荷兰的法国难民所说的法语并没有对周围语言的影响抵抗得很久。法兰克福北部有一些法国人居住的村庄，这批法国人一直定居下来，但他们今天说的已是周围村庄的语言——德语。相反，德语从 14 世纪到现在一直保持在斯洛维尼亚地区中心的哥特瑟山谷。[③] 经济条件无疑有利于德语的保持，不用说还有对抗斯拉夫影响的爱国主义助长着语言的威望。此外，从文化的观点看，德语比起斯洛维尼亚语来更有另一种扩散的力量。这两种语言在斗争中并不是势均力敌的：我们知道，周围整个地区所用的斯洛维尼亚语并没有受到哥特瑟的德语的损害，但德语之所以能保持自己的地盘，却应该从我们指出的观点，用斯洛维尼亚语处

---

① Baumgartner，“Die deutsche Sprache in Amerika”，转引自 Meillet，IV，XVIII，vol. cxvi.（按：这里是德语受了英语的影响，gleicht 一词除“相像”的意思外，还获得了英语 like 的另一个意思：“喜欢”如果按照德语的字面来理解，这句话就是“叔叔不像牛奶”，而不是“叔叔不喜欢牛奶”的意思了。——译者）

② S. Feist，XXVI，vol. xxxvi，p. 344n.

③ Ad. Hauffen，*Die deutsche Sprachinsel Gottschee*，Graz（1895）；H. Tschinkel，*Grammatik der Gottscheer Mundart*，Halle（1908）.

在劣势地位来加以解释。

现在让我们来考虑一下代表高度组织的文明的共同语对一群既没有统一性又缺乏结合力的地方话会产生什么样的影响。在布列塔尼地方，布列塔尼语和法语的关系就属这种情况。布列塔尼语和法语的竞争跟法语和德语在瑞士的竞争毫无相似之处。法语和德语在瑞士仿佛对垒的两军那样或进或退。它们可能长期面对面地持枪不动。如果有一方后退或前进，语言的边界线就会真正有所移动：那里的人们都说法语或德语。相反，尽管法语在布列塔尼有无可争辩的进展，可是几世纪以来，布列塔尼语和法语的边界却差不多没有改变。[①] 我们知道，公元11世纪时布列塔尼语的地盘差不多并不大于今天，它大致沿着一条直线从西北伸向东南，从班波尔(Paimpol)和圣布里厄(Saint-Brieue)之间沿海的普鲁亚(Plouha)经过昆丁(Quintin)的下侧和爱尔文的上侧直达维伦(Vilaine)河口。在这条线的右面，自从公元9至10世纪以来几乎唯一地使用着法语的一群方言，或称“迦洛方言”(Gallots)。这两种语言的竞争是很特殊的。让我们再拿两军对垒来打比方。这里并没有摆开阵势的厮杀，也没有征服者迫使被征服者退却而占领的阵地。只有相当多的要素不断地从一种语言转入另一种语言；它们好像逃兵一样投入敌营，最后使这边再也没有原先的一兵一卒。这是和平的渗透，而不是一场征服战。

现在我们来看一看上面这条界线西侧的情况。所有的布列塔

① 参看Paal Sébillot, *Revue d'Ethnographie*, 1886年1月号；J. Loth, VIII, vol. xxiv, p. 295和xxviii, p. 374.

尼方言无一例外地都受到了法语的侵犯。文明的语言给它带来了潮涌般的代表新的事物、观念和风尚的新词。从15世纪末开始，文学和宗教已使布列塔尼语充满了法语的词，因为法语自然地向布列塔尼人提供了启蒙著作的样板。这样，布列塔尼语就日益限于在乡村或作特殊的使用。近五十年来推行的兵役制和学校里传授法语只是加速了这一运动。同时，这两种语言竞争的条件也起了变化。

在一个很长的时期，法语渗入布列塔尼语是通过不知不觉的内向渗透进行的，布列塔尼人接受法语的词日益增多而毫不自觉。但是大多数布列塔尼人尽管把法语的词引入了他们的语言里，还是继续说布列塔尼语。到了今天，大部分布列塔尼人是说两种语言的，于是这两种语言的竞争在某种程度上可以说是转到了每个说话者的心里去进行。这种竞争对布列塔尼语来说也是不吉利的。懂得法语的好处比只使用布列塔尼语的高出万倍。法语是资产者的语言，只在城市的社会里使用，这一事实使乡村姑娘渴望说法语，正像渴望穿戴阔太太的服饰一样。此外，布列塔尼居民和资产阶级社会的关系也日益频繁：雇工、仆役都跟他们的主人说法语。旅游事业的发展使外国人和资产者成了当地人的一宗财源。因此，说法语对他们有好处，而且也很有必要。生活方式也对语言发生影响。我们知道，布列塔尼语在沿海一带说的人远不如内地的多，因为海员自然是远离家乡出外谋生的，每天都要跟说不同语言或多少有些不同的方言的人发生关系，因此他们十分关心要使用像法语这样的共同语来处理这些关系。最后，布列塔尼的沿海部分是各条交通要道所在，坐落着主要的城市，经常有商业交易和

旅客来往。[1] 这样，法语就成了布列塔尼的共同语，这是划分成许多方言的布列塔尼语所从来没有做到的。所以法语和布列塔尼语的斗争最终可以归结为经济原因的影响，但决定斗争的特殊条件的，却是这两种语言各自的力量。

*　　　*　　　*

我们可以预见到布列塔尼语的消亡，但不要急于宣告。这种语言还是挺有生气的。姑且不谈布列塔尼人对他们的民族传统的热爱，光是使用布列塔尼语的人口的大量增加也是使这种语言得以保存的强大力量。此外，双重语言制的利益鼓励布列塔尼人在他们彼此间说布列塔尼语。这是一种现成的特殊语言，可以用来保卫独立。作为特殊语言，布列塔尼语可能在沙丁渔业工人或盐场工人、石匠或单帮客的某些集团的使用中保存很长时期。在这种形式下，谁也无法预料它的寿命有多长。只要有人数相当多的某个集体要维持这种特殊语言的完整性，它就具有更新和再生的能力。

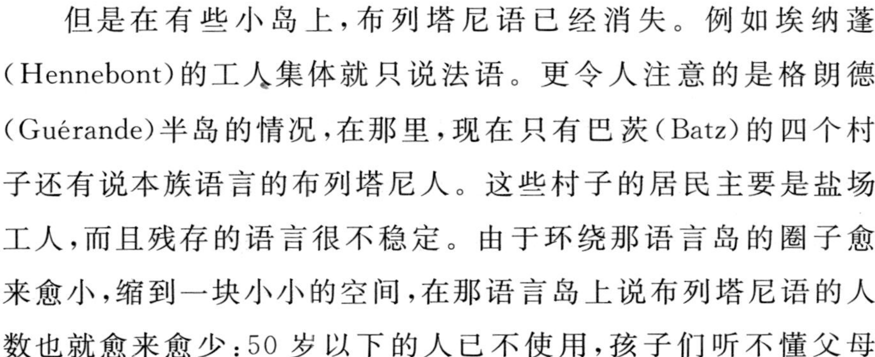

但是在有些小岛上，布列塔尼语已经消失。例如埃纳蓬(Hennebont)的工人集体就只说法语。更令人注意的是格朗德(Guérande)半岛的情况，在那里，现在只有巴茨(Batz)的四个村子还有说本族语言的布列塔尼人。这些村子的居民主要是盐场工人，而且残存的语言很不稳定。由于环绕那语言岛的圈子愈来愈小，缩到一块小小的空间，在那语言岛上说布列塔尼语的人数也就愈来愈少：50 岁以下的人已不使用，孩子们听不懂父母

① Camille Vallaux, *La Basse-Bretagne*, Paris, 1907.

的话。我们可以预见布列塔尼语快要从地球的这个角落消失了。

我们知道还有别的语言也遭到了同样的命运。今天在斯普里瓦尔德(Spreewald,即卢日支 Lusace)还有人说斯拉夫方言索拉布话(Sorabe)或温德话(Wende),但是它们的兄弟,过去流行在易比河下游的波拉布话(Polabe)却在 18 世纪消亡了。属于波罗的方言的普鲁士语在 16 世纪末还流行在但泽(Dantzig)和科尼格斯堡(Königsberg)之间沿海一带,今天已没有任何踪迹。在英国,属于克勒特方言的科恩沃尔语(Cornwall)在中世纪想必占据过整个科恩沃尔半岛,包括现代的德坊(Devon),并且穿过布列斯托尔(Bristol)海峡而跟威尔斯语地区接壤。这种语言在今天也消失了。据说,最后一个说科恩沃尔语的是一个名叫铎利·彭特里绥(Dolly Pentreath)的妇人,她在 1777 年 12 月 26 日死在彭赞斯(Penzance)附近的圣保罗(Saint Paul)地方,享年 102 岁。但是在 19 世纪中叶,人们还从农民的口里搜集到一鳞半爪科恩沃尔语的祷词和咒语,以及句子的片断。1875 年,在科恩沃尔还有一些老年人能用这种语言数到二十。①

这里产生了应该如何理解语言的死亡以及语言到什么地步才算是死亡的问题。

波拉布话融入德语,正如科恩沃尔语融入英语一样;今天的布列塔尼语也慢慢地一点一点融入法语。在科恩沃尔的英语里,除了传统上保存下来的科恩沃尔语的古词或词组以外,还剩下许多

① VIII, vol. iii, p. 239.

当地古代语言的遗迹。同样,在布列塔尼所说的法语和在爱尔兰所说的英语,[①]大家还感觉到很接近布列塔尼语或爱尔兰语。不仅在词汇里或多或少渗透着土著语言的词和表现法,土著语言还影响到语音,甚至某些与形态有关的细节,例如词序或前置词的用法。比如布列塔尼各个城市里所说的法语,重音的位置往往按照布列塔尼语的方式来定,同时还保存着布列塔尼语的音强。在坎佩(Quimper),人们说法语时把次末音节发得特别用力;往往把词尾浊音,特别是浊擦音,发成清音(une chemise neuf“一件新衬衣”,un fromache“一块干酪”);把 faire 用得像布列塔尼语的 ober 一样带有真正助动词的意义(pour faire le diable s'irriter=pour que le diable s'irrite“为了使魔鬼激怒”);用前置词 avec(相当于布列塔尼语的 gant)引入被动动词的补语,例如 tué avec son voisin“被他的邻居杀害”(用 avec 代替 par);如此等等。同样,在爱尔兰的英语里也保存着爱尔兰语的用法,例如用 I will take it of you“我从你这儿拿”代替 from you,或者把 he went against his father“他去接他的父亲”用于 to meet his father 的意义,把爱尔兰语的 cad chaoi bh-fuil tu? 和 ann a cheann 照样搬入英语而成为 what way are you? (你好吗?)和 on the head of it(关于这一点)。

可见布列塔尼语和爱尔兰语尽管本身渗透着法语和英语的成分,但它们对入侵的语言也发生了影响。

布列塔尼语会不会有一天被法语渗透到好像是一种后起的方言,虽然有一些不同的特点,但是并不比别的方言更为特殊呢?即

---

① Loyce, *English as we speak in Ireland*, London, 2nd edition (1910).

使这样，我们也没法确定一种语言死亡的日期。那已经消失的语言总会留下一些语音的事实、一些造句的表现法，特别是一些孤立的词；这些看来好像是，比方说，法语从布列塔尼语借来的成分，其实却是布列塔尼语的残余环绕着借来的法语成分。我们将没法知道人们在一定的时刻所说的是完全渗透着法语的布列塔尼语，还是残存着某些布列塔尼语遗迹的法语。到那时，布列塔尼语将融入法语中，好像糖溶解在水里一样。我们无疑可以说：布列塔尼语已不再存在。但这会不会只是表面上的判断呢？事实上，只要从布列塔尼语借来的成分保存着被人使用，这种语言就依然存在。但是这么说来，高卢语也并没有死亡，因为在法语里还有少数几个从高卢语来的词；而且除拉丁语以外，我们同时还说着若干或多或少为人们所知道的语言，这些语言在漫长的岁月里都和拉丁语以及法语混合在一起了。

对事实作这种解释，跟认为一切语言在不同程度上都是混合语的理论相一致。但另外有一种理论[①]相反地主张人们每次所说的永远只是一种语言。人们所说的语言，经过分析，虽然可以找到许多外来的成分，但在说话者的意识里却只存在它的统一性。一种语言很可能融入另一种语言，然而说话的人从一种语言转到另一种语言仍然要经过一次飞跃。说话的人意识到他离开第一种语言，采用第二种语言，总有一个确定的时刻。法语和英语不论受过什么样的外来影响，法语始终是一种拉丁语，英语始终是一种日耳曼语，因为我们感觉到自己说的是祖先的语言，如果追溯过去直到

① 参看 Meillet，XLII，vol. xv，p. 403.

拉丁语和共同日耳曼语，我们将会发现连绵不绝的一代一代的人都具有把同一种语言传授给下一代的感觉和意图。

这是两种针锋相对的理论。为了试着把它们调和起来，我们必须考察一下外来成分增加到什么程度才会危及一种语言的统一性。

*　　*　　*

现在让我们把各种语言间词汇上的借用搁在一边不谈。借词的特点是说话的人不一定会说或者能听懂借词所从来的那种语言。法国运动家的语言里充满着英语的词，但是他们并不因此而懂得英语，尽管他们能把这些英语词的音发得非常准确。所以，借词无论怎么多，可以说都是在语言之外的。

但是另外有一些借用却必定包含两个语言系统的密切渗透。这就是仿译(calque)，我们在前面已经举过一些例子。

仿译总是两个语象混淆的结果，每个语象和一种语言相当，可是人们在说话的时候把它们搞混了。这种混乱可能涉及词，也可能涉及结构，原因总是相同的。一个六年级的学生昏头昏脑把法语的 donne-moi ma vache“把我的牛给我”译成了拉丁语的 da mihi mea vacca，或者把法语的 Pierre est le roi“彼得是王”译成了拉丁语的 Petrus est regem，他的错误就是由于法语的 ma vache“我的牛”或 le roi“王”具有主格或宾格的双重意义引起的。[①] 这正如一个斯洛维尼亚人仿照意大利语的 dammi la mia vacca“把我

① 第一句 mea vacca 是主格，应该用宾格 meam vaccam；第二句 regem 是宾格，应该用主格 rex. ——译者

的牛给我"而说出 dajmi moja krava（krava 是主格，代替了宾格）一样。这并不是我们所说的格的混淆，因为这句话不论怎么颠倒，主语或宾语的感觉总是一样清楚的。这是语象的混淆，说话的人是用斯洛维尼亚语在说意大利语。[①] 瑞士作家梅耶尔（K. F. Meyer）曾用德语写出 er ist kränker als du nicht denkst"他的病比你想象的还要厉害"。这个德语的错误之所以产生，是因为作家的心目中具有法国人或意大利人用比较级时所惯有的否定概念；[②] 他在这里是把罗曼人的思想和日耳曼人的表达结合在一起了。

这一类错误是非常广泛的。甚至句子的类型也可以仿译，因此某些语言的词序有时会转入相邻的语言。例如奥地利的德语在斯拉夫语的影响下词序方面可以有很大的自由。它可以随便把谓语或宾语放在句首，例如：guten Morgen Wünsch'ich Ihnen"我祝你早安"，Recht hat er"他有理"，gut ist's gegangen"这进行得很好"，等等，好像用斯拉夫语说的一样。在波希米亚，我们可以听到 Schwester haben wir gantz kleine"我们有小小的妹妹"，好像捷克语的 sestru máme malickou 一样。在奥地利南部，斯拉夫语的影响特别明显地表现在否定词的位置上，例如 nicht scheute er sich ihn zu verleumden"他恬不知耻地诽谤他"，这只是斯洛维尼亚语 ne se sramuje ga obrekovati 的直译。

如果一个人习惯于用两种不同的语言毫无差别地表达自己的思想，他会无意识地把一种语言的惯用语转到另一种语言里去。

① 这个例子和以下的例子都转引自 Schuchardt，CCIII，p. 90.

② 德语句子中的否定词 nicht 是多余的，但是法语或意大利语须用否定词，例如这句话用法语说应该是 il est plus malade que tu ne le penses. ——译者

在威尔斯语里,形容词的最高级是用和英语的 very“很”相当的 iawn“真正”来表示的,因此而有仿照英语 very good 的 da iawn “很好”。在动词旁加上副词来改变它的意思,是日耳曼族语言的一个特点。我们在邻接英语或德语的地区也可以找到这个特点,那是由于各自受到这两种语言的影响的缘故。在威尔斯语里,cael allan 是 to find out“找出”的仿译,dyfodi fyny 是 to come up “上来”的仿译,torri i lawr 是 to break down“粉碎”的仿译,rhoddi i fyny 是 to give up“放弃”的仿译。同样,在苏格兰的盖尔语(Gaélique)里,cuir as 是 to put out“熄灭”的直译,cuir air 是 to put on“穿戴”的直译,如此等等。瑞士格里森人(Grisons)所说的拉定语(Ladin)本来是罗曼族的一种土语,它在德语的影响下同样也说 drizzer our“执行”(德语 aus-richten),gnir avaunt“发生”(德语 vor-kommen),或 vair aint“考察”(德语 ein-sehen)。这里,我们来到了词汇和形态的边界。

有些仿译更接近形态,甚至看来已渗透到形态里面。波兰地区有些地方话由于和德语接触,用助动词“有”造成不定过去时,如用 ja to mom sprzedané“我卖了”(德语 ich habe verkauft)代替波兰语中正确的 sprzedatem。[①]

在意大利康波巴索(Campobasso)省有一个塞尔维亚-克罗地亚人的居留地,他们大约是 15 世纪的时候从伊利里亚(Illyrie)迁来的,至今还说着一种斯托卡维亚(Stokavia)型的方言,在这里我们可以看到在一句纯粹斯拉夫语的句子里使用了意大利语的冠

① Casimir Nitsch, *Mowa ludu polskiego*, Cracow, p. 136.

词：da mi kàze le pute“为了给我指引道路”。

斯洛维尼亚语(Slovène)不仅从德语借入了一些动词、副词、小品词和数词，它还造出了一个冠词，常常按照德语的模型使用被动态。[①]

印度门格洛尔(Mangalore)的葡萄牙语，在英语的影响下，有使用s表示领属关系的趋势。人们起初按照英语的governor's house“总督府”说governor's casa，然后说governador's casa，这样，葡萄牙语就获得了一个英语的形位。

我们知道，在地理上邻接的不同的语言里常常可以看到共同的语音特点。形态也是这样。例如芬兰语在谓语中使用工具格，这种用法在曾和芬兰语发生接触的印欧系语言(斯拉夫语和波罗的语)里发展起来。[②] 这并不妨碍芬兰语和斯拉夫语在形态上的差别。但上面所举的那些借用却会损害形态系统的完整性。如果借用只限于少数的一些表现法，我们还可以把它看做词汇的借用，但要是所借的表现法变成了模型，使人们在心里不能不采用一个确定的语象，那么那语言就真正获得了一种新的形态方法。

有些旧有的方法甚至可能完全被消除。我们试设想葡萄牙语采用了homem's casa这个表现法，排斥了a casa do homem“人的房子”这个表现法，这种语言的一般形态系统无疑不会因此而改变；这只是在机器上换了一个齿轮或安上了一个零件。但要是葡萄牙语的形态系统受到了几次这一类变化，会不会有一天说话的

① Feist, XXVI, vol. xxxvi, p. 323.

② Meillet, IV, vol. xii, lxxvi.

人没法明确地感觉到他说的是英语还是葡萄牙语，或者连语言学家也没法确定了呢？

为了回答这个问题，我们可以从某些混合语的研究中得到宝贵的指示。这样的语言实际上是存在的，可惜关于它们的情况我们还没有十分可靠的证据。我们在上面举过阿美尼亚茨冈语的例子。这种语言一方面保存着茨冈语的词汇，另一方面却已全部采用了阿美尼亚语的形态系统，因此只是一种带有茨冈语词的阿美尼亚语。这个例子可以用英国的茨冈语来证实。在古代，英国的茨冈人说的是纯粹的茨冈语；后来，他们保存着他们的茨冈语词汇，但是把它和英语的形位结合了起来。例如像komóva te jal adré mi Duvelésko kēri kana meróva"我希望死的时候到上帝住的地去"这样的句子在新产生的茨冈语里已变成了 *I'd* kom *to* jal adré mi Duvel's ker *when* mandi mandimer's[①]。这两种茨冈语的现象是一致的，应该作同样的解释。它们是如此奇特，不免使人怀疑其中是否至少有一部分是故意人为的。这好像是一种暗号法，目的是要用茨冈语的词代替阿美尼亚语或英语的词，使英语或阿美尼亚语不为人所理解，因此这不是茨冈语获得了另一种语言的形态，而事实是茨冈语改变了英语或阿美尼亚语的模样。要从这些事实得出确定的结论是有些危险的。

但是混合语很有意思，因为它们一般也是磨损得很厉害的语言。这一事实有助于我们了解它们的形成。

邻接语言相互影响的结果是相互磨损。人们为了必须找出一

① Pischel，转引自 Schuchardt，CCIII，pp. 8-9.

种迅速的方法达到相互理解，不能不各自作出牺牲，消除自己语言中过分特殊的东西，只把和相邻语言共有的一般特点保存下来。

和巴尔干半岛一样，高加索在当前也出现了语言的大混合。鞑靼语、阿美尼亚语、格鲁吉亚语、西尔克斯语(Circassien)使高加索充斥着各式各样的方言，它们彼此间的差别往往很大，以致语言学家无法确定它们的亲属关系。这些语言变化迅速的主要原因正是相邻语言的影响。那里有一些因摩擦引起磨损的很好的例子。在达格斯坦(Daghestan)东南部萨木尔河(Samour)两岸有一系列属于寇林语群(Kourines)的方言。这些方言逐渐为阿美尼亚语和鞑靼语所淹没，地盘日益缩小，而且就在它们还被人使用的小圈子里，这两种相邻语言的影响也正在步步进逼。这种腐蚀作用不是到处都一样的，但是到处都被人感觉到；而且如果我们相信曾经仔细研究过这些事实的狄尔(A. Dirr)先生的报告的话，[①]它的最值得注意的结果是形态的简化。

格里姆(J. Grimm)早在1819年就已经断言，语言斗争的不可避免的结果就是语法的丧失。[②] 这种后果并不都是不可避免，但事实上常常可以看到。语言流到外地，由于容易受到往往是非常不同的语言的各式各样的影响，一般会比别的语言更快地丧失它们的特点。移动往往是语言退化的一个原因。希腊各殖民地的方言和希腊本土方言间的差别也可以从这里得到解释。前面提出的解释这种差别的可能原因当然还应该加上希腊人扩张的地区里所用的各

---

① A. Dirr, *Mitteilungen der anthropol. Gesellschaft in Wien*, vol. xxxix, p. 301, Xl, 22.

② J. Grimm, *Deutsche Grammatik*, p. xxxii, 177.

种非希腊语的影响。即使不承认这些语言曾对各处殖民地的希腊话的结构产生过影响，我们也可以相信形态的相对简化和有些语音特征的破坏是由不同语言的接近引起的。使用这些语言的人在说希腊语的时候会把一些新的习惯强加给希腊人，而希腊人由于人数较少，随着时间的推移就适应了这些习惯。

我们可以相信，这种语言状况对共同语的建立非常有利。当希腊方言在外界的影响下消除了某些最显著的特点以后，它们就更容易融入共通语的统一体。但是，出现在一种语言的各方言间的情况也会再现在不同的语言之间：同样的作用和反作用总会产生相同的结果。例如在两种或几种相互竞争的语言之间往往会建立一种平衡，结果构成一种混合语，用来作为共同语。这时，原则上总有一种占优势的语言作为混合的基础。[1] 但共同语有时也可能是几种语言以差不多相等的份额互相混合的结果；地中海各港口的萨比尔语(Sabir)就属于这种情况。它是法语、西班牙语、希腊语、意大利语和阿拉伯语混合的结果。所有这些语言对萨比尔语的形成都曾作出贡献，主要是使一些词汇事实成为公有，至于各自的语法特点则都被抹煞了。

和萨比尔语一样，作为远东各港口共同语的洋泾浜英语和西非塞拉勒窝内的土著所使用的破碎英语也都是混合语。[2] 洋泾浜英语的基础是汉语，而汉语的特点恰恰是语法很少。它确切地说是汉语，但词是英语的。人们用非常适合这种用途的英语的词汇

① E. Windisch，同前书，p. 104，113.

② 洋泾浜英语的例子见 Leland（C. G.），*Pidgin-English*，"Sing-song" in the China English dialect，5th ed.（1900）. 关于破碎英语参看 F. W. H. Migeod，CXXXVI. 关于马达加斯加阿拉伯语，请参看 G. Ferrand，VI，vol. xiii，p. 413.

构成句子，其中词序完全是汉语的。这往往造成很巧妙的结合，并且可以证明我们在上面所指出的两种语言间的亲和力。这里当然有某种语言作为混合的基础，但是基础语言的特点恰恰是几乎没有语法，这使它特别适合担任派定的角色。

克雷奥尔语（Créole）也可以引来作为混合语的例子。它们是以某种欧洲的语言：法语、西班牙语，或者英语为基础的。但这些语言在克雷奥尔语里面已失去形态特点，沦于齑粉状态。这是一种没掺石灰的沙子、没和水泥的石子，是一种稀松的、无定形的物质。土著居民为了作交易必须和外国商人交谈，这使他们不得不学习外语，最后取代了他们的母语。但这种学习从来都是不完备的，只限于那语言的一些表面上的特征，一些表示日常用品和生活中重要动作的词语。语言的内部要素和它的细致的复杂情况，土著居民并未吸收。

我们可以说，这种现象有社会的原因。克雷奥尔语都是下等人和隶役所说的话，他们的上级从来不关心，也无意要他们说正确的语言。因此，它们在某种程度上都是特殊语言，和上面所说的茨冈语完全一样，不过起因不同。但是除此之外，克雷奥尔语同萨比尔语、洋泾浜英语或破碎英语一样，都是两种或几种语言交融而成的混合语，这些语言由于缺乏特殊的形态，我们不能确切地说它们究竟属于哪一种所由构成的语言。这是一种真正的语言杂交。我们在下一章将看到它可能产生的后果。

第五章　语言的亲属关系和比较法[①]

亲属关系这个术语应用于语言问题是意义含糊不清的，常常把一些对语言事实缺乏素养的人引入错误。更难以原谅的是，甚至有些语言学家有时也把这个只是隐喻的术语当真，仿照贺齐埃(Hozier)的做法为各种语言绘出谱系表。于是人们就相信自己可以有把握地说譬如法语或意大利语是从拉丁语生出的，并谈到什么母亲语、女儿语、姐妹语等等。这是一种不幸的术语，因为它对语言间的关系提出了错误的观念。其实语言的"亲属关系"和生理上的亲子关系或世代毫无共同之处。

一种语言不会生出另一种语言；任何语言学家都没法确定一种语言出生的时间。说法语来自拉丁语，那是说法语是拉丁语许多年代在某个地区所采取的形式。在许多方面，法语就是拉丁语。不管我们把法语的历史追溯到多远，总会看到各种各样的状态一级级相互连续着，把我们逐渐引近拉丁语。但是我们没法指出拉丁语终于何时，法语始于何时。法语的历史有一些脱漏，有些我们知道得很少的时期对于法语的构成却有决定性的作用。另一方

① 参看 Meillet,"Le Problème de la parenté des langues"(XLII,vol. xv,1914,p. 403)，和上一章提到的 Schuchardt 的著作。

面，使法语远离拉丁语的运动不是始终均匀的。但是尽管有各式各样的变迁，拉丁语和法语之间却有一种历史连续性，这种连续性就构成了这两种语言的亲属关系。这是问题的第一个方面，我们称之为连续方面。

此外还有另一个方面需要考虑，这就是共时方面。

根据我们上面所说的语言的自然分裂的情况，亲属关系这一术语很容易应用到出自同一种语言的两种方言。在某一个地区，起初说得完全一样的语言分成了若干方言群，每个方言群都具有某些扩展到若干个相邻方言群的特点，我们说这些方言群有亲属关系，而且无论其中任何一个遭受到什么样的变化，亲属关系始终存在。不管最初的共同语和分裂后所产生的方言之间有多大的距离，我们也应该承认它们有亲属关系，因为亲属关系是历史上确认的事实。

这里不必考虑政治状况或社会状况在语言中引起的差别，因为语言的亲属关系毫无区别地既包括已沦为地方话、土语或行业隐语的方言，也包括已上升到共同语状态的方言。毕卡迪方言和诺曼底方言，波阿提埃方言（Poitven）和贝里什方言（Berrichon）相互间都有亲属关系，而且和已变成广大地区的共同语的法兰西岛方言——法语也有亲属关系。对研究法语史的人来说，识别这种语言内部包含的一切变种有很重要的意义，但是只想总览一下这种语言的发展的人却有权利把它看做一个经历着许多世纪变动的整体。事实上，法语所经受的变化大部分是由于它内部的发展。方言的分裂，共同语的构成及其向被它日益渗透的地方话的扩展，这我们已在上面勾画出历史轮廓的巨大工程，都是在法语内部进行的，丝毫也没有打乱各方言间的亲属关系。[1]

但亲属关系有程度上的不同。例如普罗旺斯语是一种共同语，它包含有许多从属于它的地方话。我们知道，普罗旺斯语是好些地方话统一的产物，这些地方话本身和法国北部的地方话同出一源，那就是说，都来自拉丁语。不用说，普罗旺斯各地方话之间的亲属关系要比其中之一跟法语的某种地方话之间的亲属关系来得密切些。把法语和普罗旺斯语连接起来的是存在于它们之前的同一种语言形式；法语和普罗旺斯语都是从同一种语言分化出来，并且在许多年代中保持着不同的状态，这种语言我们可以管它叫——名称是没有多大关系的——高卢的民间拉丁语。这就是说，我们要确定这两种语言的亲属关系，必须把上面指出的两个方面，即连续方面和共时方面，结合起来。

但是这种结合还可以扩大；从时间和空间上扩大以后，它可以包括来自拉丁语的全部罗曼族语言。我们所说的高卢的民间拉丁语只是一般民间拉丁语的一种也许分化得很少的特殊形式，这种一般民间拉丁语在意大利变成了意大利语，在西班牙变成了西班牙语，在葡萄牙变成了葡萄牙语，在罗马尼亚变成了罗马尼亚语——这些只是它的最重要的代表。所有这些语言都是共同语，都经过文学传统的规范化，有政治条件使它们得以保持和普遍推广，并且各自包含大量的方言和次方言。所有这些方言间的亲属关系，撇开共同语和地方话的差别不谈，可以有许多程度上的不同。其中有些分化的时间不久，相互间还很近似。但是有些已经

① 参看 Meyer-Lubke，CLXXXI，Bourciez，Ll，Zauner，CCXXIV.

分隔了很长时期,已没有多大共同点:例如葡萄牙语某种土语和罗马尼亚语某种土语的对立就属于这种情况。这种对立,除了我们现在暂且不谈的外部影响以外,都是由独立的发展引起的。但是归根到底,在语言学家的眼里,葡萄牙语和罗马尼亚语只是一种语言——拉丁语的两种变形。

这拉丁语是我们所熟知的。因此,我们可以判断迄今所用的各种罗曼族语言走过的道路,并且在衡量各次变化的重要性的同时确定亲属关系的程度。我们几乎无需指出,熟悉罗曼语各国的政治历史和社会历史会给罗曼语学家带来多大的帮助:这是常常需要的核对,这是一种确定人类和语言所曾经历的各种变迁的年代的方法。但是我们的文献只到拉丁语为止,对于拉丁语在公元前 3 世纪以前的状况一无所知。这样,同时根据语言资料和历史资料来确定亲属关系,就失去了保证和把握。可是有了比较法,我们可以直追到拉丁语以前的时期。我们在这里有必要确定这种方法能及的范围。[①]

* * *

比较法只是把历史法往过去延伸。它的主旨是要把我们应用于历史时期的推理扩展到我们没有任何文献的时代。

我们刚才看到,当代的罗曼族语言只是一些来自拉丁语的土语独立地但又是平行地发展的结果。构成罗曼族语言的统一性的是该族全体语言共有的全部特征,而它们的亲属关系就是

---

① 参看 Meillet,"Sur la méthode de la grammaire comparée",vol. x,1913 pp. 1-15. 关于这方法的主要成果,Porzezinski CXCII,pp. 39-80 有很清楚的说明。

从这些特征看出来的。这些特征大部分早已相当明显地存在于拉丁语里，有些是共同创新的结果，但是有些在任何罗曼族语言里都可以找到的特征，尽管拉丁语里没有确切的对等特征，我们也可以认为是大家不大清楚的语言状态的残余，这种状态是古典拉丁语和罗曼族诸语言之间的中介，我们称之为民间拉丁语。因此有一种罗曼族语言的比较语法，其结果不仅可以确定这些语言和拉丁语之间的直接连续关系，而且使我们有可能在语法结构方面重建出一种我们无法根据文献了解或很少了解到的语言状态。

但拉丁语本身也不是一种孤立的、和其他语言毫无关系的语言。它的语法方面和希腊语有许多共同的特征，这一点早已引起古代人的注意。近代的人发现希腊语和拉丁语还跟另外一些语群有关，它们从梵语开始，分布在从印度直到欧洲西端的广大地区。人们由于找不出更好的名称，就管这些语言叫印欧系语言。不用多说，所谓“语言”，应该按我们在上面对这词所规定的意思来理解：它们是一些语群，各自在历史的某一时期可能有过相当广泛的统一性，但是在许多年代当中已经像我们在上面所指出的那样分裂和分化了。

我们把所有这些语言的共同特征搜集起来，就构成了所谓印欧系语言的比较语法[①]，它只是叠置在一系列范围较小的比较语

① 主要参看 Brugmann und Delbrück，CL 和 Meillet，XCIV. 印欧系语言历史比较语法的奠基者是德国人 Franz Bopp，CXLV. 其后有 Schleicher，CXCV. 又参看 F. de Saussure，CXXI；Hirt，CLXVI 和 CLXVII；Bechtel，CXLIII；Hübschmann，CLXXI；Schrader，CC，CCI CCII；Feist，CLVIII，CLIX.

法之上，如罗曼语比较语法、斯拉夫语比较语法、日耳曼语比较语法等等。这些比较语法每一种最后都要重建出一种往往是纯粹图解式的语言状态，人们管它叫做例如共同日耳曼语[①]或共同斯拉夫语，它们完全相当于另一个领域里的罗曼语比较语法所要重建的民间拉丁语（或共同罗曼语）。拉丁语的存在使罗曼语学家的推断有一个异常牢固可靠的基础；斯拉夫语学家和日耳曼语学家往往因为没有共同斯拉夫语或共同日耳曼语的文献而感到遗憾，否则，这样的文献将可以对他们的重建提供宝贵的确证。但是我们不应该过分强调日耳曼语学家或斯拉夫语学家不如罗曼语学家的地方。罗曼语学家只是把拉丁语作为一种检验的手段。他们提出假设并不因拉丁语而有所顾虑，有时在检验中还发觉自己不曾依照拉丁语是做对了而引为乐事。在罗曼语学家看来，这种叫做民间拉丁语的重建出来的假定的共同语往往比文献中所保存的古典拉丁语具有更精确的价值。民间拉丁语既是他们的工作的起点，又是他们的工作的终点；他们利用拉丁语，往往只是为了帮助重建这种民间拉丁语而已。

重建印欧语的语言学家一般也只是研究一些利用假设重建出来的共同语，他们做的更注定是一种纯图解式的工作。语言学家的印欧语并没有任何具体的现实性，正如人们所说的，它只是一种"对应的系统"。因此，哪怕最有学问的印欧语专家也没法用这种语言表达一句像"马跑"或"房子大"这样简单的句子。最能干的学者所知道的也只限于一些语法结构的原则：谁也不能用印欧语说

① F. Kluge，CLXXIV.

话，但是语言学家却应该能够说出这种语言有些什么样的范畴，这些范畴在这种语言里怎样表达，它的后缀和词尾有些什么样的价值。

其实这正是主要的东西，因为它使我们能够用语言学的方法确定各语言间的历史关系。比较法虽然转向最遥远的过去，它的价值实际上只在相反的方向，阐明各种有文献证明的语言的细节。印欧系语言比较语法的最明显的成果是确定这些语言的亲属关系。[①] 因此，从时间方面考虑，印度和波斯的一切语言，斯拉夫语和日耳曼语，罗曼语和克勒特语，在语言学家的眼里都不过是在这一切语言之前的被人称为印欧语的同一种语言状态连续分化的结果。

我们是否还能往上追溯呢？没有什么妨碍我们相信这一点，近代有些语言学家看来甚至确信不疑。我们已经看到印欧系语言的比较语法是怎样建立起来的，那就是把它置于好几种别的比较语法之上。我们可以设想，如果继续清理各种语言的历史，揭示它们的结构的一般原则，我们最后将可以重建出一些共同语来，它们和印欧语的关系正如共同斯拉夫语和共同日耳曼语，拉丁语和希腊语，或者更晚些的法语和意大利语的关系一样。

人们早已看出，印欧语和芬兰-乌戈尔语之间有某些相似之点。在比较工作相当先进的闪语的领域里，人们已发现有好几个特征和印欧语极为相似。因此有些语言学家曾经断定有一种既包

---

① 关于近二十年来在中亚细亚发现的印欧系新语言的文献，特别参看 Meillet et Sylvain Lévi，v，1910—1913，和 VI，vol. xvii，xviii；Gauthiot，V，1911 和 LXXII(b). 研究成果，Meillet 在 *Revue du Mois*，Aug，1912 有所陈述。

括诸闪语又包括诸印欧语的语言共同体的可能性。[①] 两者最后都将代表同一个语群，而法语归根到底将和阿拉伯语或埃塞俄比亚语是同一种语言，正如事实已经证明的，法语和俄语，波斯语和爱尔兰语是同一种语言一样。我们不要在语言间惊人的差别面前却步不前：如果说印-欧-闪语共同体的假设太大胆，这并不因为它要把一些极不相同的语言归成一个统一体。事实是，从现在的迹象看，闪语在迄今划定的语群中最接近印欧语。别的语群是否也能逐步约简，最后融入一些在历史上叠置在一起的更广泛的统一体呢。[②] 这是未来的秘密。从来没有应用过比较法，或者还没有得出最后结论的语言正多着呢。

*　　　*　　　*

我们可以看到比较法有什么样的价值，同时也蕴藏着什么样的缺点。它只依靠语言学的原则，很难指望从相邻学科获得什么了不起的帮助。事实上，我们必须注意不要把从比较得来的方言的亲属关系和种族的亲属关系以及文化的亲属关系混为一谈。这是三种不同的研究。

有三类学者分别在史前学的领域内进行工作：人类学家、考古学家和语言学家。第一类学者所处理的是骨骼和头骨，第二类学者所处理的是文物，如装饰品、兵器、陶器、各种形状和材料的用具，总之，是史前人类遗留下来的一切用具。语言学家使用的却是声音和词的比较。这三类学者都埋头于把他们所研究的事实有条

---

① Hetmann Mölller, CLXXXIV, 和 *Indo-europaeisk-semitisk sammenlignende Glossarium*, Copenhagen (1909); Pedersen, XXX, vol. xxii, p. 341; Cuny, XIII.

② Trombetti, CXXVIII.

不紊地加以归类，构成系列，并尽可能在自己的领域里确定这些系列间的年代关系和从属关系。但是直到现在，他们还没有办法使他们自己的系列和相邻学科的系列取得一致。他们没有共同的尺度。

比较语法提出一个体系，在这个体系里，语言按各自的特点分类，并且分成了语系。比较语音和形式，每种语言特有的创新在和较古状态的残余对比之下就显露出来了。语言学家成功地确定了印欧系语言的史前状态。但是他们不知道说这些语言的是什么样的人。他们说不出希腊人或日耳曼人、拉丁人或克勒特人的祖先是谁。他们只知道日耳曼语和希腊语，拉丁语和克勒特语经历过一些什么样的变化才达到文献中所显露的状态。甚至他们为自己重建出来的语言所定的名称也纯粹是任意的、约定的。离开了严格的语言学上的用法，印欧语这个词就毫无意义，古意大利语、克勒特语、共同日耳曼语也是这样。这些词只是语言学上的术语，只对语言学家才有意义。

考古学家所用的术语同样也跳不出考古学使用的范围。他们把某种类型的器皿或刀剑排成系列，确定它们的地域，但很难说出它们和哪一种文化有关。器物是没有名称的，只好约定用出土的地名来称呼。考古学家常谈到霍尔斯塔特的遗址或拉田纳的宝剑，维拉诺维亚的饰物或昂惹底茨的家具。同样，人类学家也谈到尼安德塔尔人或沙贝尔·奥·珊人的头骨，并且把长头人和短头人的不同地区互相对比，但是没法确定这种人种志的分类和什么样的语言相对立。

那是因为把头骨拿在手里，我们永远没法知道这个颅骨里曾装过什么东西，词和观念曾怎样联系，神经中枢曾涌现过什么样的语象。我们在上面说过，语言和种族的关系是无法建立的。我们也没法断定，使用某种已知语言的人会使用什么样的工具，语言和文化究竟有多大程度的对应。只有一件事是确实的，而且历史上往往可以得到证明，那就是：不同种族的人可以说同一种语言，或者说不同语言的人可以使用相同的器具。甚至用具的改进也并不永远是某一民族专有的特权，因此我们也无法按照考古学的分期（石器时代、铜器时代、铁器时代）来推算史前欧洲的种族变迁。印刷术发明以后就马上扩展到像德国、法国、意大利这样一些种族和语言都极不相同的国家。因此，要在上面所说的三种科学研究的成果之间确立一致关系，不但事实上有困难，原则上也不可能。方言的亲属关系很难指望得到考古学或人类学的支持。语言学家最多只能向这些相邻学科讨取一种指导的假设或者用来检查他的研究成果的资料。他只能采用语言学的方法来证明语言的亲属关系。

不过，从本身的能耐看，比较法有时是无能为力的。比较法假定语言的发展总是有规则的、连续的，没有任何外部的事故。比较法虽然是历史的延伸，却反而轻视历史，因为它只利用理论上的资料，假定出一种简化的历史，把它归结为一系列因果的有规则的衔接，缺乏构成历史的真实的复杂性和多样性。有人说，这是出于无奈：比较法正是要用语言学的方法重建语言的史前史，不问语言发展的政治条件和社会条件；它踩的这块土地是坚实的，因为经验表明语言的传授具有连续的性质。但是如果没有任何关于历史发展条件的确切资料，人们从比较法可能得出的有关确定语言亲属关系的结论就会大大减弱。

人们不得不只凭各种语言间的相似点来确定它们的亲属关系。这是一种危险的方法。自然界的亲体有时非常相似，使人难以区分，但不是一切酷似的个体都有亲属关系。在语言学中，相似也往往使人受骗。

特别在词汇方面是这样。词源学告诉我们，在我们已知历史的各种语言里，有些形式十分相近或甚至相同的词可能有相同的意义而在历史上毫无共同点。人们常举出 bad 这个词做例子，它在英语和波斯语里都有“坏”的意思，但并没有任何词源上的联系。我们还可以加上德语的 Feuer“火”，它跟法语中有相同意义的 feu 在来源上也毫无共同之处。同样，在英语的 whole“整个”和希腊语的 ὅλος“整个”，拉丁语的 femina“女人”和古撒克逊语的 fêmea“女人”以及同一意义的 fêmia，拉丁语的 locus“地方”和梵语的 lokas“世界”，现代希腊语的μάτι“眼睛”和波里尼亚语的 mata“看见”等等之间，也只有偶然的外表上的相似。这样的例子可以举出许多来。

词汇可以发生变化，甚至全部改变，而不至于引起语音结构或语法结构发生显著变化。我们要研究一种语言所代表的文化，了解它的词汇是非常重要的；这样，词汇在语言学和考古学之间就架起了一座桥。但这座桥梁两边都通向死胡同，因为我们无法根据某个词汇推断出某一类型的语言，甚至某一类型的文物。

还是就印欧语的范围来看，我们知道，在欧洲的西部和南部有两个史前时期的大词汇，它们的界线和方言的分界线并不一致。其中一个叫西部词汇，一直伸展到古意大利语、克勒特语和日耳曼语的领域，在波罗的-斯拉夫语，特别是在波罗的语里，和固有的东部词汇相混合;另一个叫地中海词汇,它在希腊语里特别容易看出,但在古意大利语的一种方言,也是最重要的方言——拉丁语里却和西部词汇发生冲突,并且部分地取代了它。因此,克勒特和日耳曼语,在某种程度上还加上古意大利语就有许多共同的词语。但是从语法结构的观点看,这三种语言却没有相同的关系。克勒特语和古意大利语的形态关系是非常密切的,[①]其密切的程度使某些语言学家得以提出古意大利-克勒特统一体的假设。但是日耳曼语的语法结构却和克勒特语大不相同,它在某些方面虽然接近古意大利语,在另一些方面却又接近波罗的-斯拉夫语。一句话,这些语言的形态关系和词汇关系不相一致。

语音关系也是如此。老实说,在这里提到语音,看来似乎有些令人不解。语音演变无疑是机械地发生的,和说话者的意志甚至意识都没有关系,但是它的规律性在原则上很受限制,它的多样性在结果上很混乱,人们在这方面几乎找不出某种类型的语言的任何特征。不仅如此:语音的演变是绝对的,因此我们在这里不能像在形态方面那样区分出弱式和强式。强式是已经发生变化的以往状态的可靠证据,形态的残迹可以揭示它的来源,使人看出语言的亲属关系。语音并不留下任何残迹,因此在这方面不能透露任何消息。

*　　　*　　　*

即使把研究限制在形态的标准内,我们也不能避免困难。因为形态也有它自己的暧昧的地方。我们要根据语法结构的相似点

---

① 参看 Dottin,LXVIII;Hirt,CLXVII;Feist,CXIX.

来确定方言的亲属关系，以及假定这种结构的演变是有规则的、连续的。但是这种连续性有什么保证呢？

我们知道，可能损害形态的外部影响是很多的。如果受损害的只是一些次要的和表面上的部分，形态可能留下足够的特征使我们得以确定语言的亲属关系。但我们可以想到一种极端的情况，即同一种语言由于受到反复的影响终于把两个相邻语系的语法手段差不多相同地结合在一起。这就是我们在上面所说的语言杂交的情况，尽管这种情况很少见。大家知道，在博物学方面，尽管条件很不相同，杂交由于不断地破坏着分类的次序和统一，曾给谱系分类造成了多少困难。遇到语言杂交这种情况，形态标准就会失效。

同样，如果形态的演变非常迅速，或者只在变化后经过很长的时期才为人所觉察，以至有关的两种语言，虽出于同一个原始型，形态上却已没有任何共同点，那么形态标准也会失去一切效力。要是我们只知道法语当前的口语形式，而且并不知道有别的罗曼语和拉丁语，那么要证明法语是一种印欧语就不会这么容易：法语从印欧语保存下来的一切特征只有像 il est“他是”和 ils sont“他们是”（发成 ilè，ison）的对立这样一些结构上的细节，或者保存得更好一些的，像某些数词或人称代词的形式，以及像亲属称谓这样的一些词汇方面的事实。谁知道人们不会找到一些更适切的理由来把它和闪语或芬兰-乌戈尔语相联系呢？

在地球上也许还有一些印欧系的语言尚未被人们辨认出来，它们由于没有历史，只为一些不识字的居民所使用，已失去了任何能表明它们的来源的特征，使我们应用健全的方法也没有任何办法证明它们是希腊语、拉丁语或梵语的亲属。但是这种方法反过来又使我们不能不得出一个这样的结论：我们也没有办法证明某两种语言不是亲属语言。

我们还可以进一步看。如果我们把形态用作语言亲属关系的标准，那么，要确立亲属关系，必须有很明显的形态特征，否则我们的证明就有不可能进行的危险。因此，语言亲属关系的确定有程度上的不同。这并不取决于语言间的历史关系，而决定于形态结构的特异程度。有些语言的语法非常复杂，有各种各样的形位、类别成分和后缀等全套行头，其中每一件都有固定的位置，在句子中引起一系列奇特的名堂。例如班图系语言就是这样。任何人要精通这些语言，都必须花费很大的力气。但是它们有一种便利，就是形态特征非常明显。如果我们在地球上不管什么地方遇到一种语言，它具有同样的形态结构的特点，使用着同样的后缀法和类别法，或者方法虽有差别，但可以用正常的语音变化来说明，那么我们就都有权利断定这种语言属于班图语系，并把它用于这群语言的比较语法。

但另一方面也存在着一些没有语法的语言，在这些语言里，全部形态都是一些把孤立的词结合起来的非物质的方法。我们曾经举过苏丹的语言或远东的语言作为这种语言的例子。这种语言的个性不很明显；词序的方法，除了远不如有音的形位那么多样以外，证明的价值也差得很远。如果那是把某一个词放到句子中某一个位置的问题，例如爱尔兰语把动词置于句首或土耳其语把动词置于句末，那么，这种次序一般可以看做部分属于形态方面的机械作用的结果，因此可以用那语言的一般状况来解释。反之，如果那是使词的位置从属于所要表达的观念之间的关系的一般方法的问题，像在汉语里那样，那么这种方法就具有某种心理的，因而也是绝对的性质，它在想要对人类的心理范畴建立一般理论的人的眼中虽然很有意思，但是将会使一个渴望在某种语言里找出能使它区别于其他语言的特征细节的语言史工作者遇到很大的困难。同时，处在这个极端，语言的亲属关系也无法明确。人们为了建立这种关系，只得求助于词汇，而这，我们已经看到，正是一种危险的方法。中国人说"我不怕他"，逐词译成法语就是 moi pas craindre lui。这是一种被人称为"小黑人法语"的特殊性质的法语。但是我们知道西非洲有些土著居民就常说这种法语。如果他们说汉语，除了用词不同，也即语音不同以外，也会说成这个样子。那时，这"小黑人语"就有一个法语的词汇和一个汉语的词汇，但语象是一样的，分不出法语的思想形式或汉语的思想形式。

这样说来，像上面这些几乎没有语法，而且词汇又被外来的影响所篡改的语言，我们怎样把它们分成不同的系族呢？例如西非的孟德语(Mandé)就是这样，它们的词汇由于历史情况而极其复杂，而且在语法方面全都是或者差不多全都是同样地贫乏。[①] 我们由于不了解这些语言以往的状态，对它们的历史至多也只能追溯到大约五十年以前，因此一般就没法确定它们的词汇的来源和形成。我们没有任何办法画出它们的谱系表，或者至少我们的分类会留下许多不确实、不分明的地方。我们在这里成了缺乏资料

① Delafosse，VI，vol. xvi，p. 386.

的牺牲品，也成了自己的方法的牺牲品，它禁止我们求助于其他学科来填补语言证据上的空缺。

*　　　*　　　*

我们应该从这些考虑中得出结论：语言亲属关系的证明是一件相对的事情。这首先靠语言证据要丰富，这些证据得到政治史或社会史的证实，可以构成或大或小的一束凭据。但是，碰到历史不明的语言，语言亲属关系的证明还要靠语法形式的丰富和多样性。最后，在同一个语系内部，亲属关系往往由于方言的相互影响而受到干扰。

有些语言学理论家会说这没有关系。在他们看来，语言的亲属关系是绝对的，甚至不必作任何证明。他们的依据事实上是个人意愿并且意识到说和父母同样的语言。确实，在大多数情况下，这种语言连续感的原则已足以确定亲属关系的存在。但是我们不能完全避免说话者方面发生错误的可能性：如果承认语言的杂交，两种语言的特征融入了另一种语言，那么从一种语言系统转到另一种语言系统就会在不知不觉中进行。新的一代会改换语言而不自觉。这毫无疑问只是一种极端的情况，几乎不可能出现在文明的国家，但在一定的语言条件、社会条件下却并不是不可能想象的。我们在这里不能把它撇开不管。而且我们应该承认，这对语言的亲属关系是不祥的征兆。在这种情况下，非但亲属关系无法证明，甚至连亲属关系这个概念本身也将被抹煞和取消。

幸而地球上大多数语言，特别是那些历史已经确定的语言，它们的亲属关系已能相当准确地固定下来。语言学家已经成功地确定了印欧语[①]、闪语[②]、芬兰-乌戈尔语[③]、班图语[④]、马来-波利尼西亚语[⑤]等等大语系，这些语系内部的亲属关系虽然在细节上有时还有争论，但在原则上已无可辩驳。毋庸怀疑，比较语文学的进展最后将会增加适当地确定的语系的数目。

① Brugmann und Delbrück, CL; Meillet, XCIV.

② Brockelmann, CXLVIII.

③ Szinnyei, CCXII.

④ Meinhof, CLXXIX.

⑤ Brandstetter, *Monographien zur indonesischen Sprachforschung*, Lucerne, 1906 ff. 又参看 G. Ferrand, LXXI.

第五编

文　　字

第一章　文字的起源和发展[①]

如果说语言起源的问题不容易得到任何令人满意的解答，文字起源的问题却不是这样。这后一个问题可以任由我们直接讨论，人们只要环绕着它巡视一周就很容易掌握它的范围。这是因为文字的起源相对地接近我们。我们自有文字记录起才认识古代语言；但是有许多语言就从那时起才为我们所认识，而且我们所掌握的最早文献往往也是把古代语言用书写珍藏起来的最早文献。另一方面，我们身边还有一些在我们的时代，直到我们的眼皮底下才写下来的。因此我们可以很亲切地认识到一种口语怎样变成书面语言的过程，并鉴定这一活动的成果。

可是，为了要理解文字起源的问题，必须摆脱我们开化人的心理习惯。在我们看来，文字的符号价值只是一件极其自然的事情。我们的小孩只要作一些练习，进行一些回忆就可以理解他们在书本上看到的在白纸上写成黑字的东西就是他们的耳朵听到的一个个词的形象呈现在他们的眼前。他们很快就习惯于这种心理的操

① 一般参看 Ph. Benrger，XLVIII，Danzel，CLI，Lévy-Bruhl，LXXXVIII 和 Maspéro在他的 Histoire des Peuples de l'orient 中的最后一章。关于文字赖以产生和完善的物质过程，参看 de Morgan 的著作l'Humanité préhistorique，p. 217 及以下，其中关于思想的比喻表达法一章的行文和例征大大补充了本章的资料。

练，把字体和声音加以调整，在词的概念中把视觉表象和听觉表象结合起来。我们在童年时期把我们的心灵屈从于这种操练所需要的时候很短，我们甚至记也已记不起来。我们从书面语言得来的观念是毫不费力的，几乎可以说是很自然的。

可是这种观念对于人类确实不是自然的。我们从我们远古的祖先在智力上的摸索得到了很大的利益；他们使我们在准备我们的心理状态方面的工作变得容易了。他们花费了多少时间和力量来锻炼遗留给我们的头脑啊！我们甚至再也没有意识到！

*　　　*　　　*

我们知道人们在写词之前是从写观念开始的。形象起初用作事物的符号。但是这种用法本身不是最初一下子就找到的：人类必须已经意识到书写符号的合理价值。可是今天还有些野蛮人把形象和事物看做完全一样的东西。这种看法现在看来似乎很奇怪，但不是来自幻觉或粗枝大叶的混乱。那是由于野蛮人把一切事物，它的形象，都神秘地理解为物体。由他们看来，外部世界是由一连串具有秘密特性的现象构成的，这些现象的相互关系不服从于矛盾原则。它自己的活动好像就纠缠于外部世界的网络里。它们的动作没有一样不在可见的或不可见的宇宙中有所反响。我们称为迷信的东西，即对最平凡的举动也赋予一种神秘的意义，即在最不相同的事件间也建立一种秘密的关系，这就是野蛮人通常的心理状态。谈到符号的使用，这是极端重要的。

我们试设想，一个开化的人用一根树枝在沙滩或岩石上画一个十字来标记他的道路。他是受一种纯粹合理的动机指导的；比方要重新找到他的路途，或者为后面的伙伴作个记号。但是在野蛮人的心里，简单画一个引起神秘涵义的符号也会激发一些不同的动机。把一根树枝放在路上，那就是占领了所践踏的土地，发出或念一句咒语，吸引或驱逐一个精灵，拦路追寻一个隐而不见的敌人的踪迹；或者反过来给他留下一种物质，让他利用来反对你，简言之，一下子完成一个动作；这动作的后果，幸福或灾难，将延伸至广大的宇宙。

同样，一头驴子或一只狗的形象，在我们开化人的心里只唤起一头驴子或一只狗的观念，再没有别的。但是在野蛮人看来，这就是驴子或狗的本身。而且如果那形象代表的不是于人无害的动物，而是一种害人的野兽或凶恶的敌人，那将会有什么样的后果呢？这样，符号的语言将会遇到口语的一切不可思议的事故，例如禁忌和委婉语。画一只老虎或河马和说出它们的名字都是一样危险的，因为形象和名称一样都是属于生物的不可思议的领域。[1] 或者，由于一种相反但是同源的感觉，人们反而小心翼翼地画出敌人，可怕的野兽，刻画得温柔和平，成为可贵的同盟者。某些野蛮人在他们的武器上绘一条蛇或一只豹，认为这些兽类会把它们的一部分力量授予物体。这样装饰起来，那矛啊，盾啊，都会赋予一种不可思议的效能：例如豹可把力量传授他们，蛇传授以使敌人的陷阱归于失败的狡猾。拜物教和护符的全部结构都是这样组成的，用一种象征性的版画传译野蛮人的神秘概念。

把原始人的全部心理活动都纳入一些划分得这样清楚的界限

① Darzel，CLI，p. 67，72，73.

显然是夸大其词。要让它有一点回旋的余地承认它有时也摆脱过他的神秘魅力的羁绊。符号在他看来也许是一种反映的方式，表明有一种外部表达，反射于他本身的无意识的需要。比方一个过路的人用他的小刀的尖端把他的名字刻在墙上那种幼稚的玩意儿，或者一个散步的人被灿烂的阳光和新清的空气弄得心旷神怡，不惜用他手杖的末端把一条条树茎打断，使上面的幼芽纷纷应声坠下的那种姿态也是这样。我们甚至要同意原始人也有享受艺术的能力。为什么不呢？穴居野处时代的人在驯鹿的骨头上描绘的图案是有很完善的构诣的，足以使人想起日本的艺术家。这些 Outamaro 和 Hoksaï[①] 的远代先驱者大可以因他们的作品而自豪；他们如果没有其他感受美学满足的理由，为什么不乐意做这样的事情呢？我们若想准确地分析原始人心理活动的源泉，就确实必须考虑反射的行为和美学的动机。但是在原始人和开化人之间，在这方面仍然有一个主要的区别。这后者也很可能放弃理性所强加给他们的规则。不过，当他神志清醒起来，恢复原状的时候，他的心灵也自然会再回到事物的合理概念，哪怕他只是使用他的理性才意识到他的狂妄的。相反，原始心理的自然状态却是不可思议的状态。神秘主义从各方面浸淫着它，滋养着它并支持着它。就算一时似乎离开了它，但神秘主义在这里的纠缠仍然是根深蒂固的。

原始人对于符号的观念排除了像我们这样的有合理原则的文字的可能性。所以文字形成的历史表明合理的精神状态一定已经

① 日本著名版画家。——译者

摆脱了不可思议的精神状态。这不是一下子能做到的。它的出发点无疑是一个符号可以同时有几种解释,并且适宜于几个目的。[①]符号既是带有神秘效能的护符,同时又似乎是某种事物的物质复制,照样强加于人们的心灵。接着逐渐消除了符号的不可思议的性质,使主观的和神秘的表象从属于客观的和合理的表象,最后让后者代替了前者。

把豹头刻在矛柄上当然是为了使它具有一种神秘的效能;但是假如他的邻人的武器没有同样的符号,也可以使它的主人认得他的武器,它这样就成了财产的标记。由于一种神秘的动机把一条树枝遗留在土地上也可能很有用地用来记认道路,它于是成了一种助记忆的符号。这样,他就在一次神秘的行动中引入了一种合理的要素,这要素在那里逐渐发展,终于占了主导地位。人们在财产的标记和助记忆的符号中看到了文字的出发点。[②]

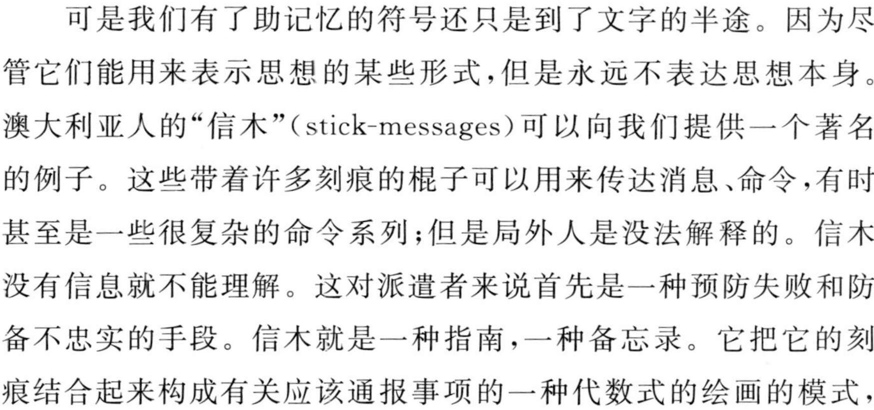

可是我们有了助记忆的符号还只是到了文字的半途。因为尽管它们能用来表示思想的某些形式,但是永远不表达思想本身。澳大利亚人的“信木”(stick-messages)可以向我们提供一个著名的例子。这些带着许多刻痕的棍子可以用来传达消息、命令,有时甚至是一些很复杂的命令系列;但是局外人是没法解释的。信木没有信息就不能理解。这对派遣者来说首先是一种预防失败和防备不忠实的手段。信木就是一种指南,一种备忘录。它把它的刻痕结合起来构成有关应该通报事项的一种代数式的绘画的模式,

① Danzel, CLI, p. 48.

② A. van Gennep, Revue des traditions populaires (1906), pp. 73-78; LXXIV 2e série, Paris (1909).

一种讲话的架构。它指出观念的数目和联系，但是没有有关的观念。

观念至少对许多人来说是没有的；因为我们不难理解在两个通讯人之间建立了一种秘密的规约，甚至连使用者本人也不知道。按照这种规约，某一个刻痕就代表某一个观念。这一次我们才真正有了一种文字，无疑是一种很初步的文字，资源也十分有限，但是在两个人之间有可能用物质的形式建立了一种思想的交际；这差不多就是文字的定义。

秘鲁人的基普斯（Quippos）和伊洛魁人（Iroquois）的贝带（wampums）也是与“信木”（bâtons de messager）属于同一范畴的。大家知道这两个词应该怎样理解。基普斯是用各种不同颜色的绒线构成的小绳子；在这小绳子上高高低低打上一些复杂的或不很复杂的小结。把小绳子的颜色、小结的厚薄和位置同时结合起来，依照一定规约把这些小绳子一条条互相连接起来就可以得到象征性地表现某些观念以及表明它们的联系的手段。基普斯在格拉菲尼夫人（Mme de Graffigny）的《一个秘鲁妇人的书札》（*Lettres d'une Péruvienne*）中起着很大的作用；它们在法国文学中曾获得被援引的权利。贝带是用一个个贝壳穿成的链子，结合起来构成几何学图形。其中有些，据说，包含不下6000至7000颗。大家知道长的有49排贝壳。我们可以看到在基普斯和贝蒂中利用了一种最新的要素，颜色；它使表达的手段更加多样化，从而丰富了表达的便利。

可是基普斯和贝蒂无论多么完备，也应该只是助记忆的工具；甚至哪怕已经证明它们具有提示某些观念的可能性，我们也不能

把它们的结合和文字体系的结合等量齐观;因为后者的目的是要表达一切观念。妨碍出自基普斯和贝带的文字发展的是这些物体所由构成的物质。它是不可能有任何实际上的完备的。有些作家断言,至少对基普斯来说,字母的结合是可能的;但是那一定是指一种使基普斯适应于欧洲字母的后期尝试。在爱尔兰曾用同样方法仿照拉丁字母的模型组成过欧甘字母(alphabet ogamique),把它的笔画铭刻在一些高高耸起的石头尖上。像这样的尝试注定是要失败的。

文字应该在另一条道路上发展。它的出发点是要使关于事物的观念成为可以用眼看得见的,特别是图画把形象固定在石头或黏土上面,在树皮或羊皮纸上面。

有朝一日符号被看做客观的表象,文字就开始产生了。希腊最早的碑铭,我们可以说是尤利西斯(Ulysse)竖立在埃尔佩诺尔(Elpenor)坟墓上的桨橹(《奥德赛》,[①]XI,77,XII,25)。这桨橹应该可以使过路的人想起死者的职业,正如我们的店主所挂的招牌指明营业的种类和商品的性质,礼拜堂的奉献物(ex-voto)指明忠诚信徒感恩的动机一样,这个桨橹就是一种标记。人类长期使用这种标记语言,甚至在某些历史时期,我们曾试图把它看做一种寓言。根据希罗多德(Herodotus,IV,131)[②]所说,西脱斯人(Scythes)送给大流士(Darius)[③]的信息里面包含着一只鸟、一只老鼠、一只青蛙和五支箭。这就是用图形构成的一种宣言。贤人

① 《奥德赛》(*Odyssée*)是古希腊荷马(Homer)史诗的一部分。——译者

② 古希腊的史学家,曾撰《历史》一书闻名于世。——译者

③ 古波斯的君王。——译者

戈布里雅斯(Gobryas)解释了它的意义。

等到人们会画图画并使形象成为事物的标记，那是一个巨大的进步。把一系列形象结合起来，人们事实上已经能够把一段有联系的、前后相连贯的故事提出给人家看。我们在斯堪的纳维亚的石岩上发现的绘图的碑铭中就可以看到这些生动活泼的形象。那是史前时期的。就在今天，美洲的野蛮民族也还使用着这种形象[①]。某些埃辟纳尔(Êpïnal)的形象文字也可以提供相同的例子。我们试设想一下在电影里所看到的，而不是在报章上所读到的杂事录，将更可以想到那是怎么一回事。

所有这一切都是表意文字所由产生的根源。那就是我们所知道的最早的文字，而且人们所使用的任何文字体系都可以追溯到这种文字。它就是在于用一种适当的符号来表现每个观念或每件事物。我们特别由三种大家今天所熟悉的文字类型，即汉字、楔形文字和神圣书体可以了解它的原始性质。但是重要的是我们必须知道，这些文字中没有一种是纯粹表意的。从我们认识这些的最古时候开始，表意就已经只起有限的作用。那是因为表意法有许多缺陷，留待人们去补充的委实太多了。

哪怕一种语言的所有观念都有一个适当的有区别的符号去表示，这类实际上是办不到的——这复杂的体系到了明天也就不够用了，因为它没法掌握住思想的无穷无尽的细微色彩并跟上它的永恒变化。一种完全固定的表意文字无异于一件禁锢思想的硬性大衣；思想不久就要打破它的束缚，甚至使它成为不能使用的碎

---

① De Morgan, op. cit，论文字章。

片。这样的文字最多只能应用于某种固定的、永远不会发生变化的秘传科学；这也许是一种用于实验室工作的代数而永远不会是人类教育和社会进步的通俗化的工具。尽管表意的原则不断有所改正，但是我们知道汉字或神圣书体曾遭受过多少这样的非难啊！

表意文字有一种好处——也许是唯一的好处——就是使用不同语言都能够把它念出来。使用信号的航海法，任何水手，虽然语言不同，但都能够同样解释。表意文字表现的观念永远不是声音。它有跟信号法一样的好处，就是省去了言语的中介。重制的不是说的语言，而是想的语言。要表明这种好处多么虚妄是很容易的。信号法典在定义上只应用于少数确切的技术上的概念，即不可变的概念，同职业的人很容易根据这些概念建立一种规约。但是我们不能把一种信号法一般化。要使表意文字能够有一个普遍的意义，它必须是为任何有理性的人所立即理解的符号。这简直是空想。只要那指的是具体概念，如鸟、笔头、牛、眼、太阳，那没有困难。但是一旦指的是抽象概念，那么困难就开始来了。如果为这些概念采取纯粹幻想的意符，我们甚至就背离了表意文字的原则。假如我们利用具体事物的意符，例如选择羽毛作为公平的标记，牛作为财富的标记，眼睛作为王权的标记，马上就造成了意义的暧昧不明。

语法概念怎样呢？表意文字没有它的表达。毫无疑问，有些语言可以顺应这种严重的缺点；那就是没有屈折变化的语言。假如语法单纯在于词序，表意文字很容易传译语法。我们完全可以理解如果有一个特殊的符号表示“我”、“想”、“吃”和“肉”的观念，那么一个像“我想吃肉”这样的句子可以用表意文字正确地表示出来。只要一劳永逸地把这种文字的每个字应该怎样念的次序确定下来也就够了。这样，正如我们已经说过的，形态学就在于词序。但是这不能走得很远；因为一种语言不管怎样没有语法，可是有些基本的语法概念是表意文字不能自然地表达的；例如个体和类的区别，名词和动词的区别，时、式、否定等等。如果用一个特殊的符号附加于观念的符号来表示这些概念，如指数之于代数字母，我们将在文字中引入一种新的原则，即虚符号和实际符号区别的原则。表意文字将因有两个不同的体系而复杂起来。或者用一些特殊的特征附加于意符来表示它的形态价值；这样一个意符类型就有上百种变化，看它所代表的词在句子中怎样用，并在它上面黏附新的要素。这将使意符的数目无限复杂，并使文字实际上不能使用。或者使意符后面跟着一个或几个用来表示它的语法价值的虚符号。在这里，不便之处是在于要用几个并置的符号来表达一个单一的相同概念。头一个过程最适用于单音节语言，实际上我们可以看到，远东有些语言，如汉语，它们的文字中就使用这一过程。但是老实说，甚至在汉语里，那是把头一个过程和后一个过程结合起来的。从表意的原则出发去转写一种语言是很不容易的。

*　　　*　　　*

没有一种表意文字是永远停留不变的。这无疑是因为这种文字有许多缺点，这些缺点确实是太明显了。但这也是由于有一种必要的演变使书面的语言成为想的语言和说的语言之间的自然的中介。

人类的心灵拥有不同的办法表达思想；有手势，有声音；并创造了形象。这些办法使人们有可能使用能适用于不同情况的约定俗成的符号，但是也往往互相重复。毫无疑问，在有些情况下，手势表达观念比表达声音方便，表达声音又比表达形象方便。但是一般地说，声音的符号价值相当快就会与形象的符号价值恰相吻合，遇必要时，并且代替了形象的符号价值。形象和声音是一些相互代用品。二者的相等一旦实现，形象就可以看做标记，然后看做声音的书写标记。于是，事物的名称本来是跟事物有联系的，最后也跟唤起事物观念的形象发生联系了。代表事物的符号也变成了表达事物的声音的符号。表音文字就创制出来了。

我们试设想有一个书写符号本来是猪的形象，起初只表示猪，法语念“porc”，最后不再表示动物了，但是成了它在法语里的名称，接着也就成了构成这个名词的声音。从此，大家就把它用来在语音上书写一切带有相应声音的词，例如利用它来转写 por 这个声音，不管它是指 porc [poːr]（猪），还是指 un port de mer（海港）的 port [poːr]（港口），或 des pores de la peau（皮肤上的毛孔）的 pores[poːr]（毛孔）。在一个有几个音节的词里，它更可以用一般的方法来标记 por 这个音节而不管它的意思；如在“transporter”（搬运）、“colporteur”（传播者）、“pornographe”（性欲作家）等词里都使用到它。社会上有些游戏就采用这种方法来造成各种画谜；比方如果有人要举出法语préparation（准备）这个词的意思，必须画出一个pré（牧场）、一个 pas（步）、一个 rat（老鼠）、一个 scion（新枝）的形象。

不过在画谜这种玩意儿中是任意的幻想的东西，在语音的表意文字里必须凭约定俗成来严格地加以确定。但是这种文字有两个严重的不便之处。表意文字的符号数目，由于上述的理由，必然是有限的。但观念的数目却不是这样。观念必然多于符号，所以在约定俗成上，同一个符号一定会有几个观念的价值。联合在同一个符号里的一般都是邻近的观念，包括本义和比喻义。例如在楔形文字里，一个圆盘不仅表示太阳，而且还表示光线、明亮、白色和日子，在神圣书体里，眼睛也表示看、守、科学。每一个观念在言语中都用不同的声音来表达，符号就披上了同样多的新的语音价值。在楔形文字里，同一个符号一直可以代表十五或二十个不同的声音；人们说同一个符号是"多音的"，所表达的就是这个意思。

相反，在整个语言里，有时一个单独的声音自己就构成一个单词，表示极不相同的事物。例如法语里的 por 这个声音，我们在上面说过的（porc、port、pore）就是这样，vin 这个声音［vin"酒"、vingt"二十"、vint"来"（过去时）、vainc"制胜"］，sin 这个声音（saint"神圣"、sein"胸部"、sain"健康"、cing"五"、seing"图章"）等等也是这样。表意文字对每一个这样的词自然都用不同的符号来表示。那就是说，为了继续举法语的例子，为了 por 这个声音有三个符号，vin 这个声音有四个符号，sin 这个声音有五个符号。在楔形文字里，为了表示 tou 这个音节，有多达十七个符号。人们说几个符号"有相同的声音"，所表达的就是这个意思。

同音现象和多音现象是两个相反的缺点，它们的效果应该互相中和。这有时会达到。但是由上面所举的例子我们可以体会到，解读者所曾遇到的困难往往是无法克服的。[①]

---

① 关于楔形文字解读的历史，参看 J. Menant, Les écritures cunéiformes, Paris (1864). 赫赫有名的有 Grotefend, Eug. Burnouf, Chr. Lassen, H. Rawlinson, Oppert. 关于神圣书体真正的先驱者是 Fr. Champollion, jeun；后继者必须举出 Ch. Lenormant, de Rougé, Salvolini, Lepsius, Birch, Brugsch 和 Maspéro.

亚述人采用楔形文字的时候，用一些表音的补充办法改正了多音现象的不便；用意符写出词之后，又用表音办法写出最后的音节来确定它的发音。这种表意文字和语音标记法的混合是亚述文字的一种特征和混杂；这是由于多音现象最初缺点的必然性。[①]

同音现象的缺点并不比较不严重，那就是在用一个声音表达的几个观念当中让人有所选择。为了弥补这种缺点曾发明了一种部首的办法。[②] 所谓部首就是一些附加于表音意符上用来确定它们的意义的补充符号。部首并不是用表音的补充符号指出一个意符的真正发音，而是使人有可能指出在几个同音词当中哪个是好的。再拿上述例子来说，试设想法语里有一个意符代表 por 这个音；为了避免发生任何意义暧昧不明，我们把这意符和一个表明那是指一种动物（porc）、一个海港（port）、一种包裹的搬运（port）、一种首饰的佩戴（port）或一种皮肤上的毛孔（pore）的特别符号结合起来。这种符号就是解释画谜的钥匙。

把这种办法应用得最有系统、最完备的是汉语。我们曾经说过，汉语是没有屈折变化的语言，比其他任何语言都更适宜于采用表意文字。为了改正同音现象，人们曾想出了种种指数和表音的意符结合起来表示词的意义；这些指数在一个很长的期间没有确定的数目，到 1616 年才确定为 214 个，以后一直被采用着。它们在汉语里叫做“部”，即“部分”或“种类”的意思。这其实是一些随随便便表达一些一般观念、社会或自然种类和心理范畴的限定成

① 参看 Fossey，LXXII，t. l.

② 按这里所说的部首，即指我国汉字形声字中的形旁。——译者

分。所以汉字是由两个要素构成的；第一个是意符，变成了“音符”，表达构成词的音节声音；第二个提供确定词义解答音谜的钥匙。

起初发明楔形文字和神圣书体的语言都是屈折语，其中的词都包含几个音节。因此，促使汉字趋于完善的办法在这里没有很大用处。但是埃及人发明限定成分时曾获得跟汉字的“部”相同的东西却是确实的。例如神圣书体念 ankh，可以表示“生命”或“耳朵”的意思；但是当它应该含有后一个意义的时候就要伴以作为限定成分的耳朵的形象。甚至在埃及文字已经变成纯粹表音文字的时代，我们还可以在这里和那里找到由于传统保存下来的限定成分的使用。至于楔形文字，就在它最广为人所使用的时代，也不断隐含着许多意义暧昧不明之处。为了实用起见不能不把它改成音节文字；我们在大流士的碑铭中找到用来标记一种印欧系语言古波斯语的就是这样的。但是一般地说，那是所有表意文字中最最缺乏生命力的。而且阿契美尼王朝的楔形形式就是它的最后范本。其后不久就到处为表音文字所代替，特别是为派生菲尼基字母的阿拉美文字所代替。

*　　　　*　　　　*

正如公元 900 年前在美萨石柱上所显示的(现藏卢浮宫博物馆)，有些人把菲尼基字母看做神圣书体的一种变形。但是这种变形是经过许多中间阶段慢慢地进行的。我们在上面已经说过，一种自然演化怎样牵引意符变成了音符。有些文字，例如汉字，由于一种精深结合的体系，仍然停留在这种过程的中途；神圣书体特别是为了标记一种屈折语言而创制的，也相当迅速地变成了表音文字。

所达到的第一个阶段是音节表音阶段。这个阶段就它强调音节的重要性来说是很有趣的。但是应该指出，音节表音法就是表意文字本身发展必然的结果。在单音节文字里，这是很自然的，因为每个词就是一个音节。在其他语言里，由于每个意符都用来表示它所代表的词的一个音节(一般是第一个音节)，所以结果也是一样。例如闪语字母的名称都是各种事物以相应字母开头的名词为它的名称，爱尔兰的欧甘字母也是一样。此外，音节表音有一个优点，就是简短；它精确地标出音节的声母，并且对于一些没有复辅音、元音的音色可以从形态方面考虑予以确定的语言，如闪族语言，可以有足够的数目。所以在许多情况下，这个中间阶段可能是有决定意义的。在闪语里，元音的指示是在相当晚的时候才加上去的，那时这种语言已为一些对它知道得很不完备的人所使用。

音节表示法在远东同样找到了它的地位。日本人经过各种我们无需在这里提出报告的尝试之后，从汉字的部件抽出了一个音节表，共有四十七个符号叫做"片假名"；但是距离有规则地使用还很远；他们日常使用的文字体系是汉字和音节文字的折中。相反，朝鲜人却坦率地采用了一种来源于阿拉美语的音节文字来构成他们的民族文字。

塞浦路斯文字也是属于音节表音的；由于曾被用来标写希腊语，现已解读成功；[①]甚至特别是有些希腊语的文献是用这种文字书写的。它的来源不明，但决不是为希腊语创制的；此外，它只用

① 参看 Bréal, Sur le déchiffrement des inscriptions chypriotes (Journal des Savants, acût-sept. 1877).

一种很不完备的方法标写希腊语。并且甚至在塞浦路斯，它也已为希腊字母所代替了。

字母表音法是文字最后的完备阶段。它出于标记元音的需要而不增加音节表的符号。闪语的音节表在一定时期也需要标上叫做 matres lectionis（阅读之母）的元音符号以便阅读。在希腊字母里，matres lectionis 的原则曾被巧妙地用来为每个元音创制一个特殊的符号。勒南（Ronan）曾说过“字母表音法是闪族人的一种创造”[①]。这是可能的。但是对于认为希腊字母来自菲尼基的旧说，现在人们已不再怎样坚持了。相反，杜索（M. Dussaud）[②]曾建议把字母的光荣归于爱琴海文化，可是在我们看来，克列特文物并不能很好地代表。其实希腊人以及菲尼基人的字母都是从爱琴人那里得来的。无论如何，菲尼基字母曾对希腊字母发生影响，正如希腊字母的名称所证明的（此外参看希罗多德 V. 58，它把字母叫做φοινιχήϊα γραμματα）。希腊字母经伊奥尼安人改善后，不久就一致地扩展到了整个希腊世界。希腊人把字母传到西方。在意大利，这种字母是从却尔基斯（Chalcis）幼贝安人（Eubéens）人的殖民地库美斯（Cumes）传到拉丁和埃脱鲁斯克（Etrusques）的。自马赛建立后，希腊字母一直深入到洛纳（Rhône）河流域；在公元初期人们还在这里找到过一些用希腊字体写成的高卢碑铭。

在东方，阿拉姆语曾起字母传播者的作用；历史情况证实这是

① CXI，p. 114.

② Les civilisations préhelléniques dans le bassin de la mer Egée，2e édition，p. 434.

一个很重要的作用。但这一作用曾为一次文字演变所促进。正如神圣书体一样，自从使用莎草纸以后，并由于书写快速的需要，在埃及变成了僧侣的文字，然后是平民的文字，同样菲尼基文字在阿拉美语里也采取了一种草书和实用的形式：尖角变圆了，字母的头顶被抹去了，笔画的末端带上了一条弯曲的尾巴。阿拉美字母扩展到印度。中亚使用的文字体系大部分都是由它派生出来的。最后达到了远东，我们今天在朝鲜文字里还可以找到。

文字演化的最后阶段字母文字由于希腊人和罗马人自公元起伸展到了欧洲。这一事件可以用一种历史的原因来解释，即基督教义的传播。把基督教义传授给非教徒的传教士同时也教他们念神圣的文字，因此也以他们自己念圣书的字母为模型组成了一些字母。譬如希腊字母由乌尔菲拉（Wulfila）用来做峨特文字的模型，由西里尔（Cyrille）和美多德（Méthode）用来做斯拉夫字母的模型。相反，古德语、古英语和古爱尔兰语的字母却是由拉丁字母派生的。

我们一般知道这些字母是怎样组成的。例如乌尔菲拉从希腊字母中取出所有能标记他自己的语言的声音的字母，并保存它们的音值。对于其他的声音，只好随便采用一些还没有利用的字母；例如用希腊语的 Ψ 来标写清齿擦音，用Ⓗ来标记 hw 音。或者求助于其他语言的字母。例如峨特语的 F 无疑是借自拉丁字母的，并且这两个符号都是由古鲁纳字母保存下来的。我们从许多字母的历史中都可以举出类似的事实。希腊字母特别表明希腊人在使所谓菲尼基文字适应于他们的语言时运用了同样的自由。

无论如何，来自希腊语的字母和来自拉丁语的字母之间有一个主要的差别。头一种是由一些对语音的各种关系具有非常准确的感觉，并对标记发音的各种细微色彩发挥了罕有的敏锐眼光的人十分妥切地确定下来的。乌尔菲拉的就是一个很好的工具，充分准确和确切；西里尔和美多德的斯拉夫字母就是一个真正的杰作。它们和盎格鲁·撒克逊字母或爱尔兰字母比较起来有多大的差别啊！后两种字母曾穷年累月地设法使拉丁字母适应于它们的语言，从来没有获得成功。

拉丁字母的资源对他们所提出的计划确实是不够的。这两种语言的语音系统也相差得很远。拉丁语有许多重要的塞音，浊的或清的；相反，爱尔兰语却是一种擦音的语言。此外，爱尔兰语的语音比拉丁语的复杂得多。爱尔兰语的写法是逐渐地、零星地、经过长期的摸索，由一系列连续而不连贯的半小节建立起来的，因此常要求读者方面的解释。它和峨特语的写法处于正相反的地位，因为后者在它的创造者的脑子里得到完整的和有系统的理解。但是我们不能把全部成功的长处都归之于这个创造者。爱尔兰修道士失败之处，乌尔菲拉做得这样成功，那是因为他工作的材料有较好的准备。他使我们看到的峨特语在语法上很有规则，显然是规范化的、确定的共同语；相反，爱尔兰语在正要写成文字的时刻却处在一种无以名状的浑浊状态。人们可以同样把古斯拉夫语和古德语或古英语对立起来。

第二章　书面语言和正写法

书面语言的重要性在任何时候都是人们能感觉到的。他们起初把文字归之于神圣的灵感。希伯来人相信摩西从上帝手上接受了文字；埃及人把它归之于托特神（柏拉图《斐德路斯》，274）；希腊人把文字的创造和农业的实践或火的发现等同起来，把卡德穆斯提高到了特利普托勒穆斯或普洛美特乌斯的行列。

然而这不是因为原始的人曾由于这发明的效用而受感动并预想到它将会对他们的后代服务；这是因为他们在文字中看到了一种不可思议的过程，以它的可怕的性质来引起他们的注意。文字已经是科学，而科学常会激发人们的恐惧；这不是没有道理的，因为它能使掌握科学的人做出坏事，也可以做出好事。

最先利用文字的人常用它来干一些半魔术的勾当。文字起初就是一种魔术的方法。书面语言曾长期保存这种性质。把一个人的名字刻在一块树皮或兽皮上就是把这个人掌握在自己的手中；就是约束他和控制他；就随意能够使他飞黄腾达或身败名裂，拯救他或毁灭他。最先写的行列上有某个人的名字都是一些咒语；关于赎罪或治病，妖魔或魅力的咒符。一个口头上发出的词都可能有魔术的效能，何况是书写的词？所以最早的作家都是一些魔术师。

文字和命运在许多民族里是分不开的。对克勒特人来说，对日耳曼人来说，文字就是“神秘”（峨特语 runa“鲁纳”），那是一种魔术的体系。[①] 一块木头刻上字母同时也可以用作魔法。这两个概念，直到今天，在爱尔兰人或不列颠人的词汇中还是分不清楚的。Buchstabe（按字面是“山毛榉的棍子”）在德字里是“字母”的意思，crann-chur（掷棍子）在爱尔兰语指“命运”，coel-bren（按字面是“预卜的木头”）在威尔斯语里也是一样。[②]

甚至在失去了一切魔术的特征之后，文字仍然带着恐惧和尊敬的光圈。人们还是保持着书本文献的迷信。宗教和法律曾利用这种感情把不再起变化的公式和蔑视我们心理的字母强加于我们的头脑。我们还一再重复说“这是写定了的”或“这是过去写定了的”，仿佛我们也具有东方的心理状态，代表刻写在一本大书上的命运，每天来翻它一页似的。此外，写在这本大书上的课文自然都是很重要的。一言既出，驷马难追，而写下来的东西却继续存在。从牙缝里发出来的词一旦见于文字就永远作为一件凭证被固定下来；从此以后就“按他的文书”裁判了。文字已不再是魔术的联系，但仍然是一种联系。

因此使用和传统都同意支持把书面语言和口语对立起来。老实说，它们从来都是不相混的。相信书写的原文可能是言语的正确的表现，那是错误的。与许多人的意见相反，人们永远不会像说

---

① Neckel，zur Einführung in die Runenforchung（Germ Rom，Monatschrift，t. I，1909）。

② J. Loth，Le sort et l'écriture chez les anciens Celtes（Journal des Savants，Septembre 1911，p. 403 及以下）。

话那样写作；人们写（或力求写）得像别人写一样。哪怕最没有教养的人一旦拿起笔来就会感觉到他们所用的语言与口语并不一样，它有它的规则和它的用法，正如它有它的目的和它自己的重要性一样。这感觉是有道理的。

书面语言是共同语最有特征的表现。而共同语按定义就是和口语相矛盾的；这后者，向个人的影响让步，不断有背离共同语所代表的理想规范的趋势，因此书面语言容易受到口语的冲击，因为共同语是要依靠文字来发挥它的最大的抵抗力的。另一方面，文字也被用来发展许多特殊语言。有些特殊语言甚至只以书写形式存在。又是在这一方面，言语和文字的不一致是经常的。

*　　　*　　　*

这种不一致，在正写法问题上最为明显。没有一个民族不在不同的程度上吃它的苦头；但是大家知道，法语和英语特别受苦。在法国，有些人就把正写法上的不幸看做国家的灾难。[①] 我们要确定这一祸患的范围，它的起因和所能采取的补救方法，这是很重要的。

为了要很好地提出问题，我们首先应该自问一下正写法在什么程度内可以减轻言语和文字的不一致，到什么地步写法可以表现发音。有些正写法之所以复杂正是由于想使读者最确切地知道

① 特别参看 Arsène Darmesteter, La question de la réforme orthographique (mémoires et documents scolaires, fascicule 73, Paris, 1888); F. Brunot, La réforme de l'orthographe (Paris, 1905); L. Havet, La simplification de l'orthographe (Revue bleue, II mars 1905); M. Bréal, Un dernier mot sur l'orthographe (ibid); M. Grammont, La simplification de l'orthographe française (XVII, nov-déc, 1906, p. 537 及以下) Dutens, LXIX中可以找到关于这个问题的全面阐述。

各个词的发音。这些复杂性往往产生于外国人。那时，文字小心翼翼地标记声音就是由于那语言扩展到了一些本来不是说这种语言的人。例如在希腊语的词上面标重音是在埃及发展起来的，在那里，说希腊语的都是一些异族的人，他们有必要固定标出词的重音所占的地方。同样，阿拉伯语传入埃塞俄比亚后，他们才开始标出闪语文字的元音。最早的埃塞俄比亚文献是用萨比尔文字写的，没有元音；在闪语文字当中，埃塞俄比亚文字是最早小心标出元音的，这对不习惯于闪语形态复杂系统的人是必不可少的事情。这确是一种真正的改善，可使文字成为一种更忠实于言语的形象。

可是正写法从来没有确切复制说的语言。我们试设想一种各样字体很丰富，带有种种区别符号的所谓表音正写法；它对一个从来没有听说过某种语言的人永远不会使他确实知道那语言的发音。平常语音学概论书中对语音的描写不是从人类发音器官出发，而是从读者认识的某种语言出发。这是比较简单、比较确切的。人们说这个符号代表英语的软 th，或巴黎的 r，或德语的硬 ch；或更好些，说这个元音是某个词按巴黎人发音的法语的 a，对那些从来没有听见过一个英国人、德国人或巴黎人说话的人来说，那只好自认晦气了。

这个方法还是不够的。哪怕有读者认识的一些语言的确切的对应作帮助，他也不能精确地体会一种新语言的声音并成功地把它发出来；他必须亲自听见人家说这种语言。这是因为说的语言是很复杂的，它经常带有许多音强、强调以及发音法上的细节，虽最完备的写法也是没法标记出来的。

设想一种可以应用于一切语言的语音正写法的观念只是空

想，因为发音变体的数目太多，它的写法只能是近似的。我们试想人们为了要对有些特别的地名有个一致的标音曾作过多少尝试就可以看到；他们常会碰到这样的困难，即在写法上总会留下一个模棱两可的地方。[①] 语言学家甚至为了建立一个可以应用于他们所研究的语言的转写体系也会遭遇到很大的灾难。[②]

此外，如果把正写法的原则推到极限，结果将差不多要为每种语言建立一些不同符号的体系。因为有完全相同的元音系统或发音系统的语言极少。英语和法语差不多没有任何共同的语音：英语必须有一些不同的符号。这样就会无限地增加正写法的符号；这样就不如让事态原封不动，因为我们在上面说过，要知道符号的价值必须听过人家说那种语言。

再有，就是最完备的正写法体系也不能标出方言的特点。例如毕卡迪人（Picard）或法兰·孔特人（Franc-comtois）的特殊发音就没有在文字上标出，马赛人（Marseillais）或加斯空人（Gascon）的更不用说了。

这是第一个困难。

第二个困难是，随着时间的进展，并且各种语言快慢不同，语音正写法将会变得落后。正写法危机的主要理由，和书面语言和口语间差别的最好证据就在于正写法跟不上语言的运动。口语不断演化，[③]相

① 参看 Christian Garnier, Méthode de transcription rationnelle générale des noms géographiques s'appliquant à toutes les écritures usitées dans le monde, Paris(1899).

② K. Brugmann XXX, t. vii, 167; H. Hirt, Zur Transcriptionsmisere, XXX, t. xxi, 145; Chr. Bartholomae, XXX, t. xxi, 336; J. Wackernagel, XXX, t. xxii, 310.

③ 关于法语发音的历史，参看 Thurot, CXXVI 和 Rosset, CXII, 关于英语发音的，参看 Ellis, XXIII, 1873-1874.

反，书面按定义就是保守的，不仅因为它是共同语的具体表达，为语法学家所规范化，而且因为它不能改变得像口语那么快。传统有学校、文学、有教养的人同意为它庇护，它确实是强有力的。然而在这里传统不是写法改变的唯一障碍。书面语言必然是稳定的；它代表的是一种一劳永逸地被确定了的理想的语言。我们只能事后稍微触动一下。我们无论怎样小心把这件坚韧的大衣揉软使适合于它所盖罩的体裁，但是永远不能使它屈服于反复无常的自然界，随着躯体同时增长，因此这是一件盖在活的有机体上的死东西。

人们有时对纯语派使语言适应于口语在形态或词汇方面的进步进行得慢感到奇怪。像“je m'en rappelle”（我记得）或“de façon à ce que”（借以）这样的词语已流行一个世纪了，可是毫无疑问，法兰西学会还不肯承认。没关系，这些词语今天已被认可了。但是这种保留是可以理解的。口语每天所表现的各种倾向中，有许多是注定了要消失、没有结果的。如果倾向是有生命力的，它也需要一些时间才能达到它的目的；假设达到目的那一天就把它记录下来也已经太迟，因为它已经行动很长时间了。正写法也是这样。它无论怎样准确，怎样迫不及待，所采用的终究只是一些已为习惯所考验和固定的形式。

但是正写法很难总是准确和迫不及待的。在这一点上，各种语言间也有一些区别。我们有时看见有些语言如英语和德语，法语和西班牙语，从正写法的价值观点看有些差别，很有道理地觉得很奇怪。的确，德语的正写法很不错，西班牙语的也很好。法语或英语的正写法却很讨厌。只有藏语和爱尔兰语的可以和它匹敌。

有些克勒特语学家为了寻开心曾援引过一些爱尔兰语的写法，如saoghal、lanamhain、oidhche、cathughadh，差不多念像 sîl、lânun、î、cahu。这将会使把念作 wazo 的写作 oiseau（乌）的法国人和把写作 enough（足够）、knight（武士）或 wrought（锻炼的）的念成 inaf、naït、rôt 的英国人油然产生嫉妒之心。但是我们应该为这些不幸的语言辩护请求减轻罪刑。我们所看到的各种正写法的差别一般都是由于历史的原因。

首先，我们注意到这些正写法所表达的共同语都是在相当早的古代构成的。其次，有些语言的语音演变比另外一些语言的快得多，词的发音也改变得比较激进，意大利语和西班牙语比法语更近于拉丁语；英语已完全推翻了日耳曼语传给它的语音系统。我们尤其是要注意正写法构成的条件是一个国家一个国家相当不同的。许多外部原因，甚至个人原因曾对正写法发生作用。例如那是一个改革者如威尔斯的萨里斯伯利（Salisbury）的影响，他于1567 年翻译《圣经》成了权威；他把那无论在什么时候都念 i 的代名词硬写成 ei 的习惯一直保存到今天。在俄国，宗教语言古斯拉夫语的影响是很大的，以至在现代俄语中一个念作 tavo 的属格还保持着写作 togo（那个）。法国，在 16 世纪末，正写法曾受学者的影响，里面浸淫着古典的传统和词源学的偏见。他们是最早的做出各种恶事的罪人，我们今天还要承受它的恶果；不过他们是他们时代的人。爱尔兰也曾遭遇过同样的不幸，在那里，正写法是经过许多摸索之后，由一些醉心于传统的迂夫子确定的。在 16 世纪中叶，在苏格兰，加爱力语曾经是利斯摩尔（在阿尔基尔郡）院长詹姆士·麦格雷戈尔爵士（Sir James Macgregol）于 1512 至 1526 年间

抄写的著名手稿中所作正写法改革试探的对象；由这本书，我们可以判定那时书面语言和口语的距离。但是我们不要夸大爱尔兰语正写法的复杂性；它们大部分来自一种原始的错误，即用字母做区别符号来明确其他字母的发音。这使字母蒙上一种丑态，但是经过短期实习很快也就习以为常了。传统的正写法有时也有一些好处，证据是我们能够相当准确地阅读爱尔兰的很复杂的文书；这些文书是跟利斯摩尔院长的手稿同时的，可是手稿中有些写法的价值我们却拿不住。

这不是说应该为爱尔兰正写法辩护，它和法语的正写法一样任意混杂着许多不必要的、没有用的字母。法语所受腐儒的不幸影响比其他任何语言都更多。他们不是借口——错误的——法语的 sire（古代王子、司法官等的尊称）来自希腊语的κύριος而幻想把它写成 cyre 吗？我们在这一点上没有跟随他们；但是写 poids（重量）应该有个 d，写 vingt（二十）应该有个 g，尽管这些字母在语言史上的任何时刻从来没有发过音，并且在第一种情况下，这字母的增加甚至是与词源学相违背的：因为 poids 来自 pensum，而不是来自 pondus。他们把一些那语言已经很久不再发音的字母恢复过来。一种不良的机遇往往使这些不必要的字母又在发音中恢复了它们的地位：今天 fête（节日）这个词虽然没有 s，但是 festoyer（欢宴）里的 s 却要发出声来；有些以说话漂亮自负的人常把 cheptel（租赁家畜）、dompter（驯野兽）、sculpteur（雕刻家）、promptement（迅速地）不正当地发成带有一个音组 pt。还有更严重的：在léguer（遗赠）这个动词的影响下，来自 laisser（遗留）的旧词 lais 竟然披上了一件它没有权利穿着的新制服：人们把它写成

lègs，带有一个 g，而且现在大多数的人发音都使人听到这个 g，好像在 Leygues 这个专有名词中的一样。正写法的结果搅乱了词汇：[①]它把 festoyer 和 fête 隔开，legs 和 laisser 隔开，但是把 forsené（失去理智的）和 force（力量）联系起来，并把它写成 forcené（失去正气，狂暴）。它有时连派生词也搅乱了：以 ge 代 j 这种不幸的写法使大家创造了 gageure（赌钱）这个词，现在通常把它和 beurre（黄油）押韵；尽管它是由 gager 和后缀-ure 构成的，正如由 piquer 构成 pigûne（注射），由 mouiller 构成 mouillure（潮湿）一样。如果要计算法语正写法的一切不良后果，那是数之不尽的。[②] 近来进行的讨论已使我们能够把单子提高；这单子只是太长，且太为人所熟知了。

它将来还只会延长。因为正写法的危机有赖于语言发展的社会条件；文学法语和口头法语的不一致越增加，灾害也将越严重。许多在会话中还使用的词最后将被放逐到书面语言中去；人们将只从书本上去学习它们，任何口头上的传统都不会保存它的发音。这些词将好像通过书本传入某种语言的外来词一样：我们按照印刷的形式说 rail（铁轨）或 wagon（车厢），把法语的发音应用于英语的正写法；但是我们说 biftesk（牛排），因为这个词来自口头上的传统。像 rail 和 wagon 一样，gageure 也是一个书本上的词；这可以解释它所遇到的意外。书本经常造成语言中书面形式对口头

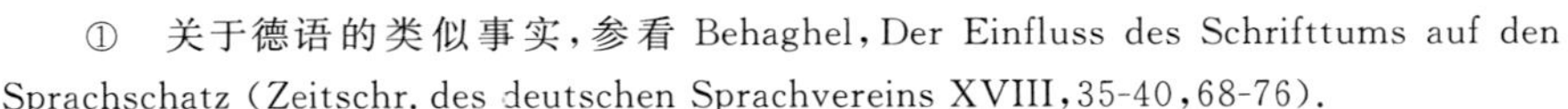

① 关于德语的类似事实，参看 Behaghel，Der Einfluss des Schrifttums auf den Sprachschatz（Zeitschr. des deutschen Sprachvereins XVIII，35-40，68-76）。

② A. Gazier，L'orthographe de nos pères et celles de nos enfants，mélanges de littérature et d'histoire（Paris，1904），p. 321.

形式的反应。

在英国，这两种语言的不一致倒已保持了很久。英语土语全部渗透着由书本，尤其是由各种杂志传入的文字语言。像在法国一样，它们往往只不过是土语化的文学语言。但是把文学语言土语化容易受人轻蔑。这是一个典型的例子：light（光明）这个词在共同语里念 laït，在英国北部还念成 lixt，由于类推作用，在这个地区，人们将把 delight（喜悦）说成 dilixt，而不是 dilaït，那完全出于另外的一个来源；或者把这两个过程结合起来，把 light 说成 laixt，这是另一种逆行土语化的方式。[①]

写法对发音的影响在德语比在法语或英语都还更强，那是因为共同德语首先是一种书面语言。因此，甚至在共同语言构成的时刻，发音往往就是依照写法来调整的。人们倾向于建立一种规范的发音，那不是某一省份的发音，也不是任何社会集体的发音；它的使用过去是，现在还是针对要使口头上的德语适应于文学德语。例如中高德语的复合元音 ie 变成了长 i 而写法不变；但是因为撒克逊大法官把词首的 ie 写成 je，人们在发音中引入了这个差别；因此而有 jemand、je 和 niemand、nie 的对立。[②] 然而德语保存了这种对法语和英语的重要长处，发音一经确立就比较稳定。在法国，文学语言越来越因它与口头语言不一致的加强而吃尽苦头。

*　　　*　　　*

我们对于那些试图改善正写法不便之处所作的努力只能拍手

① W. Horn, CLXIX, p. 55.

② W. Braune, Ueber die Einigung der deutschen Aussprache, Akademische Festrede, Halle(1905).

称赞。他们所持的理由可以概括如下。法语正写法是由几个大学者随意拼凑而成的约定俗成的体系。约定俗成所做的，约定俗成也可以把它毁灭。改正正写法不会影响到语言。这是为语言除去了一种腐蚀着它的祸害。这是为我们的小孩节省很多时间上的浪费，这是使外国人容易学习法语。

所有这些理由都是很好的。我们祝愿到处都有人听从。这需要有一个有能力的学者委员会负责提供关于医治我们的正写法的方案。这委员会必须是常设的，正如医师监护病人，直到他痊愈为止。这任务是长期的，因为必须进行得很慢。事实上，有许多理由劝告我们必须审慎从事。我们在下面指出几个。

改革得太广泛，结果将一下子用一种新的书面语言代替了我们习惯使用的。这除了会使一两代的法国人差不多同时要学习两种语言以外，我们还要估计到要突然把九个世纪以来在法国印行的全部出版物一概加以抹煞是不可能的。有些文学上的习惯和传统我们不能一笔改变。毫无疑问，要使法语更容易些，更方便于外国人接近，那是必不可少的。法国人梦想他们的国家有一个繁荣的殖民地未来，应该想到他们的正写法的困难；这正写法大可以使一个中非洲或远东的土著灰心丧气。但是英语正写法的困难似乎并没有妨碍英伦的殖民帝国的繁荣。并且为了满足几个异域人，我们也不应该使我们国民的习惯发生混乱。我们应该认识到，我们的正写法规则中的哪怕一点小小的改变都会使我们已获得的习惯出奇地陷入迷途。采用了我们的改革家的最低纲领之后，没有一页用法文写的书不需要全部改变过。眼睛不断停下来，思想和永恒的改正挂钩，很快就把人弄得非常烦恼。有人回答说，这只是一两代人的事情，并且是我们迟早要忘记的东西，我们的孙子就不必去学习了。这个回答似乎是很有道理的。但是反对的意见仍然表明，在整个正写法改革中必须怎样谨慎进行。

此外，只限于一种按照确定计划的简单化，我们也要尊重书写语言的权利，这也是必须考虑到的。

有些学者太倾向于把书面语言看做口语的毕恭毕敬的奴仆。这是语音学家或现代语言教授的观念，一心要对把书面语言反而当做语言的一切的小学教师的过激行为作出反应。事实上，我们一定要说：某个书写的词是这样念的，或某个口说的词是这样写的吗？词是存在于由口里发出的声音或在纸上写成的黑字吗？我们应该回答：对所有开化的人来说，它既存在于从口里发出的声音，又存在于在白纸上写成的黑字。许多开化的人和他们的同仁交际甚至用文字多于用口头上的言语。毫无疑问，假如我们往上追溯文字的来源，人们是由口语出发来构成书面语言的。当乌尔菲拉提出要记录峨特人的语言的时候，他是要对语言的每个声音找出适当的书写符号的。在这个意义上说，我们有理由说文字跟在发音后面。今天当一个旅客记录一种在他以前从来没有人书写过的野蛮人的语言时也是这样。在文盲的心里，词显然只有听的形式。但是等到字母制度发展起来，阅读的学习强加于一个国家的所有的小孩时，书写的词就占越来越重要的地位了。

今天我们不理解没有文字形式的语言。词披着正写法给它们的服装出现在我们的心里。在这里，我们可以说，器官曾创造功能；什么功能？它在我们中某些人看来这样暴虐，人们把它叫做视觉功能。书面语言比口语明晰得多。缪塞（Musset）的一个人物宣称他只清楚地懂得印刷成私生子的文字。这个戏谑的警句可以应用于许多人。有的对他所听见的一页理解得很差，只有阅读才了解它的意义，有的对人家向他宣读课文毫无所获，其后把那印刷的材料亲自看一看才知道是什么意思。这显然是极端的情况，唯其罕见所以更令人注目。但是每个人只要自己观察一下，当不难看出多少有些接近。

最常见的是当我们听演讲的时候，各个词同时袭击我们的视觉器官和听觉器官，在这个对听觉中枢发生作用的方向反向转移到向视觉中枢发生作用。于是我们就看见我们的耳朵所听到的词。我们自己呢，当我们说话的时候，我们也看到我们发音的词；它们在我们的心前展开，很像一本打开的书；它们在我们的嘴唇上所采用的形式往往决定于它们在我们的心理上表现出来的容貌。要避免发音上的错误，最好的办法是参考词的视觉形式，它在我们的心里是时常伴随着听觉形式的。相反，当我们念书的时候，词的视觉形式却伴随着一种听的感觉；我们自己唱出我们正在阅读的书上的句子；当我们写的时候，我们的笔就遵循着内部声音向它发出的指示。我们可以说，在一个正常的开化人的语言活动中，语言的一切形式都同时在起作用。

所以书写语言在语言心理学中有很大的重要性。我们教小孩念书和写字必须考虑到书写语言的权利，哪怕有时它们是跟口语的权利对立的。像这样的结论并不排除正写法改革的可能性。研究缩小书写语言和口语的距离是很自然的。但是我们不要忘记要求二者完全相同是永远得不到的；因为词既以书写的形式而存在，又以口说的形式而存在，一种正写法有某些不规则之处、某些缺点、某些瑕疵，也许并不是什么坏事。这正好可以把词的相貌更深地刻在人们的记忆里。服装的奇特可以更好地把它所包含的观念指示在思想里。

伏尔泰(Voltaire)说过："文字是声音的绘画，它越相似越好。"这只有当它是指把一种新语言写成文字，在理论上，和作为一种方法的原则才是真实的。在一种像法语这样的语言里，人们把文字弄成言语的简单形象，不正当地限制了它的影响。书面语言，毫无疑问，是由几个人建立的约定俗成产生的。但是这种约定俗成扩展到了整个社会，并以一种暴虐的严厉强加于人。我们的社会生活不是凭理性，而是凭习惯来调节的。哲学的推理要反对习惯势力是徒劳的。我们要更广泛地利用阳光来进行工作，最合理的是改变时间表，而不是改变时间；但是已经改变的却是时间。我们只有把十一点钟叫做中午才同意在十一点钟进午餐。我们就是这样做我们的社会习惯的奴隶的！正写法对一切有教养的人来说就是一种这样的习惯。我们只能非常谨慎地进行改革，甚至把习惯作为灵感。

结论　语言的进步

在人类创造的工具中，有些会因为使用中的需要或启发而不断获得各种改善，文字就是这类工具的一个很好的例子。从最初刻在石块上的符号起，直到我们今天印在纸上的活字，其间有一个巨大的进步，而且不仅仅是物质上的进步。

我们在语言研究中也试图探求类似的结论，把语言看做连绵不绝的一代代人的理智工作的成果。我们的语言工具中不是也有经常的改善吗？我们的心灵为了表达观念而构成的千变万化的声音组合难道不也在各个时代的进程中实现着进步吗？语言看来是永远处在运动中的。那么，这是在原地徒然耗费力气的虚幻的运动呢？还是语言是朝着一个理想的目标在前进，它的进化的每一阶段都愈来愈接近这个目标呢？我们了解某些语言的很长时期的历史，往往看到它们演变得非常迅速。因此我们有正当的理由要问，这些演变是什么意思？换句话说，就是提出语言进步的问题。

*　　　*　　　*

但是我们首先必须明确“语言的进步”应如何理解。使用这个说法的人往往只把一个从文学史借来的观念引到语言学中来。在一个很长的时期，人们在文学中习惯于把进步的概念奉为教条；他们把文学风格的进化无非看成是或者趋向完善，或者日益衰落。

古典的概念一向认为，一旦达到完美的顶峰，艺术就会凋谢，意趣就会堕落。古典语文学家把这个概念搬到语言的研究中来，他们设想在希腊语或拉丁语的历史中曾经出现过经长期努力而达到的完善的顶峰，从那以后，语言就只有衰败了。

在拉丁语方面，可以作为楷模的是西塞罗。但人们还乐于在他的文章中挑毛病，并且把他写给朋友们的书信从他的著作中剔除，认为不值得注意，而且也跟他不相称。当得起真正拉丁语的，只有这位大演说家的几篇讲演和哲学论文，连恺撒的《记事录》和科尔内乌斯·内波斯的《传记》也几乎算不进去。至于其他拉丁语作家，则被人怀疑，甚至遭到诋毁：卢克莱修是粗鲁和粗心大意，普劳图斯是粗糙、野蛮，萨鲁斯脱好用古语，底特·李武有乡土气，塔西图斯是古怪、晦涩，似乎以堆积语言的错误为乐事。帝国时代的作家，只有通过奴才式的模仿接近于树为拉丁语规范的西塞罗的语言才会受到人们的尊重。

这样对待古代语言——因为我们对于希腊语也可以这样说——其根源在于不幸地把文学语言跟一个国家全体居民所用并随时起变化的语言混为一谈。拉丁学家完全可以为拉丁语规定某种理想，把它强加于那些要做拉丁语习题的人。把它归纳成“说……，不要说……”的公式，这是教条语法的方法。人们采用这个公式，只是遵循拉丁语作家的传统，把西塞罗奉为师范和楷模。但是我们不应该把这种人为的方法应用到语言的研究中来。

但这正是上世纪的语言学家所做的工作[①]。他们为一切语言

---

① 特别是施莱赫尔(Schleicher)，CXCVII，p. 34；CXCVIII，vol. i，pp. 13-17.

确定了某种完善的理想，把这一理想寄于过去，自然是非常遥远的过去。他们想象在“原始”时代曾经存在过一种完善的、绝对有规则的语言。由于变化是语言的一条规律，各种语言随着自身的发展必不可免地愈来愈离开这一原始的理想。看看这些语言学家用什么样的字眼来谈论语言的发展：他们用的是腐朽、衰败、堕落、退化！对于我们的可怜的现代语言，这些被厄运扣在锁链末端的后起者，他们的态度又是何等轻蔑！按照德国施莱赫尔的说法，它们都是一些“虫蛀的残骸”①。语言愈古，愈是受到这些语言学家的重视。据说有人向某位年老的希腊学家请教一个有关现代希腊语的问题，那位希腊学家断然拒绝回答，声称他从来不同意学习把ἀπὸ和宾格用在一起的语言。② 想来他一定会赞许施莱赫尔的话③：“历史是语言的敌人。”这句话把语言和滋养着语言的生活对立起来，真是荒谬极了。

不用说，假定在史前的远古存在过一种完善的语言，这正如认为有一种永远凝滞不变的语言一样，是一种纯粹的空想。我们必须正视变化，这是不可避免的。我们不要空自惋惜黄金时代的消逝，这无论在语言学或任何别的地方都是徒然无益的。而且，难道变化就没有好处吗？这正是采取相反的观点，把语言理想从过去移到未来的另一个学派④所坚持的主张。这一学派以恢复现代语

① CXCVI，p. 27.

② 现代希腊语说ἔλαβα γράμμα ἀπ᾽ τόν πατέρα μου（我收到了我的父亲的一封信），Pernot，CIX，p. 180，444.

③ CXCVIII，ii，p. 144；参看 Jespersen，CXXXIV，p. 8.

④ 叶斯泊森（Jespersen）是这一学派的杰出代表，试参看 CXXXIV.

言的名誉为己任，主张最发达的语言同时也就是最完善的语言。这只是重新挑起复古派和维新派之间由来已久的争论，把它应用于语言学问题罢了。这种争论每五十年总要重演一次，反映出人们对相反事物的癖好以及新旧事物轮番地施加于他们的吸引力。

的确，像英语或法语这样的现代语言具有极度的轻捷、平易和柔顺。法语尤以精确和明晰为其特点。法语不能容忍某些相邻语言所赞许的放纵、夸张和奢华，它追求的，用伏尔泰的话来说，总是无需任何解说或说明的精确[①]。但是我们能说像希腊语或拉丁语这样的古代语言比法语逊色吗？如果我们要在一切语言中选出应得优胜奖的语言来，谁敢牺牲希腊语呢？这种语言具有神一般的精髓：人们一旦尝到它的风味，就会觉得别的语言不是枯燥无味，就是粗糙难咽。问题不在这种语言曾被用来表达过的观念，也不在于用它写出的集智慧和优美之大成的文献，如同埃及人所说的"灵魂神药的宝库"。希腊语的外部形式本身对人类心灵来说就是一具无与伦比地令人欢快的乐器。韵律的和谐，声音的优美，词汇的丰富甚至还不是它的最可贵的品质。在语法方面，希腊语在一切语言中以形位的明确和句法的轻巧为其特点：它的形位使词的构造清澈明快；它的句法能表达思想的一切意义，紧随思想的种种升降起伏，于透明中显露出它的全部细微的色彩。人们从来没有锻造过比希腊语更美妙的工具表达人类的思想。

但是各种不同类型的语言都能够满足同样丰富而严密的思想的千变万化的要求。这一事实表明我们不应该在某一类型的语言

① *Essai sur le poème épique.*

中寻求完善的理想。要想证明荷马、柏拉图和阿基米德[1]所用的语言比之莎士比亚、牛顿或达尔文的语言更为低级或高级，那是十分可笑的事情。他们都把所要说的话说得很完备，尽管使用的方法不同。他们的功绩不分上下，因为他们都在各自的语言中找到了思想的适当表达。事实上，对于有思想要表达的人，语言是从不拒绝为他服务的。我们不要听信那些把自己著作的弱点归咎于语言的那些笨拙的作家，过错总是在他们自己身上。

能找到可资遵循的传统，能利用已由许多作家加工过的语言，这对作家来说显然是罕有的幸事。但这只是困难程度的问题。笛卡尔在他的《方法论》中说："推理力最强、最能消化自己的思想、把思想表达得明白易懂的人，总是最能说服人的，尽管他所说的只是布列塔尼语。"

但作家的才华不是唯一的因素，他的生活环境也必须考虑。人们说话写文章是为了让别人听、让别人读的，所以作家必须找到具有相当文化的、能够理解他的读者。布封[2]说，"只有在开明的世纪人们才写得好，说得好"。设想有一个布列塔尼人想用自己的语言写一部哲学著作，他无疑能够把书写成。可惜布列塔尼人，至少是那些只会说布列塔尼语的人，对哲学问题并没有多大兴趣，而哲学家一般也不懂布列塔尼语。因此，我们的这位布列塔尼哲学家就会有既没有人读他的著作，又没有人领会他的意思的危险。

① Archimedes，公元前2世纪希腊著名数学家和机械学家，平生对这两方面都曾有很大贡献，大大帮助了希腊的发展。——译者

② Buffon，Georges Louis Leclerc（1701—1786），法国自然科学家和修辞学家，曾提出风格就是选择。——译者

语言的势力取决于使用这种语言的人们的数目和教育程度。这就是克勒特语的价值之所以不及罗曼语或日耳曼语的缘故。爱尔兰语和威尔斯语在好几个世纪曾被用来表达诗歌的绚丽思想，这些思想在整个中世纪也许是最有独创精神的。但是人们可能对达菲德·阿布·桂林姆没有像但丁那样用意大利语，或者像沃尔富拉姆·冯·埃申巴赫那样用德语写作而感到遗憾：否则，今天将会有更多的人能欣赏他的诗歌。但是这有什么相干呢？假如有朝一日学校里不再学习希腊语，那么荷马和柏拉图的荣耀将寄托在什么地方呢？当不再有人谛听的时候，乌鸦的聒噪和夜莺的歌唱都是一样悠扬悦耳的。

*　　　*　　　*

继续上面的论证只会把我们引入绝路。语言的美学的或功利的价值不应该考虑在语言的进步问题上面。作家的才华在文学活跃、国家繁荣、政治鼎盛的时期可能使某种语言达到一种准绝对的完善境界，从而使它在全世界享有威望。这正是阿提克时代的希腊语，奥古斯托时代的拉丁语，17、18 世纪时法语的情况。但语言的进步问题和某种语言一时的完善是两回事。完善的观念甚至跟进步的评价毫不相干，我们不能把它只应用于语言的某一部分，例如语音或语法形式。

有些语言比较和谐、流畅，有些语言比别的容易发音。但语音演变并不决定于人们的愿望，想要给发音以某些它所缺少的品质。此外，对这些品质的欣赏多半是个人的爱好，这样就在讨论中引入了违背原则的主观成分。

在形态方面，如果我们只局限于语法构造，同样也难以论证进步的观念。

四十年前有一种风行一时的理论，认为语言必须相继经过三个状态：孤立状态、黏着状态、屈折状态；我们认识的任何已知语言的任何发展时期无不处在这三个状态中的一个。这就是这种理论所勾画的语言进步的形态方面的情景。[1]

根据前面所谈的形态演变的情况和词与形位的关系，我们可以判断这种对语言历史的看法是错误的。毫无疑问，语法要素往往是古代独立的词磨损的结果。我们有时可以在词汇中找到某些后缀甚至某些词尾的来源，它们是后来才融接在它们所限定的词上面的；原始孤立成分的黏着使语言更新了形态。另一方面，语音的磨损则往往缩短词的长度，破坏屈折变化，使原来由多音节构成的词单音节化，从而恢复到孤立的状态。

但是这些不同的“状态”是同时产生于一切语言中的作用所引起的结果：这些作用影响到形态系统的每一点，它们一时的成败取决于每种语言的特殊条件。此外，演变从来不是贯彻到底的，老的形式往往和新的形式同时并存，因此我们在像法语或英语这样具有悠久历史的高度发展的语言里可以看到代表不同“状态”的类型在整个系统里结合在一起。

例如人们有时认为单音节性是英语的一个特征。的确，古英语的形式一般还有几个音节，有后缀，有词尾，显得笨重；与此相反，现代英语的形式都很简短，甚至已减缩成为一个音节。这是语音磨损的结果，在英语里非常明显。英语本来是可以像其他语言

① 特别参看 Hovelacque，LXXXIV；Misteli，CLXXXII；Sayce，CXXXVIII.

那样起反作用来对抗这种磨损的。例如罗曼语就曾采用加后缀的办法来补救单音节性。法国人把拉丁人所说的 sol“太阳”说成了 soleil,用动词gémir“叹息”(il gémit“他叹息”)代替了古代的动词 geindre(il geint)。西班牙语几乎没有单音节词。

我们也不应该强调英语的单音节性,这往往只是表面现象。①我们在这里不要为文字或者语法和词典强加给我们的习惯所蒙蔽。在语法分析区分出来的各个英语的词中,有许多是不能独立存在的,其中有不少只是形位,或者只存在于固定的组合中,跟别的形位有不可分割的联系。像 I don't know“我不知道”这样的句子就不比拉丁语的 nescio“我不知道”包含更多的词。know 这个成分是其中最重要的,但并不单用。其他成分也不独立存在。它们只是没有自主性的语法工具,只作为自主的组合中的成分而存在。另一方面,在英语里,本族词的单音节性已向拉丁语或法语借词而得到大大补偿。大家知道英语多么易于接受它认为有用或便利的外来词。这种习惯使它能够几乎不采用本身词汇中的派生手段。它虽然让许多从古代词汇中继承下来的单音节词保持不变,不给它们加上后缀或附加成分,但也接纳了大量从法语或拉丁语借来的多音节词。

在语象里,孤立状态、黏着状态和屈折状态混合成一个相互调和的整体;如果我们参照语象,那么三种状态的对立就显得是一种空想。人们是用句子,而不是用一个个孤立的词说话的。各种语言的差别只在于形位的位置和形位与词的联系的性质。这是一种

① Jespersen,CXXXIII,p. 10.

偶然的差别,不是根本的差别。我们从这里得不出语言分类的原则,更得不出鉴别语言进步问题的原理。

此外,我们始终不能忘记,一切语言创新都是很不稳定的。语言学里没有永恒获得的东西可以保证已经获得这些东西的语言确实丰富起来。

语言获得的增益始终是短暂的,这些增益往往甚至会被损失抵消。我们已经看到法语曾怎样创造出了一个疑问小品词,幸而有各种偶然情况的凑合才保证了这个小品词的生命、力量和发展。我们可以大致不误地推测,这个小品词在将来也会由于一种自然的发展丧失它今天所具有的表达力,变得衰老,并且逐渐退出使用。这是语言中一切构成物的历史。我们知道拉丁语的疑问小品词是怎样产生的,它们是那样方便和富于表达力。我们也知道它们是怎样消亡的。用疑问语调发出的 num uides“你难道看见?”变成了期待得到否定回答“不”的疑问公式。带有疑问意味的屈折的 uidesne“你不看见吗?”同样获得了应该接以肯定回答“当然看见”的疑问价值。这对于拉丁语是一个宝贵的收获,但并不持久,后来由于语音磨损使 num“难道”和 ne“不”变得黯淡无光并失去表达力而化为乌有了。可见进步——如果我们可以使用这个字眼的话——只是暂时的。

语言中的损失更不能用进步的假设来说明。现代法语把它以前具有的两种过去时:有定过去时和无定过去时缩减为一个,这是很可惜的。这两种过去时的差别是真实的,它们过去所表示的细微差别今天因为无法表达而消失了。我们知道,这两个时之所以失去一个(一般是有定过去时),那是因为两者变得价值相等,而它们之所以变成等价，又是因为不定过去时（如 j'ai fait“我已做”）起初是个复合时，后来变成单纯时，失去了人们过去还感到其中有助词的迂回说法的意义。法语遭受这种表达上的损失，也许会感到有补救的必要，有朝一日采用新的方法来把以前用有定过去时（如 il fit“他过去做”）表达的简单叙事式和以前用无定过去时（如 il a fait“我已做”）表达的完成式区别开来。但在这以前，我们所说的法语却因为失去了一个有用的要素而变得贫乏了。没有人会说虚拟式愈过去时的消失同样值得惋惜。但这种时往往很有用：它给法语的动词系统提供了很宝贵的支援，补足了法语的时的系列。然而惋惜它的消失也是多余的。尽管学校曾努力保存它使不致毁灭，但它终于消失了，同样成了并非人的意志所能遏止的大势所趋的牺牲品。

这样总计一下整个形态演化的盈亏，我们是得不出进步的概念的。语言所经受的任何一种变化都只牵涉到某个特殊的事实，它本身没有普遍的意义。同一种语言，从它的历史上的两个不同时期看，无疑会呈现出两种非常不同的情景：我们可以看到构成这种语言的要素是变化了、移动了、颠倒了。但整个来说，得失的总数是大致平衡的。我们已经解释过为什么一种语言的自然发展永远达不到人们对完全人造的语言所赋予的那种逻辑上的完善。形态演化的种种情景使我们想起在万花筒里见到的千变万化的形象。人们可以无限制地转动这万花筒，每次变换它的要素的组合所得到的都只不过是一种新的组合。

然而一切都取决于转动着这万花筒的手。

语言的演化紧密地依靠于历史条件，语言演化跟演化所处的历史条件有明显的关系。社会的发展会引导语言沿着一条确定的道路前进。因此我们有权利探讨语言的历史中是否有文化历史的反映。从这一观点考虑，语言进步的问题将会出现一种新的情景。我们现在就来考察这一情景。

*　　　*　　　*

我们往往看到，语言愈是向外扩展，愈是为众多而不同的人们所使用，就发展得愈快。事实上，当语言扩展到和其他语言发生接触的地区的时候，所遭受的影响会使它们迅速发生变化，因此它们容易失去自身的过于特殊的性质。例如我们试把一种宗主国的语言跟它的殖民地的方言相比较，往往可以看到某些微妙的、细致的语法规则已在殖民地的方言里消失：传统使这些规则在出生的本土保持下来，但移植到远方，它们就消失了。美国人所说的英语里已没有 I shall“我将”和 I will“我要”的区别：他们只说 I will。

另一方面，当语言传播到远方时，它所具有的仍处在萌芽状态的趋势往往会较快、较完全地成长开花。例如某些创新在加拿大所说的法语里就比在 17 世纪把法语移往美洲的法国西部地区出现得更快。加拿大法语在某些方面具有古法语的风貌，但在另一些方面，它又跑在法国的法语前面，较快地抛弃了法语中由传统保持下来的某些衰老的特征。[①] 同样，南非荷兰移民所说的荷兰语也比荷兰本土的荷兰语发展得快。[②]

一般地说来，深居简出的语言总是保守的。远离世界中心和交

---

① Geddes,“Study of a Canadian-French dialect”(1908)，转引自 Meyer Lübke, *Germ-Rom Monatschrift*, vol. i, p. 133.

② H. Meyer, *Die Sprache der Buren*, Göffingen (1901).

通干线，只限于在闭塞的地区里使用的语言往往具有明显的古代特征。例如立陶宛语是处在远离欧洲各大国的贫瘠的森林地区的乡村语言，它就是印欧语言中最古老的语言。语言在外界影响最受限制的山区或半岛的极端保存得最好。缩在比利牛斯山山谷中的巴斯克语和紧靠着大西洋的布列塔尼语就是这样保存下来的。

住地情况同样影响语言的发展。当居民稀稀疏疏地分布于广大地区时，这种分散就有利于方言的分化。相反，如果居民聚居在集市或城镇，这种生活方式就便利于共同语的创立，使它在某种程度上成为集市或城镇内不同社会阶级的语言之间的一种平均数。因此，社会影响不仅可以延缓或加速语言的演化，而且也可以决定这种演化的方向和范围。我们在上面所说的共同语、方言和特殊语言间的关系都可以用来说明这个一般的原理。

就是我们的心理活动也要受社会原因的支配。如果语言的历史很长，包括许多时期，我们就可以由此看出社会演化对于人们的心理素质所发生的某些效果。例如我们已经注意到语言有失去神秘的性质、变得愈来愈富于理智、放弃具体观念的表达、提升到抽象的这些一般倾向。印欧语语法的最古形式比后来的主观而且具体得多。在古印欧语里，时的范畴表现为比较主观的动作的持续情况，随着年代的发展，真正的所谓时，也就是动作发生时间的概念才日渐为这些语言所考虑并表达出来。

在这里，考察野蛮人的语言可以证实我们从历史中取得的知识。这些语言里呈现的语言情况是我们所称的文明所决不反映或极少反映的。它们富于具体的和特殊的范畴，这和我们的开化的语言形成鲜明的对照，因为在我们的语言里，这类范畴已经消失，愈来愈多地具有抽象的和一般的范畴。野蛮人以罕有的精确性表达许多我们茫无所知的具体细节。例如他们对于空间的考虑也许比我们的语言对于时间的考虑更为注意。在他们的心目中,任何动作都固定于空间的某一点上,人和物的空间关系在他们的语言里都由特殊的范畴表示出来,比之时间上的关系有过之而无不及。[①] 时间比空间是高一级的抽象。我们开化的人在形态中放弃了空间的具体概念,更乐意表达时间的抽象概念。这是文明的一种表现。

具体的范畴怎样从语言中消失,也可以证实文明在这里所起作用的重要性。希腊语的双数就是一个最显著的例子。双数在希腊各方言中的使用是和文明的程度成比例关系的:在史前时期就失去了双数的那些方言正是最开化的人所说的方言。例如殖民地的方言就比本国的方言先进;同一种方言在大陆上的希腊保存着双数,而在小亚细亚或群岛上却失去了双数。除了某些方言,如阿提克方言之外,这是一条一般的规律,可以说没有例外。至于阿提克等方言,那是曾有某些特殊的和次要的因素在起作用,这些因素,适当地理解,也正好可以证实上面这条规律。我们在前面说过,希腊本土的方言比殖民地的方言保守,因为殖民地的方言代表希腊各城市的中坚人物的语言,代表最活跃、最富于才智和生气的分子的语言。文明的产物,首先是文学,正是在殖民地开始繁荣起来的。因此,双数的保存显然是文化落后的证据,反之,双数的消失却标志着比较先进的文化。

毫无疑问,我们不应该强调从希腊语借来的证据的重要性,因

① Lévy-Bruhl,LXXXVIII,p. 153.

为还有别的纯语言的原因可以说明双数的消失为什么在殖民地要比本国领先。但希腊语的证据并不是孤证；大多数语言甚至印欧系以外的语言的历史都可以证实。例如在闪语和芬兰-乌戈尔语里也同样可以见到双数的消失。闪语中开化得最早的语言，如亚述语、希伯来语、阿拉美语、埃塞俄比亚语等古代文明语言，都只在某些表示成对的器官的词里才有双数。可是阿拉伯语直到公元7世纪还是文化落后的游牧民族的语言，它曾在名词、代名词和动词中保存着双数。我们甚至可以说，在阿拉伯语的历史过程中，文明的程度决定着双数保存的程度。在芬兰-乌戈尔语系中，保留双数的只有两种最不发达的方言：沃古尔方言和奥斯提亚克方言；双数无论在匈牙利语或芬兰语里都没有任何痕迹了。沿文明的阶梯再往下走，我们可以看到有些语言，如美洲或澳洲的某些土著语言，还具有三数[①]。

不用说，我们在这里研究创制语言的心理活动，是把组成语言的语法条件撇开的。这是应该仔细加以区别的两回事。抽象力薄弱并不排除语法复杂。心理范畴的性质和语法范畴的数目或复杂性之间不存在任何关系。后者主要取决于记忆。初民的记忆力一般都非常发达，这是生活的迫切需要强加于他们的。初民的心理活动不像开化的人那样有许多代替记忆的方法，使记忆懒惰的人也没有什么妨碍。记忆力对语言发展的影响似乎还没有人作过研究。但某些野蛮人的语言富于各种各样的形式，并且长期保持着这种状况，具有我们前所未闻的复杂的形态或丰富得令人烦闷的词汇，这一事实却显然和记忆

---

① Lévy-Bruhl，LXXXVIII，p. 157.

力的特别发达有关。记忆自然是保守的。因此，文明的差别，其结果并不表现在语法结构方面，而是表现在仔细表达具体细节上面。在文明程度和心理范畴的具体性之间存在着某种关系。

但是语言向抽象方向迈进和文明的发展有联系，这一事实却向我们表明应该怎样解释前面所举的例子。我们清楚地知道，语言是人们意识的反映，它可以使我们认识到孕育着语言的心理是什么面貌。开化人的心灵比初民的更适宜于进行抽象，因为开化人的生活条件会把人们的心灵引向抽象的考虑，而不是具体的事物。经商必须会计算，即进行推理；政治生活的发展有利于养成对一般观念的习惯和兴趣；思维的运用本身就是从具体的事物出发走向抽象。试把自己和周围的人作一番比较，我们就能判断两种心理状态在抽象方面的差别。说法语的不识字的农民的处境和一个只用法语表达自己的野蛮人差不多。法语对他的心理状态来说是一件很不完备的工具。因此他少不了要对它作一番修改来适合自己的使用。他扭转语言中一切抽象的成果来迎合自己唯一感兴趣的具体的表达。例如他会引入拟声词和感叹词，通过词汇来弥补具体范畴的不足，把法语的句子肢解、割裂，摧毁其中明确的、合乎逻辑的一切。

野蛮人的语言富于具体的词语，它们的多样性和精确性足以使我们感到迷惑，这原不足为奇。一切乡村的语言都是这样的。这种情况可以在立陶宛语里看到，立陶宛人曾经用一系列拟声词构成一篇故事。[①] 这种情况也可以在我们乡村的土语中看到。试

① 参看 Leskien, *Schallnachahmungen und Schallverba im Litauischen*, XXX, vol. xiii, p. 167.

把一篇纯粹用乡村土语编成的故事和我们的一位18世纪从逻辑学校里培养出来的政论家的演说作个比较:前者是充满着具体的观念,脉络不清,起伏突兀,不合逻辑,但很富于表达力;后者则是抽象而一般的公式的铺陈,它们的顺序安排得像三段论式中的项那样的一环紧扣一环。这是两种类型的语言,代表着两种类型的思想。我们且不要以为我们的伟大的文明语言已经完全摆脱了神秘主义而扬扬自得。这只是表面现象。神秘的要素不是在语言中,而是在思想中。更确切地说,如果它在语言中出现,那是因为它先已存在于思想。对于我国的文盲的语言,我们不必刨得很深,就能像在他们自己的土地上一样找到神秘的成分。名称的威力,解释固有名词的传说的创立,套语和咒语的使用,乡村民间故事中词语的禁忌,这一切难道不都是野蛮人的心理状态在一种开化人的语言里重新开花吗?

但如果我们设想,有一个政治上的或社会上的巨变推翻了今天存在于人们集团间的障碍,把不同阶级、不同国籍、不同种族的代表都卷进同一个风暴里,甚至摧毁我们由来已久的文明,完全让位给一种建立在别的基础上的新文明,那么在这种情况下,语言会不会首先遭受损害呢?这种差不多已经在我们的各大共同语里消失了的神秘的和具体的心理状态会不会变得强大起来,按照它自己的面貌来改造我们的语言,并把自己的习惯强加于它们呢?到那个时候,我们的法语将会变成什么样子呢?它将不多不少地变成一种野蛮人的语言。它将朝着相反的方向沿着它达到今天这种状态所走过的道路往回跑。它将从抽象转到具体概念的表达,充满着神秘的和主观的范畴。这将是进步还是退步呢?二者都不是，至少从语言学方面说是如此。我们没有必要考虑文明变迁的利弊，甚至是恢复到所谓野蛮状态的利弊，一切都是相对的。我们没有权利因为自己的语言是理性的和抽象的而认为这样的语言比具体而神秘的语言优越。那是两种不同的心理状态，每种都能有自己的长处。在一个居住在天狼星上的人的眼里，没有任何东西可以证明开化人的心理状态不是退化的等价物。

现在我们可以看到，对语言进步的假设应该怎样理解。绝对意义的进步显然是没有的，正如没有道德的或政治的绝对进步一样。有的只是一些前后相继的不同状态，在每一状态中都统治着某些一般的规律，它们是各自状态中起作用的力量相互平衡的结果。语言的情况也是这样。我们可以在语言的历史中看到某些相对的进步。语言或多或少适应一定的文明状态。进步就在于语言最能适应说话者的需要。但这种进步无论怎样真实，却永远不是确定的。一种语言，只要说这种语言的人保持着相同的思想习惯，它的特征就能保持下去；而语言的特征是容易发生变化、被磨损和消失的。认为语言是一种离开人而独立发展并追求着它自己的目标的理想的实体，那是一种错误。语言不可能存在于进行思维和说话的人之外。它的根子扎在个人意识的深处，它要从这里汲取力量，让人们的口里开出鲜艳的花朵。但个人的意识只是集体意识的一分子，集体意识把它自己的规律强加于每一个人。因此，语言的演化只是社会演化的一个方面。我们不应该把它看成是不断往确定目标迈进。语言学家在语言中看到了社会力量的作用和历史的影响，他的任务就算完成了。

参考文献目录

这里开列的并不是有关语言问题的全部文献目录，即使关于本书所谈的问题，这份目录也不齐全。下面列出的只是主要著作，种类倒是不少，这些著作有助于了解语言科学的各个方面。为了表明法国在语言研究发展过程中所起的作用，法语著作举得比较多。

I 定期刊物

（法语）

Annales de Bretagne, Rennes, from 1886 …… I

Année sociologique, Paris, from 1898 …… II

Bulletin de dialectologie romane, Bruxelles, from 1909 …… III

Bulletin de la Société de linguistique, Paris …… IV

Journal asiatique, Paris, from 1822 …… V

Mémoires de la Société de Linguistique, Paris …… VI

La Parole, Paris …… VII

Revue celtique, Paris, from 1870 …… VIII

Revue internationals de sociologie, Paris …… IX

Revue de métaphysique et de morale, Paris, from 1893 …… X

Revue do philologie, de littérature, et d'histoire anciennes, Paris, from 1877 …… XI

Revue de phonétique, Paris, from 1911 …… XII

Revue des études anciennes, Bordeaux, from 1897 …… XIII

Revue des études ethnographiques et sociologiques, Paris, from 1908 …………………………………………………………………… XIV
Revue des études basques …………………………………………………… XV
Revue des études grecques, Paris, from 1888 ………………………… XVI
Revue des langues romanes, Montpellier, from 1870 ………………… XVII
Romania, Paris, from 1872 ……………………………………………… XVIII

(英语)

American Journal of Philology, Baltimore ………………………… XIX
Classical Philology, Chicago, from 1906 ………………………………… XX
Classical Review, London, from 1887 ……………………………………… XXI
Harvard Studies in Classical Philology, Boston, U. S., from 1890 …………………………………………………………………… XXII
Transactions of the Philological Society, London ……………………… XXIII

(德语)

Annalen der Naturphilosophie (Ostwald's Annalen) ……………… XXIV
Archiv. für das Studium der neueren Sprachen und Literaturen, Braunschweig, from 1846 ……………………………………………… XXV
Beiträge zur Geschichte der deutschen Sprache und Literatur (Paul und Braune's Beiträge), Halle, from 1874 ……………… XXVI
Beiträge zur Kunde der indogermonischen Sprachen (Bezzenberger's Beiträge), Göttingen, from 1877 ……………… XXVII
Finnisch-Ugrische Forschungen, Helsingfors, from 1891 ………… XXVIII
Glotta, Göttingen from 1907 ……………………………………………… XXIX
Indogermanische Forschungen, Strassburg, from 1891 ……………… XXX
Internationale Zeitschrift für allgemeine Sprachwissenschaft, Leipzig, from 1884 ……………………………………………………… XXXI
Neue Jahrbücher für das klassische Altertum, Leipzig, from 1898 …………………………………………………………………… XXXII
Wörter und Sachen, Heidelberg, from 1909 ……………………………… XXXIII

Zeitschrift der deutschen morgenländischen Gesellschaft, Leipzig, from 1847 ······ XXXIV

Zeitschrift für deutsches Altertum (Haupt's Zeitschrift), Leipzig, from 1841 ······ XXXV

Zeitschrift für deutsche Wortforschung, Strassburg, from 1900 ······ XXXVI

Zeitschrift für vergleichende Sprachforschung (Kuhn's Zeitschrift), Berlin, from 1852 ······ XXXVII

Zeitschrift für romanische Philologie (Gröber's Zeitschrift), Halle, from 1877 ······ XXXVIII

Stzungsberichie der kais. Akademie der Wissenschaften, Wien, from 1848 ······ XXXIX

Berichte über die Verhandlungen der königl. sächs. Gesellschaft der Wissenchaften, Leipsig, from 1848 ······ XL

(意大利语)

Archivio glottologico Italiano Rome. Turin, and Florence, from 1873 ······ XLI

Scientia (articles also in French, English, and German), Bologna, from 1907 ······ XLII

II 专著

(法语)

Adam (L.), *Le genre dans les diverses langues*, Paris, 1883 ······ XLIII

Bally (Ch.), *Le langage et la vie*, Geneva, 1913 ······ XLIV

Bally (Ch.), *Précis de stylistique*, Geneva, 1905 ······ XLV

Bally (Ch.), *Traité de stylistique française*, 2 vols., Paris and Heidelberg, 1909 ······ XLVI

Barbelenet (D.), *De l'aspect verbal en latin*, Paris, 1913 ······ XLVII

Berger (Ph.), *Histoire de l'écriture dans l'antiquité*, Paris, 1891 ………… XLVIII

Bloch (J.), *La formation de la langue marathe*, Paris, 1914 ……… XLIX

Bonnet (M.), *Le latin de Grégeire de Tours*, Paris, 1890 ……… L

Bonrciez (E.), *Éléments de linguistique romane*, Paris, 1910 ……… LI

Bourdon, *L'expression des émotions et des tendances dans le langage*, Paris, 1892 ……… LII

Boyer (P.) and Spéranski (N.), *Manuel de langu russe*, Paris, 1905 ……… LIII

Bréal (M.), *Mélanges de méthodologie et de linguistique*, Paris, 1878 ……… LIV

Biéal (M.) *Essai de sémantique*, 3rd edn., Paris, 1904 ……… LV

Brunot (F.), *Grammaire historique de la langue française*, Paris … LVI

Brunot (F.), *Histoire de la langue française*, Paris, 5 vols. ……… LVII

Cadière (P.), *Phonétique annamite*, Paris, 1901 ……… LVIII

Clédat (L.) *Dictionnaire étymologique de la langue française* ……… LIX

Couturat (L.), and Leau, *Histoire de la langue universelle*, Paris, 1903 ……… LX

Cuny (A.), *Le nombre duel en grec*, Paris, 1906 ……… LXI

Darmesteter (A.), *La vie des mots étudiée dans leur signification*, Paris, 1887 ……… LXII

Darmesteter (A.), *Cours de grammaire historique de la langue française* ……… LXIII

Darmesteter (J.), *Ormaza et Ahriman*, Paris, 1877 ……… LXIV

Dauzat (A.), *Essai de méthodologie linguistique*, Paris, 1906 ……… LXV

Densusianu, *Histoire de la langue romaine*, Paris, 1901 ……… LXVI

Deschanel (E.), *Les déformations de la langue française*, Paris, 1898 ……… LXVII

Dottin (G.), *Manuel pour senuir à l'étude de l'antiquité celtique*, 2nd edn., Paris, 1915 ……… LXVIII

Dutens (A.), *Étude sur la simplification de l'orthographe*, Paris, 1906 ……… LXIX

Ernout (A.), *Les éléments dialectaux du vocabulaire latin*, Paris, 1909 …… LXX

Ferrand (G.), *Essai de phonétique comparée du malais et des dialectes malgaches*, Paris, 1909 …… LXXI

Fossey (C.), *Manuel d'assyriologie*, Vol. I, Paris, 1904 …… LXXII

Gauthiot (R.), *Essai sur le vocalisme du sogdien*, Paris, 1913 …… LXXIIbis

Gauthiot (R.), *La fin de mot en indo-européen*, Paris, 1913 …… LXXIII

Gennep (van A.), *Religions mœurs et légendes*, Paris, 1908—1909 …… LXXIV

Gilliéron and Mongin, *Étude de géographie linguistique* (Scier in *la Gaule Romaine*) …… LXXV

Gilliéron and Roques (M.), *Études de géographie linguistique*, Paris, 1912 …… LXXVI

Ginneken (J. van), *Principes de linguistique psychologique* (trans. from the Dutch), Paris, Amsterdam, Leipzig, 1907 …… LXXVII

Grammont (M.), *Traité pratique de prononciation française*, Paris, 1914 …… LXXVIII

Grammont (M.), *La dissimilation consonantique*, Dijon, 1895 …… LXXIX

Havet (L.), *Métrique grecque et latine*, 3rd edn., Paris, 1893 …… LXXX

Henry (v.), *Précis de grammaire comparée du grec et du latin*, 6th edn., Paris, 1918 …… LXXXI

Henry (V.), *Essai sur l'analogie*, Paris, 1883 …… LXXXII

Henry (V.), *Antimonies linguistiques*, Paris, 1896 …… LXXXIII

Hovelacque (A.), *La linguistique*, 4th edn., Paris, 1888 …… LXXXIV

Hubert (H.), and Mauss (M.), *Mélanges d'histoire des religions*, Paris, 1909 …… LXXXV

Juret (C.), *Dominance ei résistance dans la phonétique latine*, Paris, 1913 …… LXXXVI

Leroy (B.), *Le langage*, Paris, 1905 …… LXXXVII

Lévy-Bruhl (L.), *Les fonctions mentales dans les sociétés inférieures*, Paris, 1910 …… LXXXVIII

Loth (J.), *Les mots latins dans les langues brittoniques*, Paris, 1892 LXXXIX

Magnien (V.), *Le futur grec*, Paris, 1913 XC

Marouzeau (J.), *La phrase à verbe être en latin*, Paris, 1910 XCI

Mazon (A.), *Emploi des aspects du verbe russe*, Paris, 1914 XCII

Meillet (A.), *Aperçu d'une histoire de la langue grecque*, 2nd edn., Paris, 1920 XCIII

Meillet (A.), *Introduction à l'étude comparative des langues indo-européennes*, 4th edn., Paris XCIV

Meillet (A.), *Caractères généraux des langues germaniques* XCV

Meillet (A.), *Recherches sur l'exmploi du génitif-accusatif en vieux-slave*, Paris, 1897 XCVI

Meillet (A.), *Les dialectes indo-européens*, Paris, 1908 XCVII

Mélanges de linguistique in honour of F. de Saussure, Paris, 1908 XCVIII

Mélanges linguistiques in honour of A. Meillet, Paris, 1902 XCIX

Mélanges d'indianisme in honour of Sylvain-Lévi, Paris, 1911 C

Mélanges Louis Havet, *Philologie et Linguistique*, Paris, 1909 CI

Millardet (G.), *Études de dialectologie landaise*, Toulouse, 1910 CII

Müller (Max), *La science du langage*, transl, by Harris and Perret, Paris, 1867 CIII

Müller (Max), *Nouvelle leçons sur la science du langage*, transl. by Harris and Perrot, Paris, 1867—1868 CIV

Nyrop (K.), *Grammaire historique de la langue française*, 4 vols., Paris, 1913 CV

Paris (G.), *Mélanges linguistiques*, Paris, 1906 CVI

Passy (P.), *Étude sur les changements phonétiques et leurs caractères généraux*, Paris, 1890 CVII

Pernot (H.), *Études de linguistique néo-hellénique*, I, Paris, 1907 CVIII

Pernot (H.), *Grammaire du grec moderne*, Paris CIX

Renan (E.), *Essai sur l'origine du langage*, 3d edn., Paris, 1862 CX

Renan (E.), *Grammaire générale et comparée des langues sémitiques*. I ······ CXI

Rosset (T.), *Les origines de la prononciation moderne étudiées au XVIIe siècle*, Paris, 1911 ······ CXII

Roudet (L.), *Eléments de phonétique générale*, Paris, 1911 ······ CXIII

Rousselot (P.) and Laclotte (F.), *Précis de prononciation française*, Paris ······ CXVI

Rousselot (P.), *Principes de phonétique expérimentale*, Paris, 1897—1909 ······ CXV

Rousselot (P.), *Les modifications phonétiques du langage étudiées dans le patois d'une fantille de Cellefrouin*, Paris, 1892 ······ CXVI

Sacleux (Ch.), *Grammaire des dialectes swahilis*, Paris, 1909 ······ CXVII

Sacleux (Ch.), *Essai de phonétique avec son application à l'étude des idiomes africains*, Paris, 1905 ······ CXVIII

Sainéau (L.), *L'argot ancien*, Paris, 1896 ······ CXIX

Saussure (F. de), *Mémoire sur le système primitif des voyelles dans les langues indo-européennes*, Leipzig, 1879 ······ CXX

Saussure (F. de), *Cours de linguistique générale*, Paris and Laussanne, 1916 ······ CXXI

Séchehaye, (Ch.-A.), *Programme et méthodes de la linguistique theorique*, Geneva, Paris, and Leipzig, 1908 ······ CXXII

Stapfer (P.), *Récréations grammaticales et littéraires*, Paris, 1900 ······ CXXIII

Terracher (A.), *Les aires morphologiques dans les parlers populaires du nord-ouest de l'Angoumois*, Paris, 1914 ······ CXXIV

Thomas (A.), *Mélanges d'étymologie française*, Paris, 1902. *Essais de philologie française*, Paris, 1898. *Nouveaux essais de philologie française*, Paris, 1905 ······ CXXV

Thurot (*ch.*) *La prononciation française depuis le commencement du XVIe siècle d'après les témoignages des grammairiens*, Paris, 1881—1883, 2 vols. ······ CXXVI

Leite de Vasconcellos, *Esquisse d'une dialectologie portugaise*, Paris,

1901 ········· CXXVII
Weil (H.), *L'ordre des mots*, 3rd edn., Paris, 1879 ········· CXXVIII
Whitney (D.), *La vie du langage*: French translation, 3rd edn., Paris, 1880 ········· CXXIX

(英语)

Boas (Fr.), *Handbook of American-Indian Languages* (Smithsonian Institution Bureat of American Ethnology, Bulletin 40), Washington, 1911 ········· CXXX
Byrne (J.), *General Principles of the Structure of Language*, London, 1885 ········· CXXXI
Giles (P.), *A Short Manual of Comparative Philology*, 2nd edn., London, 1901 ········· CXXXII
Jespersen (O.), *Growth and Structure of the English Language*, Leipzig, 1912 ········· CXXXIII
Jespersen (O.), *Progress in Language*, 2nd edn., London ········· CXXXIV
Morris-Jones (J.), *A Welsh Grammar*, Oxford, 1913 ········· CXXXV
Migeod (F. W. H.), *The Languages of West Africa*, London, 1911—1913, 2 vols. ········· CXXXVI
Oertel (H.), *Lectures on the Study of Language*, New York and London, 1902 ········· CXXXVII
Sayce (A. H.), *Introduction to the Science of Language*, 2 vols., 3rd edn., London, 1890 ········· CXXXVIII
Wheeler Scripture, *The Elements of Experimental Phonetics*, New York and London, 1902 ········· CXXXIX
Sweet (H.), *Primer of Phonetics*, 2nd edn., Oxford, 1902 ········· CXL
Whitney (D.), *Language and the Study of Language*, New York and London ········· CXLI

(德语)

Baudouin de Courtenay, *Versuch einer Theorie phonetischer*

Alternationen, Strassburg, 1895 ································· CXLII

Bechtel (F.), *Die Hauptprobleme der indogermanischen Lautlehre seit Schleicher*, Göttingen, 1892 ································· CXLIII

Behaghel (O.), *Geschichte der deutschen Sprache*, Strassburg, 1911 ································· CXLIV

Bopp (F.), *Vergleichende Grammatik des Sanskrit, Zend, Griechisehen, Lateinischen, Lettauischen, Gothischen, und Deutschen*, Berlin, 1833 ································· CXLV

Borinski (K.), *Der Ursprung der Sprache*, Halle, 1911 ··········· CXLVI

Bremer (O.), *Deutsche Phonetik*, Leipzig, 1893 ···················· CXLVII

Brockelmann (C.), *Grundriss der vergleichenden Grammatis der semitischen Sprachen*, 2 vols., Berlin, 1907—1908 ··········· CXLVIII

Broch (O.), *Slavische Phonetik*, Heidelberg, 1911 ················· CXLIX

Brugmann (K.), and Delbrück(B.), *Grundriss der vergleichenden Grammatik der indogermanischen Sprachen*, 2nd edn., Strassburg ································· CL

Danzel (Th. W.), *Die Anfänge der Schrift*, Leipzig, 1912 ··········· CLI

Delbrück (B.), *Grundfragen der Sprachforschung*, 1901 ··············· CLII

Delbrück (B.), *Einleitung in das Sprachstudium*, 5th edn., Leipzig, 1908 ································· CLIII

Delbrück (B.), *Zur Stellung des Verbums*, Leipzig, 1911 ··········· CLIV

Dittrich (O.), *Grundzüge der Sprachpsychologie*, I, Halle, 1904 ································· CLV

Dittrich (O.), *Die Probleme der Sprachpsychologie*, Leipzig, 1914 ································· CLVI

Erdmann (K. O.), *Die Bedeutung des Wortes*, 2nd edn., Leipzig, 1910 ································· CLVII

Feist (S.), *Europa in Lichte der Vorgeschichte*, Berlin, 1910 ······ CLVIII

Feist (S.), *Kultur, Ausbreitung, und Herkunft der Indogermanen*, Berlin, 1913 ································· CLIX

Finck (F. N.), *Die Aufgaba und Gliederung der Sprachwissenschaft*, Halle, 1905 ································· CLX

Finck (F. N.), *Die Haupttypen des Sprachbaus*, Leipzig, 1910 …… CLXI

Finck (F. N.), *Die Sprachstämme des Erdkreises*, Leipzig, 1909 …… CLXII

Gabelentz (G. von der), *Die Sprachwissenschaft*, 2nd edn., Leipzig, 1901 …… CLXIII

Ganzmann (O.), *Ueber Sprach und Sachvorstellugen*, Berlin, 1902 …… CLXIV

Gutzmann (H.), *Physiologie der Stimme und Sprache*, Braunschweig, 1909 …… CLXV

Hirt (H.), *Der indogermanische Ablaut*, *Strassburg*, 1900 …… CLXVI

Hirt (H.), *Die Indogermanert*, *ihre Verbreitung*, *ihre Urheimat*, *and ihre Kultur*, 2 vols, Strassburg, 1905—1907 …… CLXVII

Hoffmann (O.), *Geschichte der griechischen Sprache*, Leipzig, 1911 …… CLXVIII

Horn (W.), *Untersuchungen zur neuenglischen Lautgeschichte*, Strassburg, 1905 …… CLXIX

Horn (W.), *Historische neuenglische Grammatik*, I, Strassburg, 1908 …… CLXX

Hübschmann (H.), *Das indogermanische Vocalsystem*, Strassburg, 1885 …… CLXXI

Jaberg (K.), *Sprachgeographie*, Aarau, 1908 …… CLXXII

Jespersen (O.), *Lehrbuch der Phonetik*, 2nd edn., Leipzig, 1913 …… CLXXIII

Kluge (F.), *Urgermanisch*, Strassburg, 1913 …… CLXXIV

Kluge (F.), *Von Luther bis Lessing*, 4th edn., Strassburg, 1904 …… CLXXV

Kluge (F.), *Unser Deutsch*, 2nd edn., Leipzig, 1910 …… CLXXVI

Kretschmer (P.), *Einleitung in die Geschichte der griechischen Sprache* Göttingen, 1896 …… CLXXVII

Mauthner (F.), *Beiträge zu einer Kritik der Sprache*, 3 vols., Stuttgart 1900—1902 …… CLXXVIII

Meinhof (C.), *Grundriss einer Lautlehre der Bantusprachen*, 2nd edn.,

Berlin, 1910 ······ CLXXIX

Meringer (R.), and Mayer, *Versprechen und Verlesen*, Stuttgart, 1895 ······ CLXXX

Mayer-Lubke (W.), *Einführung in das Studium der romanischèn Sprachwissenschaft*, Heidelberg, 1901 ······ CLXXXI

Misteli (F.), *Charakieristik der hauptsächlichsten Typen des Sprachbaus* Berlin, 1893 ······ CLXXXII

Morsbach (L.), *Ueber den Ursprung der neuenglischen Schriftsprachs*, Heilbronn, 1888 ······ CLXXXIII

Möller (H.), *Semitisch und Indogermanisch*, Copenhagen, 1906 ······ CLXXXIV

Müller (F.), *Grundriss der Sprachwissenschaft*, Vienna, 1876—1988 ······ CLXXXV

Nyrop (K.), *Das Leben der Wörter* (trans, from the Danish by Vogt), Leipzig, 1903 ······ CLXXXVI

Osthoff (H.), *Das Verbum in der Nominalhomposition*, Jena, 1877 ······ CLXXXVII

Paul (H.), *Prinzipien der Spracheschichte*, 4th edn., Halle, 1909 ······ CLXXXVIII

Pedersen (H.), *Vergleichende Grammatik der keltischen Sprachen*, 2 vols., Göttingen, 1909—1913 ······ CLXXXIX

Persson (P.), *Beiträge zur indogermanischen Wortforschung*, 2 vols., Upsala and Leipzig, 1912 ······ CXC

Poirot (J.) "Phonetik" (from the *Handbuch der physiologischen Methodik*, edited by R. Tigerstedt), Leipzig, 1911 ······ CXCI

Porzezinski (V.), *Einleitung in die Sprachwissenschaft* (trans. from the Russian by E. Böbme), Leipzig, 1910 ······ CXCII

Rozwadowski (I. von), *Wortbildung und Wortbedeuiung*, Heidelberg, 1904 ······ CXCIII

Scherer (W.), *Zur Geschichte der deutschen Sprachte*, 2nd edn., Leipzig, 1878 ······ CXCIV

Schleicher (A.), *Compendium der vergleichenden Grammatik*

der indogermanischen Sprachen, 1861 (4 th edn., 1874) ········· CXCV

Schleicher (A.), *Ueber die Bedeutung der Sprache für die Naturgeschichte der Menschen*, 1865 ································· CXCVI

Schleicher (A.), *Die deutsche Sprache*, 2nd edn., 1869 ··········· CXCVII

Schleicher (A.), *Sprachvergleichende Untersuchungen*, 2 vols., 1848—1850 ·· CXCVIII

Schmidt (J.), *Die Verwandtchaftsverhältnusse der indogermanischen Sprachen*, Weimat, 1872 ························ CXCIX

Schrader (O.), *Sprachvergleichung und Urgeschichte*, Jena, 1890 ······ CC

Schrader (O.), *Die Indogermanen*, Leipzig, 1911 ······················ CCI

Schrader (O.), *Reallexikonderindogsrmanischen Altertumskunde*, Strassburg, 1901 ·· CCII

Schuchardt (II.), *Slawodeutsches und Slawoitalientisches* ············ CCIII

Schuchardt (H.), *Ueber die Lautgesetze gegen die Junggrommatiker*, Berlin, 1885 ·· CCIV

Sicvers (E.), *Grundzüge der Phonetik*, 5th edn., Leipzig, 1901 ······ CCV

Socin (H.), *Schriftsprache und Dialekte im deustchen*, Heilbronn, 1888 ·· CCVI

Steinthal (H.), *Abriss der Sprachwissenschaft*, 2nd edn., Berlin, 1881 ·· CCVII

Stolz (F.), *Geschichie der lateinischen Sprache*, Leipzig, 1911 ··· CCVIII

Storm (J.), *Englische Philologie*, 2nd edn., 1892 ······················ CCIX

Streitberg (W.), *Urgermanische Grammatik*, Heidelberg, 1894 ······ CCX

Szimonyei (S.), *Die ungarische Sprache*, Strastburg, 1907 ············ CCXI

Szinnyel (J.), *Finnisch-ugrische Sprachwissenschaft*, Leipzig, 1910 ·· CCXII

Thumb (A.), *Die griechische Sprache im Zeitalter der Hellenismus*, Strassburg, 1901 ······································ CCXIII

Thurneysen (R.), *Die Etymologiek* Freiburg in Breisgan, 1904 ··· CCXIV

Trautmann (M.), *Die Sprachlaute im allgemeinen und die Laute des englischen, französischen, und deutschen im besonderen*, Leipzig, 1884—1886 ·· CCXV

Viëtor (W.), *Elemcnte der Phonetik*, 5th edn., Leipzig, 1904 …… CCXVI
Vondrak (W.), *Vergleichende slavische Grammatik*, 2 vols., Göttingen, 1906—1908 …… CCXVII
Vossler (K.), *Sprache als Schöpfung und Entwickelung*, Heidelberg, 1905 …… CCXVIII
Vossler (K.), *Frankreich's Kultur im Spiegel seiner Sprachentwickelung*, Heidelberg, 1913 …… CCXIX
Wackernagel (J.), *Studien zum griechischen Perfektum*, Göttingen, 1904 …… CCXX
Westermann (D.), *Grammatik der Ewe-Sprachen*, Berlin, 1907 …… CCXXI
Winkler (H.), *Des grammatische Geschlech*, Berlin, 1889 …… CCXXII
Wundt (W.), *Völkerpsychologie*, vol. I: Die Sprache, 3rd edn., Strassburg, 1911—1912 …… CCXXIII
Zauner (A), *Romanische Sprachwissenschaft*, Leipzig …… CCXXIV

(意大利语)

Barone (M.), *Sui verbi perfettivi in Plauto e in Terenzio*, Rome, 1908 …… CCXXV
Barone (M.), *Sull' origine del genere grammaticale nell' Indoeuropeo*, Rome, 1909 …… CCXXVI
Ribezzo (F.), *I deverbativi sigmaticie la forma ione del futuro indoeuropeo*, Naples, 1907 …… CCXXVII
Trombetti, *L'unita d'origine del linguaggio*, Bologua, 1905 …… CCXXVIII

(丹麦语)

Jespersen (O.), *Sprogets logik*, Copenhagen, 1913 …… CCXXIX
Pedersen (H.), *Et Blik pa Sprogvidenskabens Historie*, Copenhagen, 1916 …… CCXXX
Thomsen (V.), *Sprogvidenskabens Histoire*, Copenhagen, 1902 …… CCXXXI

附　　录

一

任何一部在1914年出版的语言学著作，都必须一再修订，才能赶上1924年的科学思想。在最近的十年里，一般语言研究成了好多著作的主题，它们无论在数量上和质量上都是过去的著作无与伦比的。我们并不认为这种现象是完全出于偶然的巧合。

德·索绪尔于1916年出版的《普通语言学教程》(第2版，1922)直到本书的修改结束以后才得以参考，因此，本书只是在一两处脚注中提到。这部著作包含一些深刻而独创的见解，如能加以利用，本书的好多章都能得到增益。

梅耶的《历史语言学和普通语言学》(*Linguistique historique et linguistique générale*)是一部文集，其中的论文，通过编排，构成了一个渊博而和谐的学说体系。该书出版的时候，这本书已经印好。好在大部分论文是别处发表过的，本书已加以利用和援引，注明了原来刊载的出处。马路佐(Marouzeau)的小册子《语言学或语言的科学》是差不多在同一个时候出版的，这本书以简明的方式介绍了语言学家们研究的一些问题，使它们能被公众所了解。

自从本书印成以后，出版了两部都以《语言》命名的著作，一部是萨皮尔(Sapir)写的①，另外一部是叶斯泊森(Jespersen)写的②。作者要是能得益于这两部著作，来丰富和修饰自己的论据，应该是一件令人高兴的事。此外，作者也未能得益于特隆贝第(Trombetti)的两卷本《语言学概要》(*Elementi di*

① Language: an Introduction to the Study of Speech, London and New York, 1921.

② Language: its Nature, Development, and Origin. London, 1922.

glottologia, *Bologna*, 1922)。特隆贝第以他对语言事实的几乎无所不包的渊博知识作为根据,提出了他个人关于语言发展的理论。

叔哈德(Schuchardt)的弟子们从乃师的大量著作中非常恰当地选出了一些片段,编成了一本普通语言学的小手册。这本手册充满着重要的和吸引人的知识。它的名称是《雨果·叔哈德要义》(*Hugo Schuchardt-Brevier*, *Halle*, 1922)。它的确像副标题所标明的那样,是一部"普通语言学的指南"。

勃吕诺(Brunot)的《思维与语言》(*La pensée et la langue*, Paris, 1922)虽然谈的法语,也拿普通语言学作为自己的论题。他采用了一种新的方法去研究语言事实,就是根据所表达的概念把语言事实作出分类。他对旧的传统的划分提出的批评和本书论语法范畴的一章里的有些看法是一致的。

密拉兑(Millardet)的《罗曼语言学和方言学》(*Linguistique et dialectologie romanes*, Montpellier et Paris, 1923)大胆地提出了语言学方法论的一些基本问题,并作了生动的讨论,从中可以得到许多值得铭记在心的启发。

最后,最近出版的《威尔海姆·希脱莱特贝格纪念文集》(*Festschrift Wilhelm Streitberg*),像该书的副标题所说明的那样,叙述了语言研究的现况,并且指出了今后要做的工作。该书的第一章由容克尔(Junker)执笔,出色地概括了德国对普通语言学的流行看法。

上述各种著作对于读者并不是必须参考的。即使这些著作中的看法和本书相同,它们也是从另外一个角度来写的,具有完全不同的意义和地位。就细节来说,每本著作都举了大量的新的例子,把它们加在这本书里,或者代替本书已有的例子,可能很有好处。但好像没有一本著作要求本书的概貌作任何的变更。这证明语言科学已经发展到这样的地步,不论哪种一般的综合都必须照同样的安排来进行。在这本书里,只有一编或许要作更改,那就是讨论语音的第一编,因为它所依据的体系看来可能已经过时。格拉蒙(Grammont)准备作为他未来的普通语音学论著的前奏的《论同化》(*Assimilation*, Paris, Champion, 1924),使我们看到了一种更简单的同时也是更科学的归纳事实的方法。

本书原定在第四编末了有一个第六章,叙述世界语系的分布情况。这一章由于实际的考虑而被放弃。但作者本来打算只以概要的形式加以表达的想法,现在已在《世界的语言》(*Les langues du monde*)中得到了充分的体现。这部巨著是一批语言学家在梅耶和哥恩(Cohen)两位先生的指导下编成的,它的规模之大,证明了我们当初不在本书谈这问题的正确性。

好几位哲学家对本书所表示的兴趣,似乎是对作者的一种敦促,希望作者用更清晰的轮廓来表达自己的一般观点,进一步强调自己的学说,并且最重要的,把这种学说和心理学的进展取得一致。可是,当这几页文字正在印刷的时候,德拉克罗阿(Delacroix)的著作《语言与思维》(*Le langage et la pensée*, Paris, 1924)即将出版,他的著作将使上述愿望变得毫无价值。所有的语言学家都将欢迎这位邻近学科的专家的帮助。

其次,在1923年,德国的哲学家卡西勒尔(Cassirer)出版了一本著作,名叫《符号形式的哲学 第一编:语言》(*Philosophie der Symbolischen Formen, I, Die Sprachen*)。他在那本书里涉及了普通语言学中的一些要点。

* * *

如果条件允许作者对这部著作改写一个新的版本,而不是仅仅把原版加以重印,他一定将作许多更正和补充。作者在大家对本书的非常友好的评论中,特别是从格拉蒙、尼德曼(Niedermann)、克雷达(L. Clédat)、布龙达尔(Viggo Bröndal)、多萨(A. Dauzat)和爱斯诺(G. Esnault)各位先生的评论中,得到了一些极有教益的启发。好些同事和朋友,包括拉朗德(Lalande)、马尔古(Marcou)、梅耶尔(Mayer)、朗贝尔(Lambert)、卡斯特罗(Am. Castro)和裘特(J. Jud)诸位先生,向作者提供了意见,对此深表感谢。

二

自从本书编成以来,已过了二十年的时间,在这期间,大量的新学说和新发现在各国出现,改变着语言科学的面貌。要使读者了解这一切进展情况,第二次印刷时所加的简短的附录(有一部分是参考书目)应该大大扩充。要想使本书适合潮流,每章都应该作细致的修订,有的章还要改写。这里只是作一些主要的说明。

语言学方面的信息由于两种头等重要的集录的出现而更加方便了。一种是从《印欧学研究》(*Indogermanishe Forschungen*)杂志分出来的《印欧学年鉴》(*Indogermanisches Jahrbuch*),它和《印欧学研究》一起,使普通语言学在今天占有愈来愈大的地位。另一种是巴黎的《语言学会会刊》(*Bulletin de la Société de Linguistique*),主要部分由梅耶担任编辑,每年以不倦的热诚评价着新出的著作。会刊搜集的资料丰富多样,是可靠的史料,又是语言学思想的评述。

1928年,各国语言学家为了更有利于自己的研究,在海牙举行第一次国际大会。接着,1931 年在日内瓦举行了第二次大会,1933 年在罗马举行了第三次大会。头两次大会的详细资料已经出版。第三次大会的资料正在付印。这次大会,由于议程的精心安排,除了提供语言科学已经获得的成果外,还有益地指出了这门科学的现况。同时,大会还着手解决一些实际问题。例如术语问题就是其中之一,曾为此指定了一个委员会。未来术语著作的初步轮廓已由马路佐在自己的《语言学术语汇编》(*Lexique de la terminologie linguistique*, Paris, 1933)中勇敢地勾画了出来。

在最近几年里,建立了两个语言研究的中心,都是大力研究理论和方法问题的。一个中心建立在奥斯洛,刊物有《北欧语言学评论》(*Norsk Tidskrift for Sprogvidenskap*);另一个中心建立在布拉格,它所出的《布拉格语言学会会刊》(*Travaux du cercle linguistique de Prague*)已为一门方兴未艾的新学科开辟了道路。最后,在美国也成立了语言学会,它的出版物除定期刊物《语言》(*Language*)外,还有一系列专题研究的著作。这些新的中心显示了世界各国语言研究的活力,而那些已经存在的中心也没有停止工作和产生新的成果。

在上述各种普通语言学著作同时出版以后,最近几年里还出版了叶尔姆斯列夫(Louis Hjelmslev)的《普通语法学原理》(*Principes de grammaire générale*, Copenhague, 1929)、巴格里亚罗(A. Pagliaro)的《印欧语言学概要》(*Summario di linguistica arioeuropea*, Rome, 1930)、巴利(Bally)的《普通语言学与法语语言学》(*Linguistique générale et linguistique française*, Paris, 1932)、布龙菲尔德(Bloomfield)的《语言》(*Language*, New York, 1933)。这些著作彼此的差别相当大,它们的作者都是专业的语言学家。但语言学的问题继续引起哲学家,特别是心理学家的兴趣,使语言学家得到宝贵的教益。这方面,除德·拉古娜女士(de Laguna)的《言语,它的功能和发展》(*Speech, its function and development*, New Haven, 1927)外,在最近几年里还出版了卡西勒尔《符号形式的哲学》的第三卷《认识的现象学》(*Phänomenologie der Erkentnis*),同时,德拉克罗阿的《语言与思维》一书,经过大大的扩充,也在 1930 年出了新版。心理学在一位语言学家的著作里同样也占有重要的地位,那就是魏斯格贝(L. Weisgerber)的《母语和文化》(*Muttersprache und Geistesblidung*, Göttingen, 1929)。最好地标志着心理学家和语言学家富有成效的协作的,是 1933 年专论语言的一期《心理学学报》(*Journal de Psychologie*)的出版。来自各国的一些合作者在那期学报里就语言学的几个根本问题提出了独创的见解。

经历了最深刻的变革的，看来是语音学。布拉格语言学会的一批语言学家受到博杜恩·德·库尔特内(Baudouin de Courtnay)和德·索绪尔不久前所阐发的思想的启发，创立了一门新学科——音位学。音位学不同于语音学的地方，是把声音的研究拉回到语言事实的范围里来。它不再就声音本身去考虑声音，而是根据声音在语言系统中作为区别要素所起的作用去考虑它。这条原则的应用引起了各种研究，研究的成果主要发表在布拉格语言学会的会刊上，已经显示出大有可为。关于语音规律的问题，赫尔曼(Ed. Hermann)作了新的探讨，他的论文题为《语音规律与类推》(*Lautgesetz und Analogie*)，载于《哥丁根科学协会讨论集》(*Abhandlungen der Gesellschaft der Wissenschaften zu Göttingen*, 1931)，而凡·金纳根神父(Van Ginneken)则竭力强调音变方面过去遗产的重要意义(主要见他给第三次国际语言学大会的一次通信)。韵律的研究是和语言学连在一起的。这方面，有关法语的，有维立哀(Paul Verrier)的两卷本《法语的韵文》(*Le vers français*, Paris, 1931—1932)，从一般的角度来论述的，有德·格鲁特(A. de Groot)的《一般韵律和节拍》(*La métrique générale et le rythme*)，见巴黎《语言学会会刊》第30卷202页，和《论节拍》(*der Rythmus*)，见《新语文学》(*Neophilologus*, 1934)。富歇(P. Fouché)1927年在斯脱拉斯堡出版了《普通语音学研究》(*Etudes de phonétique générale*)，他在那本书里特别讨论了元音的二合化和辅音的插入。但语音学方面最重要的著作无可争辩地是格拉蒙的《语音学概论》(*Traité de phonétique*, Paris, 1933)。这是一部大家迫切期待的著作。作者在例子的支持下全面阐述了贯穿在自己的所有著作中的个人的理论。他的理论和本书语音部分各章的某些地方是有出入的，甚至是相反的。

最后还要指出裴特生(H. Pedersen)(《十九世纪欧洲语言学史》作者)在书里以他名家的手笔叙述和评价了上一世纪语言学家们所做的全部工作。

三

本书出版已有二十五年，作者很想把它全部改写，至少对各章作细致的修订。在这一愿望得以实现之前，在第三个附录里指出近年来一些最重要的出版物，或许不无益处。当前这个时期确实是硕果累累的时期。学者们的努力使语言学的广泛领域里的一切部门都迅速出现新的建树，或者检验了旧的方法，或者创立了新方法。

梅耶的学生和朋友，为了庆祝他的七十生辰，经征得本人的同意，为他的出版于1921年的《历史语言学和普通语言学》筹印续集。续集包括梅耶在1921年至1936年期间发表的具有普遍意义的单篇论文，于1937年底出版。可惜梅耶没有能够亲眼看到这件工作的告成。他经历了好多个月恶疾的折磨，于1936年9月21日去世。梅耶的去世在各国都被认为是对语言研究的最沉重的打击。直到生命的最后一天，梅耶始终关心着别人的些微工作，并以自己的劳动对科学的进步作着贡献。巴黎语言学会为他出了一册68页的纪念刊，其中有他的传记，还有按时间和主题编排的全部著作目录(Paris, Klincksieck, 1937)。我们能够从这本纪念刊里同时评价他的为人和他的工作的重要意义。

由梅耶参与发起并热诚支持的国际语言学大会继续顺利地定期召开。第四次大会是1936年在哥本哈根召开的，第五次大会正在筹备之中，将于1939年夏在布鲁塞尔举行。同时，心理学和人种志学的国际会议也在继续召开，在那些会议上，语言学都占有重要的地位；至于语言学在东方学、罗曼学或斯拉夫学等专业会议上的地位，那就更不用说了。语音学从1932年起有专业会议的召开(第三次会议1938年举行于干达)，1938年在巴黎召开了专名学(族名学和地名学)的第一次国际会议。以上各种国际会议都出版了会议录(例如《第三次国际语言学大会会议录》)，使我们得以了解新的思想和趋势，以及会议所引起的讨论。

作为对卓越的语言学家的贺礼而出版的庆祝文集，为数愈来愈多，我们同样可以从这些文集里得到许多教益。在这几年里，对波亚萨克(E. Boisacq)、柯克(A. Kock)、耶贝尔格(Jaberg)、塔波勒特(Tappolet)、格里厄尔森(Grierson)、马特修斯(Mathesius)、密柯拉(Mikkola)、萨尔维尔达·德·格拉符(Salverda de Grave)、戴鲁梭(Desrousseaux)和另外一些学者都出过庆祝文集，语言学家们可以在那里得到好多东西。最近，为希尔特(Hermann Hirt)、克雷契梅尔(P. Kretschmer)、裴特生、凡·金纳根和巴利所出的庆祝文集，由于所论述的材料数量和种类很多，都非常重要。有的庆祝文集把受贺人分散发表在各处的往往不容易找到的文章汇集在一起，这种形式特别值得推荐，其中著名的如叶斯泊森的《语言学》(*Linguistica*)和许尔采(Wilhelm Schulze)的《随笔》(*Kleine Schriften*, 1933)。

语言学刊物在最近的几年里也有增加，需要提出的，除复刊的《意大利语言学文库》(*Archivio glottologico Italiano*)外，还有新出的《波罗的研究》(*Studi Baltici*)、《哥本哈根语言学会会刊》(*Bulletin du cercle linguistique de*

Copenhague)、布加勒斯特的《语言学公报》(*Bulletin linguistique*),和也是在布加勒斯特出版的《印欧语研究评论》(*Revue des études indo-européennes*)。布拉格语言学会继续出版会刊,它的第6辑献给第四次国际语言学大会,是在会议期间出版的。巴黎语言研究所的年会仍照例出着分册的会议录(1938年出第5分册)。

前面指出过音位学的发展。在这门一直被布拉格语言学会深感兴趣的新学科里,除了大量的分论著作外,还出现了凡·维克(van Wijk)的一部综论著作——《音位学》(*Phonologie*, 1939)。不必再更新方法的真正的所谓比较语法,在1935年因两部新颖的和影响巨大的著作的出现而更加丰富。一部是本温尼斯脱(Beveniste)的《印欧语静词的形成渊源》(*Origines de la formation des noms en indo-européen*),一部是库里洛维茨(Kurylowicz)的《印欧语研究》(*Etudes indo-européennes*)。这两部著作之所以新颖,部分地是由于赫梯语文献的发现和解读。解读赫梯语文献的,有赫罗兹尼(Hrozny)、骚末(Sommer)、弗里特里希(Friedrich)等人;此外,斯杜尔特文(Sturtevant)和德拉保尔特(Delaporte)还各自为这种语言编出了语法。在最近出版的一般著作中,除希尔特的《印欧语法》(*Indogermanische Grammatik*)外,还应该提到布勒(Bühler)的《语言理论,语言的阐述功能》(*Sprachthéorie, die Darstellungsfunktion der Sprache*, 1934)和叶尔姆斯列夫的《格的范畴》(*La catégorie des cas*, 1935)。马路佐在《拉丁语风格学概论》(*Traité de stylistique appliquée au latin*, 1935),以及《拉丁语句子中的词序》(*Ordre des mots dans la phrase latine*, 1938)一书的第二编"动词"里,研究了句法现象,特别是它们和风格的关系。在以前的附录里,我们忘了提许密特(P. W. Schmidt)的著作:《世界的语言系族和语言区域》(*Die Sprachfamilien und Sprachenkreise der Erde*, 1926)。

在最近的时期里,法语在一些富于经验的语言学家的著作中成了研究的对象,这些著作都有广泛的影响。1938年初,勃吕诺去世,不幸未能在第六卷之后继续完成他的巨著《法语史》(*Histoire de la langue française*)。在第一流的综论著作中,可以看到达姆瑞特(Damourette)和毕勋(Pichon)的广博的探索,他们所著的《从词到思维,论法语的语法》(*Des mots à la pensée, essai de grammaire de la langue française*)在1936年出第5卷,书里对今天口头法语的结构提出了许多深刻的见解。在探讨的范围比较窄的著作中,应该指出的有:勃林根贝格(A. Blinkenberg)的《现代法语的词序》(*L'ordre des*

mots en français moderne)、德·波埃(C. de Boer)的《法语句法研究导论》(*Introduction à l'étude de la syntaxe du français*)、桑德弗尔特(K. Sandfeld)的《当代法语句法》(*Syntaxe du français contemporain*)。以上都是几年前出版的著作,最新出版的则有古根海姆(Gougenheim)的《法语语的语法体系》(*Système grammatical de la langue française*)。此外,杜朗女士(Durant)发表了她的很有独创性的研究成果——《法语的语法性》(*Le genre grammatical en français*)。

格雷哥阿尔(Ant. Grégoire)的《语言的学习》(*L'apprentissage du langage*, 1936)是一本重要的著作。西尔凡女士(Sylvain)的《海地的混杂语》(*Le créole haïtien*, 1936)具有坚实的语言学的基础,她在论混杂语的著作中增添了一本佳作。

最后要提到国际辅助语协会(IALA)的工作。协会在设计或选择最好的国际辅助语的过程中正确地注意到了专业语言学家们的建议。另一方面,协会在追求其本身的目标中所作的研究,也能使专业语言学家获得裨益。协会的某些出版物已经对整个语言学提供了有用的资料,特别是统计性质的资料。

四

前面的几个附录(附录三距今也有十一年了)告诉我们,自从本书编成以来,语言学有了多大的发展。在那以后,语言学的发展也是很有生气的。震撼世界的战争骚动只是加快了发展的速度,同时也增添了麻烦和混乱。

新的趋势表明,目前正在取得的进展,已不再能被人们预见。它们把研究者引入各种不同的道路,在这些道路之间甚至很难定出一致的地方,所能定出的只是一种关系。有的人被吸引在语言学内部建立某些附属的或辅助的理论,并倾向于赋予这些理论以独立自主的外貌。有的人可能被尚待研究的浩繁的具体课题所吓倒,或者急于从刚露苗头的东西得出一般结论,于是就投身于抽象的观念之中,往往因此而遭到别人的非难,说他们探索的是形而上学的乌托邦。这样,划分思想营垒的各种哲学偏见现在也反映到语言学中来了。但语言学家想要在精神论或唯物论,唯心论或实证论,心理论或机械物,目的论或决定论之间作一抉择,他就有危险忘掉自己主要的东西,忘掉语言的现实——自己的研究的唯一坚实的基础。首先应该观察和分析事实,把它们加以分类,理论就会接着自己出现。

老一辈语言学家几乎完全被新的一代人物所代替,这使预测语言科学的未来动向变得特别微妙。引导语言研究并作为别人的楷模和指导的人物，多半在几年里面相继去世。像梅耶那样的人物的去世更是语言学的莫大损失，梅耶的高尚的人格无可争辩地杰出于整个世界（见巴黎语言学会会刊，第38期）。今天在大部分国家里，一些年轻人在领导着运动。战争所引起的联系的间断和交通的阻隔，使每个国家都建立了语言研究的中心。一些新的语言学会成立了。除巴黎外，现在在纽约、哥本哈根、克拉柯夫、布拉格、奥斯洛、日内瓦、阿姆斯德丹、布加勒斯特、伯明翰等等地方也都有了语言学会。这些学会即使在自命为国际性的组织并努力保持这种性质的时候，思想上仍各有所宗。这就引起了好多语言学刊物的创刊。除前面所举的那些原有的刊物外，还应该举出哥本哈根的《语言学学报》（*Acta Linguistica*）、克拉柯夫的《波兰语言学会会刊》（*Bulletin de la société polonaise de linguistique*）、日内瓦的《费迪南·德·索绪尔札记》（*Cahiers Ferdinand de Saussure*）、纽约的《词》（*Word*）、阿姆斯德丹的《语言》（*Lingua*）、格拉斯哥的《语言学文库》（*Archivum Linguisticum*）等等。这里还没有把语言学始终占重要地位的美洲学、非洲学、澳洲学等等方面的专业刊物包括在内。

尽管各国学者间保持联系的困难不断增大，不要中断共同工作的愿望还是明显存在的。国际语言学大会继续执行着自己的任务。继1936年在哥本哈根召开的第四次大会之后，第五次大会准备1939年8月底在布鲁塞尔召开。那次大会好不容易开幕，终因环境所迫，中止讨论。第六次大会在1948年7月召开于巴黎。虽然由于种种原因，不是所有的国家都有代表出席，参加的人数却超过以前的历次大会。这次大会得到联合国教科文组织（Unesco）的慷慨资助。关于大会的工作成果，可参看《第六次国际语言学家大会会议录》（*Actes du sixième Congrès international de linguistes*, Paris, Klincksieck, 1949, xx-608, p. 80），以及莫尔曼女士（Christine Mohrmann）所写的《语言学家国际常设委员会的组织和活动》（*L'Organisation et l'activité du Comité international permanent de linguistes*, Utrecht-Bruxelles, 1941, 41, p. 80）。

在预定的国际任务中间，世界语言地图的绘制处于首要的地位。这项工作经梅耶发起，在第一次国际语言学大会上就宣布为最迫切的工作之一；它虽因战争而推迟，但由于战争而变得更加必要。在我们这个星球的相当大的一部分地方，生活条件的大骚动使语言的存在、发展和彼此间的关系发生严重的变化。有些语言已经开始消失，可能等不到人们有时间去采集它们的残余，以便确定其身份，为后代保存其遗迹，就有完全消失的危险。因此，必须刻不容缓地奠定全世界语言状况的系统描写。为此,成立了一个语言调查的国际委员会,委员会定出了自己的工作大纲,已经在全球的一些地点进行工作(主要参看《第六次国际语言学大会会议录》中 Willem Pée 的报告,第 47-81 页,以及对报告的讨论,同书第 531-558 页)。

在每种语言内部,调查必须从质和量两方面来进行。语言成分在运用中的重要性事实上是不断变化的。只按照成分本身的性质把它们彼此对立起来,加以描写,是不够的,此外,还要将成分按使用频率作出分类。如果我们想确切了解语言事实的相对价值,衡量每一事实在言语的功能作用中的地位,那么统计是必不可少的。统计委员会的设立正是出于这样的考虑。这个委员会也是最近一次国际语言学大会的成果(见《第六次国际语言学大会会议录》,第 83,379,559 页),我们应该对它抱很大的希望。由于统计既说明语言的内部结构,又说明支配着语言发展的原理,委员会所面临的工作就显得更加有用。当我们从共时平面转到历时平面的时候,我们可以看到拥有不同力量的趋势的相互斗争。左右斗争的是最强有力的趋势,这种说法道出了真理。要确定各种力量的势力,必须有量的调查。正是在这个地方,概率计算将有效地参加到语言学中间来,并且最终一定会像贝尔纳德(Claude Bernard)的生理学那样,显示出一些规则的作用来,这些规则不停地恢复着始终趋于失调的平衡。

毫无疑问,统计将在语音的研究中得到最直接、最方便的应用。我们在前面谈到,和语音学对立的音位学是什么东西。语音学研究声音本身,运用生理学和物理学中最完善的办法来分析声音,正在取得重大的成绩。[这方面尤其可以参看米兰天主教大学在格美里(Gemelli)主教指导下的著作《语言的电声学分析》(*Analisi elettroacustica del linguaggio*, 1934)和《心理实验室的贡献》(*Contributi del laboratorio di psicologia*, 1938),以及格瑞(G. W. Gray)的著作《实验语音学研究》(*Studies in experimental phonetics*, Bâton-Rouge, 1936)]和语音学相反,音位学研究语言运用中的声音,就是说,用来表达思维的声音。音位学宣布"恰当"这个概念的重要性,它规定音位,加以分类,根据语言对音位的运用情况而确定音位的分布。这门科学是在特鲁别茨柯依(N. Trubetzkoi)亲王的创导下由布拉格语言学会奠定基础的,在最近几年里取得巨大的发展,为语言学打开了具有重大意义的新的前景。我们可以在雅柯勃森(R. Jakobson)、马提内(A. Martinet)的各种著作,特别是特鲁别茨柯依的《音位学原理》(*Grundzüge der Phonologie*, Prague, 1939;该书有 J.

Cantineau 的法译本:*Principes de phonologie*, Paris, 1949)一书中找到主要的成果。古根海姆(G. Gougenheim)的《法语音位学概要》(*Eléments de phonologie française*)在 1935 年出版于斯脱拉斯堡。语音学家和音位学家共同参加了语音学的各次国际会议,最近一次会议是在 1948 年举行的。

专名学方面也举行了专门的会议,第一次会议是 1938 年在巴黎召开的,第二次会议是 1947 年仍旧在巴黎召开的,第三次会议是 1949 年在布鲁塞尔召开的。专名学是最近几年里有很大发展的语言学的分支。语言学家无疑在任何时候都小心收集了人名和地名所提供的资料。语言愈是古老,这些资料就愈是有用。我们对有些古代民族的语言,首先是克勒特人的语言,只是通过专门名词才有所了解的。专名学是史前学的最可靠的资料来源之一,它也为历史提供证据,进一步肯定已经知道的史实,启发人们去发现或解释许多别的史实。费克(August Fick)、休尔采(Schulze)、朗贡(Longon)的著作充分表明语言学家已经看到专名学是何等地重要。专名学在今天有独立成一门科学的趋势,它有自己的刊物、自己的研究中心。这门学科在德国的先驱者是许纳兹(J. Schnetz),在比利时是凡·德·维耶(van de Wijer)和卡罗尼(A. Carony)。在我们法国,多萨(Albert Dauzat)的工作是最富于成果的。随着大量的新著作的发表,又出现了一些重要的人物,他们的名字也将列入名单;特别值得提出的是骚耶(J. Soyer)和莱贝尔(Paul Lebel)。凡桑(Vincent)的《法国的地名学》(*La Toponymie de la France*, 1938)是一个宝库,使以前的同类著作黯然失色,暂时还没有别的著作能和它比美。

尽管语言学家面临的任务非常繁多,或许正是因为任务繁多,普通语言学在最近这些年里在所有的国家都受到比以前更多的重视。但这里也要有所区别。已经取得如此重大的成就的历史语言学继续得到人们的培育。人们有时为了更确切地把语法事实归入不同的语系而把它当做一门比较的学科,有时为了说明语言和使用语言的社会的关系而把它当做一门社会学的学科。贝尔托第(Bertoldi)的《作为文化史的语言学》(*Glottologia come storia della cultura*, Napoli, 1946—1947)就属于上述的后一种观点,属于前一种观点的,要着重提出兑拉契尼(B. Terracini)的《历史语言学研究入门》(*Guida allo studio della linguistica storica*, Roma, 1949)。此外,还要举出波雷里(T. Bolelli)的《论历史和语言》(*Tra storia e linguaggio*, Arona, 1949)。这是一本发人深思的小册子。具有比较浓厚的哲学气息的,有塞路斯(Serrus)的《语言,意义和思维》(*La langue, le sens et la pensée*, Paris, 1941)和南契俄尼(G. Nencioni)的《语言科学中的观念主义和现实主义》(*Idealismo e realismo nella scienza del linguaggio*, Firenze, 1946)。

人们从德·索绪尔确立的语言和言语的区分出发,进一步探究了语言的定义[参看马姆堡(Bertil Malmberg):《系统和方法,普通语言学的三项研究》(*Système et méthode, Trois études de linguistique générale*, Lund, 1945)]。他们一方面把语言规定为具有先验结构的系统,正是这系统支配着对语言的一切运用,另一方面又把语言规定为一种功能,就是说,为在言语中体现系统而必须遵守的整个语言所特有的规范。叶尔姆斯列夫是结构语言学的最有权威的代表。他在1943年出版于哥本哈根的《语言理论导言》(*Omkring Sprogteoriens Grundloeggelse*)一书中阐述了结构语言学的原则,并在好多篇论文里加以应用。同样的原则也贯穿着布龙达尔(Viggo Brøndal)1943年在哥本哈根出版的著作《普通语言学论文集》(*Essais de linguistique générale*)。作为功能语言学的典型的,可以举本温尼斯特1948年出版于巴黎的著作《印欧语中的动作者名词和动作名词》(*Noms d'gent et noms d'action en indo-européen*)。

除这些理论的阐述外,还要指出两部涉及整个语言学的一般性著作,一部是格雷(L. H. Gray)的《语言的基础》(*Foundations of Language*, New York, 1939),另外一部是华特布尔格(W. von Wartburg)的《语言学的问题和方法》(*Einfürung in Problematik und Methodik der Sprachwissenschaft*, Halle, 1943;该书有 P. Maillard 的法译本:*Problème et méthodes de la linguistique*, Paris, 1946)。前面提到的马路佐的《语言学术语汇编》在1944年出了第二版。最后,在《法兰西百科全书》(*Encyclopédie française*)的第一卷里,可以找到一系列有关语言的条目,说明了各种问题的现状。这些条目的署名者有梅耶、勒绍纳(Michel Lejeune)、索伐裘(Sauvageot)、马伯乐(H. Maspéro)和费符里哀(J. Février)。

语言学资料目录散见于各种刊物,巴黎的《语言学会会刊》就是其中之一。在战前,资料目录是由《印欧学年鉴》保证的,它编排井然,定期刊登,可惜时间上稍晚一些。在战后,联合国教科文组织编印了《1939—1947年语言学资料目录》(*Bibliographie linguistique des années 1939—1947*, Utrecht-Bruxelles),共两卷,分别出版于1949年和1950年。这项工作应该每年继续下去。古典语言方面,凡是和语言学有关的著作都列于《语文学年鉴》(Année philologique),它是恩斯脱女士在马路佐的指导下发表的。

补充参考文献目录

(1950—1968)

I 期刊

前面带有箭头的刊物,可以看做对语言学家最重要的。左旁注明它们的简称。

Acta L.	→ *Acta Linguistica*, Revue internationale de linguistique structurale, Copenhague.
Am. A.	→ *American Anthropologist*, Menasha, Wisc.
	Analisis, Oxford.
	→ *L'Année Sociologique*, P. U. F. [annuel, c. r.].
	Anthropological linguistics, Bloomington, Ind.
Arch. L.	*Archivum Linguisticum*, Glasgow.
	Bibliographie Linguistique, Publiée par le Comité International Permanent des Linguistes. Spectrum, Anvers [annuel].
	Bjullten' obedinenija po probleman mašinnogo, Moscou [devient *M. P. P. L.* en 1964. Problèmes T. A.].
	Bulletin of American Mathematical Society, New York.
	Bulletin de Fac. des Lettres de Strasbourg, Klincksieck.
	Bulletin d'Information du Laboratoire d'Analyse Lexicologiques, Basançon.
	Bulletin Signalétique du C. N. R. S., Sciences Humaines [trimestriel].

B. S. L. → *Bulletin de la Soc. de Linguistique de Paris* [annuel, c. r.].

C. F. S. *Cahiers Ferdinand de Saussure*, Genève.

C. de Lex. → *Cahiers de Lexicologie*, Basançon [Contributions de GREIMAS, WEXLER, DUBOIS, Actes de colloflues; bbgr.].

C. L. T. A. *Cahiers de Linguistique Théorique et Appliquée*, Bucarest.

C. de An. *Cahiers pour l'analyse*, Cercle d'épistémologie de L'E. N. S., Pairs [Confluence de la psychanalyse, du structuralisme et de la phénoménologie, cf. notamment n° 3, 4, 7].

Centre de Traduction Automatique de Grenoble.

Comp. L. *Computational Linguistics*, Budapest.

Conférences de l'Institut de Linguistique de l'Université de Paris [devenu *Travaux de l'Institut de Linguistique*. 1 (1956)], Paris.

Cr. *Critique*, Ed. de Minuit.

C. Anthr. *Current Anthropology*, A world journal of the Sciences of man, Chicago.

Diogène. Revue Intern. des Sciences Humaines, Paris.

E. de L. A. *Études Linguist. Appliquée*, Éd. par Fac. Lettres Univ. de Besançon, Publ. du Centre de Linguistique Appl., direction B. QUEMADA, Didier [Études Théoriques, critiques, pratiques].

Forschungen und Forschritte, Berlin.

→ *Foundations of Language*, Intern. Journal of Language and Philosophy, Dordrecht [Comité dir£-ä. 7 savants de différ. pays. Revue publ. entièrem. en anglais. Liaison linguistique logique moderne].

Fra. Mod. *Le Français Moderne*, Paris.

Le Français dans le Monde, Revue de l'enseignement du Français hors de France, Larousse [Articles sur l'étude linguist. et littér. du français. Revues critiques, articles pédagogiques. Spécialistes compétents].

General Linguistics, Lexington, Ky.

L'H — *L'Homme*, Revue franç. d'Anthropologi, Publ. par l'E. P. H. E., VI° Sect., Mouton [Revue créée en 1961 par E. BENVENISTE, P. GOUROU, Cl. LEVI-STRAUSS, contient de nombreux articles intéressants utilisants l'approche structuraliste].

Information and Control, N. Y.

→ *Information sur les Sciences sociales* [cf. la section *Recherches sémiotiques*, dir. A. J. GREIMAS, J. M. LOTMAN, T. A. SEBEOK, W. SKALMOWSKI], Unesco-E. P. H. E., VIe section, Mouton.

I. J. A. L. — → *International Journal of American Linguistics*, Baltimore.

I. J. S. L. P. — *International Journal of Slavic Linguistics and Poetics*, La Haye [Praguiste].

Journal of General Psychology, Provincetown (Mass.).

Journal of Linguistics, Londres.

Journal of Philosophy (Psychology and Scientific Methods), N. Y.

J. Psych. — *Journal de Psychologie normale et pathologique*, Paris.

J. S. L. — *Journal of Symbolic Logic*, Providence, U. S. A.

Journal of Verbal Learning and Verbal Behavior, New York.

→ *Langages*, Didier-Larousse [Direct. BARTHES, DUBOIS, GREIMAS, POTTIER, QUEMADA, RUWET. Chaque numéro, sous la responsabilité d'un éditeur, est consacré à un sujet. Excellente information. Bbgr. raisonnées].

Lg. — → *Language*, Journal of the linguistic society of America, Baltimore.

Lexicografičeskij sbornik, Moscou [VINOGRADOV, AXMANOVA, ZVEGINCEV, KOTELOVA, etc].

Lingua → *Lingua. Intern. Review of General Linguistis*/ Revue internationale de linguistique générale, Amsterdam.

Lingua e Stile, *Bologne*.

Lgtics. → *Linguistics*. An international review, La Haye.

→ *La Linguistique*. Revue intern. de Linguistique générale, P. U. F. [MARTINET, MOUNIN, et 11 linguistes internat.].

Logique et Analyse, Bruxelles.

Machine Translation.

M. P. P. L. → *Mašini perevod i prikladnaja lingvistika*, Moscou 1964 [Suite de B. M. P., 1957—1958; publication importante de SAUMJAN, MEL'CUK etc; cf. n° 87].

Matérieux pour l'Histoire du vocabulaire français, Paris.

Materialy po matematičeskoj lingvistike i mašinomu perovodu, Leningrad (Direct. de N. D. ANDREEV) [cf. *Acta linguistica*, textes très connus].

Mathematical Linguistics and Automatical Translation, Cambridge.

Mechanical translation, Cambridge, Mass. [Public. du groupe travaillant au M. I. T.].

Methodos. Linguaggio et cibernetica, Milan.

→ *Mind*. Londres, Edimbourgh, New York.

Movoznavsto. Organ Viddilu literatury, movy i mystectvosnavstva Akademiji Nauk Ukrajinskoji R. S. R, Kyjiv [Résumés en anglais].

Naučnye doklady vyssej školy filologičeskienauki, Moscou.

N.-T. inf. → *Naučno-Texničeskaja Informatsiya* [Surtout depuis 1967, revue fondamentale: traitement automatique du langage].

Norsk Tidsskrift for sprogvidenskop, Oslo [Mémoires, multilingue, Riche].

	Orbis, Bulletin Internat. de Documentation Linguistique. Louvain [Contenu toujours varié].
	Philological Quaterly, Iowa City.
Philos. Rev.	*Rhilosophical Review.*
	Philosophical Studies, Minneapolis.
	The Prague bulletin of mathematical linguistics, Prague [Rédigé en général en anglais].
	→ *Prague Studies in English*, Prague.
P. K.	*Problemy Kibernetiki*, Moscou [Publ. de KULAGINA, MEL'CUK, MOLOŠNAJA. Linguistique mathématique].
	→ *Probleme de Linguistica generala*, Bucarest [Résumés en français, quand textes roumains].
	Publications du Centre d'étude du vocabulaire français. sous la direction de B. QUEMADA, Besançon.
Rev. M. P. A.	*Revue de Mathématiques pures et appliquées*, Bucarest.
Str. Cr.	*Strumenti critici*, Rivista quadrimestrale di cultura e critica letteraria, Torıno.
S. e S.	*Studi e Saggi*, Suppl. à la revue: l'Italia Dialeitale, Pise.
	Studia Grammatica, Deutsche Akademie der Wissenschaften zu Berlin [Annuel].
	Studies in Linguistics, Norman, Oklaoma.
	T. A. Informations [Publication de l'Association A. T. A. L. A., fait suite à *Tr. A.* (1964)], Paris.
Tel Q.	→ *Tel Quel*, Science, Littérature, Seuil.
	Testi Universitari di Linguistica, Roma.
Tr. A.	*La Traduction Automatique* [Suite *T. A. Inf.* (1965)].
	→ *Travaux du Cercle Linguistique de Copenhague.*
T. I. L.	*Travaux de l'Institut de Linguistique* [Suite des conférences de l'Institut de Linguistique], Klincksieck.
	Travaux de Linguistique et de Littérature. Publiés par le Centre de Philologie et de Littérature romane du l'Université de Strasbourg.

→ *Travaux Linguistiques de Prague*, Akademia, Prague-Klincksieck. 1) L'école de Prague aujourd'hui; 2) Les probl. du centre et de la périphérie du système de la langue, 1966 [Renaissance des célèbres *T. C. L. P.* (1939)].

Trudy Instituta jazykoznanija, Moscou.

V. Fil. *Voprosy Filosofii*, Moscou.

V. Ja. → *Voprosy Jazykoznanija*, Moscou [Très riche].

V. Lit. *Voprosy Literatury*, Moscou.

W. → *Word*. Journal of the Linguistic Circle of N. Y.

Zeitschrift für Phonetik, Sprachwissenschaft und Kommunikationforschung, Berlin.

II 专著

Actes du 10e *Congrès intern. des linguistes*, Bucarest, 1967 (*à paraître*).

Analitiž̌ceskie Konstrukcii... [=La construction analytique dans différents, types de langues] (Réd. Resp. V. M. Žirmunskij et O. P. Cunik), Moscou-Léningrad, 1963—1965 [Trois recueils présentant la matière de conférences organisées par l'Institut de Linguistique de l'Académie des Sciences de l'U. R. S. S. entre 1960 et 1964].

Apostel (L.), Mandelbrot (B.), Morf (A.), *Logique, langage et théorie de l'information*. *P. U. F.*, 1957.

L'Arc, n° 26, 1965: Claude Lévi-Strauss [Articles de B. Pingaud, L. de Heusch, Cl. L.-S., G. Genette, C. Delevre, J. Pouillin et al. bbgr. des écrits sur et de Cl. L.-S.].

Austin (J. L.), *Philosophical papers*, Oxford, 1961 [Recueil des principaux articles publ. par Austin, notamment: 《Ifs and Cans》, 《Performative utterances》, 《How to talk》].

Axmanova (O. S.), *O psixolinguistike*... [= *Psycholinguistique. Éléments d'un cours de* [*linguistique*]] Univ. de Moscou, 1957.

AKHMANOVA [AXMANOVA] (O. S.), MEL'CUK (I. A.), FRUMKINA (R. A.) et PADUCEVA (E. V.), *Exact methods in linguistic research*, Berkeley et Los Angeles, 1963 [Moscou, 1961. 4 sections: 1) linguist. et meth. math. ; 2) MT et théor. Jing. ; 3) statist. en linguist. ; 4) ling. et théor. de l'information; clair, bonne introd. générale].

BACH (E.), *An introduction to transformational grammars*, N. Y., 1964 [Bien fait, complet].

*BALLY (Ch.), *Linguistique générale et linguistique française*, Berne, Francke, 1950 (3° éd).

BAR-HILLEL (Y.), *Language and information. Selected Essays on their Theory and Application*, Jerus. Acad. Press/Adison Wesley, Mass., 1964 [articles surtout techniques sur la T. A., la théorie de l'information, les grammaires formelles].

BARTHES (R.), Médiations, 1964, *Le degré zéro de l'écriture* [suivi de]: *Éléments de sémiologie* [Clair et complet. Excellente introduction au structuralisme par un de ses plus éminents représentants].

BARTHES (R.), *Le Système de la Mode*, Seuil, 1966 [Analyse structurale de la mode, une remarquable illustration de la méthode].

BASTIDR (R.), éd., *Sens et usage du terme structure dans les sciences humaines*, Mouton, 1962 [19 exposés, colloque interdiscipl.].

BELEVITCH (V.), *Langage des machines et langage humain*, Col. Lebègue, 1956.

BENVENISTE (El), *Noms d'agent et noms d'actions en indo-européen*, Paris, 1948.

BENVENISTE (E.), *Problèmes de linguistique générale*, Paris, N. R. F., 1966 [A lire absolument].

BEVER (T. G.), ROSENBAUM (P.), *Two Studies on Syntax and Semantics*, MITRE Corp. Techn. Reorts, Bedford, Mass., 1967.

*BLINKENBERG (A.), *Le problème de la transivité en français moderne*, Copenhague, 1960.

*BLOOMFIELD (L.), *Language*, Londres, 1950 [Bbgr. 20 p.].

BRIGHT (W.), ed., *Sociolinguistics. Proceedings of the UCLA Sociolin-*

guistics Conference, 1964, Mouton, 1966.

*BRONDAL (V.), *Essais de linguistique générale*, Copenhague, 1943 [Études les plus importantes de l'auteru, dont l'objectif est de retrouver dans le langage les concepts de la logique. Bbgr. exhaustive de V. B.].

*BRONDAL (V.), *Les parties du discours*, Copenhague, 1948.

BROWER (REUEEN A.), ed., *On Translation*, Cambridge, Mass. 1959 [R. JAKOBSON, E. A. NIDA, W. V. QUINE, A. G. OETTINGER; Théorie de la traduction en général].

*BRUNOT (F.), *La pensée et la langue*, Paris, 1929.

*BRUNOT (F.), *Histoire de la langue française*, Paris, 1938.

BRUNOT (F.) et BRUNEAU (Ch.), *Précis de grammaire historique de la langue française*, 5e éd., Masson, 1961.

BURNEY (P.), *L'Orthographe*, 《Que sais-je》, 1955.

BUYSSENS (E.), *Linguistique historique. Homonymie. Stylistique. Sémantique. Changements phonétiques*, Bruxelles, Paris, 1965.

C. L. T. A., t. II, 1965 [22 signat] aires; intér. formalisations d'inspiration mathématique, surtout théorie des ensembles et connexes.

CARNAP (R.), *Meaning and necessity*, Chicago, éd. augmentée, 1956 [1ère éd., 1947].

CARROLL (J. B.,), *The Study of Language. A survey of linguistics and related disciplines in America*, Cambridge, 1953 [Très connu, utile sur relations linguistique structurale et autres disciplines (notamment: psychologie contemporaine)].

*CASSIRER (E.), *The Philosophy of Symbolic Forms*, New Haven, 1953 [Pour premier contact avec les methodes de la logique symbolique].

CHAPPELL (V. C.), ed., *Ordinary Language. Esxsays in philosophical method*. Prentice Hall, N. J., 1964 [Textes des philosophes analystes (MALCOLM, RYLE, AUSTIN, MATES, CAVELL): rapprochements intéressants avec la sémantique linguistique].

CHERRY (C.), *On human communication*, Cambridge, 1957 [Permet de se familiariser avec l'appareil mathématique dans le traitement des problèmes linguistiques; lexique, bbgr., index].

CHOMSKY (N.), *Syntactic structures*, Mouton, 1957 [Le plus imp. des prem. textes de l'A. — Une approche radicalement nouvelle de la syntax. Le distributionalisme mécaniste bloomfieldien y est vigoureusement attaqué. La grammaire doit être *théorique* et non plus descriptive (taxinomique): c'est un modèle possible, tirant sa validité de sa valeur explicative, de sa cohérence interne, de sa compatibilité avec sciences voisines. Pensée très formalisée, de type logico-mathém.].

CHOMSKY (N.), *Aspect of the theory of syntax*, MIT Press, Cambridge, Mass., 1965 [Forme la plus récente de la théorie de la grammaire générative. Le fond même de la théorie, derrière la formalisation logique, est de saisir un processus psychologique].

CHOMSKY (N.), *Cartesian linguistics. A Chapter in the history of rationalist thought*, N. Y., Londres, 1966 [Sur les probl. de la créativité de la parole, des structures logiques profondes à partir desquelles s'effectuent les transform. des tâches de la gram. (description ou explication), de l'acquisition et de l'utilisation du langage. La grammaire générative, selon l'A., est le lieu d'émergence des théories dites prélinguistiques, de Descartes à Humboldt].

CHOMSKY (N.), MILLER (G. A.), *L'étude formelle des langues naturelles*, Mouton et Gauthier-Villars [Trad. d'articles de 1963].

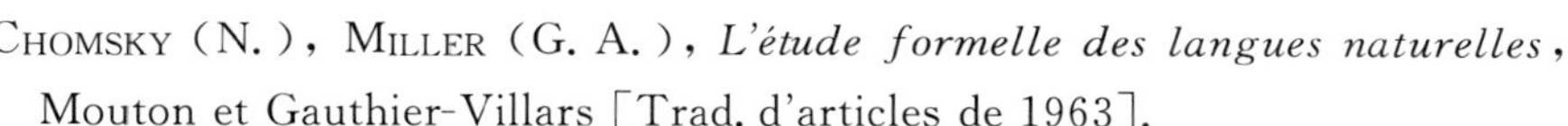

*COHEN (M.), 50 *and recher, linguist., ethnograph., sociol., critiques et pédagog., Bibliographe complète. Réédit. et édit. Études div. (recuell-publ. par ses amis)*, Préf. J. VENDRYES, Intr. R. BLACHERE, Raris, Klincksieck, 1955.

COHEN (M.), *Pour une sociologie du langage*, Paris, A. Michel, 1956.

COHEN (M.), *La grande invention de l'écriture et son évolution*, Paris, Imp. Nat., 1958, 2 vols. [excellent].

COHEN (M.), *Histoire d'une langue, le français*, Éditions Sociales, 1968 [1ère éd., 1947].

CORNFORTH (M.), *Marxism and the linguistic philosophy*, Londres, 1965.

COSERIU (E.), *Logiscimo y Antilogicismo en la grammatica*, Univers. de la Republica, Montevideo, 1957 [cf. in *Arch. L.* (1969), exposé et commentaire des idées de Cosseriu par N. C. W. Spence].

COSERIU (E.), *Theorie del lenguaje y linguistica general*, Madrid, 1962.

COYAUD (M.), *Introduction à l'étude des langages documentaires*, Klincksieck, 1966 [Th. 3e cycle].

DAMOURETTE et PICHON, *Des mots à la pensée*, 1911—1952.

DELAVENEY (E.), *La machine à traduire*, Que sais-je? 1959 [Très clair].

DERRIDA (J.), *L'écriture et la différence*, Seuil, 1967 [Recueil d'articles: l'écriture littéraire, le structuralisme et la phénoménologie].

DERRIDA (J.), *De la Grammatologie*, Seuil, 1967 [Essai philosophique sur l'《origine》 de l'《écriture》. Important].

Diogène, n° 51, *Problèmes du langage*, Gallimard, 1965 [BENVENISTE CHOMSKY, JAKOBSON, MARTINET, SAUMJAN et al.].

DIXON (ROB. M. W.), *What is language?A new approach to linguistic description*, Londres, 1965 [De Platon à Wittgenstein et Chomsky. La linguist. est essentiellement descriptive: critique constructive de Chomsky].

DUBOIS (J.), *Le vocabulaire polit. et social en France de 1869 à 1872*, Larousse 1962 [Lexicographie structuraliste. Bbgr. étendue].

DUBOIS (J.), *Étude sur la dérivation suffixale en français moderne et contemporain*, Larousse, 1962 [Un modèle d'étude systématique du vocabulaire].

DUBOIS (J.), LAGANE (R.) et al., *Dictionnaire du français contemporain* [Le premier dictionnaire structuraliste de la langue française].

EATON (Tr.), *The semantics of literature*, Mouton, 1966 [Bbgr.].

ECO (U.), *L'œuvre ouverte*, Seuil, 1965 [Italie, 1962; recueil d'articles. Cf. notamment sur théorie de l'information et signification].

EDMUNSON (H.), ed., *Proceedings of the National Symposium on machinetranslation* (1960), Prentice Hall, N. J., 1961.

EHRMANN (J.), ed., *Structuralism*, New Haven, Conn., *Yale French Studies*, 36/37, 1966 [MARTINET, LEWIS LEVI-STRAUSS, LACAN, RIFFATERRE et al.; bbgr. crit.].

Esprit, nouvelle série n° 11, *La pensée sauvage et le structuralisme*, 1963 [J. CUSENIER, N. RUWET, M. GABORIAU, P. RICOEUR, discutent avec Cl. LEVI-

STRAUSS].

FEVRIER (J. G.), *Histotre de l'écriture*. Nouvelle édition entièrement refondue. Payot, 1959 [Remarquable].

FILIPOV (J. A.), *Tvorčestvo i kibernetika* [= création littéraire et cybernétique], Moscou, 1964.

FLEW (A.), ed., *Essays on logic and language*, Oxford, 1951—1953 [Art. importants, membres《groupe d'Oxford》, exposé des probl. de la philosophie analytique].

FODOR (J. A.), KATZ (J. J.), eds., *The Structure of Language*, *Readings in the Philosophy of Language*, Prentice Hall, N. J., 1964 [Réunion des textes les plus importants de la grammaire générative, ainsi qu'articles classiques de HARRIS, QUINE, CHURCH et al.].

FOUCAULT (M.), *Les mots et les choses*, Gall mard, 1966 [structuralisme et épistémologie].

FRAISSE (P.), PIAJET (J.), *Traité de psychologie expérimentale*, t. VIII; *Langage*, *Communication et Décision*, Paris, 1965.

FREGE (H.), *Funktion*, *Begriff*, *Bedeutung. 5 logische Studien*. Vanderhack et Ruprecht, Göttingen, 1962.

FRUMKINA (R.), *Statističeskie metody izučenija leksiki* [= Méthodes statistiques de l'étude du lexique], Moscou, 1964.

GALKINA-FEDORUK (E. M.), *Bezličnye predloženija v sovremennom russkom jazyke* [= Propositions impersonnelles dans la langue russe contemporaine], Moscou, 1958 [c. r. de Klima in *I. J. S. L. P.*, vol. 5, 1961].

GARVIN (P. A.), ed., *A Prague school reader on Esthetics*, *Literary structure*, *and Style*, Wash., D. C., 1955 [Trad. d'articles du tchèque en anglais par l'auteur; cf. notamment: HAVRANEK: la mission de la langue littéraire et sa culture (1932), manifeste du structuralisme pragois; bbgr. analytique et critique d'ouvrages et d'articles tchèques, 1932—1955].

GARVIN (P. A.), *On linguistic method. Selected Papers*, Mouton, 1964 [Articles de 1957 à 1962, très personnels].

GENETTE (G.), *Figures*, Seuil, 1966 [18 articles; nouvelle critique, nature et usage de la littéraiure].

GENTILHOMME (Y.), *Étude structurale d'une terminologie. Essai méthodologique*, Thèse 3e Cycle, Paris 1967 [De la glossématique à la linguistique mathématique. Remarquablement clair; bien informé de la linguistique mathématique soviétique].

GLEASON (H. A.), *An introduction to descriptive linguistics. Revised edit.*, Holt, Rinehart and Winston Inc., 1955 [Classique].

GODEL (R.), *Les sources manuscrites du cours de linguistique générale de F. de Saussure*, Genève, Droz. Paris, Minarx, 1957.

GREENBERG (J. M.), ed., *Universals of language*, Cambridge, 1963 [《Actes》 d'une conférence, N. Y., 1961. Peut-on dégager des 《universaux》 de la comparaison des systèmes? Urgence d'un répertoire systématique mondial des propriétés linguistiques structurales (JAKOBSON). Tous les secteurs de la linguistique, et aussi divers autres domaines de l'anthropologie].

GREIMAS (A. J.), *Sémantique structurale*, *Recherche de méthode*, Larousse 1966 [Fondements de la sémio-linguistique par un des chefs de file du structuralisme français. Difficile d'accès].

GROSS (M.), LENTIN (A.), *Notions sur les grammaires formelles*, Gauthier-Villars, 1967 [Très technique].

*GOUGENHEIM (G.), *Système grammatical de la langue française*, d'Artrey, 1966 (1ere éd., 1938).

GOUGENHEIM (G.), *Les mots français dans l'histoire et dans la vie*, Picard, 1962—1966.

*GUILLAUME (G.), *Langage et science du langage*, Paris, 1964.

*GUILLAUME (G.), *Temps et verbe. Théorie des aspects, des modes et des temps, suivi de: l'Architectonique du temps dans les langues classiques*, Paris, 1965 [class.].

GUIRAUD (P.), *La stylistique*, Que sais-je? 1957.

GUIRAUD (P.), *La grammaire*, Que sais-je? 1958.

GUIRAUD (P.), *La sémantique*, Que sais-je? 1959.

GUIRAUD (P.), *Problèmes et méthodes de la statistique linguistique*, Dordrecht, 1959 [excellente initiation à la statistique].

GUIRAUD (P.), *Structures étymologiques du lexique français*, Larousse,

1967.

Hall (R. A.), *Idealism in romance linguistics*, Ithaca, N. Y., 1963.

Halle (M.), *The sound pattern of Russian*, Mouton, 1959 [c. r. in *Lg.*, 38 1962; ch. IV: excellente rétrospective phonétique].

Hammel (E. A.), ed., *Formal Semantic Analysis*, *Ama.* Special publication, vol. 67, n° 5, 1965 [14 art. plus une introduction concernant spécialement l'analyse componentielle et quelques-unes de ses applications].

Hamp (E. P.), *A Glossary of American Technical Linguistic Usage*, 1925—1950, Utrecht-Anvers, 1957 [Terminologie linguistique américaine].

Harris (Z.), *Methods in structural linguistics*, Chicago, 1951 [nouvelle éd. : *Structural Linguistics*, 1963: Pousse le structuralisme bloomfieldien jusqu'à son extrême limite].

Harris (Z. S.), *String Analysis of sentence structure*, Mouton, 1962 [Présentation d'un type d'analyse syntaxique très formalisé, intermédiaire entre le modèle des《constituants immédiats》et le modèle transformationaliste. Rés. Longacre, in *Lg.* 1963, pp. 473-478.].

Harris (Z. S.), *Discourse analysis reprint*, Mouton, 1963 [Textes différents de ceux de 1952].

Herdan (G.), *Type-token mathematics: a textbook of mathematical linguistics*. Mouton, 1960 [Débouche sur une théorie générale logicomathématique du langage. Dans le cadre de cette théorie, les formules anciennes sont reprises, développées et généralisées. *Type*: un élément quelconque, *Token*: un arrangement math. quelconque de *types*. Un effort de synthèse vigoureux et original. Très utile comme manuel, dépassement des dénombrements d'un certain langage mathématique].

Herdan (G.), *Quantitative linguistics*, Londres, 1964 [Éminent; relation langue-parole probabilité-fréquence. Type (langue) — token (actualisé en parole). La partie lexicale est la plus longue, et la plus importante].

Hecaen (H.), *Pathologie du langage*, Larousse, 1966.

*Hjemslev (L.), *La catégorie des cas*, Copenhague, 1935—1937 (cf. surtout pp. 110-140).

Hjemslev (L.), *Essais linguistiques*, *T. C. L. C.*, 12, Copenhague, 1959.

HJEMSLEV (L.), *Le langage*, Minuit, 1966.

HJEMSLEV (L.), *Prolégomènes à une théorie du langage*, Larousse [A. J. GREIMAS nous donne la traduction française qu'on attendait depuis des années. En 108 définitions, à partir de quelques concepts primitifs, l'auteur déduit les notions principales utilisées dans l'analyse linguistique].

HJEMSLEV (L.), ULDALL (H. J.), *Outline of Glossematics, a study in the methodology of the humanistics with special reference to linguistics*. Copenhague, 1957 [Théorie générale et méthodologie des sciences humaines. Théorie de la description scientifique].

HOCKETT (C. F.), *A Course in Modern Linguistics*, N. Y. 1958 [Principes de l'analyse syntaxique: concepts et méthodes pré-génératifs].

HOUER (H.), ed. *Proceedings of a conference on the interrelations of language and the other aspects of culture held in Chicago*, Chicago, 1963.

HOUSEHOLDER (F. N.), SAPORTA (S.), ed., *Problems in lexicography*, *I. J. A. L.*, n° 21, 1962 [Actes d'une conférence. Texäɛä de WEINREICH, CONKLIN (article important), GLEAS HN, Bbgr.].

HYMES (D. H.), ed., *Language in culture and society. A reader in Linguistics and Anthropology*, N. Y., Londres, 1964 [Importent recueil de 69 articles, c. r. et essais, commentaires de valeur et bbgr.].

Issledovanija po slavjanskomu jazykoznaniju [=Recherches sur les langues slaves], Mcscou, 1961. [Recueil. Clairs et concis, derniers résulta's d'éminents spécialistes soviétiques en MT particulièrement intéressés au problème du langage intermédiaire; un article par le groupe KULAGINA, LJAPUNOV, MEL'ČUK, MOLOŠNAJA].

ISTRIN (V. A.), *Razvitie pis'ma* [=Le développement de l'écriture], Moscou, 1961. [Plus qu'a une histoire, c'est à une théorie de l'étude de l'écriture, une grammatologie, avec ses critères, ses cadres de classement, sa terminologie, ses lois d'évolution que l'auteur s'intéresse].

IVANOY (V. V.), TOPOROV (V. N.), *Slavjanskie jazykovye modelirujiščie semiotičeskie sistemy* [=Systèmes modelants secondaires dans les langues slaves], Moscou, Nauka, 1965.

IVIC (M.), *Trends in linguistive*, Mouton, 1965 [Bien faii, panoramique clair et intéressant. Bbgr... raisonnée par chapitre. Bonne initiation].

JACOB (A.), *Temps et langage*. Essai sur les tructures du sujet parlant. Thèse d'État, guillaumien.

JAKOBSON (R.), ed., *Structure of language and its mathematical aspects*, *Proceedings of Symposium applied mathematics*, vol. XIII, Providence, Rhode Island, American mathematical Society, 1961 [cf. c. r. de REVZIN, in *W*. 1963].

JAKOBSON (R.), *Essais de linguistique générale*, Minuit, 1963 [A lire absolument].

JAKOBSON (R.), HALLE (M.), *Fundamentals of language*, Mouton, 1956.

JUILLAND (A.), *Outline of a general theory of structural relations*, Mouton 1961 [Établit un inventaire des relations utilisables dans la descritpion des langues en y incluant même des relations d'ordrestatistique. Bbgr.].

KOLSANSKIJ (G. B.), *Logika i struktura jazyka* [=Logique et structure de la langue], Moscou, 1965.

Konferencija po probleme analitičeskix konstrukčij [= Conférence sur le problème de la construction analytique], I-III, Moscou, 1963—1965 (Réd. resp. V. P. ZIRMUNSKIJ et P. P. SUNIK).

Konferencija po probleman izučenija universal'nyx u arealnyx svoistv jazykov. Tezisy dokladov [=Conférence sur les problèmes des universaux et des propriétés aréelles des langues. Thèses de rapports], Moscou, 1966.

[Études de modèles généraux applicables aux langues naturelles non seulement dans leur réalité concrète, mais aussi dans leur rédlité potentielle, non réalisée. A ce propos, cf. REVZIN].

LACAN (J.), *Écrits*, Seuil, Paris, 1966 [psychan'yse et structuralisme].

LAMB (S. M.), *Outline of stratificational grammar*, Berkeley, 1962.

LENNEBERG (E. H.), ed., *New direction in the study of language*. M. I. T. Press, 1964 [Recueil d'études psycholinguistiques influencées par la grammaire générative].

LENNEBERG (E. H.), *The biological bases of language* (en préparation).

LEPSCHY (G. C.), *La linguistique structurale*, Payot, 1968 [Turin, 1966. Clair, bbgr. par chapitres].

LEROY (M.), *Grands courants de la linguistique moderne*, P. U. F., 1963 [Clair De l'Antiquité à nos jours. Initiation].

LEVI-STRAUSS (Cl.), *Anthropologie structurale*, Plon, 1958 [54 articles; application à l'anthropologie des concepts et méthodes du structuralisme].

LEVI-STRAUSS (Cl.), *Mythologiques*, 1964—1966, I.: *Le Cru et le Cuit*; 2: *Le Miel et la Cendre*; (la suite à paraître); [explication structuraliste des mythes].

LEVIN (S. R.), *Linguistic Structures in Poetry*. La Haye, 1962.

LIEBERMAN (Ph.), *Intonation, Perception and Language*, M. I. T., 1967.

Linguistique et communication, *Revue Internationale des Sciences Sociales*, UNESCO, 1967, n° 1. [114 p. consacrées à la linguistique, GREIMAS, M. HALLE, J. B. LANCASTER, LURIA, MARCUS, MEL'CUK, RUWET, EBEOK, SEBEOK, UNGEHEUER. Bbgr. récente].

LINSKY (L.), ed., *Semantics and the philosophy of language*, Urbana, 1952.

Logic and Language, Dordrecht, 1962 [Recueil dédiš à CARNAP. En quel sens une logique est-elle un langage?].

LONGACRE (R. E.), *Grammar Discovery Procedures*, Mouton, 1964 [La langue est une hiérarchie fonctionnelle, cf. K. L. PIKE.].

LOTMAN (J. M.), *Lekcii po struktural'noj poetike*. [=Leçons sur la poétique structurale], *Trudy po znakovym sisteman*, I., Publ. de l'Université de Tariu, 1964, Fasc. 160 [Dans la tradition du formalisme russe].

LYONS (Y.), *Structural semantics. An analysis of part of the vocabulary of Plato*, Oxford, 1963 [Vue d'ensemble des écrits sur la théorie sémantique, dans la perspective de la linguistique anglaise].

LYONS (J.), WALES (R. J.), eds, *Psycholinguistics papers. Proceedings of the Edinburgh Conference*, 1966.

MCINTOSH (A.), HALLIDAY (M. A. K.), *Patterns of Language. Papers in general* [*descriptive and applied linguistics*, Londres, 1966. Notamment problèmes du style et de l'analyse des textes littéraires].

MALMBERG (B.), *Les nouvelles tendances de la linguistique*, P. U. F., 1966 [En suédois, 1962].

MALMBERG (B.), *La phonétique*, Que sais-je? 1966.

MARCUS (S.), *Algebraic linguistic. Analytical models*, N. Y., Academic Press, 1966 [Voir d'abord l'ouvrage suivant].

MARCUS (S.), *Introd. mathémat. à la linguistique structurale*, Dunod, 1967 [Initiation à la linguistique mathématique, bbgr. abondante par matières].

*MAROUZEAU (J.), *Lexique de la terminologie linguistique*, Geuthner, Paris, 3° éd augmentée et mise à jour, 1961.

MARTINET (A.), *Économie des changements phonétiques. Traité de phonologie diachronique*, Berne, 1955 (2e éd.) [classique].

MARTINET (A.), *La linguistique synchronique. Études et recherches*, P. U. F., 1965 [bbgr. œuvres de l'A.; exposés anciens et nouveaux, définition double articulation, phonologie et méthodologie. Lecture indispensable].

M. P. P. L., n°8 [Trav. duler Institut Pédagogique des Langues étrangères Moscou], Moscou, 1964 [Recueil consacré aux méthodes d'analyse sémantique en traduction automatique].

MAURER (K.), FLASCHAR (H.), STROHSCHEIDER-KOHRS (I.), SUERBAUM (U.) *Poetica. Zeitschrift für Sprach-und Literaturwissenschaft*, Munich, 1967.

*MEILLET (A.), *Introduction à l'étude comparative des langues indoeuropéennes*, 8e éd., Hachette, 1953 1er éd., 1903.

*MEILLET (A.), *Linguistique historique et linguistique gégérale*, Champion, 1958 [1er éd., 1921].

MEL'CUK (I. A.), *Avtamatičeskij sintaksičeskij analiz* [= Analyse syntaxique automatique], Novosibirsk, 1964, t. I.

Metody različenija iotoždestvlenie ediniu jazyka, Tezisy dokladov, Minsk, 1964 [=Méthodes de distinction et d'identification des unités linguistiques. Thèses de rapports].

METZ (Ehr.), *Essais* [*sur la signification au cinéma*, Klincksieck, 1968].

MILLER (G. A.), *Langage et communication*, P. U. F., 1956 [N. Y., 1951].

MITTERAND (A.), *Les mots français*, Que sais-je? 1963 [Définitions claires].

MOLES (A. A.), VALANCIEN, éd. (rédigé par), *Communications et Langages*. Gauthier-Villars, 1963 [14 auteurs. Petit congrès interdiscipl., Paris, 1959. — Bonne présentation du colloque. Discussions en *chapeaux*, préface L. COUFFIGNAL. — Copieuse bbgr.].

MORRIS (Ch. W.), *Signification and Significance: a study of the relations of signs and values*, Cambricge, Mass., M. I. T., 1964.

MOUNIN (G.), *Les problèmes théoriques [de la traduction*, Gallimard, Paris, 1963][Tour d'horizon, bonne initiation à la linguistique].

MOUNIN (G.), *Histoire de la linguistique, des origines au XXe siècle*, P. U. F., 1967.

MULLER (Ch.), *Essai de statistique lexicale: l'Illusion comique*, Klincksieck, 1964.

NAGEL, SUPPES, TARSKI, eds., *Logic, Methodology and Philosophy of Science*, Stanford Univers., 1962 [principaux rapports Congrès de Stanford, 1960].

NIDA (E.), *Outline of descriptive syntax*, Glendale, Calif., 1951 [Classique].

OETTINGER (A. G.), *Automatic language translation*: Lexical and Technical problems, Cambridge, Mass., 1961 [Excellente illustration des résultats obtenus à Haryard sur M. T.].

OGDEN (C. K.), RICHARD (I. A.), *The Meaning of meaning. A study of the influence of language upon thought and the science of symbolism*. Londres, 1954 [pour prendre connaissance des problèmes de la sémiotique].

OLMSTED (D. L.), *Ethnolinguistics so far*, *S. I. L.*, *Occasionnal Papers*, n° 2, Norman, Okla., 1950 [Buts et tâches des études anthropologiques en linguistique].

OSGOOD (Ch. E.), SEBEOK (Th. A.), eds., *Psycholinguistics. A survey of theory and research problems*, *I. J. A. L.*, 1954 [Le procès de *communication* à une grande échelle].

PAPP (F.), *Mathematical linguistics in the Soviet Union*, Mouton, 1966 [Bien informé].

La Pensée, n° 135: *Structuralisme et marxisme* 1967 (M. COHEN, J.

DESCHAMPS, J. DUBOIS, GARAUDY, L. SEVE, etc.).

PERROT (J.), *La linguistique*, Que sais-je? 1963.

La Philosophie analytique, Minuit, 1962 [Colloque philosophes de l'école d'Oxford/philosophes français. Textes de QUINE, AUSTIN et al.].

Philosophie du langage, Revue Philosophique, P. U. F. n° 3, 1966 [MARTINET, MOULOUD, MOLES et al.].

PIKB (K. L.), *Language in relation to a uniffied theory of the structures of human behavior*, Mouton, 1967 (rééd.).

Poetics, Poetyka, Poetika. Mouton, 1961 [Actes d'un congrès sur la poétique. Plusieurs communications sur l'étude structurale de la littérature].

PORZIG (W.), *Das Wunder der Sprache*, Berne, 1950.

POSTAL (P. M.), *Constituent structure. A study of contemporary models of syntactic description*, *Supplt. à l'I. J. A. L.*, 1964.

POTTIER (B.), *Systématique des éléments de relation. Étude de morphosyntaxe structurale romane*, Klincksieck, 1962 [Thèses Lettres, 1955].

POTTIER (B.), *Recherches sur l'analyse sémantique en linguistique et en traduction mécanique*, Public. Fac. Lettres Nancy, Sér A., II, 1963.

POTTIER (B.), *Introduction à l'étude des structures grammaticales fondamentales*, Publ. Linguist. Fac. Lettres Nancy, 1966.

POTTIER (B.), *Présentation de la linguistique. Fondement d'une théorie*, Klincksieck, 1967 [Classification des concepts par un des chefs de file du structuralisme français; sélection bibliographique].

PRIETO, L. *Traité de Néologie: fondements de la théor. fonctionnelle du signifié*, Mouton, 1964 [Propose une thèse d'ensemble pour l'analyse structurale des signifiés].

Prikladnaja linguistika i mašiny perevod [=Linguist. appliquée et machine à traduire]. Kiev, 1962.

Problemy form alizacii semantiki [=Problème de formalisation des études sémantiques]. 1° M. G. P. I. I. J., Moscou, 1964 [Résumés des 58 communications présentées à une conférence sur l'étude formelle du sens. Bonne vue d'ensemble sur les études sémantiques actuellement en cours en U. (U.

R. S. S.)].

Problemy strukturnoj lingvistiki (Réd. resp. : ŠAUMJAN), Moscou, 1962 1963.

Proceedings of the 7th Internat. Congress of linguists, Londres, 1956.

Proceedings of the 8th Internat. Congress of linguists, Oslo, 1958 [4 questions centrales: techniques noufelles d'observation; phénomènes de distribution et de fréquence; typologie; bilinguisme].

Proceedings of the 9th intern. Congress of linguists, LUNT (H. G.) ed. Mouton, 1964. 1174 p. [Excellente introd. à linguistique contemp. en tant qu'objet, et dans ses rapports avec autres sciences humaines].

QUING (W.), *World and object*, N. Y., 1960 [Remarquable par la modernité de ses méthodes et l'étendue des problèmes connectant la parole et le procès de communication].

Readings in linguistics, N. Y., 1958—1966 [1) M. JOOS, ed., le développement de la linguistique américaine depuis 1925; 2) HAMP, HOUSEHOLDER, AUSTERLITZ, eds].

Recherches Internationales. Cahier N° 7: *Linguistique*, éd. 《Nouvelle Critique》, Paris, 1958 [Point de vue marxiste].

REICHENBACH (H.), *Essentials of symbolic logic*, N. Y. 1952.

Revue Internationale de Philosophie, N° spécial sur la *notion de structure*, n° 73-74, 1965, fasc. 3-4.

Revue de l'Enseignement Supérieur. Ed. S. E. V. P. E. M., N°s 1-2, 1967.

REVZIN (I. I.), *Les modèles linguistiques*. Dunod, 1968 [Éd russe, 1962. Théorie de KULAGINA étendue à d'autres champs par l'un des pionniers des M. T. Rev. et corrigé par l'auteur avec un lexique terminologique et des exemples en français, par Y. GENTILHOMME].

RICARDOU (J.), éd, *Les chemins actuels de la critique*, Plon, 1967 [Colloque (Cerisy), sous la dir. de G. POULET].

ROBIN (R. H.), *General linguistics: an introductory survey*, Londres, 1964.

RUWET (N.), *Introduction à la grammaire générative*. Plon, 1968 [Complet, très bien fait. Plus facile à lire que CHOMSKY. Bbgr. et index des

matieres].

*SANDFELD (Kr.), *Syntaxe du français contemporain*, Champion, 1965 (1e éd. 1928).

SAPORTA (S.), ed. (prepared with the assistance of Jarvis R. Bastian Haskins Laboratories). *Psycholinguistics. A book of readings*, New York, 1961.

*SAPIR (Ed.), *Le langage*. Payot, 1968.

*SAUSSURE (F. de), *Cours de linguistique générale*, publ. par Ch. BALLY et A. SECHEHAYE, Payot [multiples rééditions].

SCHAFF (A.), *Introduction à la sémantique*. Anthropos, Paris, 1968 [1re éd. Varsovie, 1960. La sémantique en linguistique, philosophie, logique, sociologie, vue par un marxiste. Très clair].

SEBAG (L.), *Marxisme et structuralisme*, Payot, 1964.

SEBEOK (Th. A.), ed., *Style in language*, M. I. T. press, 1964 [Actes d'une confér. interdisciplinaire. Vues de l'école d'Harvard].

SEBEOK (Th. A.), ed. *Current trends in linguistics*, Mouton, 1963—1966 [Vue d'ensemble sur l'état actuel de la linguistique].

SEBEOK (Th. A.), HAYES (A. S.), BATESON (M. C.), eds., *Approaches to semiotics Cultural anthropology. Education. Linguistics. Psychiatry. Psychology. Transactions of the Indiana Univ. Confer. on paralinguistics and kinesics*, *M. I. T.*, 1964.

*SECHEHAYE (A.), *Essai sur la structure logique de la phrase*, Champion, 1950 (1er édit. 1926).

SIERTSEMA (B.), *A study of glossematics. Critical survey of its fundamental concepts*, La Haye, 1955 [Étude exhaustive des œuvres de Hjmeslev jusqu'a 1954 inclus].

Sistema jazyka i obučenie reči [=système de la langue et étude du discours] (thèses de rapports), Minsk, 1964.

SPENCER (J.), ed., ENKVIST (N. E.), GREGORY (M.), *Linguistics and style*, *On defining style* [*an essay in applied linguistics* (N. E. ENKVIST) *An approach to the study of style* (J. SPENCER, M. GREGORY), Londres, 1964 [bbgr]].

SPANG-HANSEN (H.), *Probability and structural classification in language*

description, Copenhague, 1959 [vers la solution du probl. de la glossematique: celui de la valeur de cette description].

SPITZER (L.), *Stilstudien*, Munich, 1961.

SPITZER (L.), *Classical and christian ideas of world harmony* (revu et augmenté depuis 1944), Baltimore, 1963.

Statistique et analyse linguistique. Colloque de Strasbourg, 20-22 avril 1964, Paris, P. U. F., 1966.

STRAKA (L.), *Album phonétique*, Québec, Presses de l'Université Laval, 1965.

STRAWSON (P. F.), *Introduction to logical theory*, N. Y., Londres, 1952 [La philosophie analytique devant les problèmes logiques; c. r. de Quine in *M*, 1963, pp. 432-451].

Strukturno-Tipologičeskie issledovanija [=Recherche typologic structural]. (Réd. resp.: MOLOSNAJA), Moscou, 1962 [Cf. ZALIZNAK, IVANOV et TOPOROV: sur la possibilité d'une analyse typologic structurale de systèmes sémiotiques modelants].

Sympozium po strukturnomu izučeniju znakovyx sistem [=Symposium sur l'étude structurale des systèmes de signes], Thèses de rapports, Moscou, 1962 [Cert. articles consacrés étude structure. littérature].

ŠAUMJAN (S. K.), *Strukturnaja lingvistika* [= Linguistique structurale], Moscou, 1965.

ŠAUMJAN (S. K.), SOBOLEVA (P. A.), *Applikativnaja poroždajuščaja model i isčislenie transformacij v russkom jazyke* [= Modèles l'application génératifs et dénombrements des transformations en russe], Moscou, 1963 [c. r. de Hall, *Lg*. 40, 397-410].

Temps modernes, N° 246: *Problèmes du structuralisme*, N. R. F., 1966.

Teoretičestie problemy sovetskogo jazykoznanija [= problèmes théoriques de la linguistique soviétique] (Réd. Zveginceva), Moscou, 1965.

TESNIERE (L.), *Éléments de syntaxe structurale*, Paris, 1959.

Tezisy dokladov po vtoroj letnej škole po vtoričnym modelirujuščim sistemam [=Résumé des communications présentées sur les systèmes secondaires de signes], Tartu, 1966.

TODOROV (T.), ed., *Théorie de la littérature. Textes des formalistes russe à présentés et trad. par T. T.*, Préface de R. JAKOBSON, Seuil, 1966.

TODOROV (T.), *Littérature et signification*, Larousse, 1967.

TOGEBY (K.), *Structure immanente de la langue française*, Larousse, 1965.

Traduction automatique et linguistique appliquée. Choix de communications présentées à la Conférence Internationale sur la traduction (Teddington, 1961), P. U. F., 1964.

TRAGER (G. L.), *Phonetics: Glossary and Tables*, *S. I. L.*, N. Y., 1958. [Terminologie américaine].

Transformacionnji metod v strukrural'noj lingvistikie [=Méthodes transformationnelles dans la linguistique structurale], Moscou, 1964 [Résumés en anglais].

TRUBETZKOI (N. S.), *Principes de Phonologie*, Klincksieck, 1957 [Trad. J. CANTINEAU, fondamental; cf l'article de Cantineau ici même].

Trudy po znakovym sisteman [=Travaux sur les syst. de signes], Tartu, 1964—1967; 1) (fasc, 160): cf. Ju Lotman (128); 2) (fasc. 181): cf. art. de LEKOMCEVA (M. I.) et USPENSKIJ (B. A.), et plus de 20 art., vaste rech. sur sémiotique du mythe, le folklore, la poétique, les arts figuratifs et la littérature; 3) (*à paraître*) [Résumés en anglais].

USPENSKIJ (B. A.), *Principy strukturnoj tipologii* [=Principes d'une typologie structurale], Moscou, 1962.

USPENSKIJ (B. A.), *Strukturnaja tiplogija jazykov* [=Typologie structurale des langues], Moscou, 1965 [Résumés en anglais].

ULLMANN (S.), *Précis de sémantique française*, Berne, 1952.

ULLMANN (S.), *Language and Style*, Oxford, 1964.

VACHEK (J.), *Dictionnaire linguistique de l'école de Prague*, Anvers, 1960 [Explication de la terminologie et des concepts de l'école de Prague].

VACHEK (J.), ed., *A Prague School reader in linguistics*, Bloomington/Londres, 1964.

VALIN (R.), *Petite introduction à la psychomécanique du langage*, Presses de l'Université Laval, Québec, 1954.

VENDRYES (J.), *Choix d'études linguistiques et celtiques*, Paris, 1952.

VERSTRAETEN (P.), *Esquisse pour une critique de la raison structuraliste*, Doctoral dissertation, Université de Bruxelles, 1964.

Voprosy statistiki reči, materialy soveščanija [= Problèmes de statistiques du langage, matériaux d'une conférence], Léningrad, 1958 [REVZIN, ZINDER, MEL'CUK, IVANOV, et al.].

Voprosy struktury jazyka [= Questions relat. à la struct. de la langue], MOSCOU, 1964 [LEKOMCEV, REVZIN, USPENSKIJ, et al.].

VYTGOVSKY (L. S.), *Thought and language*, Cambridge, Mass., 1962 [Texte de 1934. Polémique avec J. PIAGET, probl. langage intérieur].

WAGNER (R. L.), *Introduction à la linguist. française*, Droz, 1965 [bibl. jusqu'à 1953 inclus].

WAISMANN (F.), *The principles of linguistics philosophy*, Londres, N. Y., 1965 [WITTGENSTEIN, RYLB, AUSTIN; conséquences en philos. des découvertes en linguistique].

*WALLON (H.), *Les origines de la pensée chez l'enfant*, Paris, 1947.

WARTBURG (W. von), *Évolution et structure de la langue française*, 5° édit. revue et augmentée, Berne, Francke, 1958 (1er édit.: 1934).

WARTBURG (W. von), *Problèmes et méthodes de la linguistique*. P. U. F., 1963. 2e édit., augmentée et refondue avec a coll. de St. ULLMANN.

WAYNE C. BOOTH, *The rethoric of fiction*, Univ. Chicago, 1961 [Renvoie aux recherches baxtiniennes sur le dialogisme romanesque. Cf. J. KRISTEVA].

WEISGERBER (L.), *Die vier Stufen in der Enforschung der Sprachen*, Düssedorf, 1963.

WELLEK (R.), WARREN (A.), *Theory of litterature*, 3e éd., 1963 [classique].

WHORF (B. L.), *Language Thought and Reality*, M. I. T., 1964.

Zeitschrift für Phonetik und allegemeine Sprachwissenschaft, Berlin, I: 1956, II: 1957.

ZIFF (P.), *Semantic Analysis*, New York, 1960 [Application de la logique au langage].

ZIPF (G. K.), *The psycho-biology of language*, M. I. T., 1965.

ZVEGINCEV (A. V.), *Semasiologija.*, Moscou, 1957.

ZYEGINCEV (A. V.), *Očerki po obščemy jazykoznaniju* [=Essai pour une linguistique globale], Moscou, 1962.

ŽINKIN (N. I.), *Mexanizmi Reči* [=Les mécanismes de la parole], Moscou, 1958 [Remarquable. Cf. c. r. dans *A. S.*, 1960].

III 论文

ARNDT (W. N.), The performance of Glottochronology in Germanic, *Lg.* 35, 1959.

BRESSON (F.), 《La signification》, *Problèmes de psycho-linguistique*, Paris, P. U. F., 1963 [Rapport symposium des psychologues scientifiques de langue française (1962); examine liaisons signes-designata et relations signes-signes. Bbgr. précieuse].

BROUGH (J.), Theories of general linguistics in the sanskrit grammarians, *Transactions of the Philosogical Society*, 1951.

BUYSSENS (E.), Le structuralisme de l'arbitraire du signe, *Studii si cercetari lingvistice*, 3, 1960 (vol. XI), pp. 403-416 [éclaire la notion de valeur, en rapport avec celle de signification].

CANTINEAU (J.), Les oppositions significatives. *C. F. S.*, n° 10, 1959, 11-40 [Reprend le classement des oppositions *distinctives* (phonèmes), proposées par Troubetzkoy, et esquisse un classement des oppositions *significatives*].

DUBOIS (J.), Guilbert (L.), Mitterand (H.), Pignon (J.), Le mouvement général du vocab. français de 1949 à 1960, d'après un dictionnaire d'usage, *Fr. Mod.*, avr. 1960, juil. 1960.

DUBOIS (J.), Problèmes de linguistique transformationnelle. Modèles précorrecteurs d'erreurs dans la transform. passive, *J. Psych.*, 1, 1966.

DUBOIS (J.), Pathologie du langage, *Langages*, 5, 1967.

DUCROT (O.), 《Le roi de France est sage》. Implication logique et présuppo-

sition linguistique, *E., de L. A.*, 14, 1966.

FISCHER-JORGENSEN (E.), On the definition of phoneme catgegories on a distributional basis, *Acta L.*, VII, 1952.

GLEASON (H. A.), Jr., The organization of language: a stratificational view. *M. S. L. L.*, 17, 1964.

GROSS (M.), *Linguistique mathématique et langages de programmation Revue Franç. du Traitement de l'Information. Chiffres*, vol. 6, 1963.

HALLIDAY (M. A. K.), Categories of the theory of grammar, *W.*, 17, 1961 [Un des chefs de file parmi les linguistes britanniques. Dans la perspective de Firth].

HYMES (D. H.), et al., Lexicostatistics so far. More on Lexicostatistics, *C. Anthr.*, 1, 1960.

IORDANSKAJA (L. N.), [=Propriétés d'une structure syntaxique correcte et algorithme de recherche (sur la base du russe)] *P. K.*, 11, 1964.

JAKOBSON (R.), Lévi-Strauss (Cl.), *Les Chats*, de Ch. Baudelaire, *L'H.*, II, 1, 1962.

KOLMOGOROV (A. M.), PROROSOV (A. V.), O dol'nike sovremennoj ruskoj poezii [=A propos du dolnik dans la poésie russe contemporaine] *V. Ja.*, 6, 1963; 1, 1964.

KONDRATOV (A. M.), Teorija informacii i poetika. Entropija ritma russkoj reči [=Théorie de l'information et poétique. L'entropie du rythme dans la langue russe.] *P. K.*, v. 9, 1963.

KRISTEVA (J.), Bakhtine, le mot, le dialogue et le roman, *Cr.*, 239, avr. 1967.

KRISTEVA (J.), Pour une sémiologie des paragrammes, *Tel Q.*, 29, 1967 [Pour une formalisation mathématique de la sémiologie].

KULAGINA (O. S.), Ob odnom sposobe opredelenija... [=Sur un procédé de définition des notions grammaticales fondé sur la théorie des ensembles] *P. K.*, 1, 1958 [Très important. Expliqué par la suite aux linguistes par Revzin, *V. Ja*, IX, 6].

LECERE (Y.), Continu et discontinu dans l'analyse syntaxique, *T. A.*, nov, 1960 [intéressant essai de synthèse entre la grammaire des《constituants immédiats》et celle de Tesnière].

LEPSCHY (G. C), La grammatica transformazionale. Nota introdutiiva e bibliografia, *S. E. S. L.*, 4 1964 [Bbgr. considérable.].

LEVIN (S. R.), Deviation—Statistical and Determinate—in poetic language, *Lingua*, 12, 3, 1963 [Applique la notion de grammaticalité au langage poétique].

LOTMAN (J.), Metodi esati nella scienza letteraria sovietica, *Str. Cr.*, Fév. 1957, fasc. 2.

MALCOLM (M), Wittgenstein's philosophical investigations, *Philos. Rev.*, 63, 1954.

MARCUS (S.), Structures linguistiques et structures typologiques, *Rev. M. P. A.* 3, 1961.

MARCUS (S.), Le modelage mathématique en phonologie. Méthodes, résultats et significations, *C. L. T. A.*, vol. 3, 1966.

MEL'CUK (A.), Raboty po mašinnonu perevodu v S. S. S. R. [=travaux sur la M. T. en U. R. S. S.], *Vestŧik A. N.*, n° 2, 1959 [Spécial des M. T. survol des travaux soviétiques].

PADUCEVA (E. V.), [=Sur les modes de représentation de la structure syntaxique d'une proposition], *V. Ja.*, 2, 1964.

PADUCEVA (E. V.), Meždunarovnaja konferencija po semiotike v pol'se [= Conférence internationale sur la sémiotique en Pologne], *N. -T. Inf.*, 2, 1967.

QUEMADA (B.), La mécanisation dans les recherches lexicologiques, *C. de Lex.*, vol. I, 1959.

REVZIN (I. I.), O nektotoryx ponmatijax teoretiko-množestvennoj knocepcii jazyka =De quelques notions relatives à la concrpt. de la langue du pont de vue de la théorie des ensembles, *V. Ja*, IX, 6, 1960 [Explication de Kulagina].

REVZIN (I. I.), Ot strukturnoj lingvistiki k semiotike [=De la linguistique structurale à la sémiotique], *V. Fil.*, 9, 1964.

REVZIN (I.), O seljax strukturnogo izučenija xudožestvennogo tvorčestva [= Des tâches de l'étude structurale de la langue littéraire], *V. Lit.*, 6, 1965 [Étude théorique].

ROSELATO (G.), Sémantique et altération du langage, *Ev. Psy.*, n° 4, 1956

[Mise en rapport de la sémiologie sémantique et de la sémiologie de la psychiatrie classique. Recherche par quel jeu des Signifiants et des Signifiés les mots changent de sens chez les malades et pourquoi ils changent de sens (sémantique freudienne)].

RUWET (N.), L'analyse structurale de la poésie. *Lgtics.*, 2, 1963.

RUWET (N.), Analyse structurale d'un poème français. Un sonnet de Louise Labé. *Lgtics.*, 3, 1964.

RUWET (N.), La linguistique générale aujourd'hui, *Arch. E.*, 1964 [Sur les développements récents de la linguist. structurale].

RUWET (N.), La grammaire générative, *Langages*, 4, 1966.

SPENCE (N. C. W.), Towards a new synthesis in linguistics, *Arch. L.*, 1960.

TODOROV (T.), L'héritage méthodologique du formalisme, L'*H.*, V, I, 1965.

USPENSKIJ (B. A.), Tipologičeskaja klassificatsija jazykov kak osnova jazykov sootvetstvij (struktura jazyka-etalona pri tipologičeskoij klassifikatsii jazykov) [=Classification typologique des langues comme base des correspondances entre elles structure d'un étalon de langue à la lumière d'une classification typologique des langues]. *V. Ja.*, 6, 1961.

VAKULOVSKAJA (G. A.), [=Sur un algorithme d'analyse des textes], P. K., 18 (sous presse).

ZINDER (R. L.), O lingvističeskoj verojatnosti [= Sur des probabilités-linguistiques], *V. Ja.*, VII, 1958.

ZINKIN (N. I.), Four communicative systems and four languages, *W.*, 1962 [Afin d'illustrer l'utilité des modèles en linguistique, l'auteur construit 4 langages de plus en plus complexes, et de plus en plus proches, en même temps de la communication humaine effective].

ŽOLKOVSKIJ (A. K.), Mel'cuk (I. A.), [=Méthode possible et instruments d'une synthèse sémantique], *N.-T. Inf.*, 6, 1965.

ŽOLKOVSKIJ (A.), Ščeglov (Ju.), Strukturnaja poetika — poroždajuščaja poetika [=Poétique structurale — Poétique générative], *V. Lit.*, 1967, n° 1.

Philippe GRAUER 编

译 后 记

60 年代初，全国文科教材会议指定四部国外语言学名著为语言学理论的主要参考书，本书是其中之一。岑师和我接受约请，担任本书的翻译工作。我们于 1964 年完成，将译稿交教材办公室。后来由于众所周知的原因，稿件散失，未能出版。80 年代初，主管部门复议此事，希望能再次完成这项工作。岑师在尘封中找出原稿，我们乃重新校对，并且加译了作者在历次再版中增补的四个附录，补充了格拉乌尔所编的补充参考文献目录，完成新稿。全书的第一、二、五编由岑师担任翻译，绪论、第三、四编、结论、附录由我担任翻译。我所译的部分均经岑师校改。

本书是法兰西社会学派理论观点的总结，从初版到现在的七十年时间里，后继的学派风起云涌，语言学理论几经翻覆，面貌已有很大改变。但是透过论争掀起的迷雾和尘埃，我们今天仍能见到本书阐发的基本理论的光芒。和本书比较，后起的各家学说大抵是某一方面的发挥或研究技术的改进，若论总体，反不如本书丰富全面，发人深思。这说明语言学的每一步进展都非常艰巨，而本书之所以成为名著，各国学者至今仍在学习参考，确实有其内在的价值。

本书对中国语言学界的影响也是深远的。二三十年代我国第一代留法语言学家如王力师、岑师、高名凯师、方光焘先生等各位先辈，或者受业于作者，或者以本书为主要读物，回国后在教学和著述中都贯彻了其中的论点。记得我受业于岑师时，指定精读的第一部专著也是本书。我想，本书在我国之被列入主要参考教材，学术上的传承渊源大概也是重要因素。

在四部参考教材中，索绪尔的《普通语言学教程》、萨丕尔的《语言论》、布龙菲尔德的《语言论》已由商务印书馆出版，唯独本书滞后，跟原著同样地姗姗来迟。原著从完稿到出版，经过第一次大战的间隔，拖延了六年时间，这个中译本从开手到问世则经过了近三十年的时间。今天终于也由商务出版，这无疑是令人宽慰的事。可惜岑师已于前年谢世，未能见到它的出版。谨志数语，述其经过，寄托对先辈的追思。

叶蜚声

1991 年 1 月于北大燕南园

图书在版编目(CIP)数据

语言/(法)约瑟夫·房德里耶斯著;岑麒祥,叶蜚声译.—北京:商务印书馆,2017
(汉译世界学术名著丛书:120年纪念版:珍藏本)
ISBN 978-7-100-14921-1

Ⅰ.①语… Ⅱ.①约… ②岑… ③叶… Ⅲ.①语言学 Ⅳ.①H0

中国版本图书馆CIP数据核字(2017)第159024号

汉译世界学术名著丛书
(120年纪念版·珍藏本)
语 言
〔法〕约瑟夫·房德里耶斯 著
岑麒祥 叶蜚声 译

商 务 印 书 馆 出 版
(北京王府井大街36号 邮政编码100710)
商 务 印 书 馆 发 行
北 京 冠 中 印 刷 厂 印 刷
ISBN 978-7-100-14921-1

2017年12月第1版　　开本710×1000 1/16
2017年12月北京第1次印刷　　印张30
定价:145.00元